Demokratische Kontrolle staatlicher Budgetierungsprozesse –
Das Haushaltsverfahren der Europäischen Union

Kollektive Entscheidungen, Wirtschaftspolitik und öffentliche Finanzen

Herausgegeben von Cay Folkers

Band 9

PETER LANG
Frankfurt am Main · Berlin · Bern · Bruxelles · New York · Oxford · Wien

Roman Dawid

Demokratische Kontrolle staatlicher Budgetierungsprozesse – Das Haushaltsverfahren der Europäischen Union

PETER LANG
Europäischer Verlag der Wissenschaften

Die Deutsche Bibliothek - CIP-Einheitsaufnahme

Dawid, Roman:

Demokratische Kontrolle staatlicher Budgetierungsprozesse – Das Haushaltsverfahren der Europäischen Union / Roman Dawid. - Frankfurt am Main ; Berlin ; Bern ; Bruxelles ; New York ; Oxford ; Wien : Lang, 2002
(Kollektive Entscheidungen, Wirtschaftspolitik und öffentliche Finanzen ; Bd. 9)
Zugl.: Bochum, Univ., Diss., 2001
ISBN 3-631-38634-6

D 294
ISSN 1430-5852
ISBN 3-631-38634-6

www.peterlang.de

für Ursula

After all, the practical reason why, when the power is once in the hands of the people, a majority are permitted, and for a long period continue, to rule, is not because they are most likely to be in the right, nor because this seems fairest to the minority, but because they are physically the strongest.

Henry David Thoreau

Vorwort des Herausgebers

Wirtschafts- und finanzpolitisches Handeln bedarf theoretischer und empirischer Fundierung. Es markiert die Schnittstelle zwischen dem ökonomischen und politischen Bereich und bedingt damit in zentraler Weise explizite Analysen kollektiver Entscheidungen. Ökonomische Analysen wirtschafts- und finanzpolitischer Fragen in ihrer Interdependenz mit politisch-ökonomischen Zusammenhängen kollektiver Entscheidungen sind die gemeinsame Klammer der in dieser Schriftenreihe veröffentlichten Untersuchungen. Der Herausgeber verfolgt das Anliegen, Beiträge zur anwendungsbezogenen Lösung theoretischer Grundfragen und zur theoriebasierten und empirisch gestützten Lösung praktischer Gestaltungsprobleme für wirtschafts- und finanzpolitische Fragen zur Diskussion zu stellen. Dabei sind Funktionsweise und Gestaltung politischer Institutionen ebenso als Untersuchungsgegenstände des Ökonomen anzusehen wie theoretische Fragen wirtschaftlicher Prozesse und öffentlicher Finanzen. Erst die gleichgewichtige und integrative Analyse ökonomischer und politischer Tauschprozesse führt zu kohärenten Beurteilungen und zu praktisch relevanten Empfehlungen für wirtschafts- und finanzpolitische Konzepte.

Die Reihe ist theorieorientiert unter besonderer Betonung der Analyse kollektiver Entscheidungen und anwendungsorientiert im Hinblick auf spezielle wirtschafts- und finanzpolitische Fragen im Zusammenhang mit den zugrundeliegenden politischen Verfahren und ihrer Reform. Damit ist ein Forschungsspektrum umschrieben, das ebenso allokationstheoretische, verteilungstheoretische und gesamtwirtschaftliche Problemstellungen in ihrem politischen Bezug wie Analysen von Institutionen und Entscheidungsprozessen in ökonomischer Perspektive umfaßt und die für Fragen der politischen Realität entscheidende Brücke zwischen ökonomischen und politischen Entscheidungen zu schlagen sucht. Der Fragenkreis schließt theoretische Analysen wirtschafts- und finanzpolitisch relevanter Problemstellungen, Untersuchungen zur Public-Choice Theorie, zur Institutionenökonomik, zur ökonomischen Analyse des Rechts und zur konstitutionellen Wirtschaftstheorie sowie verwandte Fragestellungen ein. Die Reihe ist für einschlägige Arbeiten offen und bemüht sich, die Vielfalt der theoretischen Ansätze und der praktischen Fragen in innovativen Untersuchungen zur Diskussion zu stellen. Sie will damit einen Beitrag zur Aufdeckung der Ursachen und zur Begründung von Lösungskonzepten für gesellschaftlich drängende Gegenwartsprobleme leisten.

Bochum, im Januar 1996

Cay Folkers

Vorwort

Die vorliegende Arbeit entstand während meiner Tätigkeit als Wissenschaftlicher Mitarbeiter am Lehrstuhl für Finanzwissenschaft der Fakultät für Wirtschaftswissenschaft der Ruhr-Universität Bochum. Allen, die zum Gelingen dieser Arbeit einen Beitrag geleistet haben, möchte ich mich in diesem Vorwort erkenntlich zeigen.

An erster Stelle habe ich dem Erstgutachter, Prof. Dr. Cay Folkers, meinen Dank auszusprechen, der dieses Projekt stets konstruktiv begleitet hat. Ebenfalls danke ich herzlichst Frau Prof. Dr. Notburga Ott, die sich zur Übernahme des Zweitgutachtens bereit fand und die diese Aufgabe überaus engagiert wahrgenommen hat.

Darüber hinaus möchte ich ganz herzlich den Kollegen des Lehrstuhls danken, die dafür gesorgt haben, dass die Zeit an der Ruhr-Universität insgesamt gut zu bestehen war. In diesem Zusammenhang seien stellvertretend Frau Dagmar El-Khalil und Dr. Gerald Pech genannt. Mein ganz besonderer Dank gilt jedoch Dr. Frank Brocks, der mir stets ein hochgeschätzter Mitstreiter und Weggefährte war. Seine Unterstützung in wissenschaftlicher aber vor allem auch in menschlicher Hinsicht hat mir über manchen Tiefpunkt hinweggeholfen.

Meine Eltern, Dorothea und Peter Dawid, die bereits meine Ausbildung ermöglichten, haben auch dieses Projekt auf vielfältige Weise unterstützt. Dafür bin ich ihnen aufs herzlichste verbunden. Die stärkste moralische Unterstützung habe ich gleichwohl durch meine Lebensgefährtin, Ursula Wachter, erfahren. Sie hat mir stets vorbehaltlos zur Seite gestanden und war mir immer eine gute Ratgeberin. Ohne ihre immense Geduld und ihren beharrlichen und liebevollen Beistand hätte ich die Zeit der Promotion nicht in gleich guter Weise bestehen können. Daher ist sie es, der ich meine innigste Dankbarkeit schulde.

Im Zusammenhang mit der Entstehung dieser Arbeit ist auch die Unterstützung durch verschiedene Institutionen zu erwähnen. So hat mir die Columbia University New York durch Einladung zur Annual Graduate Student Conference 1998 des Institutes on Western Europe frühzeitig die Gelegenheit gegeben, einige Ideen vorzutragen, die in dieser Arbeit weiterentwickelt wurden. Gleiches gilt für die Einladung zur Annual Conference der Royal Economic Society 1999 in Nottingham, Großbritannien. Im Zusammenhang mit dieser Konferenzteilnahme ist insbesondere die Förderung der Vortragsreise durch eine Vortragsprämie des Vereins für Socialpolitik zu nennen. Schließlich danke ich der Deutschen Forschungsgemeinschaft und Prof. Dr. Urs Schweizer für die Unterstützung meiner Teilnahme an der International Summer School on Interactive Economic Decisions

1998 in Oberwesel/Rhein mit den Professoren Urs Schweizer (Universität Bonn), Keneth Shepsle und Elhanan Helpman (beide Harvard University) u.a. durch ein Teilstipendium, durch die ich wesentliche Anregungen für mein Projekt erhalten habe.

Die vorliegende Arbeit ist im Juli 2001 von der Ruhr-Universität Bochum als Dissertation angenommen und mit der Note summa cum laude bewertet worden. Für diese Anerkennung danke ich der Fakultät.

Düsseldorf, Januar 2002

Roman Dawid

Inhaltsverzeichnis

Tabellenverzeichnis

Abbildungsverzeichnis

Abkürzungsverzeichnis

BIP	Bruttoinlandsprodukt
BSP	Bruttosozialprodukt
cet. par.	ceteris paribus
EAG	Europäische Atomgemeinschaft
EAGFL	Europäischer Ausrichtungs- und Garantiefonds für die Landwirtschaft
EEF	Europäischer Entwicklungsfonds
EG	Europäische Gemeinschaften
EGKS	Europäische Gemeinschaft für Kohle und Stahl
EP	Europäisches Parlament
EU	Europäische Union
EUV	Vertrag über die Europäische Union in der Fassung des Maastrichter Vertrags
FIAF	Finanzinstrument für die Ausrichtung der Fischerei
HVE	Haushaltsvorentwurf
MWC	Minimum Winning Coalition
MwSt	Mehrwertsteuer
NOA	Nichtobligatorische Ausgaben
OA	Obligatorische Ausgaben
TEN	Transeuropäische Netze

Symbolverzeichnis

a	Index oder Superskript: Agenda-Setter
A	gesamte Staatsausgaben; Index oder Superskript: Agenda-Setter für die Ausgabenhöhe
$\bar{A}$	konstitutionell maximal mögliche Budgethöhe
A_b	Ausgaben für gruppen- und/oder regionalspezifische Güter
A_π	Ausgaben für das Einkommen der politischen Repräsentanten
AI	Superskript: Allokation im Präsidialsystem bei asymmetrischer Information
b_k	Staatsausgaben der Kategorie k
$\mathbf{b}$	Budget- bzw. Politikvektor
$\bar{\mathbf{b}}$	Reservationspolitikvektor
$\mathbf{b}^0$	Nullbudgetvektor
$\mathbf{b}^a$	Budgetvorschlag des Agenda-Setters
$\mathbf{b}^I$	Vektor der Staatsausgaben für Inputgüter
$\mathbf{b}_k$	Budgetvektor im Land k
$\mathbf{b}^K$	Vektor der Staatsausgaben für Konsumgüter
$\mathbf{b}^{SQ}$	Status quo-Budgetallokation
$\mathbf{b}_u$	Budgetvektor der Union
B	Index oder Superskript: Finanzminister
B_k	Bürger im Land k
B_u	Budgetausgaben der Union
c_k	Marktintegrationskosten im Land k
c_u	Marktintegrationskosten auf Unionsebene
C	Unionsweite Kosten der Marktintegration; Superskript: Allokation im Präsidialsystem bei Gewaltenteilung und geschlosssener Agenda-Regel (Teil I) bzw. Allokation im Modell Unionsrat (Teil II)
$C2$	Allokation im Modell Unionsrat mit Mehrheitsregel
$C3$	Allokation im institutionellen Arrangement Unionsrat bei endogener Bestimmung des Beitragssatzes durch den Unionsrat
$C4$	Allokation im institutionellen Arrangement Unionsrat bei kollusivem Verhalten
C_k	Summe der nationalen Marktintegrationskosten

D	Anzahl der Politikdimensionen; Superskript: Allokation eines Diktators mit Präferenzen für öffentliche Güter
$D_{t,r}$	Dummy-Variable für die Amtsinhabe des politischen Repräsentanten r
e_r	Abstimmungsentscheidung des Politikers r
E	staatliche Einnahmen; Superskript: Allokation im Exekutivkomitee
$E[\ ]$	Erwartungsoperator
$E_{\max}$	maximal erzielbare Staatseinnahmen
$E_k^{\max}$	maximal erzielbare Staatseinnahmen im Land k
F	Verteilungsfunktion
g	Ausgaben für ein reines öffentliches Gut
g_u	öffentliches Gut der Union
G_k	Gruppe k von Individuen mit homogenen Interessen
$\mathcal{G}_k$	Menge der Mitglieder der Gruppe G_k
h_i	Nutzen des Individuums i aus der Bereitstellung staatlicher Güter
H_k	Nutzen des Individuums k aus gruppen- bzw. regionalspezifischen Gütern
$\mathcal{I}$	Menge der Individuen
J	Nutzen aus reinen öffentlichen Gütern
K	Anzahl der vom Staat bereitgestellten Konsumgüter (2. Kapitel) bzw. Gruppen von Individuen mit homogenen Interessen (ab dem 4. Kapitel); Superskript: Allokation im parlamentarischen System bei Kollusion (Teil I) bzw. Allokation in einer Situation ohne Wiederwahl (Teil II)
$\mathcal{K}$	Menge der Gruppen von Individuen mit homogenen Interessen
K_i	Konsum des Individuums i
l	Superskript: Allokation des Leviathan
L	Lagrangefunktion; Superskript: Allokation im legislativenVerhandlungsspiel
M	Anzahl der vom Staat bereitgestellten Inputgüter, Superskript: Allokation im mehrstufigen Budgetierungsverfahren
n_k	Anteil der Gruppe k an der Bevölkerung
N	Anzahl der Individuen
N_k	Anzahl der Individuen der Gruppe G_k
p_u	Marktintegrationsvariable
P	Allokation im Präsidialsystem ohne Gewaltenteilung (Teil I) bzw. Allokation im institutionellen Arrangement Unionsparlament (Teil II)
$P2$	Allokation im institutionellen Arrangement Unionsparlament bei endogener Bestimmung des Beitragssatzes durch das Parlament
$P3$	Allokation im institutionellen Arrangement Unionsparlament bei endogener Bestimmung des Beitragssatzes durch den Rat mit Einstimmigkeitsregel

$P4$	Allokation im institutionellen Arrangement Unionsparlament bei endogener Bestimmung des Beitragssatzes durch den Rat mit Mehrheitsregel
P_a	Agenda-Setter
P_B	Finanzminister
P_D	Diktator mit Präferenzen für öffentliche Güter
P_G	Minister für das Gut g
P_k	politischer Repräsentant des Landes k
P_l	Leviathan-Politiker
P_r	politischer Repräsentant r
P_w	wohlwollender und selbstloser Sozialplaner
Pa	Allokation im parlamentarischen System
q	Abstimmungsquorum
Q	Grenzvorteile der Bereitstellung des öffentlichen Gutes der Union (Appendix B)
q_a	Wahrscheinlichkeit Agenda-Setter zu werden
r_k	kritischer Wahrscheinlichkeitswert
R	Anzahl der politischen Repräsentanten; Superskript: Allokation im institutionellen Arrangement Unionsregierung (Teil II)
$R2$	Allokation im institutionellen Arrangement Unionsregierung bei endogener Bestimmung des Beitragssatzes durch die Unionsregierung
$R3$	Allokation im institutionellen Arrangement Unionsregierung bei endogener Bestimmung des Beitragssatzes durch den Unionsrat
$R4$	Allokation im institutionellen Arrangement Unionsregierung bei kollusivem Verhalten
R_E	Anzahl der politischen Repräsentanten des Exekutivorgans
$\mathcal{R}$	Menge der politischen Repräsentanten
S	Allokation im Präsidialsystem bei Gewaltenteilung und geteilten Vorschlagsrechten
SQ	Superskript: Status quo-Werte
t	Steuersatz; Index: Zeitperiode
$\bar{t}$	konstitutionell maximal möglicher Steuersatz
t_k	Steuersatz im Land k
$t_{\max}$	volkswirtschaftlich maximal möglicher Steuersatz
T_i	Abgaben des Individuums i an den Staat
T_k	Nettozahlungsstrom aus Beiträgen und ungebundenen Finanzzuweisungen zwischen dem Land k und der Union
Tr	Summe der staatlichen Transfers
u	Index der Union

$\bar{u}_i$	Reservationsnutzen von i
u_i	Periodennutzen des Individuums i
$\bar{\mathbf{u}}$	Vektor der Reservationsnutzen
U	Allokation im Präsidialsystem bei Gewaltenteilung und unabhängiger Entscheidung der Organe
U_i	Lebenszeitnutzen des Individuums i
UE	Allokation im Exekutivkomitee bei universalistischem Verhalten
UL	Allokation im legislativenVerhandlungsspiel bei universalistischem Verhalten
UM	Allokation im mehrstufigen Budgetierungsverfahren bei universalistischem Verhalten
v_r	Zielfunktion des politischen Repräsentanten r
$\breve{v}_r$	Nettonutzen des Repräsentanten r einer staatlichen Allokation ohne Einkommen vor Steuern
V_r	Lebenszeitnutzen des politischen Repräsentanten r
w_r	zusätzlicher Nutzen des Politikers r bei Ausübung eines Exekutivmandats in der Politikdimension r
W	utilitaristische Wohlfahrtsfunktion; Superskript: Allokation des Sozialplaners (Teil I) bzw. Allokation in einem Wiederwahlgleichgewicht (Teil II)
$W1$	Wirkung staatlich bereitgestellter Güter auf die Produktionsmöglichkeiten der Unternehmen
$W2$	Wirkung staatlich bereitgestellter Güter auf die Wohlfahrt der Individuen
$\mathbf{WR}^Z$	Wahlregel im institutionellen Arrangement Z
x	beliebiger nichtnegativer Wert
y_i	Bruttoeinkommen des Individuums i
y_i^v	Nettoeinkommen des Individuums i
Y	Volkseinkommen
Y_v	Volkseinkommen nach Besteuerung
z_k	gebundene Finanzzuweisung der Union an das Land k
Z_k	Summe der Nettozahlungsströme aus Beiträgen und ungebundenen Finanzzuweisungen zwischen dem Land k und der Union sowie den Marktintegrationskosten im Land k
$\bar{\alpha}$	maximaler Satz für die Nettozahlungsbeiträge zum Unionsbudget (bezogen auf das Volkseinkommen Y)
α_k	Satz des Landes k für den Nettozahlungsstrom aus Beiträgen und ungebundenen Finanzzuweisungen zwischen dem Land k und der Union bezogen auf das Volkseinkommen Y_k

β_r	Präferenzparameter des politischen Repräsentanten r
γ_r	Dummy-Variable für ein Exekutivmandat des Politikers r
δ	Diskontierungsfaktor
Δ_{PC}	Differenz der nationalen Politikerrenten zwischen den Institutionellen Regimen P und C
Δ_{RC}	Differenz der nationalen Politikerrenten zwischen den Institutionellen Regimen R und C
Δy_k	Einkommenserhöhung durch Marktintegration im Land k
ΔY	Summe der Einkommenserhöhungen durch Marktintegration in der Union
$\boldsymbol{\zeta}$	Abstimmungsvektor des Legislativkomitees im mehrstufigen Budgetierungsverfahren
ζ_r	Parameter für die Einbeziehung des Politikers r in die Mehrheitskoalition
θ	Parameter für die Produktivität des staatlichen Sektors
λ	Anteil der Ressourcen, die den Bürgern zu Gute kommen (Abschnitt 5.2.2.1)
$\bar{\lambda}$	durchschnittliches λ der Jurisdiktion
$\hat{\lambda}$	Summe der Präferenzparameter der Unionsbürger
λ_i	Präferenzparameter des Individuums i
λ_{medE}	Median-λ im Exekutivkomitee
λ_R	durchschnittliches λ der politischen Repräsentanten
μ_r	Lagrangemultiplikator
π	Summe der Politikereinkommen
π_r	Einkommen des politischen Repräsentanten r
$\pi_r^{\max}$	volkswirtschaftlich maximal mögliches Einkommen des politischen Repräsentanten r
Π	Summe der Politikerrenten in der Union
σ_r	Strategie des politischen Repräsentanten r
$\boldsymbol{\tau}$	Vektor der staatlichen Transfers
τ_i	staatliche Transfers an das Individuum i
τ_{ku}	Transfers der Union an die Individuen im Land k
φ	Parameter
ψ	Parameter
ω	Parameter

Kapitel 1

Einführung

Im Zuge der anstehenden Erweiterung der Europäischen Union um die Staaten Mittel- und Osteuropas, Maltas, Zyperns und gegebenenfalls der Türkei ist die Gestaltung der politischen Institutionen der Union zu Beginn des neuen Jahrtausends eine der drängendsten Fragen, die im europäischen Kontext diskutiert wird und zu der weitreichende Entscheidungen zu treffen sind[1]. Die Erhöhung der Anzahl der Mitgliedsländer von 15 auf bis zu 28 Mitglieder stellt die Union vor die Frage, wie die Entscheidungsverfahren der EU, die ursprünglich für eine Gemeinschaft von sechs Mitgliedern konzipiert waren und die seitdem immer wieder veränderten Bedingungen angepaßt wurden, auch in einer erweiterten Union funktionsfähig bleiben können[2]. Die politische und ökonomische Verflechtung der EU Staaten wird nicht zuletzt aufgrund des stärker zusammenwachsenden gemeinsamen europäischen Marktes, der Währungsunion sowie zahlreicher gemeinschaftlicher Politiken, die zur Herstellung der notwendigen Rahmenbedingungen erforderlich sind, in Zukunft weiter verstärkt werden, so daß die Bedeutung der Entscheidungen, die innerhalb der EU getroffen werden, für die Bürger und deren Wohlfahrt steigen wird. Die Frage, wie die Bürger Einfluß auf die Politiken der EU nehmen können und wie die demokratische Kontrolle der Aktivitäten der politischen Repräsentanten innerhalb der EU gewährleistet werden kann, wird daher an Wichtigkeit gewinnen, und die Erweiterung der Union wird mit einer Effektivierung der politischen Institutionen einhergehen müssen. Während Entwürfe für eine zukünftige Verfassung der EU bislang vor allem auf der wissenschaftlichen Agenda standen[3], streben unterdessen einige politische Entscheidungträger eine gezielte Umgestaltung der politischen Institutionen bis hin zur Regelung der europäischen Verfassungsfrage an[4]. Wurde die Anpassung der Institutionen der Union bisher mehr sukzessiv und in kleinen Schritten vollzogen, wird durch die bevorstehende Erweiterung ein verstärkter Druck zur gezielten Veränderung der politischen Institutio-

[1] Vgl. Busch (1999), S. 33 ff. sowie Zöpel (2000).
[2] Vgl. Kommission der EU (2000).
[3] Vgl. u.a. Buchanan (1990), Faber/Breyer (1980), Mueller (1997) sowie Vaubel (1997).
[4] Vgl. z.B. Fischer (2000).

nen bewirkt[5]. Dabei geht es einerseits um die konkrete Gestaltung einzelner politischer Entscheidungsregeln, wie beispielsweise des Verfahrens zur Besetzung der Europäischen Kommission und der Anpassung der Abstimmungsregeln im Rat, die aufgrund der zu erwartenden Veränderungen neu arrangiert werden müssen[6].

Andererseits wird über die grundlegende Regelung der konstitutionellen Zukunft der EU diskutiert. Im Bereich der politischen Institutionen steht dabei im Vordergrund, wie die Entscheidungsverfahren organisiert und wie eine europäische Legislative und Exekutive aufgebaut werden sollen, damit diese funktionsfähig sind und gleichzeitig eine angemessene Repräsentanz der EU Bürger gewährleisten[7]. Als ein wesentlicher Kritikpunkt am derzeitigen politischen Entscheidungsverfahren der EU wird ein demokratisches Defizit bemängelt. Dabei wird insbesondere kritisiert, daß die Entscheidungen keiner ausreichenden demokratischen Kontrolle unterliegen, weil es auf europäischer Ebene keine mit entsprechenden Kompetenzen ausgestattete Legislative gibt, die die Vereinbarungen zwischen den nationalen Repräsentanten demokratisch legitimiert und die die Entscheidungen des Rates und der Kommission ausreichend kontrollieren kann, bzw. weil eine entsprechende legislative Kontrolle durch die nationalen Parlamente der Mitgliedstaaten nicht in der erforderlichen Weise erfolgt[8]. Es stellt sich also die Frage, welche Institutionen am besten die Verantwortlichkeit der politischen Repräsentanten gegenüber ihren Bürgern bzw. eine wirksame demokratische Kontrolle sicherstellen können.

Veränderte politische Entscheidungsverfahren gelten auch für die Entscheidungen im finanzwirtschaftlichen Bereich der EU, wenngleich dieser Aspekt nicht im Vordergrund der gegenwärtigen Diskussion steht. Sie betreffen somit in gleicher Weise die Haushaltsentscheidungen in der EU. Aus finanzwissenschaftlicher Sicht ist von Bedeutung, wie die anstehenden Regeländerungen auf die finanzwirtschaftlichen Entscheidungen der EU wirken. Bereits in den 90er Jahre stand der Einfluß budgetärer Entscheidungsverfahren auf die Ergebnisse staatlicher Haushaltsprozesse im Mittelpunkt einer finanzpolitischen Debatte in der EU, als im Vorfeld der Umsetzung des Vertrags von Maastricht und der Etablierung der Europäischen Währungsunion erörtert wurde, wie die potentiellen Teilnehmerländer die fiskalischen Konvergenzkriterien erreichen könnten[9]. Während sich die Erfüllung der Kriterien in den Bereichen Inflation, langfristige Zinsen und Wechselkurse als unproblematisch darstellte, wurden die Anforderungen an den Schuldenstand sowie das Budgetdefizit von den meisten Staaten bis kurz vor der Aufnahmeentscheidung nicht erfüllt. Daher wurde verstärkt untersucht, wodurch die genannten fiskalischen Größen determiniert werden und wie eine Annäherung an die gewünschten Referenzwerte erreicht

[5] Vgl. dazu beispielsweise Folkers (1995), S. 88 f.

[6] Vgl. Busch (1999), S. 33 ff.

[7] Ebenda.

[8] Vgl. zum Demokratiedefizit in der EU Folkers (1994), S. 44 ff., (1995), S. 106 f. sowie Vaubel (1997), S. 446 f.

[9] Vgl. von Hagen (1992), S. 1 ff.

werden könnte[10]. In diesem Zusammenhang wurde der Einfluß der politischen und budgetären Institutionen der möglichen Beitrittsländer zur Währungsunion auf die staatliche Allokation analysiert. Dazu wurde die in der Public Choice-Theorie abgeleitete Hypothese, daß die Regeln der politischen Entscheidungsverfahren bei sonst gleichen Bedingungen die Ergebnisse der Entscheidungen determinieren, empirisch getestet. Insbesondere konnte ein Einfluß der budgetären Institutionen auf die Höhe der Staatsverschuldung gezeigt werden, wobei Regeln, die als restriktiv eingestuft wurden, mit einer niedrigeren Staatsverschuldung korreliert waren[11]. Die in diesem Kontext entwickelten Ansätze zielten primär auf eine Erklärung der staatlichen Verschuldung.

Die genannten Ansätze geben aber keine Antwort auf die Frage, inwieweit die budgetären Institutionen sicherstellen, daß die Budgetentscheidungen nicht den Interessen der Bürger entgegengerichtet sind. Die Möglichkeiten zur demokratischen Kontrolle und zur Erreichung politischer Verantwortlichkeit der Repräsentanten werden in den Studien nicht untersucht. Primäre Aufgabe der Institutionen der Finanzverfassung ist es aber, eine möglichst weitgehende Verwirklichung der Interessen der Bürger zu bewirken[12]. Dieser Frage widmet sich die vorliegende Arbeit und im Mittelpunkt dieser Untersuchung steht - im Gegensatz zu den genannten Analysen budgetärer Prozesse - inwieweit die Regeln und Restriktionen von Haushaltsverfahren in der Lage sind, die demokratische Kontrolle der budgetären Entscheidungen und die Verantwortlichkeit der politischen Repräsentanten gegenüber ihren Bürgern zu erreichen. Zu diesem Zweck wird untersucht, wie Haushaltsentscheidungen im allgemeinen und im besonderen Kontext der Haushaltswirtschaft der EU durch alternative politische und budgetäre Regelungen, die im Haushaltsrecht festgelegt sind, determiniert werden. Welche Institutionen stellen sicher, daß die Bürger in der Lage sind, die politischen Entscheidungsträger für ihre Politikentscheidungen zur Verantwortung zu ziehen? Diese Frage wird zunächst in einer allgemeinen Analyse budgetärer Entscheidungen betrachtet. Es wird ein Modell staatlicher Budgetierungsverfahren entwickelt, in dem die Repräsentanten der Legislative, der Exekutive und der Verwaltung budgetäre Entscheidungen treffen, die auf die Wohlfahrt der Bürger wirken. Im Rahmen dieses Ansatzes wird verdeutlicht, wie die Wahl der allgemeinen politischen Entscheidungsregeln und der budgetären Institutionen die resultierende Budgetallokation bestimmt, wobei die Prinzipal-Agenten-Beziehung zwischen den Bürgern und den Politikern im Zentrum der Analyse steht. Als Maßstab zur Bewertung alternativer budgetärer Verfahren wird die Möglichkeit zur Kontrolle der politischen Repräsentanten durch die Bürger gewählt, d.h. es wird untersucht, wie gut das Prinzipal-Agenten-Problem aus Sicht der Prinzipale, der Bürger, in den verschiedenen institutionellen Arrangements gelöst wird. Die entwickelten Ansätze werden schließlich auf die besondere Struktur der Haushaltswirtschaft der EU angewendet. In diesem Zusammenhang zielt die Untersu-

[10] Vgl. Stanowsky (1997), S. 11 ff.
[11] Vgl. insbesondere von Hagen (1992), S. 53 ff.
[12] Vgl. Folkers (1998), S. 572.

chung primär auf die Frage, welches die geeigneten Regeln für das Haushaltsverfahren der Europäischen Union sind. Dabei werden im wesentlichen zwei Teilfragen erörtert. Erstens wird analysiert, wie die bisherigen Regeln des Haushaltsverfahrens der EU aus Sicht der Bürger zu bewerten sind. Zweitens wird untersucht, wie alternative politische und budgetäre Regeln einzuschätzen sind, die in der EU aufgrund der Erweiterung oder der Festlegung einer europäischen Verfassung umgesetzt werden könnten.

Die vorliegende Arbeit zielt somit zunächst auf eine allgemeine mikroökonomische Analyse der haushaltsrechtlichen Regelungen staatlicher Budgetprozesse und der Bedeutung budgetärer Institutionen für die Allokation von Ressourcen durch den Staat. Der Begriff des Haushaltsverfahrens bzw. des Budgetkreislaufs bezeichnet den Prozeß der Aufstellung staatlicher Budgets, die anschließende Durchführung des festgelegten Haushaltsplans sowie die Kontrolle der Durchführung[13]. Im Haushaltsplan werden die veranschlagten staatlichen Ausgaben und Einnahmen für eine bestimmte Zeitperiode festgeschrieben[14]. Die Regeln und Restriktionen, die von den am Budgetverfahren beteiligten Individuen bei ihren Entscheidungen im Budgetprozeß einzuhalten sind, also beispielsweise die zeitliche Abfolge des Budgetprozesses oder die formalen Anforderungen an den Haushaltsplan, werden als budgetäre Institutionen bzw. Haushaltsinstitutionen bezeichnet[15]. Generell ist es das Ziel der Untersuchung, systematische Zusammenhänge zwischen der Gestaltung der Institutionen und dem Ergebnis des Budgetverfahrens herauszuarbeiten. Im Zentrum der Arbeit steht daher eine positive Analyse budgetärer Verfahren, bei der das Verhalten der Akteure in budgetären Entscheidungsprozessen bei gegebenen Regeln mit Hilfe der Theorie rationaler Entscheidungen und der strategischen Interaktion erklärt wird. Die Bewertung des Allokationsergebnisses, das bei bestimmten institutionellen Konstellationen zu erwarten ist, nach allokativen und distributiven Kriterien ermöglicht die Ableitung normativer Empfehlungen für die Gestaltung budgetärer Institutionen.

Welche theoretischen Ansätze gibt es in der Literatur zu Budgetierungsverfahren, in denen die budgetären Institutionen mittels mikroökonomischer Methoden untersucht werden? Zunächst sind "Public Choice"-Untersuchungen von "traditionellen" finanzwissenschaftlichen Ansätzen abzugrenzen. Abgrenzungskriterium ist dabei, ob die Analyse der Budgetentscheidungen mikroökonomisch fundiert ist. Unter der Bezeichnung "traditionelle" Finanzwissenschaft werden Untersuchungen subsumiert, die die staatliche Finanzwirtschaft untersuchen, ohne den Prozeß der Entscheidungen über staatliche Politiken und die Bedeutung der Regeln, die die Entscheidungen der politischen Repräsentanten bestimmen, explizit einer entscheidungstheoretisch, d.h. mikroökonomisch fundierten Analyse zu unterziehen[16].

Das grundlegende Verhaltensmodell der ökonomischen Theorie, das Paradigma der

[13] Vgl. Kitterer/Senf (1980), S. 546.

[14] Ebenda.

[15] Vgl. dazu Folkers (1996), S. 115.

[16] Vgl. zu dieser Abgrenzung Folkers (1996), S. 114.

individuellen Rationalität, welches zur Analyse der Entscheidungen im privaten Sektor erfolgreich angewendet wird, kommt bei der Betrachtung des staatlichen Bereichs in den traditionellen Ansätzen nicht zur Anwendung. Daß in den Entscheidungsverfahren Individuen involviert sind, die wie die Individuen im privaten Sektor eigene Interessen verfolgen, wird kaum berücksichtigt[17]. Wenn auf die Interessenkonflikte in Haushaltsverfahren und die Begründung einzelner Haushaltsinstitutionen hingewiesen wird, erfolgt dies in der Regel nicht unter Anwendung ökonomischer Analysemethoden. Die Anreizstruktur, der die Entscheidungsträger in staatlichen Budgetprozessen unterliegen, wird ausgeblendet und stattdessen wird versucht, die Existenz vorhandener Institutionen ad hoc zu begründen. Dies führt dazu, daß die realen Haushaltsinstitutionen als normativ wünschenswerte Regeln plausibilisiert werden, ohne daß der politisch-ökonomische Zusammenhang berücksichtigt wird. Eine Auseinandersetzung mit den verschiedenen Interessenkonflikten und dem politischen Verantwortlichkeits- und Kontrollproblem findet nur oberflächlich statt. Prognosen darüber, welche Allokationsergebnisse unter bestimmten Konstellationen von Institutionen bei gegebenen Präferenzen zu erwarten sind, können nicht abgegeben werden und folglich ist ein fundierter Vergleich alternativer institutioneller Arrangements mit den traditionellen Ansätzen nicht möglich[18].

Im Gegensatz dazu werden im Public Choice-Ansatz Handlungen im politischen Bereich mit der Theorie rationaler Entscheidungen analysiert[19]. Wie bei der Betrachtung ökonomischer Wahlhandlungen wird unterstellt, daß Individuen aus den verfügbaren Handlungsalternativen diejenige auswählen, welche ihnen entsprechend ihren Präferenzen das höchstmögliche Niveau individueller Wohlfahrt bietet. Wenn dieses Modell eine realistische Beschreibung individuellen Verhaltens im Falle ökonomischer Entscheidungen darstellt, ist es gleichermaßen in der Lage, Entscheidungen von Individuen im staatlichen Bereich zu erklären. Darüber hinaus ist festzustellen, daß auch in der politischen Wissenschaft der "Rational Choice"-Ansatz zur Erklärung politischer Entscheidungen angewendet wird[20]. Allerdings unterscheiden sich die Entscheidungssituationen im privaten und im öffentlichen Sektor durch die Bedingungen, unter denen Entscheidungen zu treffen sind. Die Restriktionen und die Regeln der Interaktion im staatlichen Bereich sind andere als im privatwirtschaftlichen Bereich, aber die zu lösende Grundaufgabe, die Auswahl aus einer Menge verschiedener Handlungsalternativen, aus denen bestimmte Konsequenzen für die Wohlfahrt des Entscheidungsträgers resultieren, ist im Prinzip dieselbe. Wie auf Märkten wird über das Budget durch Individuen entschieden, die Präferenzen über verschiedene Allokationen haben und bestimmten Restriktionen unterliegen. Deshalb ist es naheliegend, budgetäre Entscheidungen aus ökonomischer Sicht mit Hilfe mikroökonomischer

---

[17] Vgl. Rubin (1990), S. 179 ff. Als Beispiele für die Ausführungen in diesem Abschnitt sind Senf (1977), S. 371 ff., Haller (1980), S. 559 ff. sowie Rürup/Hansmeyer (1984) zu nennen.

[18] Vgl. Folkers (1984), S. 501.

[19] Vgl. Mueller (1989), S. 1 ff.

[20] Vgl. z.B. für einen Überblick Shepsle (1989), S. 132 ff.

Methoden bzw. Ansätzen der Public Choice-Theorie zu analysieren. Im Bereich der Mikroökonomik ist ein weitreichendes Analyseinstrumentarium entwickelt worden, das sich nicht nur auf Auswahlsituationen einzelner isolierter Individuen beschränkt, sondern das durch die Integration der Spieltheorie auch die Untersuchung strategischer Interaktionen zwischen Individuen ermöglicht[21]. Zahlreiche Arbeiten aus dem Bereich der Neuen Politischen Ökonomie und der politischen Wissenschaft untersuchen mit Hilfe spieltheoretischer Ansätze Entscheidungen im politischen und budgetären Bereich, die mittels kollektiver Auswahlverfahren, wie beispielsweise durch Mehrheitsabstimmungen, getroffen werden[22].

Im Zentrum der Analyse budgetärer Verfahren steht der Zusammenhang zwischen den Institutionen und dem Allokationsergebnis. Es wird für gegebene budgetäre Institutionen analysiert, welche ökonomischen Mittel durch das betrachtete Allokationsverfahren beansprucht werden, wie diese auf verschiedene Verwendungen verteilt werden und welche Eigenschaften das zu erwartetende Ergebnis des Allokationsprozesses hat. Dabei werden auch deskriptive Ansätze, die sich auf die Darstellung bestehender Institutionen beziehen, in die Betrachtung einbezogen, wenn es darum geht, aus der Vielzahl der institutionellen Gestaltungsmöglichkeiten jene auszuwählen, die in der Realität tatsächlich angewendet werden bzw. angewendet werden können. Untersucht wird, wie die Regeln des Haushaltsverfahrens, die bei der Entscheidung über den staatlichen Haushalt gelten, die Interaktion der im staatlichen Budgetierungsprozeß beteiligten Organe der betrachteten Jurisdiktion beeinflussen und wie diese auf die Resultate des Haushaltsverfahrens, auf das letztendlich resultierende staatliche Budget wirken. Im Mittelpunkt der normativen Erwägungen steht die Frage, welche Allokationsverfahren zu bevorzugen sind, wenn bestimmte Wohlfahrtsziele angestrebt werden. Die Analyseformen sind komplementär, da eine normative Bewertung bestimmter Institutionen voraussetzt, daß in einer positiven Analyse die allokativen und distributiven Ergebnisse, die unter diesen Institutionen zu erwarten sind, bestimmt wurden.

Voraussetzung für die Erreichung der angestrebten Ziele ist insbesondere ein Analyseansatz, der den Vergleich verschiedener institutioneller Konstellationen und dabei die Untersuchung des Prinzipal-Agenten-Problem zwischen Bürgern und Politikern ermöglicht. Ein solcher Ansatz wird im Verlauf der Untersuchung vorgestellt[23]. Zur Eingrenzung empfiehlt sich zudem eine Konzentration der Analyse auf die Budgetentscheidungsstufe, wobei Fragen der Budgetdurchführung und -kontrolle v.a. hinsichtlich ihrer Bedeutung für die Entscheidung über die Budgetaufstellung berücksichtigt werden. Untersucht wird ausschließlich der Einfluß budgetärer Institutionen auf Haushaltsentscheidungen. Nicht diskutiert wird dagegen die unterschiedliche Zuweisung von Aufgaben-, Ausgaben- und Einnahmekompetenzen auf verschiedene Gebietskörperschaften sowie die alternative Gestaltung der Einnahmeninstrumente. Diese Parameter der staatlichen Haushaltswirtschaft

[21] Vgl. für einen umfassenden Überblick Ordeshook (1986).

[22] Vgl. für einen Überblick von Hagen (1992), S. 23 ff. sowie Stanowsky (1998), S. 36 ff.

[23] Siehe Kapitel 5.

werden als gegeben angenommen.

Die Arbeit gliedert sich in zwei Teile. Der erste Teil widmet sich der Analyse budgetärer Entscheidungen unter alternativen Hauhaltsinstitutionen. Im zweiten Teil werden die Ansätze auf die Haushaltswirtschaft der EU angewendet. Zuerst werden die Grundlagen der mikroökonomischen Analyse von Haushaltsverfahren erörtert, wobei ein stilisiertes Grundmodell des Prozesses der Budgetaufstellung aufgestellt wird. In einem weiteren Schritt werden die verschiedenen Gestaltungsdimensionen budgetärer Institutionen sowie ihrer Ausprägungen systematisch dargestellt und ihre jeweilige Bedeutung für die Ergebnisse des Budgetprozesses erörtert. In einem spieltheoretischen Modell wird die Wirkung budgetärer Regeln auf die Budgetallokation untersucht, wobei zunächst die Wahl der Repräsentanten durch die Bürger ausgeblendet bleibt. Schließlich wird im Rahmen des entwickelten Modellansatzes analysiert, wie die Frage der demokratischen Kontrolle und der Verantwortlichkeit der Repräsentanten gegenüber den Bürgern in verschiedenen Arrangements budgetärer Institutionen gelöst wird, wenn die Bürger durch die Möglichkeit zur Bestimmung der politischen Entscheidungsträger Einfluß auf die Haushaltsentscheidungen nehmen können. Im zweiten Teil der Arbeit erfolgt zunächst eine Analyse und Evaluation der derzeitigen Budgetinstitutionen der EU. Anschließend werden alternative institutionelle Arrangements, die in einer internationalen Wirtschaftsunion wie der EU zur Anwendung kommen können, hinsichtlich ihrer Eigenschaften bezüglich der demokratischen Repräsentanz untersucht. Dabei liegt das Augenmerk zunächst auf den Ergebnissen unterschiedlicher Regierungsformen, wie der eines konföderalen Rates, eines von den Bürgern gewählten Unionsparlamentes oder einer Unionsregierung, wobei die Interdependenzen zwischen den verschiedenen Budgetierungsebenen, der nationalen Ebene und der Unionsebene, berücksichtigt werden. Darüber hinaus werden die Wirkungen verschiedener Varianten der allgemeinen politischen und haushaltsmäßigen Regeln, wie z.B. den Abstimmungsquoren, betrachtet, die in der aktuellen EU Verfassungsdebatte erörtert werden. Aufgrund der Evaluation der institutionellen Möglichkeiten werden Empfehlungen für die Gestaltung der politischen und fiskalischen Verfassung der EU gegeben.

Teil I

Haushaltsinstitutionen und demokratische Kontrolle

Kapitel 2

Grundlagen der mikroökonomischen Analyse staatlicher Haushaltsverfahren

2.1 Einleitung

Aufgabe dieses Kapitels ist es, auf eine mikroökonomische Analyse staatlicher Haushaltsverfahren hinzuleiten und dabei sukzessive die erforderlichen Eingrenzungen und Abstraktionen, die für eine sinnvolle Untersuchung erforderlich sind, zu begründen. Dazu werden zunächst die Bedeutung und die wesentlichen Eigenschaften staatlicher Budgetierungsprozesse diskutiert. Anschließend wird erörtert, inwieweit eine theoretische Betrachtungsweise budgetärer Verfahren Vereinfachungen vornehmen muß, damit eine mikroökonomisch fundierte Analyse möglich wird. Diese Überlegungen leiten über zu einer deskriptiven Bestandsaufnahme budgetärer Verfahren, in der die Stufen des Haushaltskreislaufs charakterisiert werden. Dabei werden die verschiedenen Phasen des Budgetprozesses dargestellt und ihre Relevanz für die resultierende Budgetallokation wird herausgearbeitet. Obwohl hierbei deutlich wird, daß alle Phasen des Budgetkreislaufs interdependent verknüpft sind und daß die Institutionen auf allen Stufen einen gewissen Einfluß auf die tatsächlich resultierende Budgetallokation haben, wird an dieser Stelle eine Beschränkung der Analyse auf die Phase der Aufstellung und Verabschiedung des Haushalts begründet. Die Konzentration auf einen Teilbereich des Budgetverfahrens ist erforderlich, um die Voraussetzung für eine sinnvoll vertiefte Untersuchung zu schaffen, und sie ist vertretbar, weil unter bestimmten Bedingungen die resultierende Budgetallokation primär durch die Entscheidungen in dieser Phase bestimmt wird. In einem weiteren Schritt wird die Situation des Budgetentscheidungsspiels charakterisiert, indem die Sequenz der Entscheidungen, die Spieler, ihre Präferenzen und Handlungsalternativen dargestellt werden. In diesem Zusammenhang werden die möglichen Beziehungen zwischen den Zielen der Spieler verdeutlicht. Es wird ersichtlich, daß in der repräsentativen Demokratie der Einfluß der Bürger auf die Entscheidungen der politischen Repräsentanten nicht im eigentlichen Budgetierungsspiel sondern erst über den Mechanismus zur Auswahl der Repräsentanten wirksam wird. Deshalb erfordert die Evaluation der Wohlfahrtswirkungen einer Konstellation budgetärer Institutionen die Einbeziehung der Wahl der politischen Akteure durch die Bürger. Abschließend wird erörtert, anhand welcher Kriterien die Institutionen bzw. das durch sie bewirkte Allokationsergebnis hinsichtlich der Erreichung des Ziels der demokratischen Kontrolle und der Repräsentanz der Bürgerpräferenzen bewertetet werden können.

2.2 Ökonomische Effekte staatlicher Haushalte

Welche ökonomische Bedeutung haben staatliche Haushaltsverfahren in der EU und den Mitgliedstaaten in quantitativer und in materieller Hinsicht? Über welche Dimensionen der volkswirtschaftlichen und der staatlichen Allokation wird im Budgetprozeß entschieden und welche distributiven Effekte gehen von ihnen aus? Bei der Beantwortung dieser Fragen werden zunächst die verschiedenen Aspekte staatlicher Budgetallokationen dargestellt und die von ihnen ausgehenden Wirkungen diskutiert. Die wichtigsten zusammengefaßten Komponenten des Staatshaushalts und einige der aus ihnen resultierenden Effekte werden in der Abbildung 2.1 auf Seite 13 veranschaulicht, die die Grundlage der Darstellung dieses Abschnitts bildet und im Verlauf erläutert wird. In dieser Abbildung stehen neben den Bestandteilen der staatlichen Allokation vor allem die privatwirtschaftliche Wirtschaftstätigkeit, d.h. die monetären Ströme, die zwischen den privaten Haushalten und den Unternehmen auf Produktionsfaktor- und Gütermärkten fließen, im Mittelpunkt[1]. Dabei soll verdeutlicht werden, wo die verschiedenen budgetären Aktivitäten des Staates an das Wirtschaftsgeschehen im privatem Bereich der Volkswirtschaft anknüpfen[2]. Die deskriptive Darstellung der Budgeteffekte veranschaulicht, welche Wirkungen von staatlichen Budgets ausgehen und in welcher Weise diese für die Entscheidungen der am budgetären Prozeß beteiligten Individuen von Bedeutung sind. Darüber hinaus geht es insbesondere darum, die verschiedenen Einzeleffekte derart zu vereinfachen, daß die wesentlichen Aspekte in einem übersichtlichen Modellrahmen abgebildet werden können.

Haushaltsverfahren sind in der repräsentativen Demokratie der zentrale Mechanismus zur Allokation und Distribution von Ressourcen durch den Staat. Zum einen wird darüber entschieden, wieviele Ressourcen den privaten Haushalten entzogen und der Verwendung durch den Staat zugeführt werden, zum anderen wird festgelegt, für welche Verwendungen die vom Staat erhobenen Mittel im einzelnen verausgabt werden[3]. In den 15 Mitgliedslän-

[1] Vgl. zur Abbildung 2.1 Brümmerhoff (1992), S. 12 ff.

[2] Es wird bei der gewählten Darstellungsweise aus Gründen der Übersichtlichkeit in diesem Kapitel von internationalen Wirtschaftsbeziehungen abgesehen. Außerdem werden nur monetäre und keine realen Ströme berücksichtigt.

[3] Vgl. Haller (1980), S. 564 ff.

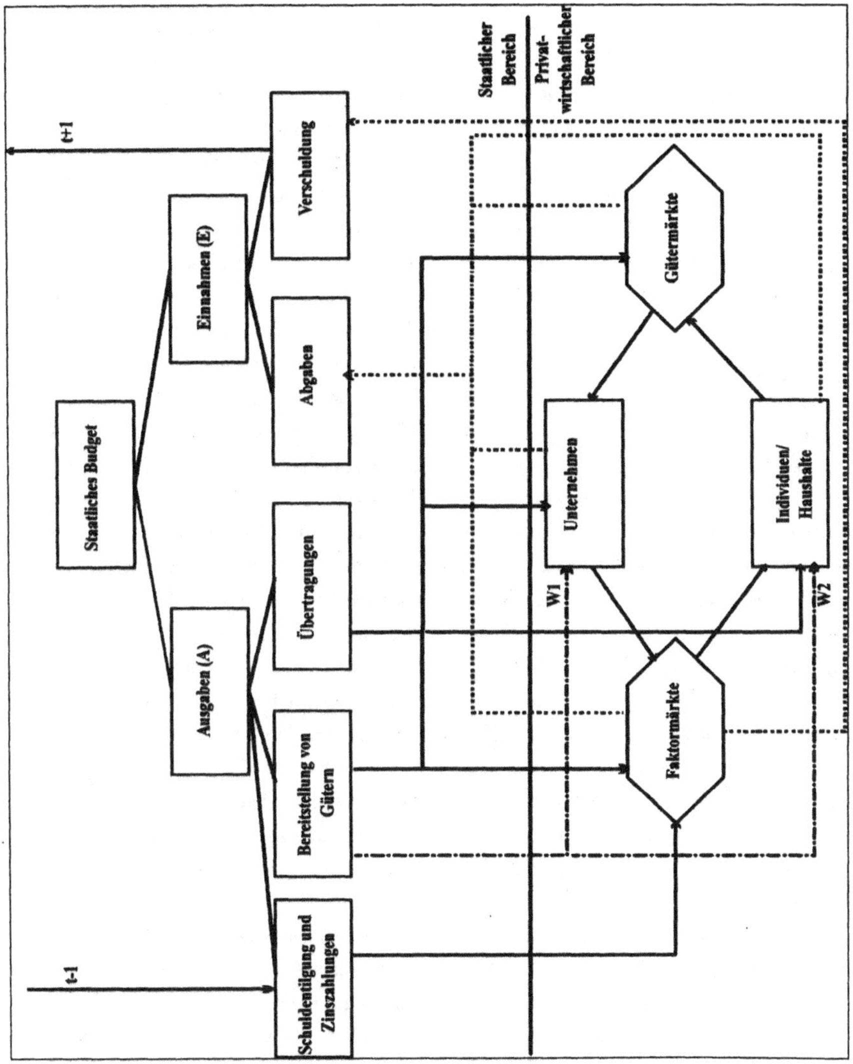

Abbildung 2.1: Staatshaushalt und ökonomische Effekte

dern der EU betrug die Quote der durch den Staat ausgegebenen Mittel zum Bruttosozialprodukt 1999 im Durchschnitt 48,2%, wobei die Werte von 39,9% in Großbritannien bis zu 61,8% in Schweden reichten[4]. Im Durchschnitt wird in den Staaten der EU somit fast die Hälfte der volkswirtschaftlichen Ressourcen durch den Staat statt durch Märkte alloziiert. Dies zeigt die zentrale Bedeutung des hier untersuchten Allokationsmechanismus, wenngleich die Gesamtheit der budgetären Ressourcen nicht einem einzelnen Gesamtbudget zugeordnet ist, sondern sich auf die Budgets verschiedener Gebietskörperschaften und die Sozialversicherungen aufteilt, über die nicht ausschließlich mittels der hier untersuchten budgetären Verfahren im engeren Sinne entschieden wird[5]. Im folgenden werden die wesentlichen allokativen und distributiven Wirkungen des staatlichen Haushalts dargestellt. Der Allokationsaspekt betrifft die Bereitstellung von Gütern durch das Budget und die dazu erforderliche Verwendung volkswirtschaftlicher Ressourcen. Er bezieht sich aber auch auf die Anpassungseffekte, die sich durch die verschiedenen Einflüsse der Ausgaben- und der Einnahmenseite auf die Aktivitäten im privatwirtschaftlichen Bereich ergeben[6]. Der Distributionsaspekt bezeichnet hingegen die aus der Budgetallokation resultierende Verteilung der budgetären Wirkungen auf die Wohlfahrt der verschiedenen Individuen.

Aus allokativer Sicht ist das Ergebnis staatlicher Haushaltsverfahren hinsichtlich verschiedener Dimensionen zu charakterisieren. Dies betrifft erstens die Aufteilung des Bruttosozialprodukts auf die Verwendungen durch den Staat einerseits und den privaten Sektor andererseits, die implizit, wenn eine durch Schuldenfinanzierung mittelfristig weiche staatliche Budgetrestriktion unterstellt wird, durch die Festlegung der Höhe des Gesamtbudgets bestimmt wird [7]. Wieviel Mittel werden insgesamt für die Verwendung durch den Staat reserviert und damit dem privaten Sektor entzogen? In der Abbildung 2.1 ist die Gesamtheit der vom Staat attrahierten Mittel von der Herkunftsseite her gegeben durch die Gesamtheit der Einnahmen (E), die vom privaten Bereich in Form von Abgaben und Mitteln aus Verschuldung an den staatlichen Sektor fließen. Die insgesamt durch den Staat verwendeten Mittel entsprechen von der Verwendungsseite gesehen der Summe aller budgetären Ausgaben (A). Der formale Haushaltsausgleich erfordert, daß sich die Ströme der Mittelherkunft und der Mittelverwendung innerhalb einer Budgetperiode ausgleichen (E = A)[8].

Zweitens wird durch den Haushalt bestimmt, wofür die veranschlagten Mittel im einzelnen verwendet werden, d.h. die Struktur der staatlichen Ausgaben wird determiniert[9]. Hier können in erster Linie zwei grundlegende Aspekte betrachtet werden. Einerseits wird durch den Haushaltsplan aus funktionaler Sicht festgelegt, für welche Ziele, politische Be-

---

[4] Vgl. Eurostat (2000). Dabei sind die Haushalte der Sozialversicherungen hinzugerechnet, deren Mittel ebenfalls nicht mit marktlichen Verfahren alloziiert werden.

[5] Vgl. Brümmerhoff (1992), S. 9 f.

[6] Vgl. z.B. Boadway/Wildasin (1984), S. 287 ff. sowie Brümmerhoff (1992), S. 11 ff.

[7] Vgl. Haller (1980), S. 560.

[8] Vgl. Kitterer/Senf (1980), S. 561 ff.

[9] Vgl. Haller (1980), S. 566 ff.

reiche bzw. Leistungen die Mittel verwendet werden, d.h. welche Güter durch den Staat bereitgestellt und welche Übertragungen geleistet werden[10]. Andererseits wird entschieden, für welche Arten von Gegenleistungen die Finanzmittel verausgabt werden. Werden mit den Geldern Inputfaktoren für die staatliche Leistungserstellung gekauft, werden mit ihnen Güter bezogen, die vom privaten Sektor erstellt werden, oder werden sie ohne eine entsprechende Gegenleistung übertragen?

Im folgenden werden zunächst die möglichen Wirkungen der Ausgabenpolitiken dargestellt. Bezogen auf die Ausgabenseite des Budgets führt der Staat zwei grundlegende Arten von Aktivitäten durch. Erstens stellt er verschiedene Typen von Politiken bzw. Gütern bereit und zweitens leistet er monetäre Übertragungen an Individuen[11]. Die Güter, die der Staat bereitstellt, können zum einen in anderen Bereichen der Volkswirtschaft produktive Wirkungen entfalten und zum anderen den Konsumnutzen der Individuen erhöhen. Die Bereitstellung ist somit mit zwei verschiedenen Arten von Wohlfahrtseffekten verbunden, wobei der eine direkt die Wohlfahrt der Individuen erhöht, während der andere mittelbar über die volkswirtschaftliche Allokation und die Einkommenserzielung der Individuen wirkt. Die meisten in der Realität durch den Staatshaushalt bereitgestellten Güter sind diesbezüglich nicht eindeutig abzugrenzen, sondern stellen Mischformen dar. Beispiele für vom Staat angebotene produktive Zwischenprodukte sind Infrastrukturleistungen oder die erwähnte Gewährleistung des Gutes Rechtssicherheit[12]. Die Güter können eine Verbesserung privater ökonomischer Austauschbeziehungen ermöglichen und sich somit produktivitätserhöhend auf die volkswirtschaftliche Allokation auswirken. Von reinen Inputgütern geht somit eine Wirkung (W1) auf die Produktionsmöglichkeiten der Unternehmen aus, die sich in den Einkommen wiederspiegeln, die die Individuen als Faktoranbieter erzielen können. Bei den staatlich bereitgestellten Konsumgütern handelt es sich hingegen um Budgetpolitiken, die unmittelbar die Wohlfahrt der Individuen erhöhen (W2). Hierbei ist beispielsweise an staatliche Einrichtungen gedacht, die von den Bürgern genutzt werden. Dies können reine öffentliche Güter, Mischgüter mit partiell öffentlicher, d.h. beispielsweise mit lokaler oder gruppenspezifischer Nutzenwirkung, aber auch private Güter sein[13]. Die individuellen Wohlfahrtseffekte, die von den verschiedenen staatlich bereitgestellten Gütern ausgehen, werden im einzelnen im Zusammenhang mit den Präferenzen der Bürger in Abschnitt 2.4.2.1 diskutiert[14].

---

[10]Vgl. ebenda, S. 561 ff.

[11]Der Güterbegriff, von dem in den Ausführungen ausgegangen wird, schließt die meisten Formen staatlicher Aufgaben ein und beinhaltet beispielsweise die Staatsaufgabe der Bereitstellung eines funktionierenden Rechtssystems oder die Regulierung von Märkten, die ohne Lenkung des Staates u.U. nicht zufriedenstellend funktionieren. Vgl. dazu Haller (1980), S. 561 ff.

[12]Vgl. Arnold (1992), S. 81 und 177 ff.

[13]Vgl. Arnold (1992), S. 79 ff.

[14]Die Feststellung, daß die verschiedenen Politiken durch den Staat bereitgestellt werden, impliziert keine normative Aussage darüber, ob eine staatliche Bereitstellung tatsächlich vorteilhaft ist. Vielmehr geht es um eine deskriptive Bestandsaufnahme der Eigenschaften realer Budgetallokationen.

Im Fall der zweiten Art staatlicher Aktivität, den Übertragungen, werden monetäre Ressourcen vom Staat ohne spezifische Gegenleistung aber zumeist geknüpft an gewisse Bedingungen direkt an Wirtschaftssubjekte übertragen[15]. Hierbei geht es zum einen um die Redistribution von Einkommen durch direkte Transfers an Individuen. Andererseits werden Beihilfen direkt an Unternehmen oder geknüpft an bestimmte wirtschaftliche Transaktionen auf Faktor- oder Gütermärkten geleistet.

Ein weiteres Merkmal der Ausgabenstruktur speziell im Bereich der staatlichen Güterbereitstellung ist, für welche Gegenleistung die Mittel im einzelnen veranschlagt werden, d.h. welche Inputfaktoren oder Güter vom privaten Sektor für die Ausgaben bezogen werden. Dabei kann unterschieden werden, ob die Leistungserstellung durch den Staat selber, durch seine Körperschaften, Behörden und Unternehmen erfolgt oder ob Leistungen vom privaten Sektor hergestellt und dann vom Staat gekauft und bereitgestellt werden. Im Fall der Produktion der Güter durch den Staat wird mit originären Inputfaktoren produziert, die auf dem Produktionsfaktormarkt im privaten Sektor bezogen werden. D.h. es fließen Inputleistungen an den Staat, die durch die Ausgaben für die Faktorentlohnung abgegolten werden[16]. Dabei stellt sich die Frage, welche Arten und Mengen von Produktionsfaktoren im einzelnen gekauft werden. Erfolgt die Produktion der bereitgestellten Politiken privat, werden die erforderlichen Leistungen auf Gütermärkten erworben. Entsprechend fließen Güterströme zum Staat und es werden Entgelte dafür gezahlt[17]. Daher ist die Entscheidung über die Art und die Mengen der staatlich bereitgestellten Güter sowie der angewendeten Produktionsverfahren vor allem auch eine Frage der Allokation realer Ressourcen, d.h. der Verwendung originärer Produktionsfaktoren und Güter des privatwirtschaftlichen Bereichs. Wieviele der insgesamt vorhandenen volkswirtschaftlichen Ressourcen werden im staatlichen Sektor eingesetzt und wieviel davon wird jeweils für die verschiedenen Politiken verwendet? Die Allokation im privaten Bereich wird durch die Nachfrage des Staates auf den Güter- und Faktormärkten beeinflußt. So sind von der Ausgabenseite neben den direkten Wohlfahrtseffekten Wirkungen auf die wirtschaftlichen Aktivitäten zu berücksichtigen und Anpassungsprozesse zu erwarten[18]. Allerdings wird in der Untersuchung von der Berücksichtigung realwirtschaftlicher Zusammenhänge abgesehen und es wird ausschließlich die unmittelbare Wirkung der Ausgaben auf die Wohlfahrt der Individuen betrachtet, wobei dann zwischen solchen Politiken unterschieden wird, die direkt die Wohlfahrt erhöhen und anderen, die über eine Erhöhung des Bruttoeinkommens wirken.

---

[15] Vgl. Brümmerhoff (1992), S. 27 f. und Haller (1980), S. 573 f. Dies schließt z.B. nicht bestimmte Versicherungsleistungen ein, für die Beiträge geleistet werden und die in den Bereich staatlicher Güterbereitstellung fallen.

[16] Der Vollständigkeit halber sei erwähnt, daß der Staat in bestimmten Bereichen, z.B. im Fall staatlicher Immobilien, selbst auch als Faktoranbieter auftritt und Faktorentgelte erhält.

[17] Vgl. Brümmerhoff (1992), S. 11 ff.

[18] Vgl. Haller (1980), S. 570.

Da in realen Haushaltsplänen die Festlegung der Verwendung der Mittel regelmäßig nach dem Ressortprinzip, d.h. gegliedert nach den Einzelplänen der Ministerien und Körperschaften, erfolgt, und weil die Behörden zahlreiche sich teilweise überschneidende Aufgaben abdecken, ist die funktionale Struktur des Budgets aus dem Haushaltsplan meist nicht klar ersichtlich, d.h. es ist nicht offensichtlich, wieviele und welche Mittel durch den Haushalt für die verschiedenen staatlichen Ziele bereitgestellt werden[19]. Um diesem Mangel zu begegnen, werden entsprechende Übersichten wie beispielsweise in Deutschland die Funktionenübersicht zum deutschen Bundeshaushalt erstellt. Solche zusätzlichen Übersichten erhöhen zwar die Transparenz des Budgetplans, sie beseitigen allerdings nicht die generelle Problematik, daß ohne genaue Kenntnis der Bereitstellungstechnologie aus dem Haushaltsplan kaum auf das zu erwartende Niveau und die Qualität der staatlichen Güter geschlossen werden kann. Somit haben staatliche Budgets die problematische Eigenschaft, daß aus ihnen der Zusammenhang zwischen Inputs und Outputs in der Regel nicht nachvollziehbar ist[20].

Die dritte Dimension des Ergebnisses budgetärer Entscheidungen ist die Finanzierung der Ausgaben, die Festlegung der Einnahmenstruktur[21]. Wird das Budget durch Abgaben finanziert, die in der betrachteten Periode erhoben werden, oder durch Verschuldung? Wie ist die Struktur der erhobenen Abgaben, d.h. aus welchen Gebühren, Beiträgen und Steuern setzen sich diese zusammen[22]? Dabei ist zu berücksichtigen, daß durch die Anknüpfung der staatlichen Abgabenerhebung an private ökonomische Aktivitäten wie den Güterkonsum oder die Einkommenserzielung u.U. die Preisverhältnisse zwischen den Verwendungsmöglichkeiten der Ressourcenausstattung der Individuen verzerrt werden und daß durch die Reaktion der Individuen gegebenenfalls Zusatzlasten entstehen, die über den reinen Aufwand der Zahlungen an den Staat hinausgehen. Aus der Besteuerung des laufenden Einkommens resultiert beispielsweise ein Excess-Burden, weil Einkommenserzielung durch mehr Freizeitkonsum substituiert und Aktivitäten in die Schattenwirtschaft verlegt werden[23]. So bewirkt jede Form der Abgabenerhebung, die an ökonomische Aktivitäten geknüpft ist und von deren Niveau abhängig ist, ökonomische Anpassungsreaktionen und damit eine Zusatzlast, die als Effekt der Einnahmenseite des Budgets zu berücksichtigen ist.

Mit der Finanzierungsentscheidung verbunden ist viertens die intertemporale Allokation durch das Budget. Diese Dimension bezieht sich einerseits auf die Frage einer möglichen Schuldenfinanzierung, also der Verschiebung der Abgabenerhebung in spätere Perioden[24]. In der Regel gilt zwar der Grundsatz des Haushaltsausgleichs, d.h. der Haus-

---

[19] Vgl. Brümmerhoff (1992), S. 130.

[20] Vgl. Haller (1980), S. 568.

[21] Vgl. Haller (1980), S. 572 sowie Kitterer/Senf (1980), S. 554 f.

[22] Dies ist primär eine Frage der Abgabengesetzgebung, die in der Regel nicht im Rahmen des jährlichen Haushaltsgesetzes festgelegt wird, und die deshalb hier nicht genauer untersucht wird.

[23] Vgl. Atkinson/Stiglitz (1980), S. 27 ff.

[24] Vgl. Kitterer/Senf (1980), S. 554.

halt muß in Ausgaben und Einnahmen ausgeglichen sein. Dies impliziert meist aber nicht einen materiellen Haushaltsausgleich, sondern schließt die Möglichkeit der Schuldenfinanzierung ein. Die Staatschulden müssen in späteren Perioden zurückgezahlt werden und darüber hinaus sind Zinszahlungen an die Gläubiger zu leisten. Diese Zahlungen sind auf der Ausgabenseite zu berücksichtigen. Allein die Zinszahlungen machen in den z.T. hochverschuldeten EU Ländern einen beträchtlichen Teil der Ausgaben aus und engen den Spielraum für Haushaltsentscheidungen stark ein[25].

Die Frage der intertemporalen Allokation bezieht sich darüber hinaus noch auf einen weiteren Aspekt der Ausgabenseite. Der Spielraum für zukünftige Budgetpolitiken wird auch in der Weise eingeschränkt, wie durch mehrjährige Projekte oder deren Folgekosten Verpflichtungen für spätere Perioden eingegangen werden[26]. So ist es erforderlich, daß auch Verpflichtungen, die erst in späteren Perioden zu Ausgaben führen, durch den Budgetplan ermächtigt werden. In realen staatlichen Haushaltswirtschaften ist im jährlichen Budgetprozeß ein großer Teil der budgetären Mittel nicht disponibel, sondern durch langfristige vertragliche Bindungen festgelegt[27]. Der Spielraum für weitreichende Dispositionen ist stark begrenzt und ein großer Teil des Budgets wird fortgeschrieben. Aber auch über langfristige Bindungen wird entschieden und diese sind irgendwann wieder disponibel, d.h. auf lange Sicht gibt es keine fixen Ausgaben. Die Festlegung von Ausgaben über die Regierungsperiode hinaus bindet spätere Regierungen und schränkt deren Handlungsspielraum ein. Für die politischen Repräsentanten gibt es daher u.U. Anreize, mit Hilfe des laufenden Budgets möglichst in großem Ausmaß zukünftige Ausgaben zu determinieren, um nachfolgende Regierungen auf die bevorzugten Politiken festzulegen[28]. Aus diesem Grund wird gefordert, Ausgabenprogramme zeitlich zu begrenzen und deren Neuauflage gegebenfalls von einer erneuten Entscheidung abhängig zu machen (sunset legislation)[29]. In dieser Arbeit werden die intertemporalen Aspekte staatlicher Budgets zu Gunsten anderer Fragestellungen ausgeblendet, weshalb keine mehrperiodigen Ausgabenprogramme berücksichtigt werden[30].

Aus den allokativen Entscheidungen, die durch das Budget determiniert werden, resultieren Verteilungseffekte. Nach Durchführung der staatlichen Allokation und nach allen ökonomischen Anpassungsreaktionen kann es bezüglich der individuellen Wohlfahrt cet. par. Gewinner und Verlierer gegenüber der Ausgangssituation geben[31]. Die materielle wohlfahrtsmäßige Inzidenz des staatlichen Budgets, d.h. die Verteilung der individuellen Wohlfahrtsverluste und -gewinne resultiert aus der Struktur der im Haushaltsplan festgelegten Ausgaben und Einnahmen und der dadurch bestimmten Umsetzung des Haushalts.

[25] Vgl. von Weizsäcker (1997), S. 130 f.
[26] Vgl. Brümmerhoff (1992), S. 145 ff. sowie Kitterer/Senf (1980), S. 553 ff.
[27] Vgl. Haller (1980), S. 568.
[28] Vgl. Persson/Svensson (1989).
[29] Vgl. Folkers (1983), S. 39 ff.
[30] Vgl. dazu auch die Ausführungen im Abschnitt 2.4.2.1 auf Seite 34.
[31] Vgl. Haller (1980), S. 570 ff.

Die Wohlfahrtswirkungen ergeben sich auch durch die ökonomischen Anpassungsprozesse, die als Reaktion auf die staatlichen Maßnahmen folgen[32]. Eine rein formale Inzidenzanalyse, die ausschließlich feststellt, wer Auszahlungen aus dem Budget erhält und wer Zahlungen zum Budget leistet, würde ein verzerrtes Bild der tatsächlichen wohlfahrtsmäßigen Verteilungseffekte liefern, weil die Präferenzen über die staatliche Bereitstellung und die Opportunitätskosten der budgetären Allokation nicht berücksichtigt werden[33]. So können Individuen ihre Wohlfahrtsposition durch die budgetäre Allokation durchaus verbessern, obwohl sie als Nettozahler zum Budget beitragen. Eine vollständige Analyse der Verteilungswirkungen sollte daher die Wohlfahrtswirkung betrachten, wobei primär die individuellen Verteilungseffekte, also die Veränderung der Wohlfahrtsposition einzelner Individuen von Interesse sind. Darüber hinaus stehen gruppenspezifische distributive Vor- und Nachteile, die für Individuen mit gemeinsamen Interessen aus der staatlichen Bereitstellung resultieren, im Fokus der Analyse budgetärer Prozesse[34]. In politischen Entscheidungsprozessen können gleichgerichtete Interessen unter bestimmten Bedingungen zu Gruppeninteressen gebündelt werden, die dann einen erhöhten Einfluß auf die politischen Entscheidungen nehmen. Beispiele für gruppenspezifische Wirkungen sind distributive Effekte, die zu Gunsten der Anbieter bestimmter Produktionsfaktoren oder der Angehörigen einer bestimmten Wirtschaftsbranche wirken.

Ein Vergleich mit realen Haushaltsprozessen verdeutlicht, daß sich allokative und distributive Aspekte nicht klar trennen lassen. Allokativ motivierte Politiken implizieren distributive Effekte, d.h. Veränderungen der relativen Verteilung der Wohlfahrt der Individuen[35]. Umgekehrt haben verteilungspolitisch motivierte Ausgaben Einfluß auf die Anreizstruktur der Ökonomie und entfalten somit allokative Wirkungen. Die Musgravesche Trennung zwischen den budgetpolitischen Abteilungen Alloaktion, Distribution und Stabilisierung, die jeweils unabhängig voneinander ihre optimalen Budgets bestimmen und implementieren, mag zur gedanklichen Vorstrukturierung einiger Aspekte der normativen Analyse nützlich sein[36]. Die Konstruktion kann aber kaum zum Verständnis der Funktionsweise realer Budgetprozesse beitragen. Daher sollte eine positive Analyse staatlicher Haushaltsverfahren erst die erwarteten Budgetierungsergebnisse verschiedener budgetärer Institutionen herausarbeiten und diese dann unter allokativen und distributiven Gesichtspunkten diskutieren und vergleichen.

Allerdings ist es kaum möglich, einer Analyse budgetärer Entscheidungsverfahren ein Modell zugrunde zu legen, welches alle genannten Budgeteffekte im einzelnen berücksichtigt. Weil sich verschiedene Anpassungsprozesse überlagern und weil einzelne Budgetpolitiken unterschiedliche, z.T. gegenläufige Effekte, auf die Präferenzen und den Be-

---

[32] Ebenda.
[33] Ebenda, S. 572 ff.
[34] Ebenda, S. 560.
[35] Vgl. Haller (1980), S. 561.
[36] Vgl. Musgrave (1959), S. 5 ff. sowie Haller (1980), S. 560 f.

reitstellungsprozeß haben, sind die tatsächlichen allokativen und distributiven Wirkungen der Budgetpolitiken nicht in einem einheitlichen Ansatz zu integrieren, der in einer Untersuchung budgetärer Institutionen analytisch handhabbar wäre. Deshalb ist es erforderlich, der Analyse ein reduziertes Modell budgetärer Wirkungen zugrunde zu legen, das die verschiedenen Wirkungskanäle vereinfacht und die vielfältigen Anpassungsprozesse zusammenfaßt. In Abschnitt 2.4.3 wird aus diesem Grund für die Untersuchung ein analytischer Ansatz eingeführt, in dem die Ausgaben und Abgaben direkt auf die Parameter wirken, die für die Wohlfahrt der Individuen entscheidend sind. Dazwischenliegende Wirkungsstufen werden dabei ausgeblendet.

2.3 Der Haushaltskreislauf

Der Budgetprozeß besteht aus einer Sequenz von vier Budgetphasen: der Haushaltsaufstellung, der -verabschiedung, der -durchführung und der -kontrolle[37]. Im folgenden werden die Phasen der Erstellung des Budgetvorschlags durch die Exekutive und die parlamentarische Verabschiedung unter der Bezeichnung "Haushaltsaufstellung" zusammen betrachtet. In der Phase der Budgetaufstellung wird zunächst ein Voranschlag erstellt, in dem die zu erwartenden Einnahmen und geplanten Ausgaben zusammenfaßt werden. Dieser Voranschlag ist Grundlage für die legale Festlegung des für die folgende Periode rechtsverbindlichen Haushaltsplans. In der Phase der Haushaltsdurchführung wird der festgelegte Haushaltsplan von den jeweiligen staatlichen Organen und Behörden umgesetzt, d.h. Ausgaben und Einnahmen werden so ausgeführt, daß sie den veranschlagten Sollwerten möglichst entsprechen. Die Ausführung der tatsächlichen Haushaltstransaktionen wird in der Phase der Haushaltskontrolle von verschiedenen Instanzen überwacht und das Ergebnis der Kontrolle kann zu politischen und rechtlichen Konsequenzen für die haushaltsausführenden Stellen führen[38]. Ein Schema der Phasen des Budgetprozesses wird in der Abbildung 2.2 auf Seite 22 gezeigt. Dabei wird verdeutlicht, daß jede Phase einen Output liefert, der den Ausgangspunkt für die jeweils nächste Budgetphase darstellt. Die Phase der Budgetaufstellung führt zur Feststellung des Haushaltsplans, der die Grundlage für die Durchführung des Budgets ist. In der Phase der Budgetdurchführung wird durch die Entscheidung der Individuen in den ausführenden Organen die Budgetallokation bestimmt, die widerum Gegenstand der Budgetkontrolle ist. Das Ergebnis der Kontrolle führt u.U. zu Konsequenzen für die an der Budgetimplementierung beteiligten Instanzen. Der Budgetplan bezieht sich auf eine bestimmte Zeitperiode, die üblicherweise ein Jahr umfaßt. Daher wiederholt sich der Budgetprozeß regelmäßig Jahr für Jahr, wobei

[37] Vgl. z.B. zum deutschen Haushaltsverfahren Kitterer/Senf (1980), S. 547 ff. Vgl. zu einer Übersicht über die Verfahren in den Mitgliedstaaten der EU von Hagen (1992), S. 38 ff. und Stanowsky (1997), S. 26 ff. sowie zum Verfahren in der EU EGKS/EG/EAG (1995), S. 100 ff.

[38] Von der mitschreitenden Kontrolle während der Budgetdurchführungsphase wird abstrahiert.

die Budgetaufstellung im Jahr vor der Implementierung des Budgets erfolgt und spätestens mit dem Beginn des Haushaltsjahres abgeschlossen sein sollte[39]. Sieht man von der bereits im Haushaltsjahr mitlaufenden Kontrolle ab, so wird die Kontrolle des Budgets größtenteils nach Beendigung des betreffenden Haushaltsjahres im darauffolgenden Jahr vollzogen. Lediglich die Budgetdurchführungsphase ist zeitlich deckungsgleich mit dem Haushaltsjahr. So erstreckt sich der Budgetprozeß des Haushalts für das Jahr t mindestens über die Perioden $t-1$ bis $t+1$ und während einer Zeitperiode finden gleichzeitig verschiedene Budgetphasen der Budgets mehrerer Jahre statt.

Im folgenden werden die Entscheidungssituationen in den verschiedenen Budgetphasen charakterisiert und es wird verdeutlicht, wie die institutionellen Regeln das Ergebnis des Budgetprozesses beeinflussen. In diesem Kapitel wird dabei noch nicht auf die Details der verschiedenen institutionellen Varianten und Gestaltungsmöglichkeiten eingegangen, vielmehr erfolgt eine ausführliche vergleichende Diskussion budgetärer Institutionen im dritten Kapitel. Die Darstellungsweise der Budgetphasen ist daher stilisiert und auf die wesentlichen Entscheidungsschritte des Budgetkreislaufs reduziert. Es geht nicht darum, ein genaues Bild eines bestimmten Budgetverfahrens in einem ausgewählten Land zu zeichnen. Stattdessen wird die Grundstruktur institutionell sehr unterschiedlicher Haushaltsverfahren insbesondere in der EU und ihren Mitgliedstaaten herausgearbeitet. Ziel ist es, die idealtypische Entscheidungssequenz von Haushaltsverfahren abzubilden und ein stilisiertes Grundmodell für die entscheidungstheoretisch fundierte Analyse budgetärer Verfahren abzuleiten. Deshalb bleiben zunächst einige Regeln unspezifiziert, die institutionelle Gestaltungsparameter von Haushaltsprozessen darstellen. Die auf diese Weise gewonnene standardisierte Budgetierungssituation dient dann als Grundlage zur Untersuchung haushaltsmäßiger Entscheidungen bei verschiedenen Spezifikationen budgetärer Institutionen. Dies ermöglicht einen Vergleich der Allokationsergebnisse alternativer institutioneller Arrangements in einem idealtypischen Modell budgetärer Entscheidungen.

2.3.1 Budgetaufstellung

Die Aufstellung des Budgets untergliedert sich in die Erstellung des Budgetentwurfs durch die Exekutive und die Feststellung des Budgets durch eine legislative Körperschaft, durch das Parlament. Die Details dieser und der anderen Budgetphasen sind in einem weiter aufgegliederten Schema des Budgetprozesses in Abbildung 2.3 auf Seite 23 dargestellt.

Die Aufstellung des Voranschlags beginnt mit der Aufforderung durch den Budgetkoordinator der Exekutive, dies ist in den meisten EU-Staaten der jeweilige Finanzminister, an die haushaltsführenden Stellen der verschiedenen Behörden, ihre Nachfrage nach finanziellen Mitteln, ihren "Finanzbedarf", für das betreffende Haushaltsjahr anzumelden,

[39]Dies ist aber in der Realität einiger Haushaltswirtschaften wie beispielsweise in der EU nicht zwingend der Fall, weil es nicht immer möglich ist, rechtzeitig einen Budgetentwurf zu verabschieden. Vgl. Läufer (1990), S. 160 ff.

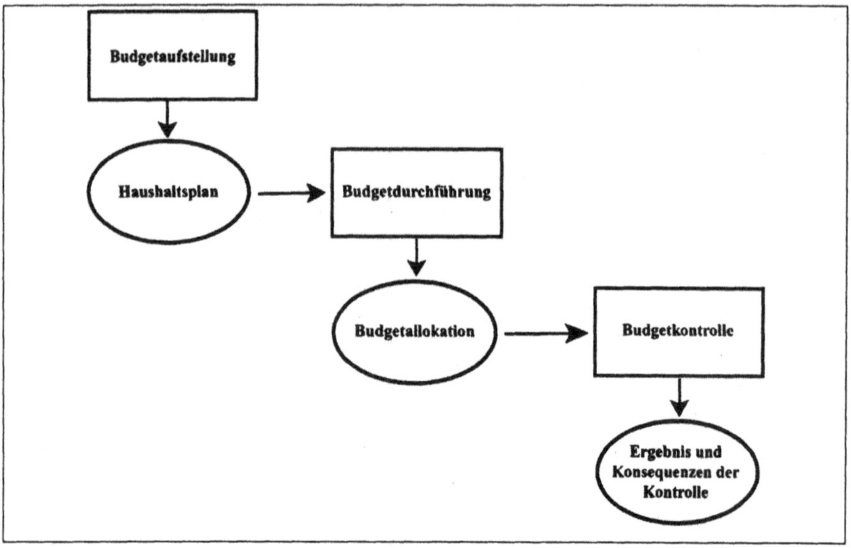

Abbildung 2.2: Der Budgetprozeß

wobei als Grundlage in der Regel die Werte der Vorperiode dienen[40]. Die Erklärungen zur Nachfrage nach Finanzmitteln werden innerhalb der Behörden von unten nach oben (bottom up) weitergegeben und zu Einzelplänen aggregiert, die zum Gesamtbudget zusammengefaßt werden. Dabei sind die Teilpläne jeweils einem Mitglied der Regierung zugeordnet, das die höchste Leitungsbefugnis in seinem Ressort ausübt und seinen Bereich im Kollegium der führenden Repräsentanten der Exekutive, dem Regierungskabinett, vertritt. Die ersten Voranschläge der einzelnen Ressorts werden u.U. auf Bestreben des Finanzministers korrigiert, dessen Aufgabe es ist, die geäußerte Nachfrage nach finanziellen Mitteln und die verfügbaren bzw. maximal zu beschaffenden Mittel in Einklang zu bringen. Dabei werden die in der Planperiode zu erwartenden Einnahmen aus Steuern und sonstigen Abgaben geschätzt. Zudem muß eine politische Entscheidung darüber getroffen werden, wieviele finanzielle Mittel darüber hinaus durch Verschuldung zu beschaffen sind. Zur Abstimmung der finanziellen Planung werden Verhandlungen zwischen dem Finanzminister und den Ressortvertretern geführt. In diesem Zusammenhang können geeignete Koordinationsverfahren, wie beispielsweise Abstimmungen über Teilbudgets, angewendet werden, um die verschiedenen Pläne in Übereinstimmung zu bringen. Die Abstimmung der originären Finanznachfragepläne der Behörden erfolgt dann, indem diese entsprechend dem mit dem Finanzminister ausgehandelten oder im Kabinett beschlossenen Finanzplan

[40]Vgl. Kitterer/Senf (1980), S. 548 f., von Hagen (1992), S. 38 ff. und Stanowsky (1997), S. 26 ff. und S. 204 ff. sowie EGKS/EG/EAG (1995), S. 100 ff.

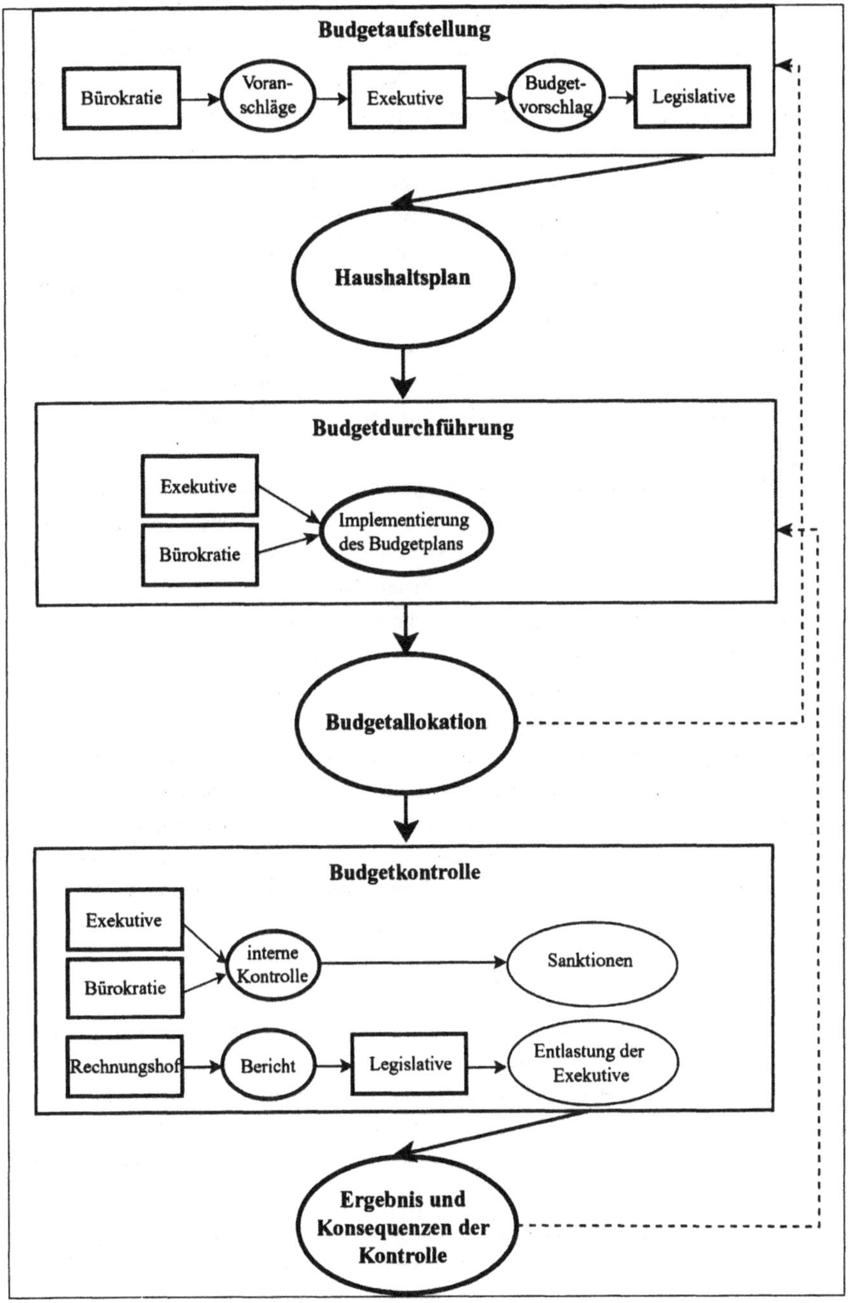

Abbildung 2.3: Detaillierter Budgetprozeß

von oben nach unten (top down) angepaßt werden. Die Verfahren, mit denen die Entscheidung über die Anpassung der Finanzpläne im Regierungskabinett erreicht wird, stellen einen zentralen Bereich budgetärer Regeln dar, deren Gestaltung das Budgetierungsergebnis wesentlich beeinflußt, weil je nach Ausgestaltung des Entscheidungsverfahrens unterschiedliche Ergebnisse der Verhandlungen im Kabinett zu erwarten sind. Zudem sind bei der Aufstellung formale Anforderungen zu beachten, die im wesentlichen in den sogenannten Budgetgrundsätzen festgelegt sind. Bei diesen Grundsätzen, deren Ausprägungen und Wirkungen im einzelnen zusammen mit den anderen budgetären Institutionen im dritten Kapitel erörtert werden, handelt es sich um ein gesetzlich kodifiziertes Regelwerk für das staatshaushaltliche Planungsrechnungswesen, das die Form und die Gestaltung des Haushaltsplans reglementiert und bei der Aufstellung des Haushaltsplans einzuhalten ist[41]. Dabei wird u.a. festgelegt, auf welche Art und Weise Ausgaben und Einnahmen zu veranschlagen sind, nämlich beispielsweise vollständig, unsaldiert, genau, klar gegliedert und genau spezifiziert.

Nachdem das Regierungskabinett den Budgetvorentwurf verabschiedet hat, wird dieser an die Legislative weitergeleitet[42]. Dort wird sowohl in der Versammlung der Mitglieder als auch in spezialisierten Ausschüssen über die verschiedenen Aspekte des Budgetvorschlags beraten. Dabei sind Änderungen am Budgetvorschlag in der EU und den meisten EU-Staaten begrenzt möglich. Letztendlich ist es die Aufgabe der Legislative, nach Beratung und eventuellen Veränderungen des Vorentwurfs einen Budgetplan zu verabschieden, der dann im betreffenden Haushaltsjahr für die Exekutive und alle weiteren berücksichtigten staatlichen Organe vollzugsverbindlich ist und den finanziellen Rahmen für Entscheidungen bildet. Wie in der Exekutive, stellen die Regeln, die bei der Beratung, Abänderung und Verabschiedung des Budgets anzuwenden sind, einen wichtigen Bereich institutioneller Gestaltungsparameter dar, die das Budgetierungsergebnis determinieren. Darüber hinaus sind bei der Aufstellung des Budgets u.U. exogene quantitative Restriktionen zu beachten, die den Spielraum für Ausgabenpolitiken gegebenenfalls einschränken.

2.3.2 Budgetdurchführung

In der Phase der Budgetdurchführung werden die Mittel entsprechend dem Haushaltsplan von den festgelegten Stellen verausgabt[43]. Dabei ist der in der Budgetaufstellungsphase von der Legislative verabschiedete Budgetplan vollzugsverbindlich und es gilt der Budgetgrundsatz der Spezialität[44]. Dementsprechend sind Abweichungen von den veranschlagten Mitteln in quantitativer, zeitlicher und/ oder qualitativer Hinsicht nicht ohne weiteres

[41]Vgl. Kitterer/Senf (1980), S. 550 f. sowie Senf (1977), S. 391 ff.

[42]Vgl. Kitterer/Senf (1980), S. 549 f., Stanowsky (1997), S. 34 f. sowie von Hagen (1992), S. 41 f.

[43]Vgl. Kitterer/Senf (1980), S. 549 f., von Hagen (1992), S. 42 ff. sowie EGKS/EG/EAG (1995), S. 114 ff.

[44]Vgl. dazu die Ausführungen auf Seite 70 im Abschnitt 3.3.4.3 des dritten Kapitels.

möglich. Sie erfordern meist die Genehmigung einer übergeordneten Stelle, wobei je nach Ausprägung der Regeln und nach Umfang der Änderung die Zustimmung des Finanzministers notwendig sein kann. Umfangreiche Veränderungen des Budgetplans bedürfen u.U. eines Nachtragshaushalts, der nach den Regeln der Budgetaufstellungsphase von der Legislative beschlossen werden muß. Während des Budgetvollzugs werden die laufenden Zahlungen, die Ist-Werte, verbucht. Diese werden später zur Kontrolle der Transaktionen insbesondere zum Vergleich mit den angewiesenen Mittel, den Soll-Werten, herangezogen.

Institutionelle Gestaltungsvariablen in der Implementierungsphase sind vor allem jene Regelungen, die Abweichungen vom veranschlagten Haushaltsplan ermöglichen. Dabei steht im wesentlichen die Frage der Flexibilität der Haushaltsführung im Vordergrund[45]. Der Budgetplan wurde unter bestimmten Annahmen und Prognosen über die ökonomischen Daten während der Durchführungsperiode erstellt. Diese Daten können mit Unsicherheit behaftet sein. Eine Divergenz der tatsächlichen von der unterstellten Entwicklung kann unter Umständen eine Abweichung vom ursprünglichen Plan erforderlich machen. Daher ist eine gewisse Flexibilität und die Möglichkeit, vom Plan abweichen zu können, aus ökonomischer Sicht im Prinzip sinnvoll. Andererseits hat der Plan gerade die Aufgabe, die handelnden Stellen zu binden und eine andere als die vorgesehene, u.U. mißbräuchliche, Verwendung auszuschließen. Deshalb besteht in dieser Haushaltsphase ein Dilemma zwischen Flexibilität und Kontrolle. Die Institutionen regeln diesen Konflikt, indem unter bestimmten Bedingungen Abweichungen ermöglicht werden, aber nur unter der Kontrolle und mit Zustimmung einer übergeordneten und für die Haushaltsführung verantwortlichen Instanz bzw. des legislativen Organs.

2.3.3 Budgetkontrolle

Die Kontrolle erfolgt teilweise bereits während der Ausführung des Budgets[46]. Diese wird verwaltungsintern durchgeführt, darüber hinaus gibt es auch eine parlamentarische Kontrolle durch einen Kontrollausschuß des Parlaments. Nach Abschluß des Haushaltsjahres wird die Haushaltsausführung durch den Rechnungshof kontrolliert. Dabei werden einerseits veranschlagte und tatsächlich verausgabte Mittel verglichen und die Einhaltung des Haushaltsplans wird überwacht. Die budgetären Regeln legen fest, ob auch eine Prüfung der Wirtschaftlichkeit der Transaktionen durchgeführt wird. In diesem Zusammenhang wird gegebenenfalls überprüft, ob Gelder verschwendet wurden, weil der Zweck der veranschlagten Ausgaben ganz offensichtlich auch mit weniger Mitteln hätte erreicht werden können. Die Rechnungshofkontrolle führt zu einem Bericht, in dem Verstöße gegen die Budgetregeln während der Haushaltsdurchführung zusammengefaßt werden. Dieser Report dient als Grundlage für das parlamentarische Entlastungsverfahren, in dem die Le-

---

[45] Vgl. Kitterer/Senf (1980), S. 549 f., Senf (1997), S. 387 f. sowie von Hagen (1992), S. 42 f.

[46] Vgl. zu diesem Abschnitt Kitterer/Senf (1980), S. 550, von Hagen (1992), S. 42 f., Stanowsky (1997), S. 35 ff. sowie EGKS/EG/EAG (1995), S. 119 ff.

gislative darüber beschließt, ob die Ausführung des Haushaltsplans durch die Exekutive in der betrachteten Budgetperiode den Regeln entsprach oder ob aufgrund grober Verstöße gegen die Haushaltsgrundsätze das Gebaren der Exekutive nicht ordnungsgemäß war und die Regierung nicht entlastet werden kann. Die Verweigerung der Entlastung hat üblicherweise - wenn überhaupt - vor allem politische Konsequenzen[47]. Rechtliche, insbesondere strafrechtliche Folgen sind in der Regel nicht vorgesehen. Allerdings werden Verstöße im Bereich des Betrugs und der Veruntreuung gegebenenfalls mittels entsprechender strafrechtlicher Mittel geahndet. Die Bedeutung der Kontrolle für die Budgetallokation liegt im wesentlichen in den Rückwirkungen auf die budgetären Entscheidungen während der Durchführungsphase. D.h. die Konsequenzen, die u.U. aus der Kontrolle resultieren, wirken auf das Verhalten der Individuen, die mit der Implementierung des Budgets beauftragt sind. Diese Frage wird im folgenden Abschnitt über die Interdependenzen zwischen den Budgetphasen diskutiert.

2.3.4 Interdependenzen zwischen den Budgetphasen

In den vorangegangenen Abschnitten wurde die Verfahrensstruktur und der Einfluß budgetärer Institutionen auf die Budgetentscheidungen für die verschiedenen Budgetphasen jeweils getrennt voneinander betrachtet. Im folgenden geht es nun darum, die Rückwirkungen, die von den Institutionen einer Budgetphase auf die Entscheidungen in anderen Budgetphasen ausgehen, aufzuzeigen und daraus weitere Schlußfolgerungen über den Zusammenhang zwischen budgetären Institutionen und Entscheidungssituationen im stilisierten Modell des Haushaltsverfahrens abzuleiten[48]. Im Zentrum der Betrachtung steht dabei das grundsätzliche Anreizproblem, das aus der Prinzipal-Agenten-Beziehung zwischen den politischen Repräsentanten, die über den Budgetplan entscheiden, und den Vertretern der Bürokratie, die das Budget ausführen, resultiert[49].

Die politischen Repräsentanten sind daran interessiert, daß das Budget möglichst entsprechend ihren Zielen ausgeführt wird. Die Manager der Bürokratie sind als Agenten der politischen Prinzipale mit der Aufgabe engagiert, die politisch gewünschte Budgetallokation auszuführen[50]. Da die Agenten als rationale Individuen vor allem auch eigene Interessen, wie z.B. die Minimierung ihres Arbeitsaufwands verfolgen, besteht aus Sicht der politischen Repräsentanten ein Problem, wie die Vertreter der Bürokratie zu einer zielgerechten Umsetzung des Budgets gebracht werden können. Dieses Problem wird im Haushaltsverfahren primär durch zwei grundlegende Mechanismen gelöst. Einerseits erfolgt eine genaue Festlegung des Haushaltsplans und diese ist gekoppelt mit einem strikten Regelwerk, das die bürokratischen Agenten auf die Umsetzung des fixierten Plans ver-

[47] Vgl. Kitterer/Senf (1980), S. 550 f., von Hagen (1992), S. 42 und EGKS/EG/EAG (1995), S. 124 ff.

[48] Diese Rückwirkungen sind in der Abbildung 2.3 jeweils durch entsprechende Pfeile angedeutet.

[49] Vgl. Bendor (1990), S. 383 ff.

[50] Vgl. zu diesem Abschnitt Bendor (1990), S. 383 ff.

pflichtet. Andererseits wird die Einhaltung des Plans überwacht und Abweichungen, die nicht nach bestimmten Regeln autorisiert waren, werden bei Feststellung sanktioniert. In diesem Sinn erfüllt das Budget eine Ordnungsfunktion[51]. Es bildet den Ordnungsrahmen für die Handlungen der Individuen, die in der staatlichen Leistungserstellung tätig sind und sich bei ihren Entscheidungen an dessen Vorgaben zu halten haben. Darüber hinaus hat der Haushaltsplan eine Kontrollfunktion, da er die Grundlage für die laufende und nachträgliche Kontrolle der individuellen Aktivitäten innerhalb des staatlichen Bereichs darstellt[52].

In der Periode der Budgetkontrolle wird die Ausführung des Budgets mit den Sollwerten verglichen und es wird die Wirtschaftlichkeit der Mittelverwendung im Rahmen des Budgetplans bewertet. Aus den Ergebnissen der Kontrolle resultieren politische und gegebenenfalls rechtliche Konsequenzen für die Individuen, die an der Haushaltsausführung beteiligt sind. Die erwarteten Konsequenzen der Kontrollphase setzen Anreize für die Entscheidungen in der Budgetdurchführungsphase, d.h. sie beeinflussen das Verhalten während der Ausführung des Budgets. Somit wird die Anreizstruktur in der Implementierungsphase wesentlich durch die zu erwartenden Reaktionen während der Budgetüberprüfung determiniert, die primär von folgenden Faktoren abhängig sind:

- Die Konsequenzen werden bestimmt von den Sanktionen, die bei Verstößen gegen Budgetregeln zu erwarten sind. Dabei kann es sich um Strafen handeln, die von Gerichten verhängt werden. Es kann aber auch um politische Konsequenzen wie die Beschädigung des öffentlichen Ansehens gehen. Für Angehörige der Bürokratie, die das Budget ausführen, sind als negative Sanktionen insbesondere disziplinarische Maßnahmen oder der Verlust des Arbeitsplatzes von Bedeutung.

- Die Regeln, die Fehlverhalten definieren, beeinflussen das Verhalten der Vertreter der Exekutive. Handelt es sich um eindeutige justiziable Regeln oder um eher dehnbare und schwer einklagbare Formulierungen?

- Die Wahrscheinlichkeit, mit der ein Regelverstoß entdeckt wird, beeinflußt das Verhalten der Individuen, die an der Budgetimplementierung beteiligt sind. Diese ist wiederum abhängig von den Ressourcen, die für die Kontrollbehörde zur Verfügung gestellt werden.

- Die Wahrscheinlichkeit, mit der ein entdeckter Verstoß tatsächlich geahndet und bestraft wird, wirkt in der gleichen Weise auf das Verhalten der haushaltsausführenden Personen.

Wenn diese Faktoren bekannt sind, kann mittels eines Erwartungsnutzenkalküls überlegt werden, wie groß der erwartete Vorteil einer bestimmten Abweichung von den Budget-

[51] Vgl. Haller (1980), S. 559.
[52] Vgl. Kitterer/Senf (1980), S. 547.

regeln für ein Individuum sein muß, welches in der Budgetdurchführungsphase Entscheidungskompetenzen ausüben kann, damit die erwarteten negativen Konsequenzen ausgeglichen werden. Sind die Bedingungen für alle an der Budgetdurchführung beteiligten Individuen bekannt und sind deren Überlegungen nachvollziehbar, so können die Sanktionen entsprechend gewählt und die Entdeckungs- und die Verurteilungswahrscheinlichkeit in der Weise beeinflußt werden, daß ein Regelverstoß in der Durchführungsphase unwahrscheinlich wird. Es kann somit festgehalten werden, daß das Budget einerseits Voraussetzung für eine effektive Kontrolle des Verwaltungshandelns, also für die Erfüllung der Kontrollfunktion ist. Andererseits ist die Effektivität der Kontrolle von den Institutionen der Budgetkontrollphase, insbesondere von den Sanktionen und den Kontrollverfahren abhängig. Dies wäre in einem Modell der individuellen Entscheidungen eines Bürokraten in der Budgetdurchführungsphase zu untersuchen, in dem mit positiver Wahrscheinlichkeit seine Aktivitäten von einer Monitoringinstanz kontrolliert und Abweichungen entdeckt werden.

In einem weiteren Schritt werden die Rückwirkungen der Institutionen der Durchführungsperiode auf die Entscheidungen während der Aufstellungsphase erörtert. So können sich nach der Entscheidung über das Budget Veränderungen der ökonomischen Daten ergeben, die bei der Planung zugrunde gelegt wurden. Außerdem können sich bestimmte Daten, die während der Planungsphase nicht bekannt waren oder über die Unsicherheit bestand, erst in der Planungsphase konkretisieren[53]. Dies ist insbesondere bei staatlichen Projekten der Fall, in denen die Preise von Leistungen, die von außen bezogen werden, erst in Ausschreibungsverfahren bestimmt werden oder von veränderlichen marktlichen Bedingungen abhängig sind, die sich dem Einfluß des Staates entziehen. Hinzu kommen Unsicherheiten auf der Einnahmenseite, die daraus folgen, daß die Einnahmen aus Abgaben an ökonomische Aktivitäten geknüpft sind und die daher im vorhinein nur geschätzt werden können. Deshalb kann es aus der Perspektive der Planer bei der Budgetaufstellung ökonomisch sinnvoll sein, gewisse Spielräume bei der Festlegung der Mittelverwendung und bei der Durchführung der angewiesenen Mittel zuzulassen, damit die Pläne veränderten Daten angepaßt werden können.

Darüber hinaus ist der Prozeß der staatlichen Leistungserstellung nicht mit vollständiger Sicherheit erfaßbar[54]. In einem Haushaltsplan werden im Fall der Produktion staatlicher Politiken durch den Staat die Mittel für mehr oder weniger genau spezifizierte Inputbündel veranschlagt, die der Erstellung der Staatsleistungen dienen sollen. Die bereitzustellende Quantität und Qualität der Politiken sind dagegen typischerweise nicht exakt festlegbar, weil das Ausmaß oder der Grad der Bereitstellung vieler staatlich zur Verfügung gestellten Güter nur schwer meßbar ist. Zudem gibt es aufgrund der Eigenschaften öffentlicher Güter für eine Vielzahl vom Staat angebotener Leistungen keine

[53]Vgl. zu diesem Abschnitt Senf (1977), S. 386 ff. sowie Kitterer/Senf (1980), S. 549.
[54]Vgl. Färber (1984), S. 82 ff.

auf Märkten geäußerte private Nachfrage und somit keine Offenbarung der individuellen Zahlungsbereitschaft[55]. Damit entfällt die Möglichkeit einer Erfolgskontrolle durch die Erzielung von Umsätzen, die wie bei privatwirtschaftlichen Unternehmen mindestens die Kosten decken müssen. A priori können auch staatliche Bürokratien einen effizienten Produktionsplan erfüllen. Allerdings besteht ein Planungs- und Anreizproblem, weil die genaue Bereitstellungstechnologie und die effizienten Kosten einer bestimmten Politik den politischen Repräsentanten nicht vollständig bekannt sind. Zudem haben die Vertreter der Bürokratie, die mit der staatlichen Leistungserstellung beauftragt werden, nicht unbedingt einen Anreiz, ihre Informationen über die Bereitstellungsmöglichkeiten preiszugeben[56]. Folglich sind die politischen Entscheidungsträger wahrscheinlich über die effizienten Input- Outputrelationen asymmetrisch weniger informiert als die Bürokraten. Wird der Interessenkonflikt zwischen Politikern mit divergierenden Zielen ausgeblendet und würden die Politiken von perfekten Repräsentanten der Politiker durchgeführt, die bei der Umsetzung des Budgetplans ausschließlich die Intentionen der Politiker umsetzten und keine eigenen Ziele verfolgten, so wäre aus der Perspektive der politischen Akteure eine strikte Festlegung der finanziellen Mittel nicht erforderlich. In diesem Fall wäre es aus Sicht der Politiker am besten, die Allokationsentscheidung den Vertretern der Verwaltung zu überlassen. Diese könnten im Sinn der Politiker flexibel auf die aktuellen Umweltzustände reagieren und aufgrund ihres Informationsvorsprungs den jeweils effizienten Input zur Erreichung der politischen Ziele wählen. Weil aber auch bürokratische Repräsentanten individuelle Ziele verfolgen[57], resultiert aus der Prinzipal-Agenten-Beziehung zwischen den politischen Prinzipalen und den bürokratischen Agenten das beschriebene Anreizproblem, das eine Beschränkung der Aktivitäten der haushaltsausführenden Stellen durch den Budgetplan erfordert[58]. Aus diesen Überlegungen bezüglich des Zusammenhangs zwischen Budgetausführungs- und Budgetaufstellungsphase folgt, daß die politischen Repräsentanten bei der Formulierung des Budgetplans das Dilemma zwischen der Unsicherheit der ökonomischen Daten und den Anreizen für die bürokratischen Agenten berücksichtigen müssen. Politiker, die eine bestimmte Budgetallokation implementieren wollen, deren Ausprägung vom tatsächlichen Zustand der Ökonomie abhängig ist, werden bei der Formulierung des Budgetplans die Anreizstruktur bei der Budgetdurchführung in Betracht ziehen und ihre Vorgaben entsprechend den Empfehlungen der Prinzipal-Agenten-Theorie formulieren. In der Vertragstheorie bzw. in der Analyse von Prinzipal-Agenten-Beziehungen wird die anreizkompatible Regulierung einer Bürokratie durch kontingentierte Budgetverträge untersucht[59]. Dabei wurden für verschiedene Situationen der staatlichen Bereitstellung Lösungen entwickelt, wie Budgetallokationen unter

[55] Vgl. Brümmerhoff (1992), S. 13 ff.
[56] Vgl. Bendor (1990), S. 384 ff.
[57] Vgl. Niskanen (1971).
[58] Vgl. Bendor, S. 384 ff.
[59] Ebenda.

Unsicherheit implementiert werden können. Die Implementierung gegebener Budgetziele in Abhängigkeit von der Realisierung unsicherer Umweltzustände durch eigennützige Agenten kann aufgrund der Ergebnisse dieser Ansätze als lösbar angesehen werden, wenn bedingte Budgetverträge mit den Agenten abgeschlossen werden.

Offensichtlich beschreibt aber insbesondere die Theorie vollständiger, d.h. auf Umweltzuständen kontingentierter Verträge nicht die reale Situation der Durchführung im staatlichen Haushaltsprozeß, denn bedingte Budgetverträge werden bei der direkten staatlichen Leistungserstellung durch die Bürokratie kaum angewendet[60]. Dies ist wahrscheinlich dadurch begründet, daß Quantität und Qualität des Output im öffentlichen Sektor schwer beobachtbar und meßbar sind und daß daher solche Verträge kaum verifizierbar wären[61]. Stattdessen ist eine genaue Zuordnung und Regelung von Entscheidungs- und Kontrollrechten sowie von Ausführungsregeln zu beobachten. Festgelegt werden die Rechte, über bestimmte mehr oder weniger abgegrenzte Bereiche Entscheidungen treffen zu können, die in der Theorie unvollständiger Verträge als "(residual) control rights" bezeichnet werden[62]. In jedem Fall wäre es aufschlußreich, die Wirkung der verschiedenen Institutionen in der Implementierungs- und in der Kontrollphase auf die Ergebnisse der Budgetdurchführung genauer zu untersuchen. Andererseits würde es den Rahmen dieser Arbeit überschreiten, alle Stufen des Budgetkreislaufs einer ausführlichen institutionellen Analyse zu unterziehen. Weil der Schwerpunkt der vorliegenden Arbeit auf der Repräsentanz der Bürgerinteressen und damit insbesondere auf dem Prinzipal-Agenten Verhältnis zwischen den Bürgern und den politischen Repräsentanten liegt, wird im folgenden angenommen, daß die Umsetzung eines politisch beschlossenen Budgets ohne Abweichungen möglich ist. Die Regeln, die bei der Durchführung des Budgets gelten, bewirken im Zusammenhang mit einem wirksamen Kontroll- und Sanktionierungsmechanismus eine exakte Umsetzung des Budgetplans. Das Ordnungs- und Überwachungsproblem in der Durchführungs- und in der Kontrollphase sowie die Anreizproblematik zwischen Politikern und Bürokraten sind unter den postulierten Annahmen gelöst. Darüber hinaus gibt es in der Phase der Budgetplanung keine Unsicherheit bezüglich der ökonomischen Daten während der Budgetdurchführung, sondern allenfalls unvollständige Information der Bürger über die Bereitstellungsmöglichkeiten im staatlichen Bereich. Die Untersuchung kann sich unter diesen Voraussetzungen auf die Budgetaufstellungsstufe und auf die Funktion des Haushaltsprozesses, einen politischen Kompromiß über die Budgetallokation zu erreichen, konzentrieren.

[60]Diese sind - wenn überhaupt - im Zusammenhang mit der Beschaffung staatlich bereitgestellter, jedoch vom privaten Sektor erstellter Güter zu beobachten. Vgl. z.B. Laffont/Tirole (1993), S. 10 f.

[61]Vgl. dazu Seabright (1996), S. 64 ff.

[62]Vgl. Salanié (1998), S. 175 ff.

2.4 Modell der Budgetaufstellungssituation

Nachdem die grundlegende Struktur der Entscheidungen sowie die fundamentalen Anreizprobleme im Haushaltsverfahren charakterisiert und die wesentlichen Ansatzpunkte für den Einfluß budgetärer Institutionen herausgearbeitet wurden, wird ein strukturiertes Modell der Budgetaufstellungssituation abgeleitet. Dabei werden die Spieler, ihre Präferenzen und der Verlauf des Spiels in der Budgetaufstellungsphase betrachtet[63]. Weil die Bürger nicht unmittelbar an den Budgetentscheidungen beteiligt sind, sondern nur mittelbar über die Bestimmung der Repräsentanten Einfluß nehmen können, wird die Funktionsweise dieser Einflußkanäle verdeutlicht. Schließlich wird die Wirkung budgetärer Regeln diskutiert.

Spieler im Budgetspiel sind im Prinzip alle Individuen, die der betrachteten Jurisdiktion angehören. Zwar sind in der repräsentativen Demokratie nicht alle Bürger unmittelbar am Budgetierungsprozeß beteiligt, sondern nur deren Repräsentanten. Es muß allerdings berücksichtigt werden, daß die politischen Akteure von den Bürgern gewählt werden und daß diese Auswahl durch das erwartete oder beobachtete Verhalten der Repräsentanten und somit durch die Ergebnisse des Budgetierungsprozesses bestimmt wird. Umgekehrt beeinflußt das erwartete Wahlverhalten der Bürger, welches von den Entscheidungen der Politiker und den Ergebnissen des Budgetierungsprozesses abhängig sein kann, die Budgetentscheidungen der politischen Repräsentanten. Daher ist es für das Verständnis der Budgetierungssituation unabdingbar, den Mechanismus der Auswahl der Repräsentanten als ein zentrales Element der repräsentativen Demokratie in der Analyse zu berücksichtigen. Durch die Möglichkeit der Wahl und der Abwahl der politischen Vertreter wird erst die Verbindung zwischen den Individuen, die die politischen Entscheidungen treffen, und der Gesamtheit derer, die von diesen Entscheidungen betroffen sind, möglich. Daher ist es erforderlich, die Aus- und Abwahlmöglichkeit durch die Bürger in die Betrachtung budgetärer Prozesse einzubeziehen.

2.4.1 Budgetaufstellungsspiel

Aktive Spieler im Budgetaufstellungsspiel sind im Prinzip die Vertreter der Bürokratie, die politischen Repräsentanten der Exekutive und der Legislative. Im vorangegangenen Abschnitt wurde allerdings eine Konzentration der Analyse auf die Prinzipal-Agenten-Beziehung zwischen den Bürgern und den politischen Repräsentanten begründet und ökonomische Unsicherheit zwischen der Planungs- und der Implementierungsphase außer Betracht gezogen. Aufgrund dieser Annahmen ist eine asymmetrische Verteilung der Informationen über die Bereitstellungsmöglichkeiten zwischen Politikern und Bürokraten

[63] Wenn in diesem und im nächsten Kapitel von einem Spiel die Rede ist, so sind die Ausführungen zu verstehen als Beschreibung einer Situation. Formale Spiele werden im Verlauf der Analyse vom vierten Kapitel an unter Berücksichtigung des jeweiligen institutionellen Arrangements definiert.

ausgeschlossen, und es gibt keine aus der Veränderung der ökonomischen Daten resultierenden Planungsprobleme. Daher spielen die Vertreter der Verwaltung in dem hier betrachteten Spiel nicht wirklich eine aktive Rolle, d.h. sie können keine Entscheidungen treffen, von denen ein Einfluß auf die Auszahlungen des Spiels ausgeht. Weil die Politiker die staatliche Technologie kennen und weil die Bürokraten durch einen effizienten und kostenlosen Kontroll- und Durchsetzungsmechanismus zu einer exakten Umsetzung des beschlossenen Budgets veranlaßt werden, haben die Präferenzen der Bürokraten in dem hier betrachteten Kontext keinen Einfluß auf die Budgetentscheidungen. Dies ist eine sehr starke Annahme, die ausschließlich durch den speziellen Fokus der Untersuchung zu rechtfertigen ist. Es wäre durchaus möglich, Unsicherheit der Politiker über die wahre Bereitstellungstechnologie einzubeziehen[64]. Dies würde aber für die Fragestellung, die in dieser Arbeit untersucht wird, keinen weiteren Erkenntnisgewinn bieten, weil allenfalls zusätzliche Aussagen zur Lösung des Kontrollproblems zwischen Politikern und Bürokraten abgeleitet werden könnten. Daher kennen die politischen Akteure im betrachteten Modell die wahren Möglichkeiten der staatlichen Leistungserstellung und sind in der Lage, die von ihnen bevorzugte Budgetallokation ohne Effizienzverluste bereitstellen zu lassen. Die Vertreter der Bürokratie werden daher im folgenden nicht weiter als aktive Spieler betrachtet.

Nicht unmittelbar an den Entscheidungen der Budgetaufstellung beteiligt sind die Bürger der Jurisdiktion. Diese sind aber von der Budgetallokation betroffen, weil sie Wohlfahrtsveränderungen realisieren, die aus dem Nutzen der bereitgestellten Leistungen einerseits und den finanziellen Beiträgen zum Budget andererseits resultieren. Der zeitliche Verlauf des Budgetspiels entspricht der in Abschnitt 2.3.2 charakterisierten Situation des Haushaltskreislaufs. Der genaue sequentielle Ablauf ergibt sich erst nach Konkretisierung der weiteren budgetären Regeln, die in dem jeweiligen institutionellen Arrangement gelten und die im nächsten Kapitel genauer charakterisiert werden. Die Budgetaufstellungssituation hat im einzelnen den folgenden Verlauf:

1. Es wird bekanntgegeben, wieviele finanzielle Mittel die Bürokratie jeweils für die Bereitstellung unterschiedlicher Niveaus der verschiedenen Politiken benötigt.

2. Die politischen Repräsentanten der Exekutive verhandeln über den Budgetvorschlag der Regierung, wobei der Verhandlungsprozeß nach den für diese Entscheidungsstufe festgelegten budgetären Regeln abläuft und durch den Budgetminister koordiniert wird. Nach Abschluß der Verhandlungen wird der Budgetvorschlag mittels Mehrheitsabstimmung verabschiedet.

[64] Vgl. Kraan (1996) für einen Überblick über verschiedene Ansätze, die eine aktive Rolle der Bürokratie im Budgetprozeß unter alternativen Informationsannahmen untersuchen, in denen jedoch die Prinzipal-Agenten-Beziehung zwischen den Bürgern und den Politikern ausgeblendet wird.

3. Die politischen Repräsentanten der Legislative ändern gegebenenfalls den Budgetvorschlag. Die genaue Prozedur der legislativen Verhandlungen ist ebenfalls von den budgetären Regeln abhängig. Abschließend wird der Budgetplan per Abstimmung beschlossen.

4. Der Budgetplan wird aufgrund der Annahmen im vorangegangenen Abschnitt 2.3.4 von der Bürokratie genau so umgesetzt, wie er beschlossen wurde. Nach der Budgetimplementierung realisieren alle Spieler ihre Auszahlungen.

2.4.2 Ziele der Spieler

Die Spieler im Budgetaufstellungsspiel, d.h. die politischen Repräsentanten der verschiedenen Entscheidungsorgane, sind gleichzeitig auch Bürger der Jurisdiktion. Als solche sind sie wohlfahrtsmäßig in der gleichen Weise von der Budgetallokation betroffen wie die Bürger[65]. Sie haben Präferenzen über Art und Ausmaß der Güter, die durch den Staat bereitgestellt werden, und sie leisten die üblichen Abgaben und sind somit an der Finanzierung des Budgets beteiligt. Aus diesem Grund ist es sinnvoll, zuerst die Präferenzen der Bürger zu charakterisieren. Darüber hinaus sind die politischen Repräsentanten durch die Entscheidungsgewalt über die finanziellen Mittel des Staates u.U. in der Lage, sich spezielle Vorteile durch das Budget zu verschaffen. Außerdem ist es möglich, daß Politiker der Exekutive besondere Präferenzen bezüglich der Politikdimension haben, die sie vertreten[66].

2.4.2.1 Präferenzen der Bürger

Wie in Abschnitt 2.2 gezeigt wurde, wird die Wohlfahrt der Bürger durch vielfältige Einflüsse der Budgetallokation bestimmt. Im folgenden werden die Bürgerpräferenzen bezüglich des Budgets charakterisiert, wobei in diesem Abschnitt wesentliche Vereinfachungen der in Abschnitt 2.2 charakterisierten Budgeteffekte vorgenommen werden. In diesem Zusammenhang sind zunächst zwei grundsätzliche Aspekte von Bedeutung. Einerseits die Frage, wieviele Ressourcen überhaupt in den staatlichen Sektor gelenkt werden und zum anderen, wie diese Ressourcen innerhalb des Staates auf die verschiedenen Verwendungen verteilt werden. Wird die Betrachtungsweise für die hier untersuchten Fragen vereinfacht, so setzt sich die Wohlfahrt eines Individuums in einer Zeitperiode zusammen aus dem Nutzen aus privatem Konsum und aus staatlich bereitgestellten Gütern.

Das vereinfachte Modell der Budgetwirkungen wird in Abbildung 2.4 auf Seite 35 dargestellt, auf die in den Ausführungen dieses Abschnitts Bezug genommen wird. Der individuelle Konsum (K_i) ist u.a. abhängig davon, wieviel Einkommen (y_i^v) dem Individuum für die individuelle Beschaffung von privaten Gütern nach allen Anpassungsprozessen

---

[65] Vgl. Downs (1957, 1968), S. 24 ff.
[66] Vgl. Niskanen (1971).

verbleibt. Von den Abgaben (T_i), die ein Individuum für den Haushalt an den Staat zu leisten hat, geht ein negativer Wohlfahrtseffekt aus. Weil der Schwerpunkt der Arbeit auf den Entscheidungen über die Ausgabenpolitiken liegt und weil in der Regel in realen Haushaltsverfahren nicht im einzelnen über die Form der Abgabenerhebung entschieden wird, werden nicht unterschiedliche Möglichkeiten für die Erhebung von Abgaben in die Betrachtung einbezogen. Es werden auch nicht verschiedene Varianten der Besteuerung durchgespielt, bei denen etwa die Besteuerungsbasis oder der Tarif unterschiedlich sind. Diese Parameter staatlicher Finanzpolitik sind im wesentlichen Gegenstand der Steuergesetzgebung, über die unabhängig vom Haushaltsverfahren entschieden wird. Zudem gilt in den meisten Haushaltswirtschaften in der EU der Grundsatz der Nonaffektation, also des Verbots der Zweckbindung einzelner Ausgaben, dem zufolge alle Einnahmen zur Finanzierung des Gesamthaushalts dienen sollen[67]. Daher ist es eine gerechtfertigte Vereinfachung der Analyse, daß die Einnahmenstruktur als gegeben angenommen wird. Finanziert wird das Budget im betrachteten Modell durch eine für alle Individuen einheitliche Steuer mit identischem Steuersatz auf die Bemessungsgrundlage des individuellen Einkommens: $T_i = ty_i$, womit auch von einer progressiven Besteuerung abgesehen wird. Wie in Abschnitt 2.2 dargelegt wurde, führt jede Abgabenerhebungsmethode, die an das Niveau wirtschaftlicher Tätigkeiten anknüpft auf ihre Weise zu Verzerrungen, durch die Zusatzlasten bewirkt werden[68]. Diese Wirkung staatlicher Budgetpolitik ist in die Untersuchung einzubeziehen. Dort wo die Einbeziehung der Excess-Burden-Effekte die Qualität der Ergebnisse nicht verändert und ausschließlich die modelltheoretische Analyse verkompliziert, wird aber auf die explizite Berücksichtigung verzichtet.

Bislang wurde ein zeitlich statischer Kontext betrachtet, in dem das Budget für eine Periode geplant und durchgeführt wird. Untersucht werden aber im Prinzip Budgetpolitiken in einem dynamischen Zusammenhang mit mehreren Wahl- und Budgetierungsperioden. Daher ist eigentlich auch der intertemporale Aspekt der Finanzierung des staatlichen Budgets durch Staatsverschuldung in die Betrachtung mit einzubeziehen. Dies würde die Analyse allerdings um einiges komplexer machen, aber andererseits nicht unbedingt einen Beitrag zur primären Fragen der Untersuchung, der Wirkung von Budgetierungsinstitutionen auf die demokratische Repräsentanz, leisten. Die allokationstheoretische Diskussion der Bedeutung der Staatsverschuldung, insbesondere die Ricardo/Barro-These, zeigt, daß unter der Annahme rationaler Erwartungen von der Möglichkeit der Staatsverschuldung keine Wirkung auf die Allokationsentscheidungen ausgeht, wenn die Wirtschaftssubjekte mittelfristig nicht fiskalischer Illusion erliegen, sondern in der Gegenwart die Steuererhöhungen antizipieren, die durch die schuldenfinanzierten zusätzlichen Staatsausgaben in späteren Perioden zu erwarten sind[69]. Es gibt verschiedene Einwände gegen die These von Ricardo/ Barro, die sich insbesondere auch auf die politisch-ökonomischen

[67] Vgl. von Hagen (1992), S. 39 f.
[68] Vgl. z.B. Folkers (1987), S. 122 ff.
[69] Vgl. Barro (1989) und Pech (1996), S. 56 ff.

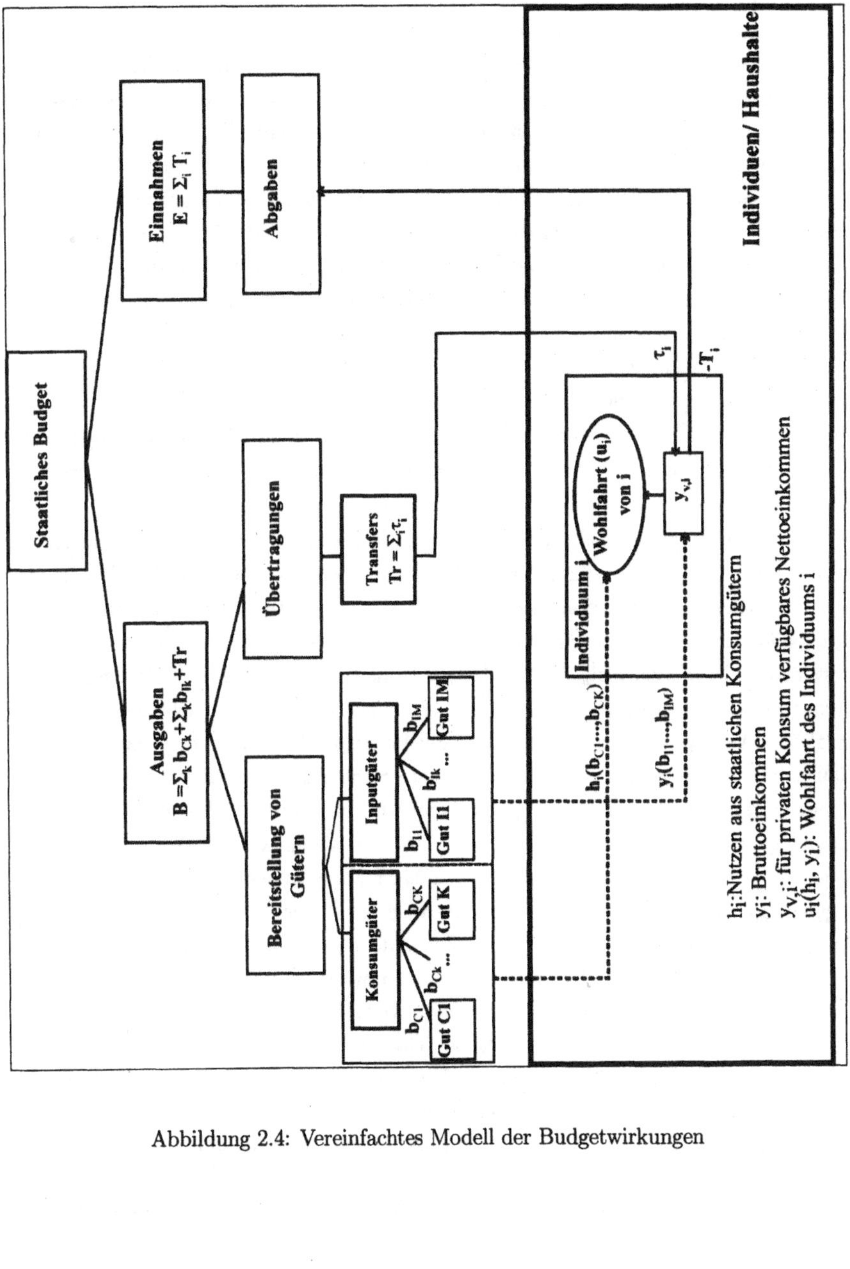

Abbildung 2.4: Vereinfachtes Modell der Budgetwirkungen

Bedingungen realer Budgetentscheidungen und die Antizipation zukünftiger Steuererhöhungen beziehen, die darauf hindeuten, daß von einer Neutralität der Verschuldung in der Realität politischer Entscheidungsverfahren nicht die Rede sein kann. Danach gibt es in realen Budgetprozessen beträchtliche Anreize für eine übermäßige Ausweitung der Schuldenfinanzierung. Die Frage der politischen Ökonomie der Staatsverschuldung wurde aber in anderen Arbeiten bereits eingehend theoretisch analysiert, weshalb die verschiedenen Argumentionen hier nicht im einzelnen ausgeführt werden[70]. Auch würde es den Rahmen dieser Arbeit sprengen, die Möglichkeit der Finanzierung des Haushalts durch Staatsverschuldung im Zusammenhang mit alternativen budgetären Institutionen zu untersuchen. Deshalb kann diese Frage nicht Gegenstand dieser Arbeit sein. Es wird daher angenommen, daß die Individuen keiner intertemporalen fiskalischen Illusion erliegen und daß eine Verschiebung der Finanzierung auf nachfolgende Generationen in dem hier betrachteten Modell nicht möglich ist. Somit berücksichtigen die Individuen bei ihren Entscheidungen vollständig die finanzierungsseitigen Konsequenzen der Ausgabenpolitiken. Unter dieser Annahme ist es nicht erforderlich, die Möglichkeit der Staatsverschuldung explizit in die Analyse einzubeziehen. Eine Erweiterung der Analyse um die Möglichkeit der Staatsschuldenfinanzierung ist möglich und bleibt eine interessante Frage für weitere Untersuchungen.

Wenn alle Ausgaben einer Periode durch die Einnahmen in dieser Periode finanziert werden, dann resultiert ein fixes Verhältnis zwischen den Ausgaben und dem Steuersatz. D.h. entweder determiniert ein gegebener Steuersatz die verfügbaren Einnahmen und legt damit eine Obergrenze für die Ausgaben fest oder es werden zuerst die Ausgaben bestimmt und der Steuersatz folgt in der Höhe, die zur Finanzierung des Budgets erforderlich ist. In beiden Fällen ist das Steueraufkommen und damit die Obergrenze für die möglichen Ausgaben durch die Höhe der Einkommen der Individuen begrenzt. In realen Haushaltsprozessen wird - wie bereits erörtert - nicht gleichzeitig über Steuersätze und Bemessungsgrundlagen entschieden, und damit wird nicht das zu erzielende sondern das unter gegebenen Steuergesetzen zu erwartende Steueraufkommen festgelegt. Daher könnte gefolgert werden, daß es realistisch ist, in einer Modellanalyse von einem kurzfristig gegeben Steuersatz auszugehen. Zudem dient der staatliche Haushalt auch dazu, einen Ausgleich zwischen Gesamtausgaben und Gesamteinnahmen herzustellen. Da in der Regel nicht der materielle, sondern nur der formale Haushaltsausgleich unter Einbeziehung der Finanzierung durch Verschuldung realisiert wird, kann hieraus gefolgert werden, daß im Haushaltsverfahren im allgemeinen keine Entscheidung über die Höhe des Steuersatzes getroffen wird. Weil aber, wie oben ausgeführt, in dieser Untersuchung von der Finanzierung durch Staatsverschuldung abgesehen und unterstellt wird, daß die Individuen sofort das gesamte Finanzierungsvolumen, das aus der Summe aller Ausgaben resultiert, wahr-

[70] Vgl. jeweils für einen Überblick über die relevante Literatur: von Hagen (1992), S. 23 ff., Stanowsky (1997), S. 19 ff. und von Weizsäcker (1996), S. 141 ff.

nehmen, ist es richtig anzunehmen, daß im Budgetverfahren implizit und bewußt auch über die Höhe des Steuersatzes entschieden wird. Somit folgt in dem hier betrachteten vereinfachten Modell aus der Höhe des Gesamtbudgets (A) die Höhe der Zahlungen, die ein Individuum an den Staat zu leisten hat, $t = \frac{A}{\sum_i y_i}$. Als Residuum resultiert das Nettoeinkommen nach Steuern (y_i^v), das zum individuellen Konsum ($K_i = y_i^v$) in einer bestimmten Periode zur Verfügung steht[71]. Damit ist auch die individuelle Grenzbelastung durch zusätzliche Staatsausgaben eine konstante und leicht nachvollziehbare Größe. Diese Eigenschaft entspricht nicht der Realität staatlicher Budgetprozesse, in denen für die einzelnen Bürger wegen der Komplexität realer Abgabensysteme und wegen der Möglichkeit zur Verschiebung von Finanzierungslasten in spätere Perioden in der Regel nicht eindeutig ersichtlich ist, wieviel sie von einer bestimmten Ausgabe tatsächlich tragen müssen.

Bezüglich der Ausgabenseite wird in der Untersuchung unterstellt, daß im öffentlichen Sektor eine genau spezifizierte Menge von Politikdimensionen ($D = K + M$) existiert, die durch den Staat angeboten werden können. Es gilt die Annahme, daß die Bereitstellung der verschiedenen Güter getrennt voneinander betrachtet werden kann. Zwar ist es in der Realität so, daß staatliche Büros gleichzeitig eine Vielzahl verschiedener Leistungen anbieten. A priori spricht aber nichts dagegen, daß die verschiedenen Tätigkeiten separiert und einzelnen Büros zugeordnet werden können. Die Annahme umgeht die Problematik uneindeutiger Interdependenzen zwischen den verschiedenen Bereitstellungsprozessen und trägt somit zu einer wesentlichen Vereinfachung der Analyse bei. In der Untersuchung wird aber von den produktionstechnischen Zusammenhängen zwischen den durch die Ausgaben finanzierten Inputs und dem Output abstrahiert. Vielmehr werden nur die veranschlagten Ausgaben für die einzelnen Politiken (b_k) betrachtet und es wird eine direkte Wirkung auf die individuelle Wohlfahrt $\left(h_i\left(\mathbf{b}^K\right)\right)$ oder das individuelle Einkommen $\left(y_i\left(\mathbf{b}^I\right)\right)$ unterstellt. Die dazwischenliegenden Wirkungsstufen werden nicht berücksichtigt, d.h. es wird vernachlässigt, daß mit den Ausgaben bestimmte Mengen von Inputfaktoren gekauft werden, mit denen ein bestimmtes Outputniveau des Büros produziert wird, von dem eine bestimmte Nutzenwirkung ausgeht. Zur Bewertung der Produktionseffizienz der staatlichen Produktion kann ein Vergleich der tatsächlichen Ausgaben mit den effizienten Kosten unternommen werden. Zur Vereinfachung wird außerdem strikt zwischen solchen staatlich bereitgestellten Gütern unterschieden, von denen Produktivitätseffekte auf den privaten Sektor ausgehen $\left(\mathbf{b}^I = \left(b_1^I, ..., b_M^I\right)\right)$, und solchen, die den Individuen ausschließlich Nutzen im Konsum bringen $\left(\mathbf{b}^K = \left(b_1^K, ..., b_K^K\right)\right)$[72]. Zudem wird das verfügbare Einkommen gegebenenfalls durch direkte Transfers (τ_i) erhöht.

Es wird unterstellt, daß die Präferenzen der Individuen durch wohldefinierte Nutzenfunktionen beschreibbar sind, die steigend im Konsum staatlich bereitgestellter und privat erworbener Güter sind $\left(u_i = u_i\left(h_i\left(\mathbf{b}^K\right), K_i\right)\right)$. Die Individuen unterscheiden sich in ihrer

[71]Da in diesem Abschnitt nur eine Periode betrachtet wird, werden keine Zeitindizes berücksichtigt.
[72]Vgl. zu dieser Annahme Arnold (1992), S. 79 ff.

Präferenz für die staatlich bereitgestellten Güter bzw. in der Intensität ihrer Präferenzen bezüglich der staatlich bereitgestellten Politiken. Darüber hinaus wird vereinfachend angenommen, daß die Wirkungen der Politiken voneinander unabhängig sind und daß sich die Effekte der Politiken nicht gegenseitig beeinflussen. Bislang ist nicht spezifiziert worden, welche Eigenschaften die staatlich bereitgestellten Politiken im betrachteten Modell haben, ob es sich um private oder öffentliche Güter handelt oder um eine Form von Mischgütern. Die später verwendeten Modelle vermögen alle genannten Möglichkeiten abzubilden, so daß verschiedene Konstellationen von Gütereigenschaften untersucht werden können[73]. Die ersten partiellen Ableitungen des Konsumnutzens aus einer staatlichen Politik können positiv oder gleich null sein, d.h. $\frac{\partial u_i}{\partial b_k} \geq 0$. Außerdem ist jede Kombination von Wirkungen für die verschiedenen Spieler möglich. Es sind sowohl Situationen abbildbar, in denen das Vorzeichen für alle Spieler gleich ist, wie bei einem reinen öffentlichen Gut, als auch Konstellationen, in denen für eine Gruppe von Individuen das Vorzeichen positiv, für die anderen Spieler aber gleich null ist, wie im Fall gruppenspezifischer oder lokal öffentlicher Güter. Außerdem sind Situationen modellierbar, in denen nur ein Spieler durch eine bestimmte Politik einen positiven Nutzen erhält, weil es sich um ein privates Gut handelt, die Nutzen der anderen Spieler aber nicht positiv sind. Wird die Finanzierungsseite berücksichtigt, können die ersten partiellen Ableitungen des Gesamtnutzens bezüglich einer Politik im Prinzip jedes Vorzeichen annehmen: $\frac{\partial u_i}{\partial b_k} - t\frac{\partial u_i}{\partial K_i} \gtreqless 0$. Darüber hinaus wird später angenommen, daß die Verteilung der Präferenztypen der Individuen durch eine Verteilungsfunktion beschrieben werden kann.

2.4.2.2 Politische Repräsentanten

Politische Repräsentanten sind Bürger, die von anderen Bürgern als Vertreter in politische Ämter gewählt werden, damit sie die Bürger bei der Entscheidung über die staatliche Bereitstellung vertreten. Somit sind sie Bürger der Jurisdiktion und die Art ihrer Präferenzen entspricht den oben beschriebenen Bürgerpräferenzen. Folglich maximieren die politischen Repräsentanten ihre eigene Präferenzfunktion und verfolgen keine externen politischen oder ideologischen Ziele bzw. die Ziele sind Ausdruck ihrer eigenen Präferenzintensitäten[74]. Wie bei den Bürgern entspricht die Zielfunktion der Repräsentanten der Summe des Konsumnutzens aus öffentlich und privat bereitgestellten Gütern, wobei letzterer gleich dem Nettoeinkommen nach Steuern ist.

Allerdings folgt aus der freien Entscheidungsgewalt nicht zwangsläufig eine Implementierung der Politik, die von den politischen Repräsentanten am meisten bevorzugt wird. Statt dessen werden die Politiker die Reaktionen auf ihre Entscheidungen in späteren Stufen des Spiels antizipieren und sich entsprechend strategisch verhalten. Wenn die politischen Repräsentanten den abdiskontierten Nutzenstrom über einen längeren Zeit-

[73]Ebenda.

[74]Vgl. Downs (1957, 1968), S. 26 ff.

horizont optimieren und daran interessiert sind, über längere Zeit im Amt zu bleiben, z.B. weil sie durch das Amt in der Lage sind, sich politische Renten anzueignen, kann es sich für sie durchaus lohnen, sich in der Weise opportunistisch zu verhalten, daß sie von ihrer am meisten bevorzugten Politik abweichen, um von den Bürgern wiedergewählt zu werden und weiter die Vorteile des Amtes genießen zu können[75].

Im Budgetprozeß erhalten die politischen Repräsentanten die Entscheidungsgewalt über die Verwendung der staatlichen Ressourcen. Sie sind dabei u.U. auch in der Lage, sich selbst Mittel anzueignen. Darüber hinaus entscheiden sie über die Höhe des Budgets, d.h. darüber, wieviel Mittel dem Staat zufließen und somit darüber, wie groß der Pool ist, der ihnen für die Aneignung von Ressourcen zur Verfügung steht[76]. Die Möglichkeit, sich Ressourcen über das staatliche Budget anzueignen, wird sicherlich durch justiziable Begrenzungen und Haushaltskontrollen eingeschränkt, und ein Politiker, der sich selbst größere ungerechtfertigte Überweisungen außerhalb der üblichen Bezüge zukommen läßt, wird bei Entdeckung wegen Veruntreuung strafrechtlich verfolgt[77]. Allerdings gibt es jenseits direkter Zahlungen viele Möglichkeiten, als Mandatsträger budgetäre Mittel zu konsumieren, so daß direkte Zahlungen hier allgemein für Ausgaben stehen, die ausschließlich den Politikern Nutzen stiften. In dem Extremfall, in dem die politischen Repräsentanten keiner Beschränkung durch gesetzliche Verbote oder durch Wahlen unterliegen, wären sie in der Lage, die Bürger maximal auszubeuten und die gesamten budgetären Mittel für Politikereinkommen zu verwenden. Dies wäre das extreme Modell eines Leviathanstaates, das von Brennan/Buchanan als worst-case Szenario eingeführt wurde. Dabei wird der Leviathan in seiner Entscheidungsgewalt begrenzt[78]. Die Bürger reagieren auf die Budgetallokation des Leviathan und zwar insbesondere durch die Anpassung ihrer ökonomischen Aktivitäten, indem sie sich der Besteuerung entziehen. Andererseits werden sie auch auf politischem Wege Widerstand leisten und den Regierenden gegebenfalls, wenn eine Entmachtung durch Wahlen nicht möglich ist, mittels Rebellion aus dem Amt entfernen, wenn die Ausbeutung zu groß wird.

Die direkten Einkommenszahlungen an die politischen Repräsentanten werden als "politische Einkommen" bezeichnet. Die Zahlungen an die politischen Repräsentanten, die Angehörigen der Exekutive und der Legislative, können einerseits als Entgelte für die dispositiven Leistungen der politischen Repräsentanten bzw. als Kompensation für die Opportunitätskosten der politischen Tätigkeit, also etwa für entgangenes Einkommen in einer alternativen Tätigkeit, angesehen werden. Andererseits ist es, da über die Höhe dieser Einkommen je nach Ausgestaltung der politischen Institutionen von den Repräsentanten selbst entschieden wird und weil diesen, wie den anderen Wirtschaftssubjekten, nutzenmaximierendes Verhalten unterstellt wird, nicht unwahrscheinlich, daß die politi-

[75]Ebenda.
[76]Brennan/Buchanan (1980, 1988), S. 206 ff.
[77]Ebenda, S. 206.
[78]Ebenda, S. 6 ff.

schen Einkommen eine Rente enthalten, die über die reinen Opportunitätskosten hinausgeht[79]. Die Mitwirkung am Budgetprozeß eröffnet den Politikern die Möglichkeit, an der Bestimmung des politischen Einkommens beteiligt zu sein. So sind die Repräsentanten in der Lage, direkt über die Höhe ihres eigenen Einkommens mitzuentscheiden, während die Finanzierung durch die Steuerzahlungen der Bürger erfolgt. Indessen werden die politischen Renten durch Regeln der repräsentativen Demokratie, beispielsweise durch die regelmäßige Möglichkeit, die Repräsentanten abwählen zu können, und durch die Regeln des Entscheidungsprozesses begrenzt. Das Ausmaß der politischen Renten kann als ein Qualitätsmerkmal der Institutionen angesehen werden. „Gute" Institutionen schränken die Aneignung von Ressourcen durch die politischen Repräsentanten ein. Weil die Politiker Nutzenmaximierer sind, können sie sich nicht glaubhaft an Versprechen binden, die sie vor ihrer Wahl gegeben haben. Sind die Repräsentanten erst einmal im Amt, verfolgen sie diejenige Strategie, die ihnen den höchsten erwarteten Nutzen gewährleistet.

Über die bisherige Diskussion der politischen Ziele hinaus muß für Politiker der Exekutive eine Besonderheit berücksichtigt werden, die dazu führt, daß es u.U. doch eine Abweichung von den reinen Bürgerpräferenzen geben kann. Diese resultiert daraus, daß es für einen Exekutivpolitiker vorteilhaft sein kann, möglichst viele Ressourcen für das politische Ressort zu gewinnen, das durch ihn vertreten wird. Je größer das Budget eines Ressortvertreters ist, um so größer ist sein politischer Einfluß und sein Prestige[80]. Ein möglichst großes Budget kann u.U. dazu beitragen, sich gute Positionen in der Zukunft sichern zu können. Zudem erhöht ein relativ großes Ressortbudget den direkten Einflußbereich und damit den potentiellen Pool für Politiken, die v.a. dem Ressortvertreter nützen. Außerdem erleichtern umfassende budgetäre Mittel den Umgang mit Verteilungskonflikten zwischen verschiedenen Vertretern der Bürokratie in der eigenen Behörde. Deshalb wird, wenn in der Analyse Vertreter der Exekutive einbezogen werden, diesen in der Modellierung neben den sonstigen Zielen eines politischen Repräsentanten eine besondere Präferenz für den eigenen Politikbereich unterstellt.

2.4.2.3 Beziehungen zwischen den Zielen der Spieler

Nachdem die Präferenzen der verschiedenen Spieler im Budgetspiel charakterisiert wurden, können generelle Feststellungen bezüglich der Zielbeziehungen und Interessenkonflikte getroffen werden, die im Budgetprozeß vorherrschen und die dessen Ergebnisse bestimmen. Dazu werden die verschiedenen Arten von Budgetpolitiken anhand ihrer Zielwirkung identifiziert und unterschieden.

Zunächst sind solche Politiken zu betrachten, die allen Typen von Spielern, also Bürgern, Politikern und Bürokraten, einen positiven Nettonutzen bringen können. Bei diesen Politiken handelt es sich um globale öffentliche Güter. In diesem Fall sind die Interessen

[79] Vgl. Persson/Roland/Tabellini (1997), S. 1165 ff.
[80] Vgl. von Hagen/Harden (1995), S. 771 ff.

gleichgerichtet und eine Zieldivergenz besteht im Prinzip nicht. Allerdings unterscheidet sich das Ausmaß der Wertschätzung der Güter zwischen den verschiedenen Individuen und die gewünschte Menge ist abhängig von der Finanzierungsstruktur. D.h. die individuelle Präferenz für eine Budgetpolitik wird bestimmt durch den Anteil, den das betrachtete Individuum zur Finanzierung beitragen muß. Selbst wenn, wie in der Untersuchung unterstellt, eine gleichmäßige Finanzierung nach Köpfen vorausgesetzt wird, kann durch divergierende Wertschätzungen ein Dissens über das optimale Niveau der Bereitstellung bestehen, der durch das politische Entscheidungsverfahren gelöst werden muß[81].

Desweiteren kommt es bei der Bereitstellung von partiell öffentlichen bzw. gruppenspezifischen Gütern, die nur bestimmten Individuen Nutzen stiften, wie z.B. bei lokalen öffentlichen Gütern ohne externe Wirkung, zu Verteilungskonflikten zwischen Bürgern bzw. zwischen politischen Repräsentanten. Dieser Verteilungskonflikt resultiert in erster Linie aus der allgemeinen Finanzierung solcher Politiken durch die Gesamtheit der Bürger aus dem Gesamtbudget. Würden nur jene Individuen zur Finanzierung der Politik herangezogen, die tatsächlich von dieser profitieren, so gäbe es zumindest keinen Interessenkonflikt zwischen den Nutznießern der Politik und den Individuen, die überhaupt keinen Nutzen aus der Politik ziehen und die durch ihren Finanzierungsbeitrag eine negative Nettowohlfahrt der Bereitstellung realisieren[82]. Eine gruppenspezifische Finanzierung, bei der nur die Nutznießer beitragen, würde diesen Interessengegensatz aufheben. Andererseits bestehen gerade im staatlichen Haushaltsverfahren starke Anreize, spezifische Budgetpolitiken bei einer allgemeinen Finanzierung durchzusetzen, um so entsprechend große Nettowohlfahrtsvorteile zu erlangen[83].

Zieldivergenzen zwischen politischen Repräsentanten resultieren einerseits, wie bei der Diskussion der Bürgerpräferenzen bereits erörtert wurde, aus unterschiedlichen Wertschätzungen bezüglich der Budgetpolitiken. Wenn Politiker ausschließlich perfekte Repräsentanten eines bestimmten Präferenztyps von Bürgern sind, so zielen ihre Aktivitäten im Budgetprozeß darauf ab, daß bei gegebener Finanzierungsstruktur die Bereitstellungsniveaus der Budgetallokation ihren Optimalniveaus möglichst nahe kommen. Durch die Möglichkeit, sich Ressourcen aus dem Budget anzueignen, kommt es aber zu einem Interessenkonflikt zwischen politischen Repräsentanten und Bürgern, der dazu führt, daß eine perfekte Repräsentanz nicht möglich ist. Vielmehr besteht ein Anreiz, das Budget maximal auszudehnen und sich jene Mittel als Rente anzueignen, die nicht für die Bereitstellung der bevorzugten Politiken verwendet werden[84].

Bei Exekutivpolitikern wirkt zusätzlich die besondere Intensität ihrer Präferenzen für die von ihnen vertretene Politikdimension[85]. Aus ihrer Sicht sollten möglichst viele bud-

[81] Vgl. Folkers (1986), S. 12 ff.
[82] Vgl. Persson (1998), S. 311 ff.
[83] Vgl. Weingast/Shepsle/Johnson (1981) sowie auch Folkers (1994b), S. 132 f.
[84] Vgl. Brennan/Buchanan (1980, 1988), S. 33 ff. sowie Persson/Roland/Tabellini (1997), S. 1164 ff.
[85] Vgl. von Hagen/Harden (1995).

getäre Mittel in ihren Bereich gelenkt werden. Exekutivpolitiker bevorzugen die Politikdimension, in der sie tätig sind und sie zielen darauf ab, ihren eigenen diskretionären Überschuß zu erhöhen. Dabei wird jeder von ihnen versuchen, möglichst viel von den verfügbaren Ressourcen für sich zu gewinnen. So kommt es zu Verteilungskonflikten um knappe budgetäre Mittel zwischen Vertretern verschiedener Ressorts.

Interessenkonflikte spielen in realen Budgetprozessen eine zentrale Rolle. Deshalb sollen die drei wichtigsten grundlegenden Konflikte, die für die Budgetierungsergebnisse von Bedeutung sind, zusammengefaßt werden[86]. Erstens sind jene Interessenskonflikte zu berücksichtigen, die zwischen den Bürgern bzw. zwischen Gruppen von Bürgern entstehen. Diese Konflikte resultieren daraus, daß Politiken nachgefragt werden, die einzelnen Bürgern oder Interessengruppen partikuläre Vorteile bringen, deren Finanzierung aber aus dem staatlichen Budget erfolgt und deren Kosten daher von allen Individuen getragen werden müssen. Zweitens beeinflussen die Interessengegensätze zwischen den politischen Repräsentanten selbst die Ergebnisse budgetärer Entscheidungsverfahren. Politiker konkurrieren in verschiedener Hinsicht. Zum einen sind sie auf die Wahl oder die Wiederwahl und damit auf die Gunst der Wähler angewiesen. D.h. Politiker konkurrieren um politische Unterstützung und um Wählerstimmen. Andererseits stehen die politischen Repräsentanten insbesondere in Budgetierungsverfahren im Wettbewerb um knappe budgetäre Mittel, die sie für ihre Ziele und für die Ziele ihrer Unterstützer, insbesondere ihrer Wählerschaft, eingesetzt sehen wollen. Der dritte Interessenkonflikt in staatlichen Haushaltsverfahren steht im Mittelpunkt dieser Untersuchung. Er besteht zwischen Bürgern und politischen Repräsentanten. Die Politiker können und werden ihren Einfluß auf den Budgetierungsprozeß zu ihrem Vorteil nutzen wollen. In diesem Zusammenhang stellt sich die Frage der politischen Verantwortlichkeit, der "Accountability" der politischen Repräsentanten gegenüber ihren Bürgern und umgekehrt der Kontrolle der Politiker durch die Bürger. Die Analyse konzentriert sich auf den dritten Konflikt, auf das Prinzipal-Agenten-Problem zwischen Bürgern und ihren politischen Vertretern. Allerdings können die anderen Zielkonflikte dabei nicht vernachlässigt werden, weil sie die Ergebnisse budgetärer Entscheidungsprozesse bestimmen und weil diese u.U. auch für die Lösung des Problems der demokratischen Kontrolle von Bedeutung sind.

2.4.3 Der Einfluß der Bürger auf die Budgetaufstellung

Der Unterschied zwischen Entscheidungen im wirtschaftlichen und im politischen Bereich liegt in den Bedingungen, unter denen diese getroffen werden. Während im privaten Sektor die Interaktionen von Konsumenten und Unternehmen auf Märkten stattfinden, geht es im politischen Bereich um das Verhalten von Individuen im Rahmen kollektiver Entscheidungsverfahren[87]. Im staatlichen Bereich gibt es keinen dem Markt vergleich-

[86] Vgl. zu diesem Abschnitt Persson/Roland/Tabellini (2000).

[87] Vgl. als Beispiel Weingast/Marshall (1988).

baren Mechanismus, der die Nachfrage und das Angebot bezüglich einzelner Güter zum Ausgleich bringt. Es ist keine Unterteilung des Allokationsverfahrens einer Gebietskörperschaft in einzelne Teilmärkte möglich, und die Transaktionen beruhen nicht auf der freiwilligen Vereinbarung von Tauschpartnern der beiden Marktseiten. Im Gegensatz zu Markttransaktionen basiert die Güterbereitstellung auf der Ermächtigung der politischen Repräsentanten und der Zuordnung des Rechts, über die Bereitstellung von Gütern im staatlichen Bereich zu entscheiden, und auf der Finanzierung durch zwangsweise von allen Bürgern erhobene Abgaben. Anders als auf Märkten beziehen die Anbieter daher nicht die Reaktionen der Nachfrager auf Preis- oder Mengenvariationen bezüglich einzelner Güter in ihre Allokationsentscheidungen ein. Statt dessen versuchen sie zu antizipieren, wie die Bereitstellung des gesamten Bündels staatlicher Güter und Politiken während der Wahlperiode und die zu ihrer Finanzierung zwangsweise erhobenen Abgaben die Wahlen nach Ablauf der Amtszeit beeinflussen werden[88]. Die Nachfrager, die Bürger bzw. Wähler, hingegen können sich - im Gegensatz zu freiwillig stattfindenden Markttransaktionen - der staatlichen Güterallokation und seiner Finanzierung nur beschränkt entziehen[89]. Ihr Einfluß auf die staatliche Güterallokation reduziert sich vor allem auf die Ausübung des Wahlrechts, auf die direkte Beeinflussung der politischen Akteure z.B. durch Lobbying sowie auf die aktive Teilnahme am politischen Prozeß, also indem sie selbst politische Ämter anstreben, um bei Erfolg direkt an den Entscheidungen beteiligt zu sein.

Aus mikroökonomischer Sicht handelt es sich bei der Regierungsform der repräsentativen Demokratie um eine Prinzipal-Agenten-Beziehung mit vielen Prinzipalen, den Bürgern, und mehreren Agenten, den politischen Repräsentanten[90]. Die politischen Akteure handeln im Auftrag ihrer Prinzipale, sie können aber von diesen aufgrund von Informationsasymmetrien sowie von Unvollkommenheiten der politischen Verfahren und wegen der genannten Antagonien der Interessen nicht vollständig gelenkt und kontrolliert werden, so daß eine perfekte Repräsentanz nicht möglich ist. Die zentrale Frage in diesem Zusammenhang ist daher, wie weit die Interessen der am Budgetprozeß beteiligten Akteure durch die demokratische Kontrolle der Bürger eingeschränkt werden können. Dabei bildet der Ansatz von Brennan/Buchanan einen Ausgangspunkt, von dem aus institutionell angereicherte Modelle des Entscheidungsverhaltens der politischen Repräsentanten in der repräsentativen Demokratie entwickelt werden, wobei unterstellt wird, daß die Macht der Akteure im politischen Bereich insbesondere durch Wahlen und die Möglichkeit zu ihrer Abwahl beschränkt wird[91].

Die meisten Beiträge zur positiven Analyse budgetärer Verfahren blenden die grundsätzliche Divergenz zwischen den Präferenzen der Bürger und den Zielen der politischen Repräsentanten aus und vernachlässigen damit den Einfluß der Wähler auf die Entschei-

---

[88]Vgl. Downs (1957, 1968), S. 24 f.
[89]Es wird unterstellt, daß die Bürger immobil sind.
[90]Vgl. Persson/Roland/Tabellini (1997), S. 1165 f.
[91]Vgl. dazu inbesondere Folkers (1996), S. 118 f. und Neumärker (1995) S. 28 ff.

dungen der politischen Repräsentanten [92]. Mit diesen Ansätzen sind keine Aussagen darüber abzuleiten, wie bestimmte budgetäre Entscheidungsverfahren aus Sicht der Prinzipale, der Bürger, zu bewerten sind. Im folgenden werden ausschließlich solche Ansätze budgetärer Theorien berücksichtigt, in denen der Einfluß der Bürger auf die budgetären Entscheidungen in die Betrachtung einbezogen und die Beschränkung einer übermäßigen Ausnutzung der Entscheidungsgewalt durch die Politiker untersucht werden kann. Im Mittelpunkt steht die demokratische Kontrolle der budgetären Entscheidungen durch den Mechanismus zur Auswahl der Repräsentanten, die im Budgetprozeß über die Budgetallokation entscheiden[93].

In diesem Zusammenhang muß zunächst geklärt werden, über welche Strategien die Bürger und die Politiker in der Wahlsituation verfügen. In der Public Choice-Theorie sind verschiedene Ansätze bezüglich des Angebotsverhaltens und der Wählerstrategien entwickelt worden. Da eine mikroökonomisch fundierte Analyse der budgetären Situation angestrebt wird, werden in der vorliegenden Arbeit nur solche Ansätze des Verhaltens in Betracht gezogen, die bezüglich der Wahlsituation eine logisch stringente Interaktion der Akteure zugrunde legen. So kommen Ansätze, bei denen die Wahlentscheidungen der Bürger auf Politikversprechen der Kandidaten beruhen, für deren Einhaltung nach der Wahl es keinerlei Anreize gibt, für die Analyse nicht in Betracht, weil es aus Sicht der Bürger nicht rational ist, ihr Verhalten auf Äußerungen zu kontingentieren, die für die anschließenden Politikentscheidungen irrelevant sind[94].

Handelt es sich bei den politischen Kandidaten selbst um Bürger, die Präferenzen über die Budgetpolitiken haben, so sind die Bewerber nicht in der Lage, sich im vorhinein glaubwürdig auf bestimmte politische Positionen oder Entscheidungen festzulegen. Da die Wähler dies wissen, entscheiden sie in Abhängigkeit von den Präferenzen der Kandidaten, wobei vorausgesetzt wird, daß diese allgemein bekannt sind. Das beschriebene Verhalten wird im "citizen-candidate" Modell der repräsentativen Demokratie von Beseley/Coate spieltheoretisch untersucht[95]. In einer Eintrittsstufe entscheiden die Bürger zudem, ob sie sich als Kandidaten für öffentliche Ämter aufstellen lassen und ob sie sich an dem Wettbewerb um das politische Amt beteiligen, wobei die Teilnahme an der Wahl mit Kosten verbunden ist. Der Ansatz führt nicht zu eindeutigen Ergebnissen, sondern liefert je nach Konstellation multiple Lösungen[96]. Dabei wird die Auswahl eines einzelnen Politikers un-

---

[92]Vgl. z.B. von Hagen/Harden (1995), Stanowsky (1997) und für einen integrierenden Überblick über die verschiedenen Public Choice Ansätze Kraan (1996).

[93]Die Möglichkeit der Einflußnahme durch Lobbyingaktivitäten wird in dieser Arbeit nicht explizit berücksichtigt. Es werden aber analytische Ansätze verwendet, in denen eine Einbeziehung von Interessengruppenaktivitäten in die Untersuchung möglich ist. Vgl. dazu beispielsweise Helpman/Persson (1998).

[94]Vgl. für einen Überblick über verschiedene mikrofundierte Ansätze der Politiker-Wähler Interaktion Persson/Tabellini (1999).

[95]Vgl. Besley/Coate (1997).

[96]Ebenda, S. 90 ff.

tersucht, der allein über die Politik entscheidet. Interessenkonflikte zwischen verschiedenen Repräsentanten bei der Entscheidung innerhalb des staatlichen Sektors werden nicht berücksichtigt. Zwar werden in Erweiterungen des Ansatzes komplexere Entscheidungssituationen erörtert, eine vergleichende Analyse alternativer budgetärer Verfahren wird damit allerdings kaum ermöglicht[97]. Insbesondere wird nicht die für die repräsentative Demokratie charakteristische Interessendivergenz zwischen den Bürgern und den Politikern in die Betrachtung einbezogen. Die Spieler sind in diesem Modell nicht in der Lage, sich Renten des politischen Amtes anzueigenen, sondern ihr Streben nach politischen Ämtern ist v.a. motiviert durch die Aussicht, die am meisten bevorzugte Politik implementieren zu können. Der Ansatz blendet das Prinzipal-Agenten-Problem zwischen Bürgern und Politikern aus und eignet sich daher nicht zur Untersuchung der Fragestellung, die im Mittelpunkt dieser Arbeit steht.

Wird dagegen von der Annahme ausgegangen, daß ausschließlich Politiker verfügbar sind, die bezüglich ihres Präferenztyps und ihrer Fähigkeiten gleichwertig sind, und können sich die Bürger auf gemeinsame Wiederwahlstrategien einigen, so werden die Bürger ihre Wahlentscheidungen vom Verhalten des Amtsinhabers in der vergangenen Regierungsperiode abhängig machen[98]. Erfüllt dieses nicht bestimmte Minimalforderungen bzw. entspricht die Wohlfahrt der Bürger nach der Regierungsphase nicht mindestens einem bestimmten Reservationsniveau, so wird der Mandatsträger abgewählt und durch einen Alternativkandidaten ersetzt. Die Bürger formulieren ihre Forderungen für eine Wiederwahl vor der Regierungsphase und der Politiker kann sich bei der Festlegung seiner Politikwahl entscheiden, ob er die Wiederwahl anstreben und weiter die Vorteile des Amtes genießen will oder nicht. Für die Wähler ist es unter der Voraussetzung gleichwertiger Alternativkandidaten glaubwürdig, sich an die Abwahldrohung zu halten. Daher stellt die Annahme retrospektiven Wählerverhaltens unter den genannten Bedingungen eine entscheidungslogisch fundierte Begründung für die Interaktion von Politikern und Bürgern in der repräsentativen Demokratie dar.

Abweichungen von den Vorbedingungen an die Eigenschaften der Politiker schränken den Erklärungswert der Theorie retrospektiven Wählens nicht ein, wenngleich die Analyse der Entscheidungssituation komplexer wird. Weicht man von der grundlegenden Annahme ab, daß die Politiker alle die gleichen Fähigkeiten haben, so werden bei vollständiger Information über die Eigenschaften der Kandidaten jene gewählt, deren Fähigkeiten am besten sind. Bei unvollständiger Information über die Merkmale der Kandidaten ist ein Erwartungsnutzenkalkül der Wähler erforderlich, bei dem diese anhand ihrer Vermutungen über die tatsächlichen Politikereigenschaften entscheiden, wen sie wählen, wobei die Politiken der jeweiligen Amtsinhaber den Wählern eine Aktualisierung ihrer Informationen ermöglichen[99]. Selbst unvollständige Informationen der Bürger über die tatsächlichen

[97] Vgl. Besley/Coate (1998).

[98] Vgl. Ferejohn (1986) und Persson/Roland/Tabellini (1997).

[99] Vgl. Coate/Morris (1995).

Eigenschaften und Wirkungen der Budgetpolitiken können in gleicher Weise durch den Erwartungsnutzenansatz in die Analyse einbezogen werden. Damit kann auch dem Einwand Rechnung getragen werden, die Wähler handelten nicht in dem Ausmaß rational, wie dies im Rahmen einer mikroökonomischen Analyse unter vollständiger Information unterstellt wird. Dabei wird insbesondere darauf abgestellt, daß es sich für die Wähler nicht lohnt, sich vollständig über die einzelnen Politiken und deren Effekte zu informieren[100]. Dies wird mit dem relativ hohen Aufwand begründet, der damit verbunden ist, die entsprechenden Informationen über eine Vielzahl budgetärer Politiken zu beschaffen, während andererseits der Nutzen sehr niedrig ist, weil das Gewicht einer einzelnen Wählerstimme verschwindend gering ist und weil jede einzelne der zahlreichen Politiken nur einen kleinen Anteil am gesamten Finanzierungsbeitrag des Wählers ausmacht. Somit ist Ignoranz der Bürger über die meisten budgetären Politiken wahrscheinlich rational. Auch wenn es nach wie vor ein Paradox der Politischen Ökonomie ist, warum Bürger sich in der Realität an Wahlen beteiligen, so ist es ein empirisches Faktum, daß in den EU Mitgliedstaaten - abgesehen von den Wahlen zum Europäischen Parlament - eine große Zahl der Bürger an Wahlen teilnimmt. Daß diese dabei nicht über alle Einzelheiten der staatlichen Allokation vollständig informiert sein müssen, kann durchaus mit rationalem Verhalten einhergehen. Die Vorstellung ist auch vereinbar mit der Idee, daß Wähler Politiker abwählen, die in der Vergangenheit zu wenig die Interessen der Bürger berücksichtigten[101]. Die Wähler müssen keine genaue Kenntnis aller Möglichkeiten des Politikers haben, um dessen Entscheidungen beurteilen zu können. Wenn sie Vermutungen über den Bereich möglicher Wohlfahrtswirkungen der Budgetpolitiken haben, kann mittels Erwartungsnutzenüberlegungen eine konsistente Wiederwahlregel unter unvollständiger Information abgeleitet werden. Die politischen Repräsentanten werden das Wählerverhalten antizipieren und bei ihren Politikentscheidungen berücksichtigen. Retrospektives Wahlverhalten ist somit auch zu erwarten, wenn die Wähler nicht vollständig informiert sind.

Die Ausrichtung der Wahlentscheidung an den Politikentscheidungen der Vergangenheit kann auch unterstellt werden, wenn Politiker unterschiedliche Präferenztypen repräsentieren und wenn Situationen betrachtet werden, in denen es um die Auswahl politischer Repräsentanten für ein Komitee mit mehreren Mitgliedern, z.B. ein Parlament geht[102]. Gruppen von Wählern mit homogenen Präferenzen stimmen für Politiker, die die Interessen ihrer Gruppe repräsentieren. Diese werden cet. par. in der Versammlung einen Stimmenanteil erhalten, der dem Anteil der Gruppe an der Wahlbevölkerung entspricht. Weil die Präferenzen innerhalb der Gruppe homogen sind, ist die Koordination der Wähler auf eine gemeinsame Wahlstrategie möglich. Nach einer Regierungsperiode wird der Repräsentant einer Gruppe wiedergewählt, wenn er den Erwartungen der Wähler seiner Gruppe entsprochen und sich entsprechend ihren Forderungen verhalten hat. Hat er da-

[100] Vgl. Downs (1957, 1968), S. 202 ff.
[101] Vgl. Persson/Roland/Tabellini (1997), S. 1173 ff.
[102] Vgl. Persson/Roland/Tabellini (2000).

gegen die Wünsche seiner Wählerschaft nicht berücksichtigt und zu sehr nur seine eigenen Interessen verfolgt, so wird er abgewählt und durch einen neuen Gruppenrepräsentanten ersetzt. Bei der Ableitung der Forderungen an ihren Repräsentanten werden die Bürger dessen Einflußmöglichkeiten auf die Entscheidungen des Komitees berücksichtigen, d.h. sie werden die Interaktion mit den anderen Repräsentanten in ihre Überlegungen integrieren. Damit ist dieser Ansatz auch geeignet zur vergleichenden Analyse alternativer Institutionen in budgetären Entscheidungsverfahren bei heterogenen Präferenzen der Bürger.

Schließlich kann eingewendet werden, der Ansatz sage nichts darüber aus, wie die Wähler sich verhalten, wenn ein Amtsträger nach dem Ende seiner Amtszeit nicht mehr zur Verfügung steht. Hier sind sicherlich andere Erklärungen anzuwenden, die wie im citizen-candidate Ansatz eine Auswahl anhand der Vermutungen über die Eigenschaften der verfügbaren Kandidaten begründen. So ist es vorstellbar, daß beide Ansätze eine Synthese bilden, bei der die Erstauswahl eines politischen Repräsentanten primär durch die Attribute der Kandidaten geleitet und die Wiederwahl cet. par. durch das Verhalten, insbesondere durch die Frage der Ausnutzung der Amtsvorteile zu Ungunsten der Interessen der Bürger während der Regierungsperiode, bestimmt wird. Wenn sich die ökonomische Welt und damit die Verteilung der bevorzugten Politiken der Wähler zwischen zwei Wahlen ändert, kann es sein, daß sich auch die Zusammensetzung der politischen Entscheidungsgremien wandelt. Dies kann Politiker- und Politikwechsel in der Realität erklären. Weil in der vorliegenden Arbeit die Wirksamkeit der demokratischen Kontrolle bei alternativen Entscheidungsregeln untersucht wird, werden in erster Linie solche Situationen modellmäßig analysiert, in denen die Politiker tatsächlich wiedergewählt werden können. Der vorgestellte Ansatz liefert nicht nur eine plausible mikroökonomisch begründeten Erklärung des Verhaltens von Bürgern in Wahlsituationen. Er stellt darüber hinaus das Prinzipal-Agenten-Problem zwischen Bürgern und Politikern und die Frage der demokratischen Kontrolle in den Mittelpunkt der Analyse und ist daher besonders als Grundlage der vorliegenden Untersuchung geeignet.

2.5 Evaluation von Haushaltsinstitutionen

In der hier durchgeführten Analyse kollektiver Entscheidungsverfahren wird untersucht, wie eine Gesellschaft von Individuen in der Staatsform der repräsentativen Demokratie durch die Institutionen des Haushaltsverfahrens zu Entscheidungen über die Budgetallokation gelangt. Entgegen der institutionenfreien Welt traditioneller Ansätze werden kollektive Entscheidungen in der Realität nicht von einem wohlwollenden Sozialplaner, sondern interaktiv von ausgewählten Individuen dieser Gesellschaft getroffen[103]. Nach welchen Regeln die Interaktion abläuft und wie die Auswahl der Individuen, die an den

[103] Vgl. Downs (1957, 1968), S. 17 ff.

Entscheidungen beteiligt sind, vorgenommen wird, ist insbesondere eine Frage der Institutionen. D.h. das Budgetierungsergebnis wird durch die geltenden verfahrensmäßigen Regelungen und quantitativen Restriktionen des Haushaltsprozesses determiniert. In der vorliegenden Arbeit geht es darum, die Qualität budgetärer Institutionen anhand des erwarteten Allokations- und Distributionsergebnisses zu beurteilen. Die Bewertungsmaßstäbe orientieren sich dabei an den Wirkungen für die Individuen. Inwieweit nützt ein bestimmtes Budgetierungsverfahren den Interessen der Bürger und kann entgegengerichtete Interessen zum Ausgleich bringen? Dabei wird vom folgenden Ansatz zur Bewertung budgetärer Institutionen ausgegangen, der auch in der Abbildung 2.5 auf S. 49 verdeutlicht wird. Die institutionellen Regelungen des staatlichen Haushaltsverfahrens bestimmen das Ergebnis des Budgetierungsprozesses[104]. Die verfahrensmäßigen Regeln und die exogenen quantitativen Restriktionen determinieren, wie die politischen Repräsentanten der Legislative und der Exekutive im Zusammenspiel mit den Vertretern der Bürokratie die Budgetallokation bestimmen. Das Resultat des staatlichen Haushaltsverfahrens wirkt auf die Wohlfahrt der Wirtschaftssubjekte, die zudem durch verschiedene ökonomische Unsicherheiten beeinflußt wird. Je nach institutioneller Regelung der Budgetierung ergeben sich unterschiedliche ökonomische Effekte und die Interessenkonflikte werden verschieden gelöst. Dabei sind auch die Transaktionskosten des Entscheidungsverfahrens für dessen Bewertung zu berücksichtigen. Wieviele Ressourcen, z.B. Verhandlungszeit, werden im Entscheidungsprozeß verbraucht, und was müssen die Bürger für den Mechanismus aufwenden? Dies sind Fragen, die in die Evaluation einbezogen werden müssen. Anhand der resultierenden Wohlfahrtswirkungen können verschiedene institutionelle Designs des Budgetierungsprozesses miteinander verglichen und normative Empfehlungen für die Gestaltung von Regeln, die in der Haushaltsverfassung einer Gebietskörperschaft festgelegt werden sollten, gegeben werden.

Die Finanzverfassung ist vergleichbar einem unvollständigen Vertrag zwischen den Bürgern und ihren politischen Repräsentanten, bei dem die Zuweisung von Entscheidungs- und Kontrollrechten geregelt wird, während eine Fixierung konkreter Allokationsergebnisse z.B. in Abhängigkeit von der Realisierung bestimmter Ereignisse in der Regel nicht erfolgt[105]. So wird beispielsweise festgelegt, wer Vorschläge bezüglich des Staatshaushalts machen darf, wer den Vorschlag annehmen, ändern oder ablehnen und wer die verschiedenen Repräsentanten in die Ämter wählen kann. Dabei ist es erforderlich, daß flexibel auf ökonomische Unsicherheit reagiert werden kann, da nicht alle möglichen Naturzustände im vorhinein berücksichtigt werden können. Darüber hinaus sind Verträge, die vom Output des budgetären Verfahrens abhängig sind, wegen der beschränkten Beobachtbarkeit und Verifizierbarkeit der Budgetallokation nicht möglich. Daher werden mehr oder weniger eingegrenzte Befugnisse eingeräumt, über Ausgaben und Einnahmen unter bestimmten

[104] Vgl. Folkers (1984).

[105] Vgl. Seabright (1996), S. 64 f., Persson/Roland/Tabellini (1997), S. 1165 f. sowie Persson/Tabellini (1999), S. 94 ff.

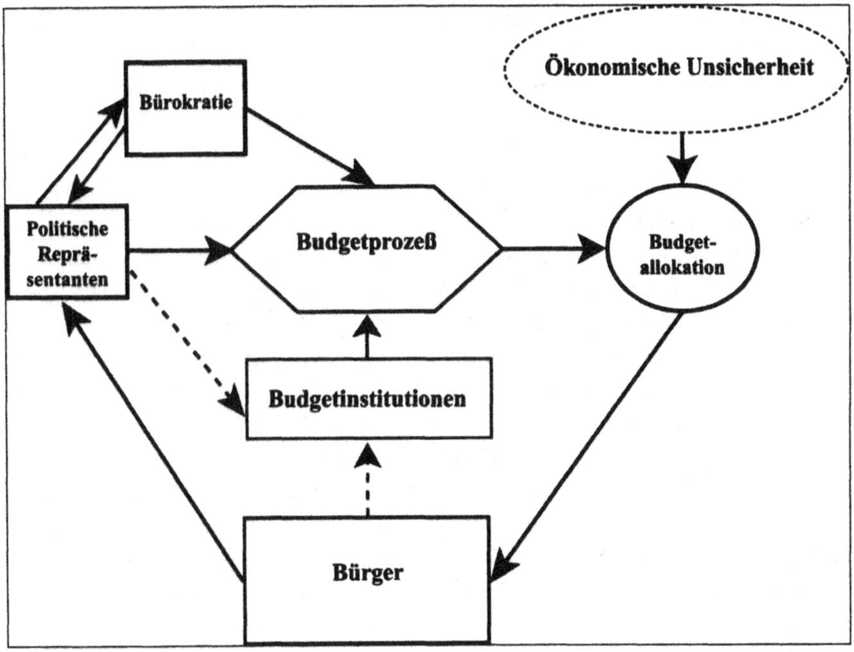

Abbildung 2.5: Budgetprozeß und Budgetinstitutionen

institutionellen Restriktionen zu entscheiden.

Es ist zu unterscheiden zwischen den laufenden Entscheidungen beispielsweise über spezifische Einnahmen oder Ausgaben und den Entscheidungen über die Regeln des Haushaltsprozesses[106]. In dieser Arbeit wird untersucht, wie die budgetären Institutionen das laufende Haushaltsverfahren beeinflussen. Eine explizite Analyse des Prozesses der Bestimmung budgetärer Regeln wird nicht angestrebt. Indirekt leistet die Arbeit aber einen Beitrag sowohl zur positiven Analyse der institutionellen Wahl als auch zur normativ konstitutionellen Theorie. Da untersucht wird, welche Allokationsergebnisse in Abhängigkeit vom jeweiligen institutionellen Design zu erwarten sind, können die gewonnen Ergebnisse einerseits Aufschluß darüber geben, welche institutionellen Designs von den politischen Repräsentanten im Fall innerperiodischer institutioneller Entscheidungen bevorzugt werden. Andererseits kann verdeutlicht werden, welche verfahrensmäßigen Regelungen in einem längerfristig ausgerichteten konstitutionellen Kalkül auf vorkonstitutioneller Ebene von den Bürgern vorgezogen würden.

Institutionen selbst werden in der Regel durch die Entscheidungen der politischen Repräsentanten bestimmt, d.h. viele der realen Haushaltsinstitutionen sind endogen im politischen Prozeß durch Entscheidungen von Politikern entstanden[107]. Es ist daher zu vermuten, daß das Resultat der Gestaltung budgetärer Institutionen im wesentlich den Interessen der politischen Akteure dient oder diesen zumindest nicht entgegensteht, soweit nicht die Interessen der Gesamtheit der Bürger durch die Regeln institutioneller Entscheidungen mit einfließen konnten. Der Prozeß der institutionellen Wahl (Institutional Choice) sollte daher endogen erklärt werden. Die Arbeit gibt zumindest eine Antwort auf die Frage, wie bestimmte Institutionen aus Sicht der Politiker wirken und welche institutionellen Konstellationen diese bei kurzfristigen innerperiodischen Entscheidungen bevorzugen würden. Die Untersuchung leistet daher auch einen Beitrag zu der Frage, wie die Wahl der Budgetinstitutionen durch die Politiker endogen zu erklären ist.

Voraussetzung für eine normativ konstitutionelle Analyse der Regeln der Haushaltsverfassung ist ein Modell, welches das Verhalten innerhalb des Staates im Zuge innerperiodischer finanzwirtschaftlicher Entscheidungen erklären kann. Brennan/Buchanan operieren mit einem monolithischen Staatsmodell, in dem der Staat als einzelne Person agiert[108]. In realen politischen Prozessen spielt dagegen insbesondere der Wettbewerb und die Interaktion zwischen verschiedenen politischen Akteuren für die budgetären Entscheidungen eine entscheidende Rolle. Dieser Unterschied zum monolithischen Staatsmodell ist für die normative Bewertung der realen Regeln der Finanzverfassung aus Sicht der konstitutionellen Theorie von Bedeutung, da eine andere Beziehung zwischen den Institutionen und dem Allokationsergebnis zu erwarten ist. Darüber hinaus wird das Resultat der Budgetierung von den verschiedenen institutionellen Details, die bei der Entscheidung im Kabinett und

[106]Vgl. Folkers (1996), S. 115.
[107]Vgl. Shepsle (1986), S. 66 f. sowie Riker (1980), S. 444 f.
[108]Vgl. Brennan/Buchanan (1980, 1988), S. 16 ff.

im Parlament gelten, determiniert. D.h. eine ernsthafte vorkonstitutionelle Evaluation erfordert gerade eine Beschäftigung mit den Einzelheiten der verfahrensmäßigen Institutionen des Haushaltsrechts[109]. Somit leistet diese Arbeit zumindest indirekt auch einen Beitrag zu weiteren normativ konstitutionellen Überlegungen, weil sie die Beurteilung und den Vergleich der Wohlfahrtswirkungen verschiedener Haushaltsinstitutionen ermöglicht.

In dieser Arbeit wird die Wirkung alternativer budgetärer Institutionen auf die Ergebnisse staatlicher Budgetierungsprozesse untersucht. Der Hauptfokus liegt dabei auf den politischen Entscheidungsprozessen, in denen der Haushaltsplan für die Folgeperiode aufgestellt wird. D.h. untersucht werden insbesondere die Phase der Budgetaufstellung und -entscheidung sowie die Entscheidungsregeln, die in dieser Phase angewendet werden. Die Frage der Durchführung und der Kontrolle des aufgestellten Budgets spielt nur insofern eine Rolle, als sie für die Budgetaufstellungsphase von Bedeutung ist. Ebenso werden die Entscheidungsstrukturen der Bürokratie und der Rechnungshöfe nicht explizit berücksichtigt. Somit wird die Annahme getroffen, daß das Budget so implementiert wird, wie es aufgestellt wurde. Diese Annahme setzt voraus, daß das Problem einer effektiven Kontrolle der budgetären Entscheidungen gelöst ist und daß die Kontrolle der Durchführung des Budgets eine plangetreue Umsetzung des Budgets forciert. Dies sind starke Annahmen, aber es würde den Rahmen dieser Arbeit sprengen zusätzlich auch die Durchführungs- und die Kontrollphase einer genauen Untersuchung zu unterziehen. Dies bedeutet nicht, daß es nicht einer genaueren Untersuchung der Zusammenhänge in diesen Budgetphasen bedarf. Im Gegenteil, jede von ihnen wäre eine eigene Untersuchung wert, und da der Untersuchungsbedarf der gewählten Fragestellung nicht unterschätzt wird, erscheint es hinsichtlich der Ziele dieser Arbeit angebracht, sich auf einen Bereich zu konzentrieren. Entscheidendes Kriterium zur Auswahl der Analyseansätze, die in dieser Untersuchung verwendet werden, ist daher, ob das Prinzipal-Agenten-Problem zwischen Bürgern und Politikern berücksichtigt wird und ob sich der Ansatz zur Untersuchung des Problems der demokratischen Kontrolle eignet.

---

[109] Vgl. Folkers (1996).

Kapitel 3

Budgetäre Institutionen

3.1 Einleitung

Nachdem im vorangegangenen Kapitel die Bedeutung budgetärer Regeln für die Ergebnisse des Budgetierungsprozesses herausgearbeitet wurde, werden in diesem Kapitel die verschiedenen Dimensionen und Gestaltungsmöglichkeiten budgetärer Institutionen in der Phase der Haushaltsaufstellung dargestellt. Dazu wird eine umfassende Übersicht über die Haushaltsinstitutionen gegeben, wobei es sich überwiegend um geltende bzw. in realen Budgetprozessen umsetzbare Regelungen handelt. Zweck der Darstellung ist die Systematisierung der institutionellen Bausteine von Haushaltsprozessen als Grundlage für eine strukturierte formale Analyse budgetärer Prozesse. Haushaltsinstitutionen konstituieren den Verlauf des Budgetentscheidungsspiels, das in der vorliegenden Arbeit untersucht wird, wobei die Regeln des Spiels das Budgetierungsergebnis bestimmen[1]. Voraussetzung einer zielgerichteten Analyse der Wirkung alternativer Regeln ist eine Bestandsaufnahme der wesentlichen Gestaltungsdimensionen und ihrer möglichen Ausprägungen. Dies ist die Bedingung für einen systematischen Vergleich der verschiedenen relevanten institutionellen Arrangements budgetärer Verfahren und ihrer relativen Wohlfahrtseffekte bzw. ihrer Wirkungen auf die Verantwortlichkeit der politischen Repräsentanten.

Welche institutionellen Gestaltungsparameter und Abspracheregeln können im einzelnen unterschieden werden? Die budgetären Institutionen werden zunächst in quantitative Restriktionen und verfahrensmäßige Regeln unterteilt[2]. Dabei bezeichnen quantitative Restriktionen solche Regeln, die sich unmittelbar auf die Ergebnisse des Budgetierungsprozesses, d.h. auf Werte der Budgetallokation beziehen. Bei den verfahrensmäßigen Regeln handelt es sich hingegen in diesem Zusammenhang um die Entscheidungsregeln des Haushaltsverfahrens, die in der Haushaltsverfassung festgelegt sind, die den Ablauf des Budgetprozesses bestimmen und die die Budgetallokation mittelbar determinieren[3].

---

[1] Vgl. dazu Brennan/Buchanan (1980, 1988), S. 3 ff.

[2] Vgl. Folkers (1983), S. 27 ff.

[3] Ebenda.

Dabei geht es einerseits um die Festlegung des Status quo-Budgets, das im Fall eines Dissenses über das Budget implementiert wird. Darüber hinaus werden die Zuordnung von Entscheidungsrechten zwischen und die Abstimmungsregeln innerhalb der Entscheidungsgremien betrachtet. Zudem wird die Bedeutung und die Wirkung der formalen Anforderungen erörtert, die an den Haushaltsplan gestellt werden und die insbesondere in den sogenannten Budgetgrundsätzen kodifiziert sind. In einem weiteren Abschnitt werden die informellen Regeln charakterisiert, die bei den Entscheidungen im Budgetprozeß von den beteiligten Entscheidungsträgern befolgt werden. Diese beziehen sich insbesondere darauf, ob die Politiker untereinander im Wettbewerb stehen und sich nicht-kooperativ verhalten oder ob sie miteinander kooperieren und Absprachen zu Ungunsten der Wähler treffen[4]. Die informellen Regeln können zwar nicht als Gestaltungsparameter angesehen werden, aber sie haben starken Einfluß auf die Ergebnisse des Budgetierungsverfahrens, weil es wahrscheinlich ist, daß bei anderen Verhaltensweisen der Repräsentanten abweichende Ergebnisse des Budgetierungsprozesses zu erwarten sind. Deshalb sollten auch die ungeschriebenen Gesetze, die zwischen den Politikern gelten, in der Untersuchung Berücksichtigung finden. Die Betrachtung unterschiedlicher Verhaltensannahmen im politischen Bereich ist vergleichbar der Unterscheidung verschiedener Verhaltenshypothesen in den unterschiedlichen Marktformen der Konkurrenz und des Oligopols. Da es sich bei den Budgetverfahren um Entscheidungen im politischen Bereich handelt, sind außerdem die Institutionen des allgemeinen politischen Systems von Bedeutung[5]. In diesem Zusammenhang stellt sich insbesondere die Frage, wie die Entscheidungsträger in den verschiedenen budgetären Komitees bestimmt sowie durch wen und auf welche Weise sie kontrolliert werden.

Angelpunkt der Betrachtung alternativer budgetärer Institutionen in diesem Abschnitt ist das im vorangegangenen Kapitel in Abschnitt 2.4 abgeleitete Spiel der Budgetaufstellung. Das charakterisierte stilisierte Grundmodell wird in diesem Kapitel als Grundinstitution vorausgesetzt und es werden die institutionellen Details dargestellt, die bislang in dem Modell nicht ausgeführt wurden, wobei die Gestaltungsmöglichkeiten für die detaillierten Regeln des Budgetspiels konkretisiert werden. Dabei wird jeweils die Bedeutung der verschiedenen Institutionen für das Spiel, d.h. dessen Verlauf, die Optionen der Spieler und die möglichen Resultate erörtert. Eine Konkretisierung der institutionellen Möglichkeiten ist die Voraussetzung dafür, daß in den folgenden Kapiteln die Spiele, die bei alternativen budgetären Regeln resultieren, formal analysiert werden können.

[4]Vgl. Tullock (1981) sowie Weingast (1979).

[5]Vgl. Folkers (1996), S. 115 f.

3.2 Quantitative Restriktionen

Quantitative oder ergebnisbezogene fiskalische Beschränkungen legen Höchstgrenzen für bestimmte Parameter der Budgetallokation fest, die bei Entscheidungen im Budgetprozeß nicht überschritten werden dürfen[6]. Weil die vorliegende Untersuchung sich vornehmlich auf die institutionellen Regeln der Ausgabenentscheidung konzentriert und die Gestaltung der Einnahmenerzielung als gegeben annimmt, liegt der Schwerpunkt der Darstellung auf den verschiedenen Ausprägungen möglicher Begrenzungen der Ausgabenseite[7]. Die folgenden Dimensionen ergebnisbezogener Begrenzungen für die Budgetentscheidungen im Haushaltsverfahren werden unterschieden[8]:

- die Größe, auf die sich die Beschränkung bezieht,
- die Art der Formulierung der Begrenzung.

Die erste Dimension beinhaltet die Bezugsgröße der budgetären Restriktion[9]. Relevante Bezugsvariablen im Haushaltsverfahren sind neben Größen der Einnahmenseite wie dem Defizit oder dem Aufkommen aus bestimmten Steuerarten die Höhe des Gesamtbudgets oder das Niveau bestimmter Ausgabenkategorien, die die Struktur der Ausgabenseite ausmachen[10]. Im Zusammenhang mit der zweiten Dimension wird festgelegt, ob die Begrenzung in absoluten Werten oder als relative Größe formuliert wird. Im ersten Fall kann beispielsweise die Höhe der Gesamtausgaben festgelegt werden. Im zweiten Fall wird z.B. das Gesamtbudget bezogen auf andere volkswirtschaftliche Größen, wie das Bruttosozialprodukt, oder der Anteil bestimmter Ausgabenkategorien an den gesamten Ausgaben beschränkt. Eine weitere Möglichkeit stellt die Formulierung jährlicher maximaler Zuwachsraten für die Ausgaben dar. Diese können gegebenfalls hinsichtlich der aktuellen Entwicklung relevanter makroökonomischer Größen, wie z.B. der Inflationsrate oder des Bevölkerungswachstums angepaßt werden[11].

Wie wirken quantitative Restriktionen auf das Verhalten der Spieler im budgetären Prozeß? Beispielsweise kann eine Begrenzung des Niveaus der gesamten Ausgaben ohne weitere Regelungen dazu führen, daß die Exekutive die Menge oder die Qualität ihrer bereitgestellten Leistungen reduziert, während die Rente der Bürokraten gleich bleibt[12]. Die Wohlfahrt der Bürger würde in diesem Fall durch die Restriktion sinken, statt eine

---

[6]Vgl. Folkers (1983), S. 43 f.

[7]Vgl. dazu die Ausführungen in Abschnitt 2.4.2.1 im zweiten Kapitel.

[8]Vgl. zu dieser Einteilung Folkers (1983), S. 43 ff. und S. 28.

[9]Anders als bei Folkers (1983) wird hier der Haushalt einer Gebietskörperschaft betrachtet, womit sich die Frage, auf welche Gebietskörperschaften sich die Restriktionen beziehen, erübrigt. Vgl. dazu Folkers (1983), S. 27.

[10]Ebenda, S. 44.

[11]Vgl. Folkers (1986), S. 226.

[12]Vgl. Folkers (1986), S. 232 ff.

Reduzierung exzessiver Ausgaben zu bewirken. Andererseits könnte bei Verknappung der budgetären Mittel der verstärkte Wettbewerb zwischen den verschiedenen Büros um finanzielle Ressourcen die Effizienz der staatlichen Leistungserstellung erhöhen. Das Beispiel verdeutlicht die Bedeutung der Interdependenz verschiedener institutioneller Bereiche, denn die Wirkung der Restriktion ist davon abhängig, ob die institutionelle Konstellation von Wettbewerb oder von Kartellbildung zwischen den Büros geprägt ist.

Im Budgetierungsspiel beschränken quantitative Restriktionen der Ausgaben die Handlungsoptionen der Spieler. Dabei sind nicht ausschließlich Wirkungen bezüglich der beschränkten Größe zu erwarten, sondern aus Überlegungen der strategischen Interaktion werden u.U. auch Variablen angepaßt, die nicht direkt mit den restringierten Größen in Verbindung stehen.

3.3 Prozedurale Regeln

Die prozeduralen Regeln bestimmen, wie die Entscheidungen im Budgetprozeß ablaufen. Die Bedeutung der verfahrensmäßigen Regelungen für die Ergebnisse des Haushaltsverfahrens wird in diesem Abschnitt diskutiert und darüber hinaus wird ihr Bezug zum stilisierten Grundmodell der Budgetaufstellungsphase verdeutlicht, das in Abschnitt 2.4 beschrieben wurde. Es wird eine umfassende Übersicht über die möglichen Gestaltungsparameter budgetärer Entscheidungsverfahren gegeben, die zunächst unabhängig davon ist, ob die jeweiligen Regelungen zur Lösung des Prinzipal-Agenten Problems zwischen Bürgern und politischen Repräsentanten geeignet sind. Dazu werden vier verschiedene Bereiche prozeduraler budgetärer Institutionen unterschieden, die die verfahrensmäßigen Regeln bei der Planung und Verabschiedung der Budgetallokation charakterisieren[13]:

1. das Status quo-Budget[14],
2. die Allokation von Entscheidungsrechten zwischen Entscheidungsgremien,
3. die Abstimmungsregeln in Entscheidungsgremien,
4. die formalen Anforderungen an den Haushaltsplan (Budgetgrundsätze).

Der erste Bereich bezieht sich auf die Ausweichoption der Spieler, die umgesetzt wird, wenn diese nicht in der Lage sind, eine Einigung über die Budgetallokation zu erreichen. Die Institutionen des zweiten und dritten Bereichs bestimmen den Ablauf des Spiels. Bei den formalen Regeln handelt es sich insbesondere um Institutionen, die die Informationssituation während der Budgetentscheidung beeinflussen und die Implementierung des

[13] Vgl. zu dieser Einteilung von Hagen (1992), S. 25 ff., sowie Moser (1998).

[14] Das Status quo-Budget kann auch als quantitaive Vorgabe aufgefaßt werden. Die Zuordnung wurde gewählt, weil die Status quo-Allokation als mögliche Option im Budgetierungsspiel in den Vordergrund gestellt werden soll.

Budgets sicherstellen. Diese formalen Grundsätze sind z.T. bereits in den Annahmen des Grundmodells enthalten. Die verschiedenen Bereiche und möglichen Ausprägungen budgetärer Institutionen werden im folgenden erörtert.

3.3.1 Status quo-Budget

Die Status quo-Allokation, $\mathbf{b}^{SQ}$, legt fest, welches "Notbudget" implementiert wird, falls der Budgetprozeß zu keiner Einigung über den Haushalt führt[15]. Eine mögliche Regelung für einen Nothaushalt ist üblicherweise in der jeweiligen Haushaltsordnung festgelegt[16]. In der EU gibt es z.B. die Regelung der „vorläufigen Zwölftel", die besagt, daß für jeden Monat der Budgetperiode, für die noch kein aktuelles Budget verabschiedet werden konnte, ein Zwölftel der Haushaltsansätze des vorangegangenen Haushaltsjahres anzusetzen ist[17]. D.h. maßgeblich ist das Budget der Vorperiode. Dies ist eine naheliegende Möglichkeit, weil es die Weiterführung der staatlichen Bereitstellung sicherstellt. Diese Regel entspricht aber auch inkrementalistischen Vorstellungen von Haushaltsverfahren, nach denen im Budgetprozeß überwiegend das Budget der Vorperiode fortgeschrieben wird[18].

Eine weitere Möglichkeit für das Status quo-Budget besteht darin, daß ohne einen von der Legislative beschlossenen Haushaltsplan keine Ausgaben getätigt werden dürfen, d.h. als Status quo wird der Zustand ohne staatliche Aktivität festgelegt. Diese Regelung sieht von einem Automatismus staatlicher Bereitstellung ab. Es handelt sich um eine strikte Anwendung des Rechts der Legislative zur Bewilligung des Budgets, demzufolge es keine Ausgabe ohne legislative Zustimmung geben kann. Diese Vorgehensweise folgt mehr der Vorstellung des „Zero-Base-Budgeting", bei dem es darum geht, der Tendenz budgetärer Verfahren zur Fortschreibung der Vorjahresbudgets durch eine regelmäßige Neubudgetierung von der Basis Null entgegenzuwirken[19]. Unterschieden werden demnach die beiden Fälle $\mathbf{b}_t^{SQ} = \mathbf{b}_{t-1}$ und $\mathbf{b}^{SQ} = \mathbf{b}^0$ [20].

Das Status quo-Budget legt die Auszahlungen der Spieler im Fall der Nichteinigung, d.h. den Wert der Ausweich-Optionen, fest. Die Status quo-Allokation ist für einen Entscheidungsträger, auf dessen Zustimmung es in einer bestimmten Entscheidungs- oder Verhandlungssituation ankommt, bei Ablehnung erreichbar. D.h. ein Spieler wird einem Vorschlag nur zustimmen, wenn er mindestens mit dem Nutzen der Status quo-Allokation rechnen kann.

[15] Vgl. von Hagen (1992), S. 28, Romer/Rosenthal (1978) und Shepsle (1979a).

[16] Vgl. zu den Regelungen in den EU Staaten von Hagen (1992), S. 42 und S. 66 (Tabelle A6).

[17] Vgl. Strasser (1991), S. 209.

[18] Vgl. David/Dempster/Wildavsky (1966).

[19] Vgl. Phyrr (1997).

[20] Weitere graduelle Abweichungen von den beiden Hauptvarianten sind möglich. Vgl. dazu von Hagen (1992), a.a.O.

3.3.2 Allokation von Entscheidungsrechten zwischen Entscheidungsgremien

Ein konstituierender Gestaltungsparameter budgetärer Verfahren ist die Zuordnung von Entscheidungsrechten auf verschiedene Entscheidungsgremien bzw. Komitees[21]. Ein Komitee ist eine Versammlung politischer Repräsentanten, die im Haushaltsprozeß genau definierte Funktionen zu erfüllen hat und deren Mitglieder durch bestimmte Regeln ausgewählt werden[22]. Bei der Allokation der Entscheidungskompetenzen zwischen Komitees geht es um die Frage, worüber ein Gremium entscheidet und in welcher Abfolge die Entscheidungen der am Entscheidungsprozeß beteiligten Komitees ablaufen. Welche Gremien sind am Entscheidungsprozeß beteiligt und welche grundlegende Organisationsstruktur haben diese? Bei der Betrachtung des stilisierten Budgetprozesses in Abschnitt 2.3.1 wurde festgestellt, daß in Haushaltsverfahren typischerweise zwei grundlegende Arten von Komitees zu unterscheiden sind. So gibt es erstens Exekutivkomitees, in denen jedes Mitglied ein Ressort vertritt, bezüglich dessen es bestimmte spezielle Rechte ausüben kann und besondere Präferenzen hat, weil es die Verantwortung für die Umsetzung der Politiken in dem Bereich trägt[23]. Zweitens existieren Legislativkomitees, in denen eine eindeutige Zuordnung der Politikbereiche nicht erfolgt und in denen alle Mitglieder im Prinzip die gleichen Rechte haben, die sich auf alle politischen Bereiche erstrecken[24]. Die Arbeitsteilung zwischen verschiedenen Arten von Komitees bei der Aufstellung und Verabschiedung des Budgets ist ein wesentliches Merkmal budgetärer Verfahren, wobei die interne Struktur der verschiedenen Typen von Komitees im nächsten Abschnitt untersucht wird. Eine weitere Frage betrifft die Sequenz des Entscheidungsprozesses, d.h. die Reihenfolge in der die Komitees ihre Entscheidungskompetenzen ausüben. Schließlich ist der Entscheidungsbereich der Komitees festzulegen, d.h. die Frage worüber diese entscheiden können.

In der Budgetaufstellungsphase erfüllen die beteiligten Komitees unterschiedliche Funktionen. In dieser Budgetphase sind die wesentlichen Aufgaben erstens die Erstellung des Budgetentwurfs und zweitens die Verabschiedung des endgültigen Budgetdokuments. In den meisten EU-Staaten ist es die Obliegenheit der Exekutive (der Regierung) den Budgetentwurf zu erstellen, der dann durch die Legislative (das Parlament) nach verschiedenen Debatten und eventuellen Änderungen verabschiedet wird[25].

Die Sequenz der Komiteeentscheidungen wird beschrieben durch die Stufen des Bud-

---

[21] Vgl. von Hagen (1992), S. 26 und Shepsle (1979b). Die Begriffe Komitee und Entscheidungsgremium werden synomym verwendet.

[22] Vgl. Weingast/ Marshall (1988), S. 143 f. Auf die Regeln zur Bestimmung der Komiteemitglieder wird im Zusammenhang mit den allgemeinen politischen Regeln in Abschnitt 3.5 eingegangen.

[23] Von Hagen/Harden (1995) und Stanowsky (1997) analysieren Budgetentscheidungen in Exekutivkomitees.

[24] Vgl. Shepsle (1979b) und Moser (1999), S. 7 f.

[25] Vgl. von Hagen (1992), S. 31 ff.

getkreislaufs. Würden die verschiedenen Komitees jeweils wie ein Spieler agieren, dann würde es sich bei der Allokation von Entscheidungsrechten auf die verschiedenen Komitees um die Festlegung des sequentiellen Verlaufs des Spiels und der Menge der möglichen Strategien handeln. Allerdings macht es für die Ergebnisse des Spiels einen Unterschied, daß die Gremien aus verschiedenen Spielern bestehen, deren Strategien sich auch aus der Interaktion innerhalb des Komitees ergeben. Der Verlauf des gesamten Budgetspiels ist komplexer als die Entscheidungssequenz zwischen den Komitees.

Im stilisierten Grundmodell wurde eine Abfolge der Entscheidungen der beiden beteiligten Komitees festgelegt und es wurde implizit eine bestimmte institutionelle Variante gewählt. Das Spiel muß aber nicht zwingend in der festgelegten Weise ablaufen. In der EU beispielsweise ist die Aufteilung der Funktionen und der Reihenfolge der Entscheidungen der involvierten Komitees - wie sich in der genaueren Analyse im zweiten Teil der Arbeit zeigen wird - vielschichtiger organisiert. Dort sind zwei Organe, der Rat und das Europäische Parlament, mit der legislativen Aufgabe des Beschlusses über den Haushalt beauftragt, und der Ablauf des Haushaltsverfahrens sieht mehrere Durchgänge wechselseitiger Entscheidungen dieser Komitees vor[26]. Die Diskussion dieses Regelbereichs verdeutlicht, daß es entgegen der festgelegten Struktur des Grundmodells in diesem Bereich Gestaltungsmöglichkeiten gibt, die Einfluß auf den Verlauf des Budgetierungsspiels und die Ergebnisse des Haushaltsverfahrens haben.

3.3.3 Abstimmungsregeln in Komitees

Die Allokation der Entscheidungsrechte, die im letzten Abschnitt diskutiert wurde, bezog sich auf die Aufteilung der Kompetenzen zwischen den verschiedenen Komitees im budgetären Prozeß. Während die Regeln des vorangegangen Abschnitts durch die Struktur des stilisierten Grundmodells der Budgetaufstellung gegeben waren, wurden die Regeln, die Gegenstand diese Abschnitts sind, bislang nicht konkretisiert. Diese Institutionen regeln den Ablauf der Entscheidungen innerhalb der Komitees und legen den Verlauf des Budgetierungsspiels innerhalb der Komitees fest. Dabei geht es insbesondere um Regeln, die bei Abstimmungen gelten. In diesem Zusammenhang sind die folgenden institutionellen Bereiche zu betrachten[27]:

1. Vorschlagsrechte,

2. Abstimmungsbereiche und -sequenz,

3. Abstimmungsquoren,

4. Vetorechte.

[26]Vgl. EGKS/EG/EAG (1995), S. 100 ff.
[27]Vgl. zu dieser Einteilung Moser (1999), S. 6 ff.

Wer kann Budgetvorlagen und gegebenfalls Änderungsanträge vorschlagen? Über welche inhaltlichen Bereiche wird in welcher Reihenfolge abgestimmt? In welcher Abfolge wird über Änderungsvorschläge votiert? Welche Stimmanteile müssen die Anträge erhalten, damit sie als angenommen gelten? Gibt es einzelne Spieler, die mit ihrem Veto die Verabschiedung eines Antrags verhindern können? Die institutionellen Dimensionen und ihre möglichen Ausprägungen im Zusammenhang mit diesen Fragestellungen werden im folgenden charakterisiert.

3.3.3.1 Vorschlagsrechte

Das institutionelle Design legt fest, wer einen Vorschlag für die Budgetallokation bzw. für Teilaspekte wie z.B. Einzelbudgets unterbreiten darf, ob dies ausschließlich ein Agenda-Setter ist oder ob jedes Mitglied des Komitees das Recht hat, einen Vorschlag zur Abstimmung zu stellen[28]. Im ersten Fall ist das Vorschlagsrecht zentralisiert, im zweiten sind die Vorschlagsrechte dezentral zugeordnet. Dabei geht es darum, wer den ersten Vorschlag für die Budgetallokation bzw. für Teile der Gesamtallokation machen darf. Aber es geht auch darum, wer das Recht hat, Änderungen an den Erstvorlagen vorzuschlagen.

Im Exekutivkomitee sind neben dem Agenda-Setter des Komitees, bei dem es sich im budgetären Bereich um den Finanzminister oder den Regierungschef handelt[29], die Ressortminister für Vorschläge in ihrem jeweiligen politischen Bereich verantwortlich[30]. In realen Budgetprozessen kommt der Budgetvorschlag der Exekutive zustande, indem die Repräsentanten der Exekutive für ihr Ressort einen Budgetvorschlag vorlegen, den sie vorher durch ihre Behörde haben erstellen lassen. Diese Budgetansätze bilden dann die Grundlage für die weiteren Verhandlungen innerhalb des Exekutivkomitees, an dessen Ende die Verabschiedung des Budgetentwurfs der Exekutive steht. Der Verhandlungsprozeß kann bilateral zwischen den einzelnen Ressortvertretern und dem Budgetkoordinator stattfinden oder es kann ein Abstimmungsprozeß sein, bei dem Änderungsvorschläge zugelassen sind oder nicht. Dabei können verschiedene Sequenzen von Verhandlungsschritten und Abstimmungen unterstellt werden[31]. Entscheidend in dem betrachteten Zusammenhang ist die eindeutige Zuordnung der Ressortkompetenzen auf die Minister und die zentrale Koordinationsfunktion des Budgetverantwortlichen.

Im Legislativkomitee gibt es dagegen für die meisten legislativen Akte keine exklusiven Vorschlagsrechte für bestimmte Mitglieder bezüglich einzelner Politikdimensionen,

---

[28] Ebenda, S. 7 ff.

[29] Im folgenden wird der Vorsitzende der Regierung nicht weiter berücksichtigt. Dieser nimmt eine mindestens so exponierte Stellung ein wie der Finanzminister. Vereinfachend wird unterstellt, beide haben gleichgerichtete Interessen und sind in der Lage, ihre Handlungen zu koordinieren. Dies ist schon deshalb nicht unwahrscheinlich, weil der Chef der Regierung in der Regel den Finanzminister entlassen kann.

[30] Vgl. Senf (1977), S. 381 ff.

[31] Vgl. Stanowsky (1997), S. 29 ff. und S. 77 ff.

auch wenn sich in realen legislativen Organen einzelne Repräsentanten auf Politikbereiche spezialisieren und verstärkt Vorschlagsrechte in ihrem politischen Bereich wahrnehmen[32]. Wenn es eine offene Agenda gibt, so kann im Prinzip jeder Repräsentant zu jedem politischen Bereich Vorschläge zur Abstimmung unterbreiten. Den budgetären Bereich betreffend ist aber in der Regel explizit festgelegt, wer den Erstvorschlag für eine Budgetallokation vorlegt. Im Budgetprozeß kommt dieser von außerhalb der Legislative und wird von der Exekutive unterbreitet.

Spezialisierung hinsichtlich politischer Bereiche ist in zweierlei Hinsicht zu beobachten. Einerseits vollzieht sie sich in der Weise, daß die Fragen einzelner Politikdimensionen getrennt voneinander diskutiert und entschieden werden. Diese Form der Spezialisierung wird im nächsten Abschnitt im Zusammenhang mit den Abstimmungsbereichen erörtert. Eine zweite Form der Spezialisierung besteht in der Übernahme von Aufgaben bezüglich bestimmter Politikbereiche durch einzelne Komiteemitglieder[33]. Diese Variante der Spezialisierung führt zur Ausübung spezifischer Rechte durch Experten mit Ressortkompetenzen in einzelnen Politikbereichen. Im Rahmen der Exekutive sind es Fachminister, die für ihren Bereich Vorschläge erarbeiten lassen und die darüber mit dem Budgetminister Verhandlungen führen. In der Legislative gibt es Ausschüsse, die sich mit bestimmten Themen beschäftigen und die für festgelegte politische Dimensionen Vorschlags- und Änderungsrechte im legislativen Prozeß wahrnehmen. In den meisten Parlamenten existiert ein Haushaltsausschuß, der Änderungen des Budgetentwurfs vorschlagen kann, über die dann im Plenum des Parlaments abgestimmt wird[34]. In den Ausschüssen gibt es wiederum für jeden Politikbereich Spezialisten, die die Entscheidungen dieses Gremiums in ihrem Bereich vorbereiten.

Spezialisierung in Ausschüssen der Legislative bedeutet, daß jeweils Untergruppen des Gesamtkomitees Entscheidungen bezüglich bestimmter Politikdimensionen treffen. Entscheidend für die Ergebnisse der Delegation an ein Unterkomitee ist u.a., wie die Zusammensetzung der Ausschüsse bestimmt wird[35]. In realen Legislativen existieren Fraktionen, also Gruppen von Komiteemitgliedern, die einer Partei, einem Zusammenschluß von Individuen mit gleichen oder zumindest ähnlichen Präferenzen, angehören. Die Ausschüsse werden gebildet, indem jede Fraktion soviele Komiteemitglieder entsendet, wie es ihrem Anteil an den Gesamtstimmen des Parlaments entspricht. D.h. ein Ausschuß ist, was die Mehrheitsverhältnisse betrifft, im Idealfall ein Spiegelbild des Gesamtkomitees. Die Delegation an ein Komitee dient in erster Linie dazu, in kleinerem personellen Rahmen über die Politiken diskutieren zu können. Ein Unterkomitee, das bezüglich der Präferenzverteilung dem Plenum entspricht, würde cet. par. keine anderen Entscheidungen treffen als das Plenum selbst. Daher kann unter dieser Annahme von der Verkompli-

[32] Vgl. z.B. Shepsle (1979b).

[33] Vgl. ebenda sowie von Hagen (1992), S. 26 f.

[34] Vgl. Senf (1977), S. 385 und Strasser (1992), S. 204 f.

[35] Vgl. Shepsle (1979b), S. 53 ff.

zierung der Analyse des Entscheidungsprozesses durch Unterkomitees abgesehen werden. Die Vereinfachung abstrahiert aber von dem Phänomen, daß in realen Unterausschüssen wahrscheinlich insbesondere jene Repräsentanten vertreten sind, die besonders extreme oder intensive Präferenzen bezüglich der betrachteten Politikdimension haben, so daß die Präferenzverteilung im Ausschuß nicht der im Plenum entspricht.

Schließlich wird die Möglichkeit von Änderungen an den Erstvorschlägen erörtert. Von einer „geschlossenen Agenda" wird gesprochen, wenn keine Änderungsvorschläge zugelassen sind und wenn ausschließlich darüber abgestimmt werden darf, ob der Erstvorschlag angenommen oder abgelehnt wird[36]. Im Fall einer „offenen Agenda" sind dagegen Änderungsvorschläge durch die Komiteemitglieder an den Erstvorlagen zugelassen. Das Ergebnis des Abstimmungsprozesses hängt davon ab, wann, an welcher Stelle des Verfahrens, die Komiteemitglieder jeweils ihre Vorschläge unterbreiten dürfen und in welcher Reihenfolge darüber abgestimmt wird. Letzteres wird im Zusammenhang mit der Abstimmungssequenz untersucht. Wer Änderungen vorschlagen darf, wird auch von der Art des Komitees bestimmt. In Exekutivkomitees ist diese Kompetenz insbesondere dem Budgetminister zugeordnet und daher zentralisiert. In Legislativkomitees kann jeder Repräsentant mit einer gewissen positiven Wahrscheinlichkeit dieses Recht ausüben, d.h. die Befugnis ist dezentral organisiert.

3.3.3.2 Abstimmungsbereiche und -sequenz

Über die Zuordnung der Vorschlagsrechte hinaus werden die Budgetentscheidungen dadurch beeinflußt, welche Inhalte die budgetären Institutionen für die Vorschläge zulassen[37]. Dies betrifft vor allem die Zusammenfassung oder Separierung der verschiedenen Politikdimensionen. Extremfälle sind in diesem Zusamenhang zum einen die Möglichkeit, über das gesamte Budget als Paket abzustimmen, und zum anderen die Vorgehensweise, über jede Politikdimension einzeln zu entscheiden. Dazwischen sind verschiedene Varianten der Paketbildung von Abstimmungsfragen denkbar.

Allgemeine Mehrheitsabstimmungen über mehrdimensionale Alternativen führen nur unter sehr unwahrscheinlichen Bedingungen zu stabilen Ergebnissen. Abstimmungszyklen sind mit hoher Wahrscheinlichkeit zu erwarten und daher sind die Resultate durch den Einfluß des Agenda-Setters des Komitees in hohem Maße beeinflußbar[38]. Bei einem Mehrheitsvotum über eindimensionale Alternativen ist eine stabile Lösung weitaus wahrscheinlicher, weil bei Quasi-Konkavität der Präferenzfunktionen bzw. Eingipfeligkeit der Präferenzen über die verfügbaren Wahlmöglichkeiten als eindeutiges Abstimmungsergebnis die vom Medianwähler bevorzugte Alternative resultiert[39]. Daher kann die Aufteilung der verschiedenen Politikdimensionen in eindimensionale Teilfragen, über die getrennt

[36]Ebenda, S. 35.
[37]Vgl. Shepsle (1979b), S. 31 ff., von Hagen (1992), S. 26 ff. sowie Moser (1999), S. 7.
[38]Vgl. McKelvey (1976).
[39]Vgl. Sen (1970), Kapitel 10.

abgestimmt wird, eine Lösung des Problems der Instabilität und Manipulationsfähigkeit der Entscheidung mittels der Mehrheitsregel ermöglichen. D.h. durch die Trennung der Abstimmungen über die verschiedene Politikdimensionen sind sogenannte "strukturinduzierte Gleichgewichte" als Ergebnis des Mehrheitsentscheidungsprozesses zu erwarten[40]. Andererseits fördert sie den Tausch von Stimmen in Abstimmungen über verschiedene Politikbereiche (explizites Logrolling). In realen politischen Mehrheitsbildungsprozessen ist dagegen zu beobachten, daß einzelne an sich getrennte Politikdimensionen zu Abstimmungspaketen zusammengefaßt werden, damit ausreichend viele politische Repräsentanten Vorteile erhalten und zustimmen. Die Bündelung von Entscheidungsbereichen, die als implizites Logrolling bezeichnet wird, dient den Repräsentanten in erster Linie dazu, durch Stimmentausch die Verabschiedung von Politiken zu ermöglichen, die in Einzelabstimmungen nicht die erforderliche Mehrheit bekommen würden[41]. Dies berührt den Bereich der informellen Absprachen zwischen Politikern und wird daher im Abschnitt 3.4 erörtert.

Im Kontext von Budgetentscheidungen ist darüber hinaus mit der Festlegung der Abstimmungsbereiche insbesondere die Frage verbunden, auf welche Weise die Höhe des Gesamtbudgets festgelegt wird, ob diese aus der Summe der Teilbudgets folgt oder ob über die Budgethöhe in einer gesonderten Abstimmung entschieden wird, deren Resultat die Summe der Teilbudgets beschränkt[42]. Im Exekutivkomitee erfolgt nach den Verhandlungen über die Einzelbudgets eine Entscheidung über den Budgetvorschlag, der der Legislative vorgelegt wird. Dabei kann einerseits eine Abstimmung über die Gesamtheit der Einzelvorschläge bzw. über das Gesamtbudget erfolgen. Alternativ kann die Entscheidung in mehreren sukzessiv oder simultan stattfindenden Abstimmungen über die Einzelbudgets der Ressortminister getroffen werden. Im zweiten Fall ist zu unterscheiden, ob vor der Bestimmung der Einzelbudgets über die Gesamthöhe des Budgets abgestimmt wird, oder ob diese aus der Summe der einzeln verabschiedeten Teilbudgets resultiert. Dieselben Möglichkeiten für die Entscheidungssequenz bestehen im Prinzip für das legislative Komitee. D.h. das Paket des Budgetvorschlags der Exekutive kann aufgeschnürt und in einzelne Entscheidungsdimensionen, wie z.B. Teilbudgets oder Einzelpläne zerlegt werden, über die sukzessiv entschieden wird. Im Gegensatz dazu kann auch im Parlament ein einziges Votum über den gesamten Vorschlag der Exekutive durchgeführt werden. Zusammenfassend sind die folgenden Verfahrensweisen bezüglich der Festlegung der Budgethöhe und der Teilbudgets zu unterscheiden[43]:

1. Über die gesamte Budgetallokation wird als Paket abgestimmt.

[40]Vgl. Shepsle (1979b).

[41]Vgl. Mueller (1989), S. 82 ff.

[42]Vgl. zu den Ausführungen dieses Abschnitts Ferejohn/Krehbiehl (1987) und von Hagen (1992), S. 29 f.

[43]Vgl. zu den einzelnen Regelungen in den Mitgliedstaaten der EU von Hagen (1992), S. 41 f.

2. Es erfolgt eine sukzessive Abstimmung über einzelne Teilbudgets bzw. Politikdimensionen. Die Höhe des Gesamtbudgets resultiert aus der Summe der Teilbudgets.

3. Zuerst wird über die Höhe des Gesamtbudgets abgestimmt, dann wird über die Aufteilung der Ressourcen auf die einzelnen Politikbereiche entschieden.

Ohne Kenntnis der Verteilung der Präferenzen der Komiteemitglieder können allerdings kaum allgemeingültige Aussagen zum Vergleich der Ausgabenniveaus im zweiten und dritten Verfahren abgeleitet werden, weil diese die Budgetierungsergebnisse entsprechend determinieren[44].

Entscheidend für das Resultat des Verfahrens der Budgetaufstellung ist zudem, wie im Fall einer offenen Agenda mit Änderungsvorschlägen verfahren wird und in welcher Reihenfolge über diese abgestimmt wird[45]. Eine Möglichkeit ist, daß ein Agenda-Setter Änderungsanträge sammelt und dann die Abstimmungsreihenfolge festlegt. Alternativ kann er sukzessive in der Reihenfolge über die Anträge abstimmen lassen, in der sie gestellt werden, und das Verfahren irgendwann abbrechen. Beide Vorgehensweisen sind stark dominiert durch die Person des Vorschlagenden. Vorstellbar sind außerdem dezentrale Prozesse der Einbringung von Änderungsvorschlägen, in denen die Anträge nicht von einem einzigen Agenda-Setter gesammelt und für die Abstimmung geordnet werden. Diese sind aber nur bedingt analytisch zu erfassen bzw. modellmäßig abbildbar. In diesem Zusammenhang sind insbesondere zwei Ansätze hervorzuheben, die das Änderungsverfahren als stochastischen Prozeß beschreiben. Im ersten Ansatz wechselt die Position des Agenda-Setters sukzessive nach jeder weiteren Einbringung eines Änderungsvorschlags, wobei jeweils per Zufall bestimmt wird, wer den nächsten Vorschlag unterbreiten darf[46]. Der erste Agenda-Setter, der bestimmt wird, kann eine Alternative zum Status quo vorschlagen. Jeder weitere ausgewählte Repräsentant kann entscheiden, ob er einen Änderungsantrag formuliert, der gegen den Alternativvorschlag der Vorrunde zur Abstimmung gestellt wird oder ob er den Alternativvorschlag der Vorrunde gegen den Status quo abstimmen läßt. Im ersten Fall wird die gewinnende Vorlage der Abstimmung zum aktuellen Alternativvorschlag der laufenden Periode, und das Spiel geht eine Runde weiter, in der ein neuer Agenda-Setter per Zufall bestimmt wird. Im zweiten Fall wird die gewinnende Alternative umgesetzt und das Spiel ist beendet. Im zweiten Ansatz wird unterstellt, jeder Spieler des Komitees könne einen Vorschlag unterbreiten[47]. Die Agenda, d.h. die Abstimmungsreihenfolge wird dann per Zufall festgelegt. Mit beiden Ansätze sind nur unter starken Beschränkungen eindeutige Schlußfolgerungen bezüglich der zu erwartenden Budgetallokation zu ziehen. Im ersten Ansatz werden Ergebnisse ausschließlich für eindimensionale distributive Politiken bei gegebener Budgethöhe abgeleitet. Der zweite

[44] Vgl. Ferejohn/Krehbiehl (1987).
[45] Vgl. zu diesem Anschnitt Moser (1999), S. 7 ff.
[46] Vgl. Baron/Ferejohn (1989), S. 1195 ff.
[47] Vgl. Ferejohn/Fiorina/McKelvey (1987).

Ansatz liefert eindeutige Gleichgewichte nur für sogenannte "pork barrel" Politiken mit Externalitäten, bei denen jeder Repräsentant ein Projekt durchführen möchte, welches insbesondere seinem Wahlbezirk nutzt[48].

Im Gegensatz zur zufälligen Bestimmung der Reihenfolge wird die Abstimmungssequenz als gerichtet bezeichnet, wenn es im vorhinein eine eindeutige Ordnung für den Ablauf gibt, mit der über die verschiedenen Änderungsanträge abgestimmt wird[49]. Eine Agenda heißt "vorwärtsgerichtet", wenn zuerst der Status quo gegen den ersten Alternativvorschlag, der Abstimmungsgewinner gegen den zweiten Alternativvorschlag zur Abstimmung gestellt wird usw. Sie ist "rückwärtsgerichtet", wenn erst die Alternativvorschläge sukzessive gegeneinander antreten und dann der Gewinner der paarweisen Abstimmungen gegen den Status quo zur Wahl gestellt wird. Wer zu welchem Zeitpunkt Änderungsvorschläge unterbreiten kann, ist eine Frage der Zuordnung von Vorschlagsrechten, die bereits im vorangegangen Abschnitt diskutiert wurden.

Die Regeln dieses und des vorangegangenen institutionellen Bereichs bestimmen den Ablauf des Spiels und die Strategien der Spieler innerhalb der Komitees. Festgelegt werden die verfügbaren Optionen und die Reihenfolge der Handlungen der einzelnen Spieler, also der Spielbaum eines extensiven Spiels. D.h. es wird bestimmt, welcher Spieler an welcher Stelle des Spiels worüber entscheiden kann.

3.3.3.3 Abstimmungsquoren

Bei den verschiedenen Abstimmungen im Budgetprozeß ist festzulegen, welcher Stimmenanteil erreicht werden muß, damit ein Antrag den Status quo bzw. eine zur Abstimmung stehende Alternative schlägt. Das Quorum bezeichnet den Anteil der Stimmen, die für einen Vorschlag abgegeben werden, an den insgesamt abgegebenen oder an den insgesamt im Komitee vorhandenen Stimmen, der mindestens erreicht werden muß, damit ein Vorschlag als angenommen gilt[50]. Dies kann verschieden festgelegt werden, wobei von Pluralitätsregeln, bei denen gleichzeitig über mehr als zwei Vorlagen abgestimmt wird, abgesehen wird. Betrachtet werden nur paarweise Abstimmungen. Hierbei sind Quoren, q, zwischen 50% und 100% sinnvoll und üblich. In realen Abstimmungsverfahren werden insbesondere das absolute ($q > 0,5$) und das Zweidrittel-Mehrheitsquorum ($q > 2/3$) sowie die Einstimmigkeitsregel ($q = 1$) angewendet.

Im Haushaltsverfahren der EU sind komplexere Regeln bezüglich der erforderlichen Stimmanteile zu beobachten[51]. Im Rat der EU sind die Stimmen generell ungleich auf die Repräsentanten der Mitgliedsländer verteilt, damit den unterschiedlichen Bevölkerungszahlen der Länder Rechnung getragen wird, auch wenn die relativen Stimmengewichte kein

[48] Vgl. Shepsle/Weingast (1981).
[49] Vgl. Moser (1999), S. 6.
[50] Vgl. Bernholz/Breyer (1994), S. 35 f.
[51] Vgl. Strasser (1992), S. 206 ff.

genaues Spiegelbild der Bevölkerungsanteile darstellen[52]. Im Europäischen Parlament beziehen sich die Anforderungen an die Stimmenquoren im Budgetprozeß sowohl auf den Anteil der abgegebenen als auch auf die insgesamt im Parlament vorhanden Stimmen.

Die erforderlichen Stimmenanteile legen im Budgetspiel eine kollektive Entscheidungsfunktion fest, die aus den einzelnen Voten der Komiteemitglieder eine Gesamtentscheidung des Komitees generiert. Dabei ist entsprechend den Annahmen des Modells von strategischem Verhalten der Spieler bei der Abstimmungsentscheidung auszugehen, d.h. es werden nicht zwingend die wahren Präferenzen geoffenbart, sondern es wird die Alternative mit dem höchsten Nutzen unter Berücksichtigung des strategischen Verhaltens der anderen Komiteemitlieder gewählt. Das Quorum determiniert, wie groß die Menge der Spieler sein muß, die einem bestimmten Vorschlag zustimmen, damit dieser angenommen wird. Bei einem größeren geforderten Stimmenanteil müssen die Präferenzen von mehr Komiteemitgliedern berücksichtigt werden. Ein höheres Quorum wirkt somit direkt auf das Kalkül derjenigen, die die Abstimmungsvorschläge unterbreiten, da die Zustimmung von einer größeren Anzahl von Spielern erlangt werden muß. Weil die Spieler für ihr Einvernehmen eventuell mit entsprechenden Kompensationen bedacht werden müssen, werden die Seitenzahlungen mit einem höheren Quorum cet. par. steigen. Somit geht von dieser institutionellen Regel ein direkter Einfluß auf das Niveau der Budgetpolitiken aus. Andererseits ist, je höher das Quorum und die Anzahl der Restriktionen gewählt wird, die Schranke für eine Abweichung vom Status quo um so größer, d.h. dieser wird gestärkt und Änderungen an der Allokation der Vorperiode bzw. Abweichungen vom Nullbudget werden weniger wahrscheinlich.

3.3.3.4 Vetorechte

Vetorechte betreffen das Recht einzelner exponierter Komiteemitglieder, im Abstimmungsprozeß gegen Vorschläge Einspruch erheben zu können[53]. So kann es bestimmte Positionen geben, die mit besonderen Aufgaben verknüpft sind. Beispielsweise muß der Finanzminister darauf achten, daß die Finanzen unter Kontrolle bleiben und daß die Ausgaben nicht unkontrolliert wachsen, weshalb ihm häufig ein Vetorecht bei der Aufstellung des Budgetentwurfs eingeräumt wird. Das Einspruchsrecht beeinflußt das Budgetierungsergebnis, da gegen den Willen des Einspruchberechtigten nicht entschieden werden kann. Im Exekutivkomitee in nationalen Haushaltsverfahren gibt es meist einen festgelegten Agenda-Setter, wie den Budgetminister oder den Kabinettsvorsitzenden, der eine herausgehobene Position einnimmt und der möglicherweise ein Vetorecht bei der Gestaltung des Budgetentwurfs ausüben kann. In Legislativkomitees sind dagegen in der Regel keine Vetorechte üblich[54].

Wie sich eine solche Regel auswirkt, ist a priori nicht eindeutig. Die Wirkung ist von

[52]Vgl. Busch (1999), S. 34 ff.
[53]Vgl. Moser (1999), S. 10 ff.
[54]Vgl. Senf (1977), S. 381 ff. und von Hagen (1992), S. 41 ff.

den Präferenzen desjenigen abhängig, der das Vetorecht ausüben kann. Ein Finanzminister, der an einer Ausgabenbeschränkung interessiert ist, wird sein Veto zur Begrenzung der Ausgaben einsetzen. Aber es ist nicht zwingend, daß Finanzminister generell ein solches Interesse verfolgen. Auch wenn diese in der öffentlichen Debatte den Eindruck erwecken, sie verfolgten das Primärziel einer sparsamen Haushaltsführung, ist es trotzdem nicht ausgeschlossen, daß sie tatsächlich eine großzügigere Verwendung der Haushaltsmittel zulassen[55].

Im Zusammenhang mit dem Haushaltsverfahren der EU stellt sich die Frage der Vetorechte nicht so einfach dar[56]. Im Rat, der in der EU legislative Aufgaben übernimmt, üben die einzelnen nationalen Repräsentanten im Haushaltsverfahren kein formales Vetorecht aus, weil im Budgetprozeß nicht mittels der Einstimmigkeitsregel sondern mit qualifizierter Mehrheit entschieden wird. De facto ist es jedoch schwierig, etwas gegen die Position einzelner Mitglieder durchzusetzten, weil Entscheidungen in anderen Bereichen blockiert werden können, in denen mittels Einstimmigkeit entschieden wird. Außerdem gilt die Regel, daß über Fragen, die wichtige Interessen eines Landes berühren, einstimmig entschieden werden muß. Von diesem Recht ist auch im Zusammenhang mit budgetären Fragen Gebrauch gemacht worden[57]. Das Beispiel verdeutlicht die Bedeutung des Zusammenspiels verschiedener Dimensionen budgetärer Regeln für die Abstimmungsergebnisse.

Für die Regeln des Budgetierungsspiels bedeutet dieser institutionelle Bereich zunächst eine Erweiterung der Strategien der Spieler, denen ein Vetorecht eingeräumt wird. Die Entscheidung eines Spielers, seine Option gegebenfalls wahrzunehmen, ist davon abhängig, welche Konsequenz aus einer Ablehnung folgt, d.h. welches Status quo-Budget beispielsweise in diesem Fall implementiert wird. Eine Vetooption für alle Spieler, die Mitglieder des Komitees sind, ist äquivalent mit einer Abstimmungsregel, die Einstimmigkeit verlangt. Die Einräumung eines Vetorechts für einen bestimmten Spieler führt dazu, daß bei der Formulierung von Vorschlägen den Präferenzen dieses Spielers genüge getan werden muß, d.h. dieser muß durch die vorgeschlagene Allokation mindestens die Wohlfahrt erhalten, die er bei Ausübung des Vetos erhalten kann. Für Vorschlagende führt diese Regel somit zu einer starken Restriktion, die bewirkt, daß keine Budgetentscheidungen möglich sind, die nicht die Zustimmung des Vetorechtsinhabers erlangen.

[55]Von Hagen/Harden (1995) und Stanowsky (1997) beispielsweise basieren ihre Analyse budgetärer Prozesse auf der Annahme, daß der Finanzminister bezüglich der Ausgaben grundsätzlich immer eine restriktivere Haltung vertritt als der Rest der Regierung.

[56]Vgl. Strasser (1992), a.a.O.

[57]Ebenda und S. 27 ff. sowie Läufer (1990), S. 145 ff.

3.3.4 Formale Anforderungen an den Haushaltsplan (Budgetgrundsätze)

Die formalen Anforderungen, denen der Budgetplan bei der Aufstellung genügen muß, sind in den gesetzlich fixierten Budgetgrundsätzen enthalten, deren Umsetzung und Wirkung in diesem Abschnitt verdeutlicht wird[58]. Die Budgetgrundsätze beschreiben grundlegende institutionelle Eigenschaften des Budgetkreislaufs, die sich aus der unterstellten Budgetierungssituation ergeben und die deshalb größtenteils bereits durch die Annahmen des stilisierten Modells des Haushaltsverfahrens in Abschnitt 2.4 implizit unterstellt wurden. Für diese Normen werden in der Formalanalyse keine alternativen institutionellen Ausprägungen untersucht, da es sich um konstituierende Elemente des Budgetprozesses handelt. Ziel dieses Abschnitts ist es einerseits, zu verdeutlichen, welche Bedeutung die Budgetgrundsätze im allgemeinen für die verschiedenen Anreizprobleme und Prinzipal-Agenten-Beziehungen im Budgetkreislauf haben. Außerdem wird die Beziehung zum stilisierten Modell der Budgetaufstellung in Abschnitt 2.4 aufgezeigt und es wird hervorgehoben, inwieweit die Grundsätze mit den vereinfachten Annahmen des Modells korrespondieren. Schließlich wird gegebenenfalls die Wirkung verschiedener institutioneller Ausprägungen der einzelnen Budgetgrundsätze auf das Budgetierungsergebnis untersucht. Nicht diskutiert wird der bereits im zweiten Kapitel angesprochene Grundsatz der Wirtschaftlichkeit und Sparsamkeit, weil es sich nicht um eine rein formale Anforderung sondern um das ökonomische Prinzip der Produktionseffizienz handelt, das u.a. Gegenstand dieser Analyse ist[59].

3.3.4.1 Vollständigkeit und Einheit

Das Prinzip der Vollständigkeit bzw. der Einheit besagt, daß alle Einnahmen und Ausgaben der betrachteten Körperschaft in einem Budgetdokument erfaßt sein müssen[60]. Dabei stellen sich insbesondere zwei Fragen. Erstens, wie verbindlich ist der Haushaltsplan für die tatsächliche Durchführung der Einnahmen und Ausgaben? Zweitens, inwieweit können die nicht unmittelbar am Budgetprozeß beteiligten Bürger die tatsächlichen Transaktionen des Staates anhand des Haushaltsdokuments nachvollziehen und beurteilen?

Die formale Festlegung aller geplanten Transaktionen bei fixierten budgetären Regeln durch die Repräsentanten soll vor allem die Verbindlichkeit staatlichen Handelns sicherstellen. Herrscht bei der Haushaltsdurchführung Willkür, so macht eine Untersuchung

---

[58] Vgl. zu den Budgetgrundsätzen Senf (1977), S. 390 ff., Kitterer/Senf (1980), S. 551 ff., von Hagen (1992), S. 38 ff., EGKS/EG/EAG (1995), S. 55 ff. sowie Strasser (1991), S. 43 ff.

[59] Vgl. dazu Senf (1977), S. 387 f. sowie S. 392.

[60] Vgl. zu den z.T. abweichenden Abgrenzungen der Budgetgrundsätze der Vollständigkeit und der Einheit in der Literatur Senf (1977), S. 393 ff., Kitterer/Senf (1980), S. 553, Strasser (1991), S. 43 ff. sowie Blankart (1994), S. 379 f. und zu den verschiedenen Ausprägungen dieser Grundsätze in der EU auch von Hagen (1992), S. 39 f. und EGKS/EG/EAG (1995), S. 55 ff.

des Budgetplanungsverfahrens keinen Sinn, da mit den betrachteten Regeln des Budgetaufstellungsverfahrens nur über einen Teil der tatsächlich durchgeführten Transaktionen entschieden wird, während über den anderen Teil der Mittel mittels abweichender Regeln beschlossen wird. Alle weiteren finanziellen Aktivitäten des Staates würden dann nicht im formalen Haushaltsverfahren, sondern von Angehörigen der Exekutive oder der Bürokratie bestimmt. Das formale Budgetaufstellungsverfahren wäre somit für diesen Teil der fiskalischen Operationen nicht relevant und es müßte ein Modell entwickelt werden, das willkürliche Entscheidungen außerhalb des Budgetplans erklärt. Hierfür wäre ein systematischer Ansatz der Handlungen außerhalb der Budgetgesetze und -grundsätze erforderlich[61]. Dies liegt außerhalb der Fragestellung der Bedeutung budgetärer Institutionen für die Budgetallokation bei Einhaltung der Regeln und würde den Rahmen dieser Arbeit überschreiten. Daher wird unterstellt, daß der Budgetgrundsatz der Vollständigkeit eingehalten wird[62].

Das Bruttoprinzip, eine Ausprägung des Vollständigkeitsgrundsatzes, verbietet Saldierungen von Einnahmen und Ausgaben[63]. Dieser Grundsatz dient ebenfalls der Vermeidung staatlicher Willkür und der Verbesserung des Informationsstandes Außenstehender. Zum einen schränkt er den diskretionären Spielraum der Exekutive bei der Haushaltsdurchführung ein, zum anderen trägt er zu einer genaueren Information über die staatlichen Transaktionen bei. Von der Möglichkeit der Saldierung in einzelnen Bereichen wurde im stilisierten Modell des Haushaltsverfahrens abgesehen. Weil der Schwerpunkt der Untersuchung auf der Ausgabenseite liegt und von einer komplexen Einnahmestruktur abstrahiert wird, werden nicht verschiedene Einnahmeinstrumente, wie Gebühren oder unterschiedliche Steuerarten, untersucht. Stattdessen wird durchgehend eine einfache Finanzierung durch einheitliche Steuererhebung unterstellt und somit auch die Saldierung einzelner Einnahmen mit bestimmten Ausgaben ausgeschlossen[64].

Der Vollständigkeitsgrundsatz ist eine konstituierende Annahme für das Budgetaufstellungsspiel, weil nur solche Budgetpolitiken implementiert werden, die auch tatsächlich im Spiel festgelegt werden. Darüber hinausgehende, den Bürgern oder anderen Spielern nicht bekannte Transaktionen werden nicht durchgeführt. Das Spiel stellt somit eine vollständige Abbildung aller Budgetentscheidungen dar.

---

[61] Der Modellansatz dazu wurde bereits im Abschnitt 2.3.4 im zweiten Kapitel aus S. 27 beschrieben.

[62] Das Problem der Nebenhaushalte wird demnach hier vernachlässigt.

[63] Vgl. Senf (1977), S. 393 ff., Kitterer/Senf (1980), S. 553, EGKS/EG/EAG (1995), S. 59 f. sowie Strasser (1991), S. 51 f.

[64] Vgl. dazu Abschnitt 2.4.2.1 im zweiten Kapitel.

3.3.4.2 Klarheit

Der Klarheitsgrundsatz fordert eine eindeutige übersichtliche Gliederung des Haushaltsplans[65]. Die Aufstellung der zu verausgabenden budgetären Mittel erfolgt insbesondere nach Herkunft und Verwendungszweck bzw. nach Ressorts. Darüber hinaus wird die Forderung nach weiteren Übersichten, z.B. nach Politikbereichen oder nach verschiedenen Aggregationsgraden, abgeleitet. Der Grundsatz dient primär der Information der Bürger, Politiker sowie Bürokraten und erleichtert eine geordnete Umsetzung des Budgetplans. Zudem ermöglicht eine über die Zeit einheitlich weitergeführte Gliederung die Vergleichbarkeit der Budgets verschiedener Budgetierungsperioden. Eine genaue Gliederung allein löst allerdings nicht das generelle Problem, daß ohne Kenntnis der Technologie aus den Ausgabenansätzen allein keine genauen Rückschlüsse auf die tatsächlich bereitgestellten Güter und auf die Effizienz der Bereitstellung möglich sind[66].

Klarheit bezüglich der Verwendung und des Ursprungs der budgetären Mittel sowie einer klaren Gliederung des Haushaltsplans ist im stilisierten Grundmodell der Wohlfahrtswirkungen budgetärer Politiken des Abschnitts 2.4.2.1 durch die Annahme getrennter, wohldefinierter Ausgabenpolitiken mit genau spezifizierten Wirkungen gegeben. In dem Modell gibt es keine Unsicherheit über die tatsächlichen Ausgabenkategorien, d.h. es ist immer klar, für welche Güter die veranschlagten Mittel schließlich verausgabt werden und dies ist allen Spielern bekannt - zumindest im Grundmodell mit vollständiger Information. Wäre der Klarheitsgrundsatz nicht erfüllt, so müßte in dem betrachteten Modell Unsicherheit darüber eingeführt werden, für welche Güter die veranschlagten Mittel tatsächlich verwendet werden.

3.3.4.3 Spezialität

Der Grundsatz der Spezialität besagt, daß die Ausgaben nur in der Weise verausgabt werden dürfen, wie sie im Haushaltsplan spezifiziert wurden[67]. Die im Budget festgelegten Verwendungen, der maximale Betrag und der Zeitpunkt der Verausgabung (sachliche, quantitative und zeitliche Spezialität) der budgetären Mittel, sind bei der Durchführung des Haushalts einzuhalten. Abweichungen von den Ansätzen sind nur ausnahmsweise und unter bestimmten Bedingungen erlaubt. Dieser Grundsatz sichert insbesondere die Vollzugsverbindlichkeit bei der Budgetimplementierung. Ausnahmen sind in der Praxis der Budgetdurchführung wegen der Unsicherheit der ökonomischen Daten u.U. notwendig. Im letzten Kapitel in Abschnitt 2.3.4 wurde ausführlich begründet, warum und unter welchen Bedingungen es gerechtfertigt ist, daß sich die Untersuchung auf die Budgetauf-

---

[65] Vgl. Senf (1977), S. 402 ff., Kitterer/Senf (1980), S. 553, von Hagen (1992), S. 40 f., EGKS/EG/EAG (1995), S. 59 f. sowie Strasser (1991), S. 51 f.

[66] Siehe dazu auch die Ausführungen in Abschnitt 2.2 im zweiten Kapitel.

[67] Vgl. Senf (1977), S. 409 ff., Kitterer/Senf (1980), S. 552 f., EGKS/EG/EAG (1995), S. 68 ff. sowie Strasser (1991), S. 58 ff.

stellungsphase konzentriert. Dort wurde die Annahme einer genauen Implementierung des beschlossenen Budgets in der Durchführungsphase getroffen. Weil in der Untersuchung keine Unsicherheit über die wirtschaftlichen Bedingungen und eine plangemäße Implementierung des Budgets vorausgesetzt wird, die durch einen wirksamen Kontroll- und Sanktionsmechanismus gesichert wird, ist dieser Grundsatz im stilisierten Grundmodell der Budgetaufstellung erfüllt[68]. Würde von dieser Annahme abgewichen, so wären in einem Modell der Budgetplanung und -durchführung unter ökonomischer Unsicherheit die Möglichkeiten für Abweichung vom Haushaltsplan während der Budgetdurchführung zu untersuchen, was aber im Rahmen dieser Arbeit nicht geleistet werden kann.

Dieser Grundsatz sichert in Verbindung mit den oben genannten Annahmen, daß die Auszahlungsstruktur der Spieler aus den im Budgetaufstellungsspiel beschlossenen Budgetwerten resultiert und daß die für die Wohlfahrt relevanten Werte nicht erst in einer weiteren Spielstufe, einer Budgetdurchführungsphase, bestimmt werden. D.h. die Budgetpolitiken werden genau so implementiert, wie sie im Budgetaufstellungsspiel beschlossen wurden.

3.3.4.4 Genauigkeit

Entsprechend dem Grundsatz der Genauigkeit müssen die veranschlagten Einnahmen und Ausgaben möglichst genaue Schätzungen der zu erwartetenden Werte sein[69]. Solange Unsicherheit über die ökonomischen Daten im Modell ausgeschlossen wird, ist dieser Grundsatz für die Untersuchung der budgetären Entscheidungen nicht von Bedeutung, weil sich die beschlossenen Werte mit Sicherheit so realisieren, wie sie im Aufstellungsspiel beschlossen wurden.

In realen Budgetprozessen stellt sich die Frage, wie die Einhaltung des Genauigkeitsgrundsatzes gewährleistet werden kann. Auch wenn es Möglichkeiten der Objektivierung z.B. durch Einsatz externer Prognostiker gibt, sind Prognosen in der Regel mit Unsicherheit behaftet. Problematisch ist dies insbesondere, wenn die Bürger bewußt getäuscht werden, d.h. wenn Prognosen beispielsweise vor Wahlen in einer Weise manipuliert werden, die für die regierenden Repräsentanten günstig ist[70]. Ohne dies im einzelnen zu diskutieren, kann daraus die Forderung abgeleitet werden, daß im Interesse der demokratischen Kontrolle ein möglichst objektiviertes Schätzverfahren zu bevorzugen ist, das den Einfluß politischer Repräsentanten auf die Vorhersagen so weit wie möglich einschränkt. Im Interesse der Bürger sind hierbei insbesondere Institutionen zu beauftragen, die von der Politik weitestgehend unabhängig sind und ihre Prognosen nicht auf politische Datenvorgaben basieren müssen. Ausgeschlossen werden sollten konsensuale Verfahren, in

---

[68]Dies schließt unvollständige Information der Bürger über die staatliche Bereitstellungstechnologie nicht aus.

[69]Vgl. Senf (1977), S. 404 ff. sowie Kitterer/Senf (1980), S. 552.

[70]Vgl. Andel (1992), S. 56 f.

denen die Politiker an der Erwartungsbildung direkt teilnehmen und durch die Vorgabe der Berechnungsgrundlage Ergebnisse manipulieren können. Dem Einwand, allein die Behörden verfügten über die erforderliche Informationsgrundlage, ist Rechnung zu tragen, indem gemäß dem Öffentlichkeitsprinzip (s.u.) die Daten, die für die Planung relevant sind, zugänglich gemacht werden. Der Grundsatz bezieht sich aber insbesondere auch auf die genaue Veranschlagung der Ausgaben. So sollen vor allem unerwartete Kostenexplosionen und größere nicht antizipierte Folgekosten von Projekten verhindert werden[71].

Im betrachteten Budgetspiel ist der Grundsatz durch die Annahme verwirklicht, daß die tatsächliche Höhe der implementierten Einnahmen und Ausgaben mit Sicherheit den vorher veranschlagten entspricht. Unsicherheiten über budgetäre Größen nach der Budgetaufstellungsphase treten demnach nicht auf.

3.3.4.5 Vorherigkeit

Der Haushaltsplan muß vor Beginn der Periode der Haushaltsdurchführung aufgestellt werden[72]. Gelingt dies nicht, gelten bestimmte Regelungen für einen Nothaushalt. Dieser Grundsatz stellt sicher, daß der Haushalt in jedem Fall nach den budgetären Regeln verabschiedet werden muß und daß die Regierung im Fall der Verzögerung der Verabschiedung nicht willkürlich handeln und damit im Budgetprozeß Druck auf die Legislative ausüben kann. Im EU-Haushaltsverfahren ist dieses Prinzip von besonderer Bedeutung, weil die Legislative aus zwei Komitees, dem Rat und dem Parlament besteht, die in dem Verfahren zu einer Einigung kommen müssen. Strategisch begründete Verzögerungen bei der Verabschiedung des Haushalts sind dabei nicht nur theoretisch relevant sondern eine oft wahrgenommene Option der realen Interaktion[73]. Die Nothaushaltsregelung wurde im Rahmen des Status quo-Budgets als institutioneller Gestaltungsparameter berücksichtigt. Darüber hinaus wird im Budgetierungsmodell implizit die strikte Vorherigkeit der Budgetentscheidungen vorausgesetzt.

3.3.4.6 Öffentlichkeit

Beim Grundsatz der Öffentlichkeit handelt es sich um die Forderung, daß alle Informationen über den Budgetprozeß den Bürgern zugänglich sein sollen[74]. Im betrachteten Modell ist dies gleichbedeutend mit der Annahme vollständiger Information der Spieler über die Budgetverhandlungen und deren Ergebnisse. In der Realität ist dieser Grundsatz nur teilweise erfüllt, weil die Öffentlichkeit zwar die Resultate, häufig aber nicht den genauen Verlauf der Budgetverhandlungen in den Komitees, z.B. im Regierungskabinett oder im

[71] Siehe dazu die Ausführungen auf S. 18 in Abschnitt 2.2.

[72] Vgl. Senf (1977), S. 407 ff., Kitterer/Senf (1980), S. 551 sowie von Hagen (1992), S. 41 f.

[73] Vgl. Läufer (1990), S. 160 ff.

[74] Vgl. Senf (1977), S. 414 ff., Kitterer/Senf (1980), S. 551, sowie von Hagen (1992), S. 40 f.

Haushaltsausschuß, beobachten kann[75]. So werden meist zwar Ergebnisprotokolle, aber keine Aufzeichnungen über die Verhandlungen veröffentlicht[76]. Aus Sicht der Bürger kann es vorteilhaft sein, nicht nur die Ergebnisse, sondern auch die Verhandlungen beobachten zu können, weil daraus Rückschlüsse über die tatsächliche Verhandlungsführung der politischen Repräsentanten gezogen werden können. Dies erhöht u.U. die Möglichkeit zur demokratischen Kontrolle der Repräsentanten, weil es aufgrund der in Abschnitt 2.4.2.1 dargestellten Interessenkonflikte zwischen den Bürgern und den Politikern wahrscheinlich ist, daß die Politiker bei verdeckten Verhandlungen zur Kollusion gegenüber den Bürgern neigen und den Bürgern die Resultate als bestmögliche politische Kompromisse darzustellen versuchen. Dies gilt insbesondere für Verhandlungen in internationalen Organisationen wie der EU, die stärker abgeschirmt und weniger einsichtig sind als Entscheidungsprozesse auf nationaler Ebene[77]. Daher ist die umfassende Anwendung dieses Grundsatzes für die Kontrolle der politischen Repräsentanten durch die Bürger von zentraler Bedeutung.

Im Budgetspiel wird vollständige Information aller beteiligten Spieler sowohl über die Ergebnisse als auch über die Verhandlungsführung, d.h. die Wahl der Strategien und die Präferenzen aller Spieler unterstellt. Bei Abweichungen von dieser Annahme müßten die Bürger aufgrund ihrer Vermutungen, unter Unsicherheit über die Präferenzen der Politiker sowie deren Strategienwahl entscheiden. Die zu erwartenden Resultate sind aus Sicht der Bürger schlechter als unter vollständiger Information, weshalb eine Beschränkung der Informationen der Bürger die Möglichkeiten zur demokratischen Kontrolle einschränkt.

3.3.4.7 Nonaffektation

Dieser Grundsatz verlangt, daß alle Einnahmen für alle Ausgaben zur Verfügung stehen müssen und er verbietet die Zweckbindung von Einnahmen für bestimmte Aufgaben[78]. Die Regel wird insbesondere mit der Notwendigkeit begründet, die Unabhängigkeit der Mittel für die einzelnen Aufgaben von der Einnahmenentwicklung einer einzigen Einnahmequelle sicherzustellen, die möglicherweise unsicher und schwankend ist[79]. Kritisiert wird an dem Prinzip insbesondere die Einräumung eines zu großen Handlungsspielraums für die Repräsentanten des Staates, der von diesen zu ihrem eigenen Vorteil ausgenutzt werden kann. So würden ohne Nonaffektation beim Wegfall von Aufgaben auch gleichzeitig die entsprechenden Einnahmen nicht mehr erhoben, während sie bei Gültigkeit des Grundsatzes den politischen Repräsentanten weiter zur Verfügung stehen und mit großer Wahrscheinlichkeit auch genutzt werden.

[75] Vgl. insbesondere Senf (1977), S. 415 f.

[76] Dies gilt z.B. für die Sitzungen des Rates der EU.

[77] Vgl. Vaubel (1986).

[78] Bei diesem Grundsatz handelt es sich um ein materielles bzw. ökonomisches Prinzip und weniger um eine rein formale Anforderung. Vgl. Senf (1977), S. 392, Andel (1992), S. 62, EGKS/EG/EAG (1995), S. 59 ff. sowie Strasser (1991), S. 49 ff.

[79] Vgl. Blankart (1994), S. 381 ff.

Im betrachteten Grundmodell budgetärer Entscheidungen wurde der Grundsatz der Nonaffektation vorausgesetzt, weil es sich um ein vorherrschendes Prinzip der Finanzierung staatlicher Haushalte handelt. Es ist offensichtlich, daß bei alternativen Finanzierungsmodellen grundlegend andere Präferenzen der Spieler bezüglich der Budgetpolitiken resultieren werden[80]. Damit ist diese Annahme kritisch für die Ergebnisse von Budgetverfahren. Wenn unterstellt wird, daß das Nonaffektationsprinzip nicht gilt und wenn die Finanzierungsbeiträge zu den einzelnen Budgetpolitiken anders als durch eine allgemeine Finanzierung, beispielsweise nach dem Äquivalenzprinzip, erhoben werden, resultieren andere individuell optimale Bereitstellungsniveaus, weil die Nettowohlfahrt der Individuen aus den Budgetpolitiken durch die Finanzierungsstruktur beeinflußt wird[81]. Die Untersuchung alternativer Finanzierungsverfahren auf die budgetären Entscheidungen ist möglich und stellt einen interessanten Gegenstand für weitere Untersuchungen dar. Der Schwerpunkt der vorliegenden Arbeit liegt aber - wie bereits ausgeführt - auf unterschiedlichen Institutionen des haushaltsmäßigen Entscheidungsverfahrens.

3.3.4.8 Periodizität/Jährlichkeit

Nach dem Grundsatz Periodizität bzw. Jährlichkeit ist der Haushalt regelmäßig für eine Periode von bestimmter Länge - in der Regel für ein Jahr - aufzustellen[82]. Die Regel verhindert Willkür der politischen Akteure bei der Festlegung der Budgetierungsperioden, z.B. im Hinblick auf anstehende Wahlen, und zwingt die Akteure in ein festes zeitliches Korsett. Außerdem verhindert sie beliebiges staatliches Handeln, weil zeitliche Lücken zwischen den Budgets ausgeschlossen werden. Der Grundsatz erfüllt damit eine Ordnungsfunktion, indem er den Ablauf der Entscheidungen im staatlichen Bereich zeitlich eindeutig regelt. Im stilisierten Modell der Budgetaufstellung wird im Prinzip nur eine einzelne Budgetierungsperiode betrachtet. In der Untersuchung werden aber insbesondere im Zusammenhang mit der Frage der demokratischen Kontrolle Modelle mit unendlich vielen Zeitperioden betrachtet. In diesen Ansätzen ist der Grundsatz der Periodizität erfüllt, weil sich der Budgetkreislauf regelmäßig wiederholt und einem festen zeitlichen Ablauf unterliegt. Ohne die Gültigkeit dieses Budgetgrundsatzes wären im Modell Budgetverhandlungen ohne zeitliche Begrenzung zu unterstellen. Dabei würde ein abweichender Spielverlauf resultieren, der andere Ergebnisse des Budgetspiels induziert.

---

[80] Siehe dazu auch die Ausführungen auf S. 34 in Abschnitt 2.4.2.1.

[81] Vgl. Folkers (1986), S. 12 ff.

[82] Vgl. Senf (1977), S. 407 ff., Kitterer/Senf (1980), S. 551, von Hagen (1992), S. 39 f., EGKS/EG/EAG (1995), S. 61 f. sowie Strasser (1991), S. 52 ff.

3.3.4.9 Bedeutung der Budgetgrundsätze

Die Budgetgrundsätze erfüllen im Budgetprozeß verschiedene Ordnungsfunktionen[83]. Diese stellen sicher, daß eine eindeutige Entscheidung über die Budgetallokation getroffen werden kann, weil die Akteure durch die Regeln dazu gezwungen werden, ihre Vorschläge so genau zu spezifizieren, daß eindeutig nachvollziehbar ist, was im einzelnen festgelegt werden soll. Damit dienen die Regeln vor allem der Erfüllung einer Informationsfunktion. Diese besteht darin, die Entscheidungen über die Budgetallokation in der Budgetaufstellungsphase genau festzuschreiben und zu dokumentieren, so daß sie für Außenstehende und für Vertreter der Exekutive im einzelnen rekonstruierbar sind. Wenn bisher und im weiteren Verlauf der Untersuchung unterstellt wird, die Spieler im Budgetprozeß seien über die Vorschläge und die Entscheidungen vollständig informiert, so ist dies primär auf die Annahme zurückzuführen, daß die Budgetgrundsätze Gültigkeit haben. Zwar sind weiterhin Unsicherheiten über die Budgetwirkungen oder die Bereitstellungstechnologie möglich, aber die Grundsätze sichern für alle Spieler vollständige Information über die Budgetvorschläge und den Haushaltsplan.

Eine weitere Ordnungsfunktion bezieht sich auf die Vollzugsverbindlichkeit in der Budgetdurchführungsphase. So sind die Budgetgrundsätze eine wesentliche Voraussetzung für eine genaue Implementierung des Budgets während der Durchführung. Sie wirken damit über die Phase der Erstellung des Budgets hinaus. Andererseits kann auch bei prinzipieller Einhaltung der Budgetgrundsätze während der Budgetaufstellung ein Kontroll- und Informationsproblem resultieren, wenn nämlich innerhalb des staatlichen Sektors nicht alle Beteiligten vollständig über die tatsächlichen Transaktionen informiert sind und wenn die Spieler die von der Exekutive in Wirklichkeit durchgeführten Haushaltsvorgänge nur begrenzt beobachten können. Somit ist auch bei einem Haushaltsplan, der unter strikter Anwendung der Budgetgrundsätze erstellt wurde, nicht von vorneherein auszuschließen, daß dieser nicht wirklich so ausgeführt wird, wie er festgelegt wurde. Hier wird die Bedeutung der Kontrolle der Exekutive durch die Legislative und/oder durch einen Rechnungshof bei der Haushaltsdurchführung deutlich, die bereits in Abschnitt 2.3.4 diskutiert wurde. Dort wurde herausgearbeitet, daß eine effektive Kontrolle in Verbindung mit einem entsprechenden Sanktionsmechanismus vorausgesetzt werden muß, damit der Budgetplan tatsächlich in der beschlossenen Weise implementiert wird. Die Budgetgrundsätze sind nur dann wirksam, wenn geeignete Kontroll- und Sanktionsverfahren für die richtigen Anreize bei der Budgetdurchführung sorgen.

Entscheidend für die Wohlfahrtswirkung des Budgets sind die tatsächlich durchgeführten Transaktionen. Diese realisieren sich unabhängig davon, ob über sie richtig Buch geführt wurde oder nicht. Sieht man von der bereits angesprochenen Anreizproblematik bei der Budgetimplementierung ab, so spielt es unter vollständiger Information für die Wohlfahrtswirkung des Budgets aus Sicht der Bürger ex post eigentlich keine Rolle,

[83] Vgl. Haller (1980), S. 559.

ob die Transaktionen formal richtig verzeichnet und die Budgetgrundsätze eingehalten wurden oder nicht. Dies stimmt allerdings nur bei vollständiger Information der Bürger und unter der Voraussetzung, diese könnten wirklich alle getätigten Ausgaben und erhobenen Einnahmen beobachten. Es ist aber unwahrscheinlich, daß ohne einen genauen Haushaltsplan tatsächlich eine Grundlage für die Erfassung und Bewertung der Vorgänge des Haushaltsverfahrens durch die Bürger gegeben wäre. Der Haushaltsplan und die während der Implementierung des Budgets erfolgten Korrekturen, etwa durch Nachtragshaushalte, sowie die mitlaufende Erfassung der Transaktionen ermöglichen Außenstehenden, das Haushaltsgeschehen nachzuvollziehen. Dabei ist nicht unbedingt erforderlich, daß die Bürger sich im einzelnen selbst mit den Haushaltsvorgängen befassen. Aus Kosten-Nutzen-Überlegungen (siehe Abschnitt 2.4.3 in Kapitel 2) kann es für die Individuen rational sein, in einem gewissen Ausmaß uninformiert zu bleiben. Es gibt aber Informationsintermediäre, d.h. Experten, wie z.B. Medienvertreter oder konkurrierende politische Unternehmer, die sich eingehend mit dem Haushalt beschäftigen und aus verschiedenen Gründen ein Interesse haben, die Bürger über die wesentlichen Aspekte der Budgetallokation, die für deren Wohlfahrtsziele von Bedeutung sind, zu informieren[84]. Damit diese ihren Kontroll- und Aufklärungsbestrebungen tatsächlich nachkommen können, muß es einen allgemeinen Zugang zu den entsprechenden Informationen geben. Dabei ist die Einhaltung der Budgetregeln während der Implementierung die Voraussetzung dafür, daß der Haushaltsplan über die wirkliche Budgetallokation Auskunft gibt. Die Einhaltung der Budgetgrundsätze ermöglicht den Bürgern, sich über die staatlichen Transaktionen informieren zu können. Bei Nichteinhaltung der Regeln würden die Informationsasymmetrien zwischen den Bürgern und den politischen Repräsentanten verstärkt. Damit sind die Budgetgrundsätze eine wesentliche Voraussetzung für eine wirksame demokratische Kontrolle der politischen Vertreter. Denn nur wenn im einzelnen nachvollziehbar ist, wer für welche Bereiche der budgetären Allokation verantwortlich ist, können die Bürger die entsprechenden Repräsentanten z.B. durch Abwahl zur Verantwortung ziehen. Die Budgetgrundsätze sind nicht nur zur Lösung des Anreizproblems zwischen den politischen Repräsentanten und den Vertretern der Bürokratie bei der Implementierung des Budgets erforderlich. Sie sind vor allem notwendig, um die Informationsbasis herzustellen, auf deren Grundlage eine wirksame Kontrolle der politischen Repräsentanten durch die Bürger möglich wird. Ihre Gültigkeit stellt eine wesentliche Voraussetzung dar, um das Prinzipal-Agenten-Problem zwischen Bürgern und Politikern zu lösen.

Diese Aussagen über die Wirkungen der Budgetgrundsätze sind allerdings zu relativieren, weil die formalen Regeln nicht in der Lage sind, das bereits angesprochene grundlegende Informationsproblem zu lösen, welches im Zusammenhang mit dem staatlichen Allokationsverfahren besteht, und über die Produktionseffizienz sowie den tatsächlichen

[84]Vgl. Senf (1977), S. 416 f. sowie Downs (1957, 1968), S. 220 ff.

Output der Budgetallokation vollständige Information herzustellen[85]. Die effiziente Bereitstellungstechnologie sowie die Qualität und die Outputniveaus der bereitgestellten Güter werden auch durch einen strikt nach den Budgetgrundsätzen budgetierten Haushaltsplan nicht geoffenbart. Daher können die Bürger und die Informationsintermediäre die im Budgetplan enthaltenen Informationen über die staatlichen Transaktionen nur als Anhaltspunkt nehmen, um Vermutungen über den staatlichen Output und die effizienten Kosten zu bilden.

3.4 Informelle Abstimmungsregeln

Wie wirken Regeln, die nicht formal, d.h. durch gesetzliche oder verfassungsmäßige Fixierung festgelegt sind, sondern die durch die Verhaltensweisen der politischen Repräsentanten begründet werden? In der ökonomischen Betrachtung von Märkten werden je nach Marktform unterschiedliche Verhaltensweisen der Marktteilnehmer unterstellt. So können sich die Anbieter in Konkurrenzmärkten wegen der Wettbewerbssituation weniger strategisch verhalten als in Oligopolmärkten, d.h. sie sind kaum in der Lage, die Zahlungsbereitschaft der Nachfrager so umfassend abzuschöpfen wie Oligopolisten bei kooperativem Verhalten bzw. Monopolisten. Kooperative Absprachen zwischen Oligopol-Anbietern erhöhen deren Marktmacht und ermöglichen maximale Produzentenrenten. Entsprechend können in der politischen Ökonomie verschiedene Hypothesen bezüglich des Verhaltens der politischen Repräsentanten unterstellt werden. Einerseits stehen die poltischen Akteure als politische Unternehmer um Wählerstimmen im Wettbewerb und die Konkurrenz zwischen den Politikern kann zu einer effizienten Allokation im Sinne der Bürger führen[86]. Wenn Amtsinhaber Politiken durchführen, die aus Sicht der Bürger ineffizient sind, können ihre politischen Herausforderer die Durchführung besserer staatlicher Allokationen anbieten, falls sie statt der Entscheidungsträger in die Ämter gewählt werden. In Wahlen sind die Bürger in der Lage, die Amtsinhaber für ihre Politik zur Verantwortung zu ziehen, abzuwählen und durch ihre Konkurrenten zu ersetzen. Die Konkurrenz durch politische Gegenspieler bewirkt, daß Amtsinhaber es sich nicht leisten können, Politiken entgegen den Bürgerinteressen durchzuführen, ohne befürchten zu müssen, aus dem Amt entfernt zu werden. Darüber hinaus bilden sich bei nicht-kooperativem Verhalten zwischen den politischen Spielern in Mehrheitsentscheidungen im Fall von Politiken mit distributiven Wirkungen Koalitionen, die mit minimaler Mehrheit die Ergebnisse bestimmen und sich Vorteile auf Kosten der überstimmten Minderheit verschaffen[87].

Eine dem entgegenstehende Position bezüglich des Verhaltens der Akteure im politischen Prozeß leitet aus der Beobachtung realer politischer Prozesse die Feststellung ab, die

[85] Siehe die Ausführungen in Abschnitt 2.3.4 auf S. 28.
[86] Vgl. Mueller (1989), S. 214 f. sowie Wittman (1973).
[87] Vgl. Riker (1962).

politischen Vertreter handelten eher in Übereinstimmung mit einer "Ethik des Universalismus" und kooperierten bei ihren Entscheidungen miteinander, anstatt sich gegenseitig Konkurrenz zu machen[88]. Wettbewerb zwischen den politischen Akteuren schadet diesen, weil die Möglichkeiten für die Durchsetzung von Politiken, von denen vorwiegend die politischen Repräsentanten oder ihre Klientel profitieren, eingeschränkt werden. Zudem sind bei wiederholten Entscheidungen mittels Mehrheitsregel instabile Mehrheiten und häufig wechselnde Koalitionen zu erwarten. Um die Unsicherheit über die Mehrheitsbildung zu reduzieren, ist es aus Sicht der Politiker vorteilhaft, auf kooperativem Wege feste Bindungen einzugehen, die langfristig stabil sind[89]. Je größer die Koalition ist, um so weniger Spieler außerhalb der Mehrheit gibt es, die einen Anreiz haben, die Mehrheit aufzubrechen und eine eigene Gegenmehrheit zu etablieren. Deshalb wächst die Stabilität der Mehrheitskoalition mit der Anzahl der Repräsentanten der Versammlung, die in das politische Bündnis einbezogen werden. Folglich ist es wahrscheinlich, daß bei kooperativem Verhalten deutlich mehr Komiteemitglieder als nur eine minimale Mehrheit berücksichtigt werden. Dieser Ansatz geht darüber hinaus, einmalige Absprachen über Stimmentausch und Paketbildung, d.h. über Logrollingmaßnahmen in einzelnen Abstimmungen zwischen den Politikern zu unterstellen. Statt dessen wird von langfristig kooperativem Verhalten ausgegangen, das über eine längere Zeitperiode und eine Folge von Entscheidungen stabil bleibt. Dabei besteht - wie bei Begründung des Zusammenhalts von Angebotskartellen auf Oligopolmärkten - die Schwierigkeit, die langfristige Stabilität von Koalitionen spieltheoretisch zu fundieren[90].

Auch die Existenz politischer Parteien und deren Realität in den parlamentarischen Systemen der EU-Staaten liefert keinen eindeutigen Erklärungsansatz für die relative Stabilität realer politischer Prozesse. Einerseits kann durchaus konstatiert werden, insbesondere die großen Volksparteien, die das politische Geschehen dominieren, bündelten einen großen Bereich divergierender Interessen und brächten diese zum Ausgleich. Insofern tragen politische Parteien zur kooperativen Implementierung politischer Kompromisse bei, in denen eine Vielzahl unterschiedlicher gesellschaftlicher Gruppen berücksichtigt werden[91]. Andererseits besteht zwischen den verschiedenen Parteien ein starker Wettbewerb um die Erlangung und Erhaltung politischer Entscheidungsgewalt. Eigentlich wäre es angemessen, der Untersuchung ein Modell zugrundezulegen, in dem gleichermaßen der intraparteiliche Entscheidungsprozeß und der interparteiliche Wettbewerb sowie deren Zusammenspiel berücksichtigt werden. Allerdings gibt es keinen ausreichend mikroökonomisch fundierten Ansatz, der die Entscheidungen innerhalb politischer Parteien untersucht und der sich gleichermaßen als Grundlage zur systematischen Evaluierung budgetärer Institutionen eignen würde. Deshalb wird in der vorliegenden Arbeit von der expliziten Be-

[88] Vgl. Tullock (1981).
[89] Vgl. Folkers (1994b).
[90] Vgl. Bernholz/Breyer (1994), S. 75 ff.
[91] Vgl. Folkers (1994b), S. 133 ff.

trachtung von Parteien und ihren innerparteilichen Willensbildungsprozessen abgesehen. Jedoch kann die der Untersuchung zugrundeliegende Vorstellung von einzelnen parteilich ungebundenen Spielern, die unabhängig agieren, durch einige vereinfachende Annahmen mit der Existenz von Parteien vereinbar sein. Wird vom Vorgang der Kompromiß- und Entscheidungsfindung innerhalb der Parteien abstrahiert und wird dieser gewissermaßen als black box angesehen, so kann von der Vorstellung ausgegangen werden, politische Parteien agierten wie einzelne Spieler[92]. Die Zielfunktionen, die die Spieler zu optimieren suchen, reflektieren dann das Resultat des innerparteilichen Willensbildungsprozesses. Die Rente, die die einzelnen Spieler u.U. im politischen Prozeß erhalten, wird unter den Mitgliedern der Partei aufgeteilt. Nicht-kooperatives Verhalten zwischen den Spielern spiegelt im unterstellten Modell den Wettbewerb zwischen Parteien, und die alternative Annahme universalistischen Verhaltens verdeutlicht die Möglichkeiten der Kollusion über die Parteigrenzen hinweg.

Für das Vorherrschen der einen oder anderen Handlungsweise werden in der Regel vor allem Beobachtungen realer politischer Entscheidungsprozesse angeführt[93]. Eine theoretische Untersuchung der politischen Entscheidungen sollte eine Verhaltensweise postulieren und deren Wirkungsweise analysieren. Als Angelpunkt der Untersuchung wird entsprechend den Grundannahmen der mikroökonomischen Theorie davon ausgegangen, daß die politischen Akteure sich nicht-kooperativ verhalten und keine Absprachen treffen. So wird in den betrachteten Modellen ein effektiver Wettbewerb zwischen Entscheidungsträgern und potentiellen Herausforderern unterstellt. Außerdem wird postuliert, daß bei Mehrheitsentscheidungen Koalitionen mit minimaler Mehrheit angestrebt werden. Kontrastiv zu diesen Annahmen wird gegebenenfalls aufgezeigt, welche Budgetallokationen resultieren, wenn alternative Annahmen bezüglich des Verhaltens der politischen Repräsentanten gelten. Dazu wird untersucht, welche Entscheidungen zu erwarten sind, wenn die politischen Akteure untereinander kooperative Absprachen treffen und darauf abzielen, ihre Zielfunktionen gemeinsam zu maximieren.

3.5 Allgemeine politische Regeln

Neben den Institutionen der Finanzverfassung, in dem betrachteten Kontext insbesondere denen des Haushaltsrechts, sind die allgemeinen politischen Regeln bestimmend für die Ergebnisse des Budgetierungsprozesses[94]. Da es sich bei den Haushaltsentscheidungen der Exekutive und der Legislative um politische Entscheidungen handelt, verläuft die Abgrenzung zwischen beiden Bereichen fließend. Als allgemeine politische Institutionen werden in dieser Untersuchung jene Regeln bezeichnet, die nicht ausschließlich für den

---

[92] Vgl. Downs (1957, 1968), S. 24 f.
[93] Vgl. z.B. Tullock (1981) oder Inman/Fitts (1990).
[94] Vgl. Folkers (1984), S. 502 f.

Haushaltsbereich relevant sind, sondern die auch in den anderen politischen Bereichen Geltung haben. Darunter fallen insbesondere die Wahlregeln, die für die Auswahl der Repräsentanten der verschiedenen Komitees gelten. Durch die Wahl der Vertreter im staatlichen Entscheidungsprozeß wird in der repräsentativen Demokratie die Verbindung zwischen den Prinzipalen staatlichen Handelns, den Bürgern, und ihren Agenten, den Politikern, hergestellt und ihr Einfluß auf die Budgetentscheidungen ermöglicht. Damit ist der allgemeine politische Bereich bestimmend für die demokratische Kontrolle der budgetären Entscheidungen der politischen Repräsentanten. Wie ist die Verbindung zwischen Wählern und Repräsentanten geregelt, d.h. nach welchen Wahlregeln wird abgestimmt? In den meisten Mitgliedstaaten der EU werden die Mitglieder legislativer Versammlungen von den Bürgern gewählt und Regierungen werden in der Regel von den Vertretern der Legislative bestimmt. Über das Budget wird von der Exekutive und der Legislative im Budgetkreislauf interaktiv entschieden. Das Verfahren der Bestimmung der Exekutive und der Legislative beeinflußt das Budgetierungsergebnis und ist in eine Untersuchung der demokratischen Kontrolle budgetärer Prozesse einzubeziehen.

Die Regeln, die bei der Bestimmung der Komiteemitglieder gelten, bestimmen die Optionen der politischen Repräsentanten in den verschiedenen Komitees und beeinflussen so die Interaktion innerhalb und zwischen den Komitees im Budgetspiel[95]. Eine Möglichkeit der Bestimmung der Komiteemitglieder ist, daß beide Organe im Budgetspiel, die Regierung und das Parlament, von den Bürgern direkt gewählt werden, wobei verschiedene Wahlregeln angewendet werden können. Ein Beispiel hierfür ist ein reines Präsidialsystem wie in den USA, in dem der Präsident, d.h. die Regierung, und die Legislative jeweils auf unterschiedliche Weise durch die Bürger bestimmt werden. Eine andere Variante stellt ein parlamentarisches System dar, in dem nur das Parlament direkt gewählt wird, während die Exekutive durch die Legislative gewählt wird.

Eine weitere Variante findet sich in der EU. Dort wird das Exekutivkomitee, die Europäische Kommission, durch den Rat bestimmt, der sich aus den Vertretern der nationalen Exekutiven zusammensetzt, die von den Parlamenten der Mitgliedsländer gewählt werden[96]. Die Kommission kann im Prinzip vom Europäischen Parlament zum Rücktritt gezwungen, d.h. abgewählt werden, während das Europäische Parlament von den Bürgern direkt gewählt wird. Die verschiedenen allgemeinpolitischen Regeln sind insbesondere im Zusammenhang mit der Analyse des EU-Haushaltsverfahrens von Bedeutung, weil sie - wie noch zu zeigen sein wird - die Haushaltsentscheidungen und die Verantwortlichkeit der Repräsentanten im Kontext der EU bestimmen. Zudem ist die aktuelle Diskussion über die zukünftige Gestaltung einer möglichen Verfassung insbesondere eine Diskussion über allgemeine politische Entscheidungsverfahren, die auch auf den Haushaltsbereich wirken. Daher ist es im Rahmen dieser Debatte von Interesse, wie die Gestaltung der allgemeinen

---

[95] Vgl. u.a. Persson/Roland/Tabellini (1997, 2000).

[96] Vgl. zu den Organen der EU Koenig/Haratsch (1996), S. 38 ff.

politischen Regeln die Haushaltsentscheidungen und die demokratische Kontrolle in der EU beeinflussen[97].

Welche Rolle spielen die allgemeinen politischen Regeln bei der Untersuchung des Budgetspiels? Im einperiodigen Budgetaufstellungsspiel, in dem nicht die Auswahl der Komiteemitglieder betrachtet wird und an dem nicht die Gesamtheit der Bürger bzw. der Wähler als Spieler beteiligt ist, haben die allgemeinen politischen Regelungen zunächst keine Bedeutung für die Budgetierungsergebnisse. Die Präferenzen der Bürger außerhalb des staatlichen Bereichs beeinflussen in dieser Situation nicht die Entscheidungen der politischen Repräsentanten, die unmittelbar am Budgetprozeß beteiligt sind. Erst durch die Einbeziehung des Wahlmechanismus zur Bestimmung der Komiteemitglieder wird dieser Einfluß wirksam. D.h. durch die Modellierung der Frage, wie die Entscheidungsträger der Gremien ausgewählt werden, wird erst die Verbindung zwischen den Bürgern und den Repräsentanten im Prozeß budgetärer Entscheidungen hergestellt[98]. Die Betrachtung der Wahlentscheidung ist somit Voraussetzung für eine Untersuchung der Frage, wie die budgetären Institutionen hinsichtlich der demokratischen Kontrolle wirken und wie das Prinzipal-Agenten-Problem zwischen Bürgen und Politikern in den verschiedenen institutionellen Arrangements gelöst wird. Daher wird in der Analyse, wenn explizit die Frage der politischen Verantwortlichkeit untersucht wird, ein Spiel mit mehreren Budgetierungsperioden betrachtet, in dem das Periodenspiel aus einem Budgetaufstellungsspiel besteht, das im Groben dem in Abschnitt 2.4.1 charakterisierten Spiel entspricht und im einzelnen durch die in diesem Kapitel beschriebenen Budgetinstitutionen konkretisiert wird. Nach dem Haushaltsaufstellungsspiel jeder Periode finden Wahlen statt, in denen die Bürger über die Vergabe der Repräsentantenmandate in den budgetären Entscheidungskomitees befinden. Im Zusammenhang mit den allgemeinen politischen Institutionen ist daher zu klären, wie die Wahl der Komiteemitglieder im einzelnen organisiert ist, d.h. wer jeweils über die Besetzung der Mandate der verschiedenen Komitees entscheiden kann.

3.6 Fazit

In diesem Kapitel wurden die verschiedenen Möglichkeiten für die Gestaltung budgetärer Institutionen dargestellt und es wurde im einzelnen ihre Bedeutung für die Ergebnisse des Budgetprozesses herausgearbeitet. Dabei wurde jeweils der Bezug zum Modell des Budgetaufstellungsspiels hergestellt, mit dessen Hilfe im weiteren Verlauf der Untersuchung die Wirkungen verschiedener budgetärer Institutionen auf die Wohlfahrt der Bürger und die Repräsentanz der Bürgerschaft im Budgetprozeß analysiert werden. Die genaue Formu-

[97] Diese Frage wird im siebten Kapitel untersucht.

[98] Einige Untersuchungen budgetärer Prozesse vernachlässigen diesen Aspekt, indem sie die Verbindung zwischen Bürgern und Repräsentanten ausblenden. Vgl. z.B. von Hagen/Harden (1995), Kraan (1996) sowie Stanowsky (1997).

lierung des Spiels erfolgt in der weiteren Analyse mit den in diesem Kapitel dargestellten budgetären Institutionen. Es ist offensichtlich, daß in der Arbeit nicht alle in diesem Kapitel aufgezeigten institutionellen Gestaltungsmöglichkeiten untersucht werden können. Statt dessen muß sich die Analyse auf eine Auswahl institutioneller Arrangements beschränken. Die Selektion wird anhand des Kriteriums vorgenommen, ob es sich bei den Regeln um solche handelt, die in realen Budgetprozessen angewendet werden bzw. ob deren Anwendung zur Förderung der demokratischen Repräsentanz erwogen werden kann, und es werden insbesondere solche Institutionen betrachtet, die im Zusammenhang mit der Haushaltswirtschaft der EU und ihrer zukünftigen Gestaltung von Bedeutung sind.

Kapitel 4

Haushaltsinstitutionen und budgetäre Entscheidungen

4.1 Einleitung

In diesem Kapitel wird ein Modellansatz zur Analyse der Wirkungen unterschiedlicher institutioneller Arrangements auf die Ergebnisse von Budgetierungsverfahren entwickelt. Dabei wird der Einfluß verschiedener budgetärer Institutionen in einem Modell des Budgetierungsprozesses abgeleitet, das auf den im zweiten Kapitel dargestellten stilisierten Modell der Budgetaufstellung beruht. Es werden verschiedene der im dritten Kapitel behandelten Gestaltungsmöglichkeiten budgetärer Institutionen untersucht und Vergleiche der resultierenden Budgetierungsergebnisse durchgeführt. Die Wahlentscheidung der Bürger zur Bestimmung der politischen Repräsentanten wird hier noch nicht in die Betrachtung einbezogen. Statt dessen werden Budgetierungsentscheidungen unabhängig von (Wieder)wahlüberlegungen der politischen Repräsentanten untersucht und es wird unterstellt, die Entscheidungen seien primär durch die Präferenzen der Politiker für staatlich bereitgestellte Politiken motiviert. Nach der Einführung des Modells werden mehrere Referenzallokation abgeleitet, die unabhängig von den politischen Institutionen sind und als Bezugspunkte für die Evaluation der Budgetierungsergebnisse dienen können. Im ersten Teil der Untersuchung budgetärer Entscheidungsverfahren in Abschnitt 4.4 wird von der Möglichkeit der Aneignung politischer Renten durch die Politiker abgesehen, d.h. es werden zunächst Budgetierungsergebnisse bestimmt, die nicht durch das Ziel der Ressourcenaneignung dominiert werden. Als grundlegende institutionelle Arrangements werden ein Legislativ- und ein Exekutivkomitee sowie ein mehrstufiges Budgetierungsverfahren betrachtet. Schließlich werden als institutionelle Varianten exemplarisch exogene quantitative Restriktionen und Abstimmungen mittels qualifizierter Mehrheit bzw. Einstimmigkeit analysiert. Im letzten Teil des Kapitels in Abschnitt 4.5 wird verdeutlicht, wie sich die Möglichkeit zur Aneignung von Ressourcen durch die Politiker auf die Budgetentscheidungen und deren Wohlfahrtseffekte auswirkt.

4.2 Modell der Budgetaufstellungssituation

Im folgenden wird aus den Überlegungen des zweiten Kapitels ein Modell budgetärer Entscheidungen abgeleitet[1] Dabei werden zur Vereinfachung der Zusammenhänge einige reale Effekte staatlicher Budgets nicht berücksichtigt. So wird bis auf weiteres von negativen Anreizeffekten der Besteuerung auf das Wirtschaften der Individuen und von Politiken mit produktiver Wirkung auf die Besteuerungsbasis abgesehen, obwohl eine Einbeziehung dieser Effekte möglich ist und z.T. am Rande erörtert wird. Andererseits bildet das Modell die wesentlichen politisch-ökonomischen Interessenkonflikte ab, die im staatlichen Budgetierungsprozeß von Bedeutung sind und die die Ergebnisse dieses Prozesses determinieren[2].

4.2.1 Budgetpolitiken

$\mathbf{b}_t$ bezeichnet den Vektor der staatlichen Politiken in Periode t. Im folgenden wird nur eine Zeitperiode betrachtet, so daß auf den Zeitindex verzichtet werden kann. Der Politikvektor setzt sich folgendermaßen zusammen:

$$\mathbf{b} = [t, \{b_k\}, g, \{\pi_{r\in\mathcal{R}}\}] \tag{4.1}$$

$t \in (0,1)$ ist der für alle Individuen identische Steuersatz. b_k steht für ein gruppenspezifisches Gut, welches den Individuen der Gruppe k zu Gute kommt, und bei g handelt es sich um ein reines öffentliches Gut, das allen Individuen Nutzen stiftet. Alle Komponenten sind auf den nichtnegativen Bereich beschränkt. $\pi_{r\in\mathcal{R}}$ bezeichnet das Einkommen eines politischen Repräsentanten P_r. Diese Zahlungen an die politischen Akteure können einerseits als Entgelt für die dispositiven Leistungen der Politiker und als Kompensation für die Opportunitätskosten der politischen Tätigkeit, also etwa für entgangenes Einkommen in einer alternativen Tätigkeit, angesehen werden. Andererseits ist damit zu rechnen, daß die politischen Einkommen eine Rente enthalten, die über die Opportunitätskosten hinausgeht[3]. Die Summe der politischen Einkommen, die an die Gesamtheit der politischen Repräsentanten $\mathcal{R}$ gezahlt wird, beträgt

$$A_\pi = \pi = \sum_{r\in\mathcal{R}} \pi_r. \tag{4.2}$$

Zur Vereinfachung wird angenommen, daß die politischen Einkommen nicht der Besteuerung unterliegen und nicht die Besteuerungsbasis erhöhen.

[1] Das Modell basiert i.w. auf Persson (1998). Vgl. auch Persson/Tabellini (1999), S. 60 ff. sowie Persson/Roland/Tabellini (2000), S. 6 ff.

[2] Vgl. dazu die Ausführungen in Abschnitt 2.4.2.3 im zweiten Kapitel.

[3] Vgl. im zweiten Kapitel Abschnitt 2.4.2.2.

4.2.2 Staatliche Budgetrestriktion

Der Vektor der Budgetpolitiken muß die folgende staatliche Budgetrestriktion erfüllen:

$$\begin{aligned} E &= t \sum_{i \in \mathcal{N}} y_i = tY \\ &= \sum_i b_i + \sum_{j \in \mathcal{R}} \pi_j + g = A_b + A_\pi + g = A. \end{aligned} \tag{4.3}$$

Die Einnahmen E müssen der Summe der Ausgaben A entsprechen. Dabei bestehen die Einnahmen ausschließlich aus den Steuerzahlungen der Bürger, d.h. von einer Finanzierung durch Verschuldung wird abgesehen[4]. Die Steuerzahlung eines Bürgers i berechnet sich, indem sein Bruttoeinkommen y_i mit dem allgemeinen Steuersatz t multipliziert wird. Von Anreizeffekten wird abgesehen, d.h. das Bruttoeinkommen bleibt auch mit steigendem Steuersatz konstant. Darüber hinaus wird vereinfachend angenommen, daß das Einkommen aller Individuen jeweils gleich eins ist, so daß das Volkseinkommen Y der Anzahl der Individuen der Jurisdiktion, N , entspricht:

$$E = tN.$$

Der Steuersatz bestimmt sich somit aus dem Quotienten von Budgetausgaben und Volkseinkommen

$$t = \tfrac{A}{Y} = \tfrac{A}{N}. \tag{4.4}$$

Damit entspricht der Finanzierungsanteil eines Individuums an den Ausgaben $\frac{1}{N}$ und dieser ist gleich den individuellen marginalen Kosten zusätzlicher Ausgaben[5]. A_b bezeichnet die Summe der Ausgaben für gruppenspezifische Güter.

Das formulierte Modell integriert die verschiedenen Arten staatlicher Budgetpolitiken. Erstens werden mit dem globalen öffentlichen Gut g solche staatlichen Ausgabentätigkeiten abgebildet, die allen Bürgern Nutzen stiften. Zweitens sind durch die gruppenspezifischen Güter b_k auch jene Aktivitäten berücksichtigt, von denen nur eine Gruppe, nicht aber die Gesamtheit der Bürger profitiert. Schließlich werden als drittes mit den politischen Einkommen π_r solche Politiken in die Analyse einbezogen, die einzelnen politischen Repräsentanten nützen, jedoch nicht den Bürgern.

Es ist über die im Budgetvektor (4.1) gegebenen Budgetpolitiken hinaus möglich, weitere Politiken in die Betrachtung einzubeziehen. Insbesondere direkte Transfers im Sinne von monetären Übertragungen, wie im zweiten Abschnitt des zweiten Kapitels dargestellt[6], sind nicht als weitere Kategorie von Budgetpolitiken berücksichtigt worden und könnten in die Analyse integriert werden. Die bevorzugten bzw. die resultierenden

[4] Vgl. zur Begründung die Ausführungen im zweiten Kapitel in Abschnitt 2.4.2.1.

[5] Zur Begründung der Annahmen bezüglich der Einnahmenstruktur siehe Abschnitt 2.4.2.1 im zweiten Kapitel.

[6] Vgl. im zweiten Kapitel Abschnitt 2.2 sowie 2.4.2.1.

Allokationen sind in diesem Fall davon abhängig, welche Annahmen bezüglich der erlaubten Gestaltungsmöglichkeiten der Transferprogramme, insbesondere der Spezifikation der Empfängergruppe, getroffen werden. Werden beispielsweise nur Transfers zugelassen, die in gleicher Höhe an alle Individuen der Jurisdiktion gezahlt werden müssen, so folgen bei dem hier unterstellten Finanzierungsschema keine eindeutigen Politikergebnisse, sondern multiple Lösungen, weil eine Steuersenkung und eine Transfererhöhung um den gleichen Betrag äquivalente Instrumente sind, die die Wohlfahrt eines Individuums unverändert lassen. Somit sind im Gleichgewicht viele Kombinationen von Steuersatz und Transfers möglich. Vereinfachend wird unterstellt, daß diese Art von Transfers auf ein Niveau von Null beschränkt ist. Gruppenspezifische Transfers haben in dem Modell die gleiche qualitative Wirkung auf die Wohlfahrt der Individuen wie die gruppenspezifischen öffentlichen Güter. Der Unterschied ist, daß der Grenznutzen der Gruppengüter abnehmend ist, so daß es ein optimales Bereitstellungsniveau gibt, während der Grenznutzen der gruppenspezifischen Transfers konstant bleibt und bei Finanzierung durch alle Bürger für die Individuen der begünstigten Gruppe strikt größer ist als die Grenzkosten, so daß eine maximale Ausweitung durch die Individuen der begünstigten Gruppe gewünscht wird. Weil aber die qualitative Wirkung dieser Art von Transfers bereits durch die gruppenspezifischen Güter abgebildet wird, kann auf die Berücksichtigung in der Untersuchung verzichtet werden.

4.2.3 Spieler und Präferenzen

Spieler in dem Modell sind einerseits die Bürger der Jurisdiktion, die divergierende Präferenzen bezüglich der staatlichen Budgetpolitiken haben. Weitere Spieler sind die politischen Repräsentanten, die in erster Linie an ihrem politischen Einkommen interessiert sind, die aber darüber hinaus, je nach betrachteter Situation, als Bürger auch Präferenzen für die staatlich bereitgestellten Güter haben. Außerdem haben die politischen Repräsentanten besondere Präferenzen für bestimmte Budgetpolitiken, wenn sie als Mitglieder der Exekutive für diese Politikbereiche verantwortlich sind und ihr Prestige und ihr Einfluß mit den Ausgaben in diesen Bereichen verknüpft sind[7].

4.2.3.1 Präferenzen der Bürger

Die Jurisdiktion besteht aus N Bürgern, $\mathcal{I} = (1, ..., N)$. Diese teilen sich in K Gruppen von Individuen auf, die identische Präferenzen bezüglich eines gruppenspezifischen Gutes b_k haben und mit dem Index $k = 1...K$ bezeichnet werden. Die Menge der Gruppen ist durch $\mathcal{K} = \{G_1, ..., G_K\}$ gegeben. Eine Gruppe G_k hat N_k Mitglieder und $\mathcal{G}(k)$ benennt die Menge der Mitglieder. Ohne Beschränkung der Allgemeinheit wird zur Vereinfachung angenommen, daß $K = 3$ ist und daß jede Gruppe eine gleich große Menge identischer Mitglieder hat. Somit ist ihr Anteil an der Bevölkerung gleich $n_k = n = \frac{N_k}{N} = \frac{1}{K} = \frac{1}{3}$.

[7] Vgl. Abschnitt 2.4.2 im zweiten Kapitel.

u_{ik} ist die Periodennutzenfunktion eines Individuums i der Gruppe k, die als monoton steigend und additiv-separabel im Konsum privater und staatlich bereitgestellter Güter angenommen wird:

$$\begin{aligned} u_{ik}(\mathbf{b}) &= K_i + H_k(b_k) + \lambda_i J(g) \\ &= 1 - t + H_k(b_k) + \lambda_i J(g). \end{aligned} \tag{4.5}$$

K_i bezeichnet den privaten Konsum des Individuums i. $H_k(b_k)$ und $J(g)$ sind strikt konkave monoton steigende Funktionen, für die $\forall k : H_k(0) = 0$ und $J(0) = 0$ gilt[8]. Die Funktionen H_k sind für jedes Mitglied der Gruppe k identisch. Wie bereits ausgeführt, ist jedes Individuum mit einer Einheit Einkommen ausgestattet und Anreizeffekte der Besteuerung sind ausgeschlossen. Der Parameter $\lambda_i \in (0,2)$ beschreibt die Präferenzen des Individuums i bezüglich des öffentlichen Gutes g. Der Präferenzparameter ist unabhängig von der Gruppenzugehörigkeit auf dem Intervall $(0,2)$ gleichverteilt[9]. Diese Annahme impliziert, daß die Präferenzen über das globale öffentliche Gut unabhängig von der Gruppenzugehörigkeit sind. Somit wird jedes Individuum durch die zwei Merkmale der Gruppenzugehörigkeit und der individuellen Präferenz für das öffentliche Gut g charakterisiert.

4.2.3.2 Präferenzen der politischen Repräsentanten

Die Menge der politischen Repräsentanten ist durch $\mathcal{R} = \{P_1, ..., P_R\}$ gegeben, die eine Teilmenge von $\mathcal{I}$ ist. Die Präferenzen eines Politikers $P_r \in \mathcal{R}$ sind positiv abhängig von seinem politischen Einkommen, π_r, und vom Nutzen, den er als Bürger aus den Budgetpolitiken zieht, wobei der Politiker wie die anderen Bürger Mitglied einer Gruppe $G_k \in \mathcal{K}$ ist. Die Zielfunktion ist somit gegeben durch die folgende additiv-separable Funktion:

$$\begin{aligned} v_r(\mathbf{b}) &= \beta_r \pi_r + (1 - \beta_r) u_r(\mathbf{b}) \\ &= \beta_r \pi_r + (1 - \beta_r)[1 - t + \lambda_r J(g) + H_k(b_k)] \end{aligned} \tag{4.6}$$

Dabei ist $\beta_r \in \{0, \frac{1}{2}, 1\}$ ein Parameter, der null ist, wenn der Politiker die Präferenzen eines normalen Bürgers hat und den Wert eins annimmt, wenn der Repräsentant sich selbst nicht für die Budgetpolitiken interessiert und ausschließlich darauf abzielt, sein politisches Einkommen zu maximieren. Im Fall $\beta_r = \frac{1}{2}$ sind für den Politiker beide Ziele gleich wichtig. Der Parameter ist exogen und hat die Funktion, verschiedene Situationen bezüglich der Ziele der Politiker zu untersuchen und die Analyse in bestimmten Fällen zu vereinfachen. Im allgemeinen wird unterstellt, daß die Präferenzfunktionen der beteiligten Repräsentanten hinsichtlich dieses Parameters derselben Art sind, d.h. es gilt $\forall r : \beta_r = \beta$.

---

[8] Außerdem ist $H'(0) = \infty$ und analog $J'(0) = \infty$.

[9] Der Erwartungswert des Präferenzparameters λ_i innerhalb jeder Gruppe $k = 1, ..., K$ ist folglich gleich eins, $E(\lambda_k) = 1$.

Wenn ein Politiker Mitglied eines für die Vorbereitung sowie die Umsetzung von Budgetpolitiken verantwortlichen Exekutivkomitees ist und Verantwortung für die Allokation einer bestimmten Politikdimension trägt, wird er über die Ziele in (4.6) hinaus eine besondere Präferenz für Ausgaben in der von ihm vertretenen Politikdimension haben[10]. Dies kann dadurch begründet sein, daß mit steigenden Ausgaben in einem politischen Bereich Prestige und Einfluß eines Politikers zunehmen, der mit der Verwaltung der Ausgaben und der Umsetzung der Budgetpolitiken betraut ist. Diese erhöhte Präferenz eines Exekutivpolitikers für seine Politikdimension wird durch einen zusätzlichen Nutzenterm $w_r(b_r)$ berücksichtigt, wobei es sich um eine monoton steigende, strikt konkave Funktion in den Ausgaben der Budgetpolitik b_r handelt, über die der politische Repräsentant exekutive Kompetenzen hat. Die Zielfunktion eines politischen Repräsentanten mit exekutiven Kompetenzen ist somit durch

$$v_r(\mathbf{b}) = \beta_r \pi_r + (1 - \beta_r) u_r(\mathbf{b}) + \gamma_r w_r(b_r) \tag{4.7}$$

gegeben, wobei $\gamma_r \in \{0, 1\}$ eine exogene Dummy-Variable ist, die eins wird, wenn der Repräsentant diese besondere Präferenz für die von ihm vertretene Politikdimension r hat, und die sonst null ist.

4.3 Referenzallokationen

Im folgenden werden die verschiedenen Referenzallokationen abgeleitet, die aus den Modellannahmen resultieren, wenn man von bestimmten Prämissen ausgeht, die in der Wohlfahrtsökonomik bzw. der konstitutionellen Analyse als Referenz- bzw. Extremfälle angesehen werden[11]. Dabei wird in diesem Abschnitt noch von kollektiven Entscheidungsverfahren, budgetären Institutionen und der Bestimmung der Budgetallokation durch die strategische Interaktion politischer Repräsentanten abgesehen. Zunächst wird das utilitaristische Wohlfahrtsoptimum abgeleitet, das aus der Maximierung der Summe der individuellen Nutzen der Bürger resultiert. In diesem Kalkül werden keine Renten der politischen Entscheidungsträger berücksichtigt. Es bleibt bei dieser Referenzallokation daher ungeklärt, wie, d.h. durch wen diese Allokation implementiert wird, weil es in der Realität keinen wohlwollenden und selbstlosen Sozialplaner gibt, der bei der Ausübung der Entscheidungsgewalt ohne weitere Restriktionen oder Kontrollmechanismen seine eigenen Präferenzen für politische Renten nicht berücksichtigt und zudem um das Wohl der Bürger besorgt ist. Als weitere Referenzallokation wird die für die Bürger extrem negative Situation betrachtet, in der die budgetäre Entscheidungsgewalt von einem Diktator ausgeübt wird, der ausschließlich sein eigenes politisches Einkommen maximiert. Schließlich wird untersucht, welche Allokationen zu erwarten sind, wenn ein Individuum allein entscheidet, das auch Nutzen aus den Budgetpolitiken zieht.

[10] Vgl. Abschnitt 2.4.2.2.

[11] Vgl. Persson/Roland/Tabellini (2000), S. 8.

4.3.1 Sozialplaner

Der wohlwollende und selbstlose Sozialplaner P_w maximiert die Summe der individuellen Nutzenfunktionen über den Budgetvektor

$$\begin{aligned}\max_{\mathbf{b}} W &= \sum_k \sum_{i \in \mathcal{G}(k)} \left[1 - \tfrac{1}{N}\left(\sum_i b_i + g\right) + H_k\left(b_k\right) + \lambda_i J\left(g\right)\right] \\ &= N + \sum_k N_k H_k\left(b_k\right) + NJ\left(g\right) - \left(\sum_i b_i + g\right).\end{aligned} \tag{4.8}$$

Im Wohlfahrtsoptimum der Bereitstellung entspricht die aggregierte Grenzwohlfahrt ($N_k H'$ bzw. NJ') den Grenzkosten von eins:

$$\forall i : b_k^W \Leftarrow H_k' = \tfrac{1}{N_k} \tag{4.9}$$

$$g^W \Leftarrow J' = \tfrac{1}{N}. \tag{4.10}$$

Da der Sozialplaner selbstlos ist und seine Präferenzen für politische Renten nicht berücksichtigt werden, sind die poltischen Einkommen im Wohlfahrtsoptimum gleich null:

$$\pi_w^W = 0. \tag{4.11}$$

Der Steuersatz im Wohlfahrtsoptimum berechnet sich aus den optimalen Budgetpolitiken:

$$t^W = \tfrac{g^W + \sum_i b_i^W}{Y}. \tag{4.12}$$

4.3.2 Leviathan und andere Diktatoren

Es wurde bereits ausgeführt, daß wohlwollende und selbstlose Sozialplaner in der Realität nicht existieren[12]. Deshalb wird in diesem Abschnitt untersucht, welche Budgetallokation in dem Modell resultiert, wenn ein politischer Repräsentant die budgetäre Entscheidungsgewalt erhält, der ausschließlich das Ziel verfolgt, sein eigenes politisches Einkommen zu maximieren, d.h. wenn $\beta_l = 1$. Ein "Leviathan"-Politiker ist als worst-case-Scenario aus Sicht der Bürger und als Gegenpol zur Vorstellung eines wohlwollenden Sozialplaners zu verstehen[13].

Der Leviathan-Politiker P_l maximiert sein politisches Einkommen unter der Nebenbedingung der staatlichen Budgetrestriktion:

$$\begin{aligned}&\max_{\mathbf{b}} \pi_l \\ &s.t. \ \sum_i b_i + g + \pi_l \leq tY\end{aligned} \tag{4.13}$$

[12] Vgl. Kapitel 2 Abschnitt 2.4.2.2.
[13] Vgl. Brennan/Buchanan (1980, 1988).

Das Ergebnis ist offensichtlich. Ohne weitere Restriktionen setzt der Leviathan den Steuersatz auf eins und eignet sich alle verfügbaren Ressourcen an:

$$t^l = 1 \tag{4.14}$$
$$\pi_l^l = Y. \tag{4.15}$$

Folglich sind die Niveaus der übrigen Budgetpolitiken gleich null[14]:

$$b_k^l, g^l = 0. \tag{4.16}$$

Dagegen wird ein Diktator P_D, der auch Präferenzen für die Budgetpolitiken hat, für den deshalb $\beta_D = \frac{1}{2}$ gilt, und der die Zielfunktion

$$\max_{\mathbf{b}} \frac{1}{2} \left[1 + \pi_D - \frac{1}{N} \left(\left(\sum_i b_i \right) + g + \pi_D \right) + \lambda_D J(g) + H_k(b_k) \right] \tag{4.17}$$

maximiert, die folgende Budgetallokation wählen:

$$t^D = 1 \tag{4.18}$$
$$P_D \in \mathcal{G}(k) : b_k^D \Leftarrow H_k' = \frac{1}{N} \tag{4.19}$$
$$\forall l : P_D \notin \mathcal{G}(l) : b_l^D = 0 \tag{4.20}$$
$$g^D \Leftarrow J' = \frac{1}{\lambda_D N} \tag{4.21}$$
$$\pi_D^D = Y - b_k^D - g^D, \tag{4.22}$$

d.h. er wird einen Teil der von ihm erhobenen Ressourcen für die Bereitstellung der von ihm bevorzugten staatlichen Güter b_k und g auf den für ihn optimalen Niveaus b_k^D und g^D verwenden[15].

In der letzten Allokation ist das Niveau der Bereitstellung des angebotenen gruppenspezifischen Gutes b_k höher als in der Allokation des Sozialplaners[16]. Die anderen spezifischen Güter, die dem Entscheidungsträger keinen Nutzen stiften, werden nicht bereitgestellt und ihr Niveau liegt damit unter dem des Wohlfahrtsoptimierers. Ob das Bereitstellungsniveau des reinen öffentlichen Gutes g größer oder kleiner ist als beim Sozialplaner, ist davon abhängig, ob der Präferenzparameter λ_D des Entscheidungsträgers

[14] Es resultiert ein anderes Ergebnis, wenn Anreizeffekte und staatliche Inputgüter in die Betrachtung einbezogen werden. In diesem Fall werden der Steuersatz und das Niveau öffentlicher Inputs gewählt, welche das Nettosteueraufkommen maximieren. Vgl. Brennan/Buchanan (1980, 1988) sowie Findlay/Wilson (1987).

[15] Ist die politische Rente auf null beschränkt, d.h. gilt $\pi_D = 0$, dann werden die Budgetpolitiken so gewählt, daß der Steuersatz kleiner eins ist und $t^{D2} = \frac{b_k^D + g^D}{Y}$ beträgt.

[16] Dies folgt aus $H'^{-1}\left(\frac{1}{N}\right) > H'^{-1}\left(\frac{1}{N_k}\right)$ und ist dadurch begründet, daß nicht der gruppenäquivalente Anteil $\frac{1}{N_k}$, sondern der weitaus kleinere auf die gesamte Bürgerschaft der Jurisdiktion umgelegte Finanzierungsanteil $\frac{1}{N}$ zu tragen ist.

größer oder kleiner ist als das durchschnittliche $\bar{\lambda} = 1$ der Jurisdiktion. Ist der Parameter $\lambda_D \left\{ \begin{matrix} \geq \\ = \\ < \end{matrix} \right\} \bar{\lambda}$, so wird das reine öffentliche Gut g auf einem $\left\{ \begin{matrix} \text{höheren} \\ \text{gleichen} \\ \text{geringeren} \end{matrix} \right\}$ Niveau bereitgestellt als im sozialen Optimum[17].

4.4 Budgetentscheidungen bei restringierten politischen Einkommen

Welche budgetären Allokationen sind zu erwarten, wenn die politischen Repräsentanten entsprechend bestimmter institutioneller Regelungen entscheiden und dabei nicht das Ziel verfolgen, sich politische Renten anzueignen, sondern wenn sie ausschließlich durch ihre Politikpräferenzen motiviert sind? Dazu wird in diesem Abschnitt die Situation betrachtet, in der das politische Einkommen der Repräsentanten restringiert und nicht disponibel ist. Vereinfachend wird angenommen, dieses sei für alle politischen Repräsentanten auf einen Wert von Null beschränkt. Deshalb werden die Budgetentscheidungen der Repräsentanten in diesem Abschnitt vollständig durch deren Präferenzen über die Budgetpolitiken bestimmt, d.h. für die Parameter in der Zielfunktion (4.6) der Repräsentanten wird $\beta = 0$ unterstellt.

Untersucht werden verschiedene grundlegende institutionelle Arrangements. Ziel der Analyse ist, zu demonstrieren, auf welche Art und Weise die budgetären Institutionen, die im dritten Kapitel vorgestellt wurden, bei der Aufstellung des Budgets die Budgetallokation beeinflussen. Die Untersuchung beginnt mit einem Verhandlungsspiel in einer legislativen Versammlung. Anhand dieses Spiels kann u.a. demonstriert werden, welche Bedeutung die Wahl der Status quo-Allokation hat. In einem weiteren Schritt wird abgeleitet, welche Budgetallokation in einem Komitee der Exekutive resultiert, wenn die einzelnen Politikdimensionen mit bestimmten politischen Repräsentanten verknüpft sind. Diese Vorüberlegungen ermöglichen schließlich die Analyse eines mehrstufigen Budgetprozesses, in dem ein Exekutivkomitee für die Erstellung eines Budgetentwurfs verantwortlich ist, der letztendlich von einer Legislativversammlung beschlossen werden muß. Somit wird ein mehrstufiges Budgetspiel betrachtet, das dem stilisierten Grundmodell der Budgetaufstellungssituation entspricht, welches im zweiten Kapitel beschrieben wurde. Anschließend werden die Budgetierungsergebnisse ausgewählter Variationen der Grundmodelle verglichen. In einer ersten institutionellen Variante wird der Einfluß einer exogenen quantitativen Restriktion auf die Gleichgewichtsresultate erörtert. Schließlich wird analysiert, welches Budget in dem Modell des mehrstufigen Haushaltsverfahrens resultiert, wenn das

---

[17]Diese Schlußfolgerung kann aus $J'^{-1}\left(\frac{1}{\lambda_1 N}\right) > J'^{-1}\left(\frac{1}{N}\right) > J'^{-1}\left(\frac{1}{\lambda_0 N}\right)$ abgeleitet werden, wobei $\lambda_1 > 1 > \lambda_0$ gilt.

Abstimmungsquorum variiert und bei der Abstimmung über das Budget in der Legislative ein höheres Quorum als die einfache Mehrheit angewendet wird.

4.4.1 Legislatives Verhandlungsspiel

Im folgenden wird ein Verhandlungsspiel untersucht, in dem die budgetären Entscheidungen in einem legislativen Komitee mittels einfacher Mehrheit getroffen werden[18]. Dabei wird angenommen, daß der Versammlung so viele politische Repräsentanten angehören, wie es Gruppen von Individuen mit homogenen Präferenzen bezüglich der gruppenspezifischen Güter gibt. Demnach ist $K = R = 3$, d.h. das Legislativkomitee besteht aus drei Mitgliedern[19]. Jede Gruppe hat je einen politischen Repräsentanten im Legislativkomitee, für dessen Präferenzfunktion $\beta_r = 0$ gilt. Die Repräsentanten sind somit im Prinzip ergebnismotivierte Delegierte ihrer Gruppe, die jeweils die entsprechenden Präferenzen für das spezifische Gut haben. Allerdings berücksichtigen sie im Gegensatz zum Sozialplaner nicht die Wertschätzungen der Gesamtheit der Gruppenmitglieder. Außerdem weicht ihre Präferenz für das reine öffentliche Gut u.U. vom Durchschnitt bzw. von der Medianpräferenz der Gruppe ab[20]. Das Modell bildet z.B. eine Situation ab, in der die Gruppenzugehörigkeit lokal begründet ist und in der es sich bei dem staatlich bereitgestellten Gut b_k um ein lokales öffentliches Gut in der Region k handelt. In der parlamentarischen Versammlung ist dann jeweils ein Wahlbezirk durch einen Repräsentanten vertreten. Alternativ kann die Gruppenzugehörigkeit auch auf andere Weise begründet sein. So können die gruppenspezifischen Güter solche staatlichen Politiken repräsentieren, die einzelnen Berufsgruppen oder Angehörigen bestimmter Branchen der Volkswirtschaft zu Gute kommen, die jeweils durch einen Repräsentanten im Parlament vertreten sind[21].

Der hier betrachtete Budgetprozeß besteht aus einer Parlamentssitzung, in der zuerst per Zufall ein Repräsentant aus den Reihen der Parlamentsabgeordneten ausgewählt wird, der dann einen Budgetvorschlag unterbreiten kann[22]. Über den Vorschlag des Agenda-Setters wird mittels Mehrheitsregel abgestimmt. Erhält der Vorschlag nicht die erforder-

---

[18] Vgl. Persson (1998).

[19] Es wurde die kleinste Anzahl von Komiteemitgliedern gewählt, bei der sich Mehrheitsentscheidungen sinnvoll untersuchen lassen. Eine Verallgemeinerung auf eine Betrachtung von Komitees mit mehr als drei Mitgliedern ist ohne weiteres möglich. Vgl. z.B. Persson/Tabellini (1999), S. 63 ff.

[20] Es ist aber nicht unwahrscheinlich, daß die Präferenzen des Repräsentanten bezüglich des reinen öffentlichen Gutes jeweils mit der des Medians ihrer Gruppe übereinstimmen. Zur genauen Bestimmung müßte allerdings das Verfahren zur Auswahl der Komiteemitglieder in die Betrachtung einbezogen werden. Dies könnte z.B. entsprechend dem citizen-candidate Ansatz nach Besley/Coate (1997) erfolgen. Vgl. dazu auch Persson (1998), S. 317 ff., Persson/Tabellini (1999), S. 87 ff. sowie Chari et al. (1997).

[21] Siehe im zweiten Kapitel Abschnitt 2.2 und 2.4.2.1. Vgl. insbesondere Helpman/Persson (1998) sowie auch Persson (1998) und Persson/Roland/Tabellini (2000), S.6 ff.

[22] Die Zufallsauswahl repräsentiert die dezentrale Zuordnung der Entscheidungsrechte im Legislativkomitee. Statt ihrer ist jede andere Auswahlregel anwendbar. Entscheidend für den Spielverlauf ist, daß es einen Repräsentanten gibt, der einen Erstvorschlag unterbreitet. Vgl. Baron/Ferjohn (1989), S. 1183 f.

liche Mehrheit, so wird eine Status quo-Budgetallokation implementiert. Das Spiel hat im einzelnen den folgenden Verlauf:

1. Die Natur bestimmt einen der Repräsentanten P_a zum Agenda-Setter des legislativen Entscheidungskomitees, $a \in \{1,2,3\}$.

2. Der Agenda-Setter unterbreitet einen Vorschlag für den gesamten Budgetvektor $\mathbf{b}^a$.

3. Mindestens einer der beiden anderen Repräsentanten muß dem Vorschlag zustimmen, damit dieser implementiert wird. Erhält der Vorschlag diese Zustimmung nicht, so wird der Status quo-Budgetvektor

$$\mathbf{b}^{SQ} = [g^{SQ}, \left\{b_k^{SQ}\right\}, t^{SQ} = \tfrac{g^{SQ}+\sum_k b_k^{SQ}}{Y}] \tag{4.23}$$

implementiert.

Eine Strategie für einen Politiker P_r mit $r \neq a$ ist eine Wahlentscheidung $e_r \in \{0,1\}$, die angibt, ob der Politiker dem Vorschlag zustimmt $(e_r = 1)$ oder nicht $(e_r = 0)$. Eine Strategie für den Agenda-Setter P_a ist ein Budgetvorschlag $\mathbf{b}^a$ auf der zweiten Stufe und eine Abstimmungsentscheidung auf der dritten Stufe e_r des Spiels. Die Strategien im legislativen Verhandlungsspiel sind somit gegeben durch $\sigma_r^L = (e_r)$ für alle $r \neq a$ und $\sigma_a^L = (\mathbf{b}^a, e_a)$ für den Agenda-Setter. Abgeleitet wird das teilspielperfekte Nash-Gleichgewicht des Spiels.

Das Spiel wird mittels Rückwärtsinduktion gelöst. Betrachtet wird die Entscheidung der Repräsentanten $P_r \neq P_a$, die entscheiden müssen, ob sie dem Vorschlag des Agenda-Setters zustimmen oder nicht. Im Fall einer Ablehnung der Vorlage des Vorsitzenden wird die Status quo-Allokation implementiert und die Repräsentanten realisieren den Nutzen dieser Allokation. Daher wird ein Repräsentant dem Budgetvorschlag nur zustimmen, wenn dieser bei dessen Umsetzung mindestens den Nutzen der Status quo-Allokation erhält. Die notwendige Bedingung für die Zustimmung eines Abgeordneten des Komitees ist folglich durch

$$v_r(\mathbf{b}^a) \geq v_r\left(\mathbf{b}^{SQ}\right) \tag{4.24}$$

gegeben. Damit der Vorschlag des Agenda-Setters im Parlament verabschiedet wird, muß die Anreizkompatibilitätsbedingung (4.24) für eine Mehrheit von Komiteemitgliedern einschließlich des Agenda-Setters erfüllt sein. Diese Bedingung konkretisiert sich für einen Repräsentanten nach Einsetzen der entsprechenden Zielfunktion (4.6) und der Budgetrestriktion (4.3) folgendermaßen:

$$[1 - t + \lambda_r J(g) + H_r(b_r)] - \left[1 - \breve{v}_r\left(\mathbf{b}^{SQ}\right)\right] \geq 0, \tag{4.25}$$

wobei

$$\breve{v}_r\left(\mathbf{b}^{SQ}\right) = -t^{SQ} + \lambda_r J\left(g^{SQ}\right) + H_r\left(b_r^{SQ}\right) \tag{4.26}$$

der Nettonutzen der Ausweichallokation ohne Berücksichtigung des Bruttoeinkommens ist. Eine Zustimmung des Parlaments erfordert, daß die Bedingung (4.25) für mindestens einen der beiden Repräsentanten $P_r \neq P_a$ erfüllt ist.

Auf der zweiten Stufe des Spiels maximiert der Agenda-Setter der Versammlung seine Zielfunktion (4.6) unter Beachtung der Budgetrestriktion (4.3) und unter der Nebenbedingung, daß die Anreiz-Kompatibilitätsbedingung (4.25) für mindestens einen der beiden anderen Politiker und für ihn selbst gültig ist, damit der Vorschlag die erforderliche Zustimmung erhält. Das Maximierungsproblem ist folgendermaßen zu formulieren:

$$\begin{aligned} &\max_{\mathbf{b}} \left[1 - t + \lambda_a J(g) + H_a(b_a)\right] \\ &s.t.: \tfrac{1}{N}\left(\sum_{k=1}^{3} b_k + g\right) - t = 0 \\ &- \lambda_a J(g) - H_a(b_a) + \tfrac{1}{N}\left(g + \sum_k b_k\right) + \breve{v}_a\left(\mathbf{b}^{SQ}\right) \leq 0 \\ \exists P_r \neq P_a :\ &- \lambda_r J(g) - H_r(b_r) + \tfrac{1}{N}\left(g + \sum_k b_k\right) + \breve{v}_r\left(\mathbf{b}^{SQ}\right) \leq 0 \end{aligned} \tag{4.27}$$

Daraus wird die Lagrangefunktion

$$\begin{aligned} \max_{\mathbf{b}} L = &\left[1 - \tfrac{1}{N}\left(\sum_{k=1}^{3} b_k + g\right) + \lambda_a J(g) + H(b_a)\right] \\ &- \sum_{r=1}^{3} \mu_r \zeta_r \left(\breve{v}_r\left(\mathbf{b}^{SQ}\right) - \lambda_r J(g) - H(b_r) + \tfrac{1}{N}\left(g + \sum_k b_k\right)\right) \end{aligned} \tag{4.28}$$

abgeleitet. ζ_r ist ein exogener Parameter, für den der Wert Eins gewählt wird, wenn die Teilnahmebedingung der Politikers P_r bei der Maximierung berücksichtigt wird und Null, wenn dies nicht der Fall ist. Der Parameter des Agenda-Setters ist immer gleich eins. Für die anderen Politiker gilt, daß der Parameter des einen Repräsentanten eins ist, wenn der Parameter des jeweils anderen gleich null ist:

$$\zeta_a = 1 \tag{4.29}$$

$$r, s \neq a : \zeta_r \in \{0,1\}, \zeta_s = 1 - \zeta_r. \tag{4.30}$$

Auf diese Weise können die verschiedenen Lösungen berechnet werden, die resultieren, wenn entweder der eine oder der andere Politiker in die Mehrheit einbezogen wird, so daß im Prinzip für jede der beiden möglichen Abstimmungskonstellationen getrennte Optimierungen durchgeführt werden. Der Agenda-Setter kann dann die Zusammensetzung der Mehrheit auswählen, die ihm die größere Wohlfahrt bietet. Das Optimierungskalkül führt zu folgenden Bedingungen erster Ordnung:

$$\frac{\partial L}{\partial g} = \lambda_a J' - \tfrac{1}{N} + \sum_{r=1}^{3} \mu_r \zeta_r \left(\lambda_r J' - \frac{1}{N} \right) = 0 \tag{4.31}$$

$$\frac{\partial L}{\partial b_a} = H_a' - \tfrac{1}{N} + \sum_{k=r,s} \mu_k \zeta_k \tfrac{\partial v_r}{\partial b_a} = 0 \tag{4.32}$$

$$k \neq a : \frac{\partial L}{\partial b_k} = -\tfrac{1}{N} + \sum_{k=1} \mu_k \zeta_k \tfrac{\partial v_r}{\partial b_k} \leq 0, b_k \geq 0 \tag{4.33}$$

$$\forall k : \frac{\partial L}{\partial \mu_k} = \zeta_k \left(\breve{v}_k \left(\mathbf{b}^{SQ} \right) - \lambda_k J(g) - H_k(b_k) + \tfrac{1}{N} \left(g + \sum_{k=1}^{3} b_k \right) \right) \leq 0, \mu_k \geq 0 \tag{4.34}$$

Ohne Beschränkung der Allgemeinheit werden die Bedingungen für eine Konstellation betrachtet, bei der die Teilnahmebedingung des Politikers P_r berücksichtigt wird, d.h. für die Parameterwerte gilt $\zeta_r = 1$ und $\zeta_s = 0$. Darüber hinaus wird unterstellt, daß die Optimallösung immer die Teilnahmebedingung des Agenda-Setters erfüllt. Gibt es keine Allokation, die die Reservationsnutzenbedingung des P_a erfüllt, die als Optimum mindestens so gut ist wie jeder andere Budgetvektor, so kommt in dem Gremium keine Einigung außer dem Status quo zustande, was bis auf weiteres ausgeschlossen wird. Für die verschiedenen Politikdimensionen ergeben sich die folgenden Resultate:

$$J'(\lambda_a + \mu_r \lambda_r) = \tfrac{1}{N}(1 + \mu_r) \Rightarrow g^{ar*} = J'^{-1}\left(\tfrac{1}{N} \tfrac{1+\mu_r}{\lambda_a + \mu_r \lambda_r} \right) \tag{4.35}$$

$$H_a' = \tfrac{1}{N}(1 + \mu_r) \Rightarrow b_a^{ar*} = H_a'^{-1}\left(\tfrac{1}{N}(1 + \mu_r) \right) \tag{4.36}$$

$$H_r' \mu_r = \tfrac{1}{N}(1 + \mu_r) \Rightarrow b_r^{ar*} = H_r'^{-1}\left(\tfrac{1}{N} \tfrac{1+\mu_r}{\mu_r} \right) \tag{4.37}$$

$$s : -\tfrac{1}{N} \leq 0 \Rightarrow b_s^{ar*} = 0 \tag{4.38}$$

und für die Teilnahmebedingung des einbezogenen Politikers gilt:

$$\lambda_r J(g) + H_r(b_r) - \tfrac{1}{N}(g + b_a + b_r) \geq \breve{v}_r \left(\mathbf{b}^{SQ} \right) \Leftrightarrow \mu_r \geq 0, \tag{4.39}$$

Ein positiver Multiplikator μ_r resultiert, wenn im Optimum die Teilnahmebedingung gerade mit Gleichheit bindet. In diesem Fall haben die Präferenzen von P_r einen Einfluß auf die optimale Budgetpolitik und werden bei der Wahl der Budgetallokation berücksichtigt. Dagegen ist μ_r null, wenn in der Optimalallokation die Teilnahmebedingung mit Ungleichheit erfüllt wird und der Politiker P_r im Optimum von P_a eine höhere Wohlfahrt als im Status quo realisiert. Beispielsweise kann die Wohlfahrt des öffentlichen Gutes in Höhe von g^{a*} für P_r bereits ausreichend sein, um sowohl für den Entgang des Status quo als auch für die Beiträge zum spezifischen Gut des Agenda-Setters zu kompensieren. Im Vergleich zur unrestringierten Optimallösung des Agenda-Setters, die in Abschnitt 4.3.2 abgeleitet wurde, ist die Bereitstellungsmenge des reinen öffentlichen Gutes g geringer, wenn der Politiker P_r eine niedrigere Wertschätzung als der Agenda-Setter hat. Andernfalls ist die bereitgestellte Menge größer:

$$g^{a*} = J_a'^{-1}\left(\tfrac{1}{\lambda_a N} \right) \lesseqqgtr g^{ar*} \Leftrightarrow \lambda_a \lesseqqgtr \lambda_r. \tag{4.40}$$

Das spezifische Gut des Agenda-Setters wird höchstens auf dessen Optimalniveau bereitgestellt, wobei das Bereitstellungsniveau niedriger ist, wenn die Restriktion (4.39) bindet und der Multiplikator μ_r positiv ist:

$$b_a^{a*} = H_a'^{-1}\left(\tfrac{1}{N}\right) \geq b_a^{ar*}. \tag{4.41}$$

Wenn μ_r positiv ist, wird im Gegensatz zur Optimalallokation des Agenda-Setters eine positive Menge von dem spezifischen Gut des in der Mehrheit berücksichtigten Politikers P_r angeboten:

$$r: -\tfrac{1}{N} \leq 0 \Rightarrow b_r^{a*} = 0 \leq b_r^{ar*}. \tag{4.42}$$

b_r^{ar*} sinkt cet. par. mit einer höheren marginalen Wertschätzung H_r' des Politikers P_r für sein Gut. Das Niveau des gruppenspezifischen Gutes des anderen Politikers P_s außerhalb der Mehrheit ist dagegen entsprechend dem Optimum des Politikers gleich null:

$$s: -\tfrac{1}{N} \leq 0 \Rightarrow b_s^{a*} = 0 = b_s^{ar*}. \tag{4.43}$$

$\mathbf{b}^{ar*} = \left(g^{ar*}, b_a^{ar*}, b_r^{ar*}, b_s^{ar*}, t^{ar*} = \frac{g^{ar*}+\sum_{k=1}^{3} b_k^{ar*}}{N}\right)$ bezeichnet den Vektor der optimalen Budgetpolitiken des Agenda-Setters in einer Mehrheitskonstellation mit dem Politiker P_r. Die Optimalallokation $\mathbf{b}^{as*}$, die bei einer Mehrheit mit dem Repräsentanten P_s zu erwarten ist, wird analog mit $\zeta_r = 0$ und $\zeta_s = 1$ abgeleitet .

Welcher Repräsentant wird in die Mehrheit einbezogen, P_r oder P_s? Der Agenda-Setter P_a wird die Stimme des Politikers zu gewinnen versuchen, bei dem er selbst die höchste Wohlfahrt erwarten kann, d.h. er entscheidet sich für P_r, wenn

$$v_a\left(\mathbf{b}^{ar*}\right) > v_a\left(\mathbf{b}^{as*}\right) \tag{4.44}$$

gilt. Tendenziell wird dabei jener Repräsentant bevorzugt, dessen Optimalallokation des öffentlichen Gutes g am nächsten zum Optimalpunkt des Agenda-Setters liegt und der intensivere Präferenzen bezüglich des spezifischen Gutes hat. Der Vorschlagende wird denjenigen Repräsentanten bei seinem Vorschlag berücksichtigen, dessen Zustimmung für ihn mit dem höchsten Nettonutzen einhergeht. Es wird dabei vorausgesetzt, daß die maximalen Einnahmen $E_{\max} = Y = N$, die beim Höchststeuersatz $t_{\max} = 1$ erzielt werden können, mindestens ausreichen, um sowohl die Unterstützungskosten als auch die Ausgaben für die Optimalpolitiken des Agenda-Setters zu leisten, so daß immer eine Allokation erreichbar ist, die für den Agenda-Setter besser als der Status quo ist. Andernfalls würde der Agenda-Setter die Status quo-Allokation vorschlagen und es käme nicht zu einer Abweichung von der Ausweichoption. Angenommen, P_a bevorzugt die Zustimmung des Politikers P_r, so wird er die folgenden Politiken vorschlagen:

$$\mathbf{b}^{a} = \mathbf{b}^{ar*}. \tag{4.45}$$

Dieser Vorschlag wird auf der dritten Stufe des Spiels von P_r angenommen und schließlich implementiert, d.h. es resultiert $\mathbf{b}^L = \mathbf{b}^{ar*}$. Insgesamt hat das Budget dann die Höhe

$$A^L = g^{ar*} + \sum_{k=1}^{3} b_k^{ar*}. \tag{4.46}$$

Die resultierende Allokation ist vom Status quo-Budget abhängig. Bei einer Alternativoption, in der von einem Zustand ohne Staat ausgegangen wird und in der deshalb

$$\mathbf{b}^{SQ} = \left[g^{SQ} = 0, \left\{b_k^{SQ} = 0\right\}, t^{SQ} = 0\right]$$

gilt, ist der Nettonutzen im Status quo für alle Individuen gleich null, $\forall i : \breve{v}_i\left(\mathbf{b}^{SQ}\right) = 0$. Die Partizipationsbedingungen lauten in diesem Fall:

$$\exists P_r \neq P_a : \lambda_r J(g) - \tfrac{1}{N}\left(g^{*a} + b_a^{*a}\right) \geq 0. \tag{4.47}$$

Im Gegensatz dazu steht eine Status quo-Allokation mit positiven Budgetniveaus, d.h.

$$\mathbf{b}^{SQ} = \left[g^{SQ} \geq 0, \left\{b_k^{SQ} \geq 0\right\}, t^{SQ} = \tfrac{g^{SQ} + \sum_k b_k^{SQ}}{Y}\right], \tag{4.48}$$

die einen Status quo-Nettonutzen, $\breve{v}_r\left(\mathbf{b}^{SQ}\right)$ generiert, der verschieden von null ist und bei dem die Teilnahmebedingungen der Repräsentanten den in (4.25) angegebenen entsprechen. Bei einem positiven Nettonutzen der Ausweichoption ist der Nettonutzen des Agenda-Setters, der mit der Zustimmung eines Repräsentanten einhergeht, niedriger als beim Nullbudget. Die Ausgaben für das spezifische Gut b_r^{ar*}, die zur Erlangung der Zustimmung von P_r verausgabt werden, steigen strikt positiv mit dem Nettonutzenwert $\breve{v}_r\left(\mathbf{b}^{SQ}\right)$. Wird das Budget der Vorperiode zugrunde gelegt und waren die spezifischen Politiken für alle Komiteemitglieder gleich hoch, so sind die aus Kompensationsgründen getätigten Ausgaben cet. par. um so höher, je höher das entsprechende Ausgabenniveau in der Vorperiode war. D.h. das Nullbudget als Status quo führt cet. par. zu insgesamt geringeren Ausgaben für die spezifischen Güter, die nicht dem Agenda-Setter nutzen. Darüber hinaus werden cet. par. eher jene Politiker einbezogen, die einen niedrigeren Status quo-Nutzen haben und deren Stimme deshalb mit geringeren Ausgaben zu erhalten ist[23].

Die Feststellung, daß die Zustimmung des Politikers angestrebt wird, dessen Stimme mit den geringsten Ausgaben zu bekommen ist, zieht weitere Schlußfolgerungen über die Eigenschaften des im Budgetvorschlag bedachten Repräsentanten nach sich. Die erforderliche Abweichung vom Optimalpunkt des Vorschlagenden sinkt mit dem Abstand des Präferenzparameter λ_r vom entsprechenden Parameter λ_a des Agenda-Setters, d.h. mit der Wertschätzung des reinen öffentlichen Gutes im Vergleich zu der des Agenda-Setters. Außerdem sind weniger Zuwendungen in Form des spezifischen Gutes erforderlich, je intensiver die Präferenzen für dieses Gut sind, d.h. bei sonst gleichen Bedingungen wird

[23]Vgl. Persson (1998), S. 315 ff.

dem Repräsentant P_r ein Angebot gemacht, wenn $H'_r(x) > H'_s(x)\ \forall s \neq a, r$ sowie $\forall x \geq 0$ gilt.

Folgende Resultate können festgehalten werden. Erstens erfolgt die Bereitstellung des reinen öffentlichen Gutes g und des gruppenspezifischen Gutes b_a unter der Annahme eines ausreichenden Einnahmenpools nicht zwingend in der vom Agenda-Setter bevorzugten Höhe, sondern das Bereitstellungsniveau liegt auf der Kontraktkurve zwischen den Optimalpunkten des Agenda-Setters und dem Politiker, dessen Zustimmung angestrebt wird. Das Bereitstellungsniveau von g kann dabei höher oder niedriger sein als die vom Agenda-Setter bevorzugte Allokation. Zweitens sind darüber hinaus u.U. weitere Politiken bereitzustellen, um die Zustimmung eines der anderen Repräsentanten zu bewirken. Der Agenda-Setter muß dazu eines der ihm keinen Nutzen stiftenden spezifischen Güter anbieten. Es wird derjenige Repräsentant begünstigt, dessen Stimme zu den geringsten zusätzlichen Kosten zu gewinnen ist. Dabei werden die Politiker mit den intensivsten Präferenzen für die staatlich bereitgestellten gruppenspezifischen Güter bevorzugt[24]. Drittens kann festgehalten werden, daß cet. par. die Niveaus der spezifischen Politiken, die nicht an die Gruppe des Agenda-Setters gehen, bei einem Status quo mit entsprechenden positiven Budgetpolitiken höher sind als beim Nullbudget[25]. Wenn die Ausweichoptionen höhere spezifische Ausgaben vorsehen, müssen die Politiker cet. par. für ihre Zustimmung stärker kompensiert werden. "Inkrementalismus", bei dem während der Budgetierung jeweils das Budget der Vorperiode zu Grunde gelegt wird, erhöht demnach das zu erwartende Ausgabenniveau. "Zero-Base-Budgeting" würde dagegen bezüglich der spezifischen Politiken in jeder Periode zu niedrigeren Ausgaben führen. Viertens ist im Vergleich zu den Referenzallokationen festzustellen, daß die Bereitstellung nur zufällig mit der des Sozialplaners übereinstimmt[26]. Zunächst ist das Bereitstellungsniveau des reinen öffentlichen Gutes von den Präferenzen des Agenda-Setters und darüber hinaus von den Präferenzen desjenigen Repräsentanten abhängig, dessen Zustimmung erwirkt wird. Da der Agenda-Setter im Modell stochastisch bestimmt wird und weil zudem bislang keine Aussage über die Auswahl der Komiteemitglieder gemacht wurde, ist es schwierig, eine Prognose darüber abzugeben, ob die Bereitstellung auf dem wohlfahrtsoptimalen Niveau erfolgt. Dies kann so sein, wenn beispielsweise die Repräsentanten alle durchschnittliche bzw. Median-Präferenzen mit $\lambda_r = 1$ haben[27]. Das gruppenspezifische Gut des Agenda-Setters wird in höherem Ausmaß als in der Lösung des Sozialplaners, das des Repräsentanten, der nicht in die Mehrheit einbezogen wird, wird gar nicht bereitgestellt. Der Koalitionspartner erhält u.U. etwas von seinem spezifischen Gut, je nachdem, wie hoch der Nutzen seiner Ausweichoption ist. Es resultiert somit eine Umverteilung durch die Budgetpolitik von

[24] Vgl. Persson/Tabellini (1999), S. 66.

[25] Ebenda, S. 67.

[26] Ebenda, S. 66 f.

[27] Bei einer linkssteilen (rechtssteilen) Präferenzverteilung bezüglich des öffentlichen Gutes resultiert hingegen eine überoptimale (unteroptimale) Bereitstellung des öffentlichen Gutes.

der Minderheit hin zum Mehrheitsmacher.

Welches Ergebnis ist bei universalistischem Verhalten zu erwarten? Dazu muß zunächst geklärt werden, welche Art von Kooperation unterstellt werden soll. Geht man wie in der Kartelltheorie von einer Strategie gemeinsamer Maximierung der Zielfunktionen aus, so wird der Agenda-Setter einen Vorschlag unterbreiten, der die aggregierte Funktion

$$\max_{\mathbf{b}} \sum_{r=1}^{3} \left[1 - \tfrac{1}{N} \left(\sum_{k=1}^{3} b_r + g \right) + \lambda_r J(g) + H_r(b_r) \right] \tag{4.49}$$

maximiert, und es resultieren die folgenden Politikniveaus:

$$g^{UL*} \Leftarrow J'\left(\sum_{r=1}^{3} \lambda_r \right) = \tfrac{R}{N} \tag{4.50}$$

$$\forall r \quad : \quad b_r^{UL} \Leftarrow H_r' = \tfrac{R}{N} \tag{4.51}$$

Die Bereitstellung des reinen öffentlichen Gutes kann über oder unter dem Niveau des Sozialplaners erfolgen, je nachdem, ob die durchschnittliche Wertschätzung der Repräsentanten bzw. der mittlere Wert ihrer Präferenzparameter, $\lambda_R = \frac{\sum_{r=1}^{3} \lambda_r}{R}$, über oder unter dem gesellschaftlichen Niveau von eins liegt, d.h. wenn λ_R größer als eins ist, wird das Gut in einem größeren Ausmaß bereitgestellt als vom Sozialplaner[28]. Die gruppenspezifischen Güter werden im Gegensatz zur nicht-kooperativen Lösung in jedem Fall angeboten. Kontrastiv zu den bisherigen Politikentscheidungen werden dabei die Finanzierungsanteile $\frac{R}{N}$ aller drei Repräsentanten berücksichtigt, wodurch die Bereitstellungshöhe niedriger ist als diejenige, die vom Agenda-Setter für sein eigenes spezifisches Gut b_a in der nicht-kooperativen Lösung am stärksten bevorzugt wird[29]. Zudem entspricht die bereitgestellte Menge derjenigen des Sozialplaners[30]. Es kann somit festgestellt werden, daß die Budgetpolitiken in der kooperativen Lösung wegen der Berücksichtigung der Präferenzen aller Repräsentanten weniger extrem verteilt und weniger einseitig auf die Person des Agenda-Setters ausgerichtet sind, wodurch sie z.T. der Lösung des Sozialplaners näher kommen. Ob die kooperative Lösung von den Politikern in wiederholten Budgetierungsperioden durch die Reduzierung der Unsicherheit zu einer Erhöhung des erwarteten Nutzens der politischen Repräsentanten führt und damit von ihnen bevorzugt wird, wäre allerdings in einem dynamischen Kontext zu untersuchen[31].

4.4.2 Exekutivkomitee

Komitees der Exekutive haben im Budgetprozeß die Aufgabe, der Legislative einen Vorschlag für das Budget zu unterbreiten und den beschlossenen Haushaltsplan nach der

---

[28] Dies folgt aus $J'^{-1}\left(\frac{1}{N}\right) \left\{ \begin{smallmatrix} \geq \\ = \\ < \end{smallmatrix} \right\} J'^{-1}\left(\frac{1}{N\lambda_R}\right) \Leftrightarrow \frac{1}{N} \left\{ \begin{smallmatrix} \leq \\ = \\ > \end{smallmatrix} \right\} \frac{1}{N\lambda_R} \Leftrightarrow 1 \left\{ \begin{smallmatrix} \geq \\ = \\ < \end{smallmatrix} \right\} \lambda_R$.

[29] Wegen $\frac{R}{N} > \frac{1}{N}$, ist $H'^{-1}\left(\frac{R}{N}\right) < H'^{-1}\left(\frac{1}{N}\right)$.

[30] Dies gilt, weil $\frac{R}{N} = \frac{R}{RN_k} = \frac{1}{N_k}$ ist.

[31] Vgl. z.B. Shepsle/Weingast (1981).

Budgetaufstellungsphase umzusetzen. Diese sind einerseits zentralistischer organisiert als Legislativkomitees, weil es einen festgelegten Koordinator gibt, der besondere Befugnisse bei der Zusammenstellung des Budgets ausübt und u.U. ein Veto aussprechen kann. Andererseits ist die Spezialisierung der Repräsentanten größer, weil sie jeweils für bestimmte Politikbereiche verantwortlich sind[32].

Da nicht alle Gegebenheiten realer Budgetprozesse im Modell abgebildet werden können, sind Vereinfachungen vorzunehmen. Es wird unterstellt, daß es so viele Minister wie Politikdimensionen und zusätzlich einen Budgetminister gibt[33]. D.h. das Kabinett hat insgesamt fünf Mitglieder, $R_E = 5$. Jedes gruppenspezifische Gut wird jeweils durch einen Repräsentanten vertreten, der aus der Gruppe von Bürgern stammt, die eine Präferenz für dieses Gut haben. Der Minister für das reine öffentliche Gut und der Finanzminister gehören ebenfalls jeweils einer Gruppe von Bürgern mit einer Vorliebe für eines der spezifischen Güter an. Auch wenn die Annahme eine gewisse Asymmetrie in die Komiteestruktur bringt, ist sie konsistent im Rahmen des Modells. Andere Untersuchungen gehen davon aus, daß der Finanzminister ein wohlwollender Sozialplaner ist, der die utilitaristische Position im Kabinett vertritt und durchsetzt[34]. Daß dies kein angemessener Ausgangspunkt für eine positive Analyse realer budgetärer Prozesse ist, wurde bereits begründet[35]. Alternativ könnte angenommen werden, der Budgetminister gehöre keiner gesellschaftlichen Gruppe an, weil er in der Realität die Balance zwischen den verschiedenen Interessenströmungen bewahren muß, da sonst u.U. die Wiederwahl der Regierung gefährdet ist. Es ist nicht unwahrscheinlich, daß der Budgetminister in der Realität aus Rücksicht auf Wahlüberlegungen auf einen Interessenausgleich im Kabinett achten muß. Dies müßte in einem Modell untersucht werden, in dem Wahlen explizit berücksichtigt werden. Im hier betrachteten Kontext, in dem Wahlen zunächst noch keine Rolle spielen, ist es konsistent, dem Haushaltskoordinator Präferenzen entsprechend der Spezifikation des Modells zu unterstellen. Vereinfachend wird angenommen, der Finanzminister und der Minister für das öffentliche Gut seien Mitglieder verschiedener Gruppen, was aber nicht zwingend so sein muß. Ohne Beschränkung der Allgemeinheit wird darüber hinaus unterstellt, der Budgetminister P_B entstamme der ersten Gruppe und der Ressortvertreter für das Gut g, P_G, der zweiten Gruppe. Die Präferenzen der Spieler sind durch die in Abschnitt 4.2.3.2 beschriebene Zielfunktionen eines Exekutivpolitikers (4.7) mit $\gamma_r = 1$ gegeben. Der Verhandlungsprozeß im Regierungskabinett wird durch die besondere Position des Budgetministers bestimmt und hat folgenden Verlauf:

1. Die Ausgabenminister P_r mit $r = 1, 2, 3, G$ unterbreiten für ihre Politikdimension jeweils einen Vorschlag b_r^r für $r = 1, ..., 3$ bzw. g^G.

---

[32] Vgl. dazu die Ausführungen im dritten Kapitel in Abschnitt 3.3.3.1.

[33] Vgl. zu den Grundlagen der Entscheidungsinstitutionen von Hagen/Harden (1995) und deren Varianten Stanowsky (1997).

[34] Vgl. z.B. von Hagen/Harden (1995) und Stanowsky (1997).

[35] Siehe dazu die Ausführungen im Abschnitt 2.4.2.2 im zweiten Kapitel.

2. Der Budgetminister P_B macht zu jedem Teilbudget einen Gegenvorschlag $b_1^B, ..., b_3^B, g^B$.

3. Über die Vorschläge und Gegenvorschläge wird einzeln abgestimmt[36]. Angenommen ist jeweils der Vorschlag, der eine Mehrheit, also mindestens drei von fünf Stimmen erhält. Das Gesamtbudget ergibt sich aus den Einzelbudgets.

Andere Spielverläufe sind denkbar und Überlegungen zu institutionellen Varianten werden im Verlauf des Abschnitts diskutiert. Jede Strategie eines Ausgabenministers P_r besteht aus einem Vorschlag b_r^r auf der ersten und vier Wahlentscheidungen $e_s^r \in \{0,1\}$ mit $s = 1, ..., 3, G$ auf der dritten Stufe des Spiels. Dabei kann dem jeweiligen Vorschlag des Ausgabenministers ($e_s^r = 1$) oder des Budgetkoordinators ($e_s^r = 0$) zugestimmt werden. Die Strategie des Finanzministers enthält vier Gegenvorschläge $b_1^B, ..., b_3^B, g^B$ auf der zweiten und vier Wahlentscheidungen e_s^B mit $s = 1...3, G$ auf der dritten Spielstufe. Die Strategien der Spieler sind somit durch $\sigma_r^E = (b_r^r, \mathbf{e}^r)$ für alle Ressortvertreter P_r mit $r = 1, ..., 3$, und $\sigma_G^E = (g_r^G, \mathbf{e}^G)$ für den Minister P_G sowie $\sigma_B^E = (\mathbf{b}^B, \mathbf{e}^G)$ für den Budgetminister gegeben. $\mathbf{e}^r$ bezeichnet den Vektor der Wahlentscheidungen von P_r und $\mathbf{b}^B$ den Vektor der Budgetvorschläge von P_B. Es wird wiederum das teilspielperfekte Nash-Gleichgewicht abgeleitet.

Die Untersuchung des Spiels beginnt mit der letzten Stufe. Bei der Einzelabstimmung über die Teilbudgets auf der dritten Stufe des Spiels wird jeder Repräsentant für den Vorschlag stimmen, der ihm den höchsten Nettonutzen bietet[37]. Es kann gezeigt werden, daß sich der Budgetminister bei den drei gruppenspezifischen Gütern mit seinem Vorschlag jeweils durchsetzten kann. Aus dem zweiten und dritten gruppenspezifischen Gut zieht der Budgetminister wie die Mehrheit der Kabinettsmitglieder keinen Nutzen, so daß es jeweils eine Mehrheit für einen Vorschlag von null gibt. Das gruppenspezifische Gut b_1, das positiv in die Nutzenfunktion des Budgetministers eingeht, wird von diesem weniger geschätzt als vom Ressortvertreter P_1, weil dieser entsprechend der Präferenzfunktion (4.7) eine gesteigerte Wertschätzung für dieses Gut hat, die durch den zusätzlichen Nutzenterm $w(b_k)$ ausgedrückt wird. Daher schlägt der Budgetminister zwar eine positive Menge vor, diese ist aber geringer als vom Ressortminister verlangt, so daß die Mehrheit der Kabinettsmitglieder sich für das relativ niedrigere Teilbudget des Finanzministers entscheidet. Der Finanzminister kann sich grundsätzlich mit seinen Vorschlägen bezüglich der gruppenspezifischen Güter durchsetzen, unabhängig davon, ob er eine mehr oder weniger starke Präferenz für den jeweiligen Bereich hat.

Der Budgetminister unterbreitet daher auf der zweiten Stufe die folgenden Gegenvorschläge für die spezifischen Güter:

$$b_1^{BE} = b_1^{B*} = H_1'^{-1}\left(\tfrac{1}{N}\right) \tag{4.52}$$

$$b_s^{BE} = b_s^{B*} = 0 \text{ für } s = 2,3 \tag{4.53}$$

[36] Für die Ergebnisse spielt es keine Rolle, ob sequentiell oder simultan abgestimmt wird.

[37] Es wird angenommen, daß bei Indifferenz für den Budgetminister gestimmt wird.

Die Ressortminister der spezifischen Güter eröffnen das Spiel jeweils mit einem Budgetvorschlag, der mindestens so hoch ist wie der des Budgetkoordinators:

$$\begin{aligned} b_r^{rE} &\leq b_r^{r*} \Leftarrow H'(b_r) + w'(b_r) = \tfrac{1}{N} \\ \text{für } r &= 1, ..., 3. \end{aligned} \qquad (4.54)$$

Auf der dritten Stufe werden alle Komiteemitglieder außer dem Ressortvertreter, über dessen Budget gerade abgestimmt wird, für den Gegenvorschlag des Finanzministers stimmen. Umgesetzt wird somit

$$\forall r : b_r^E = b_r^{BE}. \qquad (4.55)$$

Der Ressortvertreter eines spezifischen Gutes nimmt im Kabinett bezüglich seiner Politikdimension eine extreme Position ein, die der Mehrheit seiner Kollegen gegenübersteht. Ein Ressortminister strebt eine maximale Ausdehnung seines Teilbudgets bis zu seinem Optimalbudget an, während die Mehrheit der übrigen Kabinettsmitglieder keine Bereitstellung des spezifischen Gutes wünscht. Damit präferiert der Medianwähler des Exekutivkomitees jeweils das Nullbudget. So kann der Budgetkoordinator bestimmen, in welcher Höhe er den Bereichen Mittel zukommen läßt. Weil er in jedem Fall weniger in die Ressorts lenken möchte als die jeweils verantwortlichen Minister, ist er mit seiner Position näher an der bevorzugten Position der Mehrheit. Dieses Resultat folgt aus der Beschränkung der Vorschlagsrechte auf den Finanz- und den Ressortminister, denn andernfalls würde sich immer, also auch im Fall des ersten Gutes, die jeweilige Medianlösung des Komitees durchsetzen, die in der gewählten Konstellation mit der Nulllösung übereinstimmt. Bei der Ableitung der Vorschläge auf der ersten und zweiten Spielstufe kommt es bei den spezifischen Gütern wegen der hier unterstellten Präferenzkonstellation nicht auf den Erstvorschlag des jeweiligen Ressortministers an.

Die Allokation des reinen öffentlichen Gutes wird bestimmt durch die Verteilung der Präferenzen in dem Gremium. Bezüglich dieser Politikdimension vertritt der Ressortminister P_G eine Extremposition und bevorzugt hohe Ausgaben für seinen Bereich. Deshalb ist das bevorzugte Niveau höher als das des Medianmitglieds im Exekutivkomitee und das des Budgetministers. Die anderen Komiteemitglieder gewinnen aus dem öffentlichen Gut ebenfalls positiven Nutzen. Die genaue Positionen ihrer am meisten bevorzugten Bereitstellungsmenge g^{r*} ist von ihren jeweiligen Präferenzparametern λ_r abhängig. Ist der Präferenzparameter λ_B des Finanzministers geringer als der Medianparameter λ_{medE} im Exekutivkomitee, so setzt sich die vom Medianmitglied gewünschte Allokation durch, weil sich der Budgetkoordinator und der Minister P_G mit ihren Vorschlägen so weit wie möglich an die Medianposition annähern. Liegt die Position des Budgetministers rechts vom Median, so ist die Situation ähnlich wie bei den gruppenspezifischen Gütern, d.h. der Finanzminister kann sich mit seiner Vorlage durchsetzen, weil sein Vorschlag nicht größer ist als der des Ressortministers und weil dieser von einer Mehrheit bevorzugt wird.

Somit unterbreitet der Budgetminister folgende Gegenvorschläge:

$$g^{BE} = \begin{cases} g^{\lambda_{medE}} = J'^{-1}\left(\frac{1}{\lambda_{medE}N}\right), \text{ wenn } \lambda_B \leq \lambda_{medE} \\ g^{B*} = J'^{-1}\left(\frac{1}{\lambda_B N}\right), \text{ wenn } \lambda_{medE} < \lambda_B \end{cases}, \tag{4.56}$$

und der Minister für das öffentliche Gut P_G startet mit einer Erstvorlage der folgenden Art:

$$g^{GE} = \begin{cases} g^{\lambda_{medE}}, \text{ wenn } \lambda_B \leq \lambda_{medE} \\ g^{B*}, \text{ wenn } \lambda_{medE} < \lambda_B \end{cases}. \tag{4.57}$$

Die Abstimmung gewinnt der Gegenvorschlag des Budgetministers, so daß sich je nach Konstellation die Position des Medians im Komitee oder gegebenenfalls das über dem Medianniveau liegende optimale Bereitstellungsniveau des Budgetministers durchsetzt. Implementiert wird daher schließlich:

$$g^E = g^{BE} = \max\left(g^{B*}, g^{\lambda_{medE}}\right). \tag{4.58}$$

Wie im Legislativkomitee die Budgetentscheidung durch den zufällig ausgewählten Agenda-Setter bestimmt wird, so wird die resultierende Budgetallokation im Regierungskabinett durch die Präferenzen des Budgetministers determiniert. Dies gilt in ganz besonderer Weise für die gruppenspezifischen Güter, aber es ist auch für das reine öffentliche Gut gültig, wenn der Budgetminister stärkere Präferenzen als das Medianmitglied hat. Die Ergebnisse sind durch die Annahmen bezüglich der Präferenzstruktur und der Gütereigenschaften begründet. Zum einen ist die resultierende Allokation der gruppenspezifischen Güter durch die Interessendivergenzen beeinflußt, die zwischen den politischen Repräsentanten bestehen, und bei denen die Minderheit der Nutznießer einer Mehrheit von Komiteemitgliedern gegenübersteht, die eine strikt negative Nettowohlfahrt aus der Bereitstellung erfahren und die deshalb ein Bereitstellungsniveau von Null wünschen. Andererseits zeigt sich bei der Bereitstellung des öffentlichen Gutes, daß bei gleichgerichteten, aber unterschiedlich intensiven Interessen der Komiteemitglieder der Einfluß des Budgetministers schwindet, weil sich wahrscheinlich die Medianlösung des Komitees durchsetzt. Ein mögliches Abweichen von der Medianposition bei der Abstimmung über das öffentliche Gut wird durch die beschränkten Vorschlagsrechte verursacht. Im Legislativmodell ist nur der Agenda-Setter befugt, Vorschläge zu unterbreiten und in dem Zusammenhang ist es nicht zwingend, daß die Medianlösung gewählt wird. Die Dimension der Bereitstellung des öffentlichen Gutes wird im legislativen Verhandlungsmodell durch die Präferenzen des Agenda-Setters bestimmt und gegebenenfalls zur Erlangung der Zustimmung den Präferenzen eines anderen Politikers angenähert, wobei sich die Bereitstellungsmenge in beide Richtungen u.U. sogar von der Medianposition wegbewegen kann. Im Exekutivkomitee, in dem zusätzlich der Ressortminister Vorschläge unterbreiten darf, wird dagegen in allen Fällen, in denen der Budgetminister eine gleich oder weniger ausgeprägte Vorliebe für das öffentliche Gut hat wie das Medianmitglied des Komitees, die Medianlösung gewählt. Würden die Vorschlagsrechte weiter geöffnet, z.B. indem jedes Mitglied des Exekutivkomitees einen Vorschlag unterbreiten darf, resultiert die Medianlösung des Gremiums. Es läßt sich somit feststellen, daß es einen Unterschied für die Bereitstellung des reinen öffentlichen Gutes macht, wie die Vorschlagsrechte zugeordnet sind und ob es sich um eine offene oder geschlossene Abstimmungsregel handelt. D.h. die budgetäre Institution des Gegenvorschlags der Ressortminister beeinflußt die Allokation des reinen öffentlichen Gutes dahingehend, daß eine Öffnung der Abstimmungsregel bei getrennter Abstimmung über die Politikdimensionen das Abstimmungsergebnis dieses Bereichs der Medianposition des Komitees näher bringt. Außerdem wird im Exekutiv- anders als im Legislativkomitee die Durchsetzung der Medianposition bezüglich der Dimension des öffentlichen Gutes durch die getrennte Abstimmung über die einzelnen Politikdimensionen gefördert. Im Gegensatz dazu wird bei gleichzeitiger Abstimmung über die Politikdimensionen im Legislativkomitee das reine öffentliche Gut in den Verteilungskonflikt zwischen den verschiedenen Komiteevertretern einbezogen und den Präferenzen des zu kompensierenden Politikers angenähert. Eine genaue Aussage über die relative Höhe der Ausgaben für das öffentliche Gut ist nur bei Spezifikation der Präferenzen der Komiteemitglieder abzuleiten. Ob das öffentliche Gut in dem einen institutionellen Arrangement mehr oder weniger bereitgestellt wird, ist demnach selbst bei identischen Präferenzen des Finanzministers und des legislativen Agenda-Setters schwierig zu prognostizieren. Angenommen sei zum Vergleich eine Situation, in der der Vorschlagende jeweils die Medianposition im Komitee einnimmt. Ferner sei angenommen, daß alle individuellen Wohlfahrtsfunktionen für das spezifische Gut $H(b_k)$ gleich sind. Der Komiteevorsitzende gehöre mit gleicher Wahrscheinlichkeit zu einer der drei Gruppen. In dieser Situation wird im Legislativkomitee immer der Vertreter mit den Präferenzen für das öffentliche Gut in die Koalition einbezogen, dessen bevorzugte Menge am nächsten bei der des Agenda-Setters liegt, wobei die Bereitstellung höher oder niedriger sein kann als die Medianposition des Komitees. Im Exekutivkomitee wird in dieser Situation immer die Medianposition des Gremiums bereitgestellt.

Wie bereits ausgeführt, ist es nicht unwahrscheinlich, daß die Vertreter im Legislativkomitee bezüglich des reinen öffentlichen Gutes die Medianposition ihrer Gruppe vertreten[38]. Unter dieser Voraussetzung sind die Präferenzen der Komiteemitglieder bezüglich des öffentlichen Gutes unter den gegeben Annahmen bezüglich der Präferenzverteilung in den Gruppen gleich und es wird immer die Medianlösung der Gesellschaft resultieren, die unter der Prämisse einer Gleichverteilung der Präferenzen zudem sozial optimal ist[39]. Dasselbe gilt für das Exekutivkomitee, wenn alle Minister bezüglich des öffentlichen Gutes gleichermaßen die Medianpräferenz der Gesellschaft vertreten.

[38] Vgl. dazu Fußnote 20 auf Seite 92 in Abschnitt 4.4.1.

[39] In diesem Zusammenhang gilt ebenfalls, daß bei einer linkssteilen (rechtssteilen) Präferenzverteilung eine überoptimale (unteroptimale) Bereitstellung des öffentlichen Gutes zu erwarten ist.

Darüber hinaus sind, selbst wenn der Finanzminister im Regierungskabinett und der Agenda-Setter im Legislativkomitee gleich intensive Präferenzen für die verschiedenen staatlich bereitgestellten Güter haben, im Exekutivkomitee im Vergleich zum legislativen Komitee keine Aussagen darüber zu machen, ob eher höhere oder geringere Ausgaben für spezifische Güter zu erwarten sind, d.h. es gilt

$$A_b^E = \sum_k b_k^E \lesseqgtr A_b^L = \sum_k b_k^L. \tag{4.59}$$

Der Finanzminister kann seine Position durchsetzten, ohne andere Komiteemitglieder durch die Bereitstellung spezifischer Güter kompensieren zu müssen. Somit ist diese Ausgabenkategorie im Legislativkomitee um den in Gleichung (4.37) gegeben Betrag b_r^{ar*} höher als im Exekutivkomitee, der zur Kompensation des Legislativpolitikers P_r eingesetzt wird. Andererseits sind die Ausgaben für das gruppenspezifische Gut des Agenda-Setters, b_a^{ar*}, im Legislativkomitee selbst bei gleichen Präferenzen des Finanzministers niedriger als im Exekutivkomitee, weil die erforderlichen Kompensationsleistungen zum Erhalt der Mehrheit die Bereitstellung des spezifischen Gutes für den Agenda-Setter verteuern, wodurch für diesen eine geringere Menge optimal ist als in einer Situation ohne Ausgleichsleistungen. Kompensationen über das spezifische Gut sind aber nur dann erforderlich, wenn eine Mehrheit nicht schon über die Bereitstellung des reinen öffentliche Gutes in Höhe des bevorzugten Niveaus des Agenda-Setters, g^{a*}, zu erreichen ist. In diesem Fall sind die spezifischen Ausgaben A_b in den beiden institutionellen Regimen gleich hoch und entsprechen b_a^{a*}.

Die Position des Finanzministers ist institutionalisiert und über mehrere Budgetierungsperioden festgelegt, wohingegen durch die Zufallsauswahl im legislativen Komitee jedes Komiteemitglied mit einer positiven Wahrscheinlichkeit in die Position des Agenda-Setters gelangen und eine für sich vorteilhafte Budgetallokation vorschlagen kann. Die Besetzung dieser Position wechselt daher häufiger. Deshalb wird die Verteilung der Ressourcen im Legislativkomitee über die Zeit gleichmäßiger sein. Hinzu kommt, daß eine größere Unsicherheit wegen häufiger Wechsel wahrscheinlich dazu führt, daß langfristig kooperative Lösungen gewählt werden, während der Vorsitzende im Exekutivkomitee in dem Spiel seine Position langfristig ohne Kooperation durchsetzen kann.

Wie sieht die kooperative Lösung im Exekutivkomitee aus? Hierzu werden die Vorschläge gewählt, die die gemeinsame Zielfunktion des Regierungskabinetts

$$\max_{\mathbf{b}} \sum_{r=1}^{5} \left[1 - \frac{1}{N} \left(\sum_{k=1}^{3} b_r + g \right) + \lambda_r J(g) + H_r(b_r) + \gamma_r w(b_r) \right] \tag{4.60}$$

maximieren, wobei für alle $r \neq B$ $\gamma_r = 1$ und $\gamma_B = 0$ gilt. Es resultieren die folgenden

Politikniveaus:

$$g^{*UE} \Leftarrow J'\left(\sum_{r=1}^{5} \lambda_r\right) + w' = \tfrac{R}{N} \tag{4.61}$$

$$\forall r = 1,2 : b_r^{UE} \Leftarrow 2H_r' + w' = \tfrac{R}{N} \tag{4.62}$$

$$b_3^{UE} \Leftarrow H_r' + w' = \tfrac{R}{N}. \tag{4.63}$$

Die zusätzliche Wertschätzung $w(b_r)$ der Ressortminister für ihren Bereich bewirkt cet. par. höhere universalistische Bereitstellungsniveaus im Exekutivkomitee als im Legislativkomitee. Außerdem führt die spezielle Konstellation der Präferenzverteilung im Exekutivkabinett bezüglich des ersten und zweiten spezifischen Gutes zu einer Berücksichtigung der Wertschätzungen von mehr als einem Minister, wodurch im Vergleich zum Legislativkomitee ebenfalls eine Ausdehnung der Bereitstellung dieser Güter bewirkt wird.

4.4.3 Mehrstufiges Budgetierungsverfahren

Die Phase der Budgetaufstellung wurde im zweiten Kapitel als ein Verfahren beschrieben, in dem ein Exekutiv- und ein Legislativkomitee in aufeinanderfolgenden Stufen über den Budgetplan entscheiden. Ein solcher mehrstufiger Budgetaufstellungsprozeß wird in diesem Abschnitt untersucht. Dazu wird ein Modell des Budgetaufstellungsspiels diskutiert, in dem die Komiteemodelle der letzten beiden Abschnitte miteinander kombiniert werden. Im einzelnen hat das Spiel den folgenden Verlauf.

1. Das Exekutivkomitee entscheidet über einen Vorschlag für den Budgetvektor.

   (a) Die Ausgabenminister P_r mit $r = 1, 2, 3, G$ legen für ihre Politikdimension jeweils einen Entwurf b_r^r für $r = 1, ..., 3$ bzw. g^G *fest*.

   (b) Der Budgetminister P_B macht zu jedem Teilentwurf einen Gegenvorschlag $b_1^B, ..., b_3^B, g^B$.

   (c) Über die Vorschläge und Gegenvorschläge wird einzeln abgestimmt. Angenommen ist jeweils diejenige Alternative, die eine Mehrheit, also mindestens drei von fünf Stimmen erhält. Der Vorschlag für das Gesamtbudget ergibt sich aus den Einzelbudgets.

2. Das Legislativkomitee entscheidet über Annahme oder Ablehnung des Budgetvorschlags. Mindestens zwei der drei Repräsentanten P_r mit $r = 6, ..., 8$ des Legislativkomitees müssen dem Vorschlag zustimmen, damit dieser implementiert wird. Erhält der Vorschlag diese Zustimmung nicht, so wird der Status quo-Budgetvektor $\mathbf{b}^{SQ}$ implementiert.

Die Präferenzen der Spieler werden aus Abschnitt 4.2.3 übernommen. Das Exekutivkomitee setzt sich aus fünf Ministern zusammen und die Konstellation der Wertschätzungen der Ressortvertreter ist wie in Abschnitt 4.4.2 beschrieben. Das Legislativkomitee besteht aus drei Mitgliedern, die jeweils einer Präferenzgruppe angehören, wobei der Politiker P_6 eine Präferenz für das erste, P_7 für das zweite und P_8 für das dritte spezifische Gut hat. Die Strategie eines Ausgabenministers P_r besteht aus einem Vorschlag b_r^r auf der ersten und vier Wahlentscheidungen $e_s^r \in \{0,1\}$ mit $s = 1, ..., 3, G$ auf der dritten Stufe des ersten Teils des Spiels. Die Strategie des Budgetministers P_B enthält vier Gegenvorschläge $b_1^B, ..., b_3^B, g^B$ auf der zweiten und vier Wahlentscheidungen e_s^B mit $s = 1...3, G$ auf der dritten Spielstufe. Eine Strategie für einen Politiker P_r mit $r = 6, ..., 8$ der legislativen Versammlung ist eine Wahlentscheidung $e_r \in \{0,1\}$, die angibt, ob der Politiker dem Budgetvorschlag der Exekutive zustimmt oder nicht. Damit werden die Strategien der Spieler der Exekutive durch $\sigma_r^E = (b_r^r, \mathbf{e}^r)$ für alle Ressortvertreter P_r mit $r = 1, ..., 3$, und $\sigma_G^E = \left(g_r^G, \mathbf{e}^G\right)$ für den Minister P_G sowie $\sigma_B^E = \left(\mathbf{b}^B, \mathbf{e}^G\right)$ für den Budgetminister beschrieben. Die Strategien der Spieler der Legislative sind durch $\sigma_r^L = (e_r)$ für alle $r = 6, ..., 8$. Gesucht ist wiederum das teilspielperfekte Nash-Gleichgewicht gegeben.

Die Untersuchung beginnt mit der abschließenden Abstimmung über das Budget in der legislativen Versammlung. Für eine Verabschiedung des Budgetvorschlags der Exekutive müssen mindestens zwei der drei Parlamentsmitglieder durch die in der Abstimmungsvorlage angestrebte Allokation wenigstens den Nutzen der Status quo-Alternative realisieren. Somit muß der von der Exekutive vorgeschlagene Haushalt folgende Bedingung

$$\exists P_r, P_s \in \{P_6, P_7, P_8\} : \lambda_q J(g) + H_q(b_q) - \tfrac{1}{N}\left(g + \sum_{k=1}^{3} b_k\right) - \breve{v}_q\left(\mathbf{b}^{SQ}\right) \geq 0 \qquad (4.64)$$

mit $q = r, s$ erfüllen. Diese Restriktion ist auf den vorhergehenden Spielstufen bei der Betrachtung der Verhandlungen in der Exekutive zu beachten.

Bei der Verabschiedung des Budgetvorschlags der Exekutive durch getrennte Abstimmungen über die Teilbudgets auf der dritten Stufe wird jedes Kabinettsmitglied jeweils für die Alternative stimmen, die ihm den höheren Nettonutzen verspricht. Bei der Abstimmung über die spezifischen Güter ist die bevorzugte Allokation der Mehrheit der Kabinettsmitglieder das Nullbudget, während für das reine öffentliche Gut unterschiedliche Niveaus favorisiert werden, so daß die optimale Präferenz des Medianwählers im Exekutivkomitee wahrscheinlich positiv ist.

Auf der zweiten Stufe im Entscheidungsverfahren der Exekutive vollzieht sich die Ableitung des Vorschlags des Budgetministers sowohl entsprechend den Überlegungen im Exekutivkomitee in Abschnitt 4.4.2 als auch im Sinn eines Agenda-Setters im legislativen Verhandlungsspiel in Abschnitt 4.4.1. Einerseits müssen die Teilbudgets der vorgeschlagenen Allokation des Budgetkoordinators jeweils eine Mehrheit über die Vorschläge der Ressortminister erhalten. Wie bereits in Abschnitt 4.4.2 gezeigt wurde, ist der Finanzminister bezüglich der gruppenspezifischen Güter in der Lage, im Exekutivkomitee die von ihm angestrebte Position durchzusetzen, weil er für einen Vorschlag zwischen der Nullposition, die von der Mehrheit im Kabinett bevorzugt wird, und der Extremposition des Ressortvertreters die Mehrzahl der Stimmen erhält. Daher kann er für jedes der spezifischen Güter einen Vorschlag unterbreiten, der dem von ihm am höchsten bewerteten Niveau entspricht:

$$b_1^{BM} \geq b_1^{B*} = H_1'^{-1}\left(\tfrac{1}{N}\right) \tag{4.65}$$

$$b_s^{BM} \geq b_s^{B*} = 0 \text{ für } s = 2, 3. \tag{4.66}$$

Auf die Bereitstellungsmenge des reinen öffentlichen Gutes hat der Budgetminister nur einen Einfluß, wenn sein Optimalniveau mindestens dem Optimalniveau der Medianpräferenz im Kabinett entspricht. Bezüglich des Vorschlags des Budgetministers gilt deshalb analog zu dem reinen Exekutivmodell:

$$g^{BM} = \begin{cases} g^{\lambda_{medE}} = J'^{-1}\left(\frac{1}{\lambda_{medE} N}\right), & \text{wenn } \lambda_B \leq \lambda_{medE} \\ g^{*B} = J'^{-1}\left(\frac{1}{\lambda_B N}\right), & \text{wenn } \lambda_{medE} < \lambda_B \end{cases}. \tag{4.67}$$

Andererseits muß der Finanzminister bei der Formulierung seiner Gegenvorschläge darauf achten, daß die Teilnahmebedingung der letzten Stufe bei der Abstimmung über das Gesamtbudget in der Legislative berücksichtigt wird. D.h. sein Vorschlag muß zumindest zwei Mitgliedern des Parlaments geringstenfalls den Nutzen der Status quo-Allokation bieten. Ausgehend von seinem Optimierungskalkül überlegt der Budgetminister, welche Abgeordneten der legislativen Versammlung er mittels seines Vorschlags über die Budgetpolitiken zur Zustimmung zu seinem Budgetvorschlag bewegen kann. Dabei wird er die Bildung einer Koalition mit minimaler Mehrheit anstreben und jene Abgeordneten der Legislative zu gewinnen versuchen, deren Zustimmung mit dem geringstem Nettonutzenverlust verbunden ist. Dabei ist er bei der Bereitstellung des öffentlichen Gutes g durch die Position des Medianwählers im Regierungskabinett nach unten hin gebunden, so daß er in dem hier unterstellten Kontext u.U. verstärkt spezifische Güter zur Kompensation anbieten muß. Daher wird der Politiker P_B seine Budgetpolitiken so wählen, daß seine Zielfunktion unter der Nebenbedingung der Partizipationsbedingung (4.64) im Legislativkomitee und unter Berücksichtigung der Restriktion für das Gut g im Exekutivkomitee (4.67) maximal wird:

$$\max_{\mathbf{b}} \left[1 - \tfrac{1}{N}\left(\sum_{k=1}^{3} b_k + g\right) + \lambda_B J(g) + H_1(b_1)\right] \tag{4.68}$$

$$s.t.: \breve{v}_B\left(\mathbf{b}^{SQ}\right) - \lambda_B J(g) - H_1(b_1) + \tfrac{1}{N}\left(g + \sum_k b_k\right) \leq 0$$

$$\exists P_r, P_s \in \{P_6, P_7, P_8\} : \breve{v}_q\left(\mathbf{b}^{SQ}\right) - \lambda_q J(g) - H_q(b_q) + \tfrac{1}{N}\left(g + \sum_{k=1}^{3} b_k\right) \leq 0, q = r, s$$

$$g^{\lambda_{medE}} - g \leq 0.$$

In der Lagrangefunktion werden wie in (4.28) in Abschnitt 4.4.1 die jeweiligen Partizipationsbedingungen der Politikers P_r mit dem exogenen Parameter $\zeta_r \in \{0,1\}, r = 6, ..., 8$

multipliziert, die eins sind, wenn die Restriktion des Politiker in der Optimierung berücksichtigt wird, und null, wenn dies nicht der Fall ist. Für den Parameter des Budgetministers gilt generell $\zeta_B = 1$. Da die Zustimmung von zwei der drei Legislativpolitiker angestrebt wird, müssen genau zwei Parameter gleich eins gewählt werden. Somit gibt es in dieser Situation drei Mehrheitskonstellationen, $\{(P_6, P_7), (P_6, P_8), (P_7, P_8)\}$, die zu berechnen sind, wobei $\boldsymbol{\zeta} = (\zeta_6, \zeta_7, \zeta_8)$ die jeweils gewählte Kombination beschreibt. Allerdings wird vereinfachend angenommen, der Politiker P_6, der das gleiche spezifische Gut b_1 schätzt wie der Budgetminister, habe bezüglich der Politikdimension des reinen öffentlichen Gutes keine stark von den Präferenzen des Budgetministers abweichende Wertschätzung, so daß sich seine Einbeziehung für den Budgetminister stets lohnt. Daher gilt im folgenden $\zeta_6 = 1$ und es werden ausschließlich die Konstellationen $\boldsymbol{\zeta} = (1, 1, 0)$ und $\boldsymbol{\zeta} = (1, 0, 1)$ betrachtet.

Für $\zeta_r = 1$ lauten die Bedingungen erster Ordnung:

$$\frac{\partial L}{\partial g} = \lambda_B J' - \tfrac{1}{N} + \sum_{B,r=6}^{8} \zeta_r \mu_r \left(\lambda_r J' - \tfrac{1}{N}\right) + \mu_g = 0 \tag{4.69}$$

$$\frac{\partial L}{\partial b_1} = H_1' - \tfrac{1}{N} + \sum_{r=1}^{3} \mu_r \zeta_r \left(H_r' - \tfrac{1}{N}\right) = 0 \tag{4.70}$$

$$\forall k \neq 1 : \frac{\partial L}{\partial b_k} = -\tfrac{1}{N} + \sum_{r=1}^{3} \mu_r \zeta_r \left(H_k' - \tfrac{1}{N}\right) \leq 0, b_k \geq 0 \tag{4.71}$$

$$r : \frac{\partial L}{\partial \mu_r} = \left(\breve{v}_r\left(\mathbf{b}^{SQ}\right) - \lambda_r J(g) - H_r(b_r) + \tfrac{1}{N}\left(g + \sum_k b_k\right)\right) \leq 0, \mu_r \geq 0 \tag{4.72}$$

$$\frac{\partial L}{\partial \mu_g} = g^{\lambda_{medE}} - g \leq 0, \mu_g \geq 0. \tag{4.73}$$

Aus den Bedingungen erster Ordnung resultieren bei Berücksichtigung des Legislativpolitikers P_r die folgenden Politikniveaus:

$$(\lambda_B + \mu_r \lambda_r + \mu_6 \lambda_6) J' + \mu_g = \tfrac{1}{N}(1 + \mu_r + \mu_6) \Rightarrow g^{Br*} = J'^{-1}\left(\frac{\frac{1}{N}(1+\mu_r+\mu_6) - \mu_g}{\lambda_B + \mu_r \lambda_r + \mu_6 \lambda_6}\right) \tag{4.74}$$

$$H_1' + H_1' \mu_6 = \tfrac{1}{N}(1 + \mu_r + \mu_6) \Rightarrow b_1^{Br*} = H_1'^{-1}\left(\frac{1}{N}\frac{(1+\mu_r+\mu_6)}{1+\mu_6}\right) \tag{4.75}$$

$$\mu_r H_r' = \tfrac{1}{N}(1 + \mu_r + \mu_6) \Rightarrow b_r^{Br*} = H'^{-1}\left(\frac{1}{N}\frac{(1+\mu_r+\mu_6)}{\mu_r}\right) \tag{4.76}$$

$$\forall s \neq r : -\tfrac{1}{N}(1 + \mu_r + \mu_6) \leq 0 \Rightarrow b_s^{Br*} = 0. \tag{4.77}$$

Diese sind im Prinzip ähnlich den entsprechenden Bedingungen (4.31) bis (4.34) im Legislativkomitee. Sie unterscheiden sich dadurch, daß der Budgetminister zwei Politiker der Legislativversammlung, P_6 und P_r, in seinem Kalkül berücksichtigt, und durch die Restriktion (4.73), die das Niveau des öffentlichen Gutes nach unten auf die Medianposition des Exekutivkomitees beschränkt[40]. Der Vektor $\mathbf{b}^{Br*} = \left(g^{Br*}, b_1^{Br*}, b_r^{Br*}, b_s^{Br*}, t^{Br}\right)$

[40] Der Multiplikator μ_g dieser Restriktion wird null, wenn die Bereitstellungsmenge $g^{\lambda_{medE}}$ überschritten wird.

beschreibt die optimale Budgetallokation des Budgetministers, wenn die Partizipationsbedingung des Legislativpolitikers P_r berücksichtigt wird. Im Vorschlag des Finanzministers wird der Repräsentant P_r und nicht der Abgeordnete P_s der Legislative einbezogen, wenn die Wohlfahrt des Budgetministers höher ist, d.h. wenn gilt

$$v_B\left(\mathbf{b}^{Br*}\right) > v_B\left(\mathbf{b}^{Bs*}\right). \tag{4.78}$$

Gewählt wird der Legislativpolitiker, dessen Zustimmung mit dem höheren Nettonutzen verbunden ist. Im folgenden sei unterstellt, daß der Politiker P_r diese Bedingung erfüllt.

Das reine öffentliche Gut g wird vom Budgetminister mindestens auf dem vom Medianwähler des Exekutivkomitees bevorzugten Niveau vorgeschlagen:

$$g^{BM} = \max\left(g^{\lambda_{medE}}, g^{Br*}\right). \tag{4.79}$$

Für das von ihm bevorzugte spezifische Gut wird der Budgetminister ein Niveau offerieren, das niedriger sein kann als sein Optimalniveau, wenn die Partizipationsrestriktion für den Politiker P_r bindet. Ist die Restriktion für den Repräsentanten P_r nicht bindend, so wird der Agenda-Setter sein am meisten bevorzugtes Budgetniveau im Kabinett zur Abstimmung stellen:

$$b_1^{BM} = b_1^{Brs*} \leq b_1^{B*}. \tag{4.80}$$

Der entsprechende Vertreter der Legislative, P_6, der wegen seiner Vorliebe für dasselbe spezifische Gut in gleicher Weise von der Bereitstellung profitiert, stimmt der Gesamtallokation zu, wenn seine Präferenz bezüglich des öffentlichen Gutes nicht zu stark von derjenigen des Budgetministers bzw. des Medianwählers im Exekutivkomitee abweicht und er sich durch die Status quo-Allokation nicht entsprechend verbessern kann. Darüberhinaus wird der Budgetminister demjenigen Spieler der Legislative ein positives Budget an spezifischen Gütern zugestehen, dessen Status quo-Nutzen für ihn mit dem höchsten Nettowohlfahrtsniveau erreicht werden kann. Aus den Bedingungen für ein Maximum resultiert das Niveau des spezifischen Gutes r, das angeboten werden muß, damit der Legislativpolitiker P_r einer Vorlage des Finanzministers zustimmt:

$$b_r^{BM} = b_r^{Brs*} = H'^{-1}\left(\frac{1}{N}\frac{(1+\mu_r+\mu_6)}{\mu_r}\right). \tag{4.81}$$

Der verbleibende Legislativvertreter wird nicht kompensiert und sein spezifisches Gut wird deshalb nicht angeboten, d.h. es gilt

$$b_s^{BM} = 0. \tag{4.82}$$

Der Budgetminister unterbreitet zu den Vorschlägen der verschiedenen Ressortminister jeweils die Gegenvorschläge des Vektors $\mathbf{b}^{BM} = \left[g^{BM}.b_1^{BM}, b_r^{BM}, b_s^{BM}\right]$. Die Ressortvertreter eröffnen das Spiel mit den folgenden Budgetvorlagen, die denen im reinen

Exekutivkomitee entsprechen:

$$b_r^{rM} \leq b_r^{*r} \Leftarrow H'(b_r) + w'(b_r) = \tfrac{1}{N} \text{ für } r = 1, ..., 3. \tag{4.83}$$

$$g^{GM} = \begin{cases} g^{\lambda_{medE}}, \text{ wenn } \lambda_B \leq \lambda_{medE} \\ g^{*B}, \text{ wenn } \lambda_{medE} < \lambda_B. \end{cases} \tag{4.84}$$

Die Amendements des Budgetministers erhalten jeweils eine Mehrheit im Kabinett und der Budgetvorschlag der Exekutive wird an die legislative Versammlung weitergeleitet und dort mit Mehrheit beschlossen, d.h. es resultiert

$$\mathbf{b}^M = \mathbf{b}^{BM}.$$

Durch Bildung einer Minimum-Winning-Koalition, in die diejenigen Mitglieder der legislativen Versammlung einbezogen werden, deren Stimme am günstigsten zu haben ist, gelingt es dem Budgetminister auch im Parlament, eine Mehrheit zu bilden, mit der er in der Lage ist, seinen Budgetvorschlag durchzubringen und für seine Interessen Politiken bereitzustellen.

Die resultierende Allokation des mehrstufigen Budgetierungsverfahrens ist einerseits vergleichbar mit derjenigen des einfachen legislativen Modells. Der Budgetvorschlag des Finanzministers wird wie der des Agenda-Setters in der Legislative darauf ausgerichtet, die mit dem geringsten Nettonutzenaufwand zu überzeugenden Abgeordneten der Legislative mittels Bereitstellung des spezifischen Gutes und Anpassung des Niveaus des reinen öffentlichen Gutes zur Zustimmung zu der Budgetvorlage zu bewegen. Daher entspricht das Ausgabenniveau hinsichtlich der spezifischen Güter eher demjenigen des legislativen Verhandlungsmodells. Andererseits macht sich im Entscheidungsbereich des reinen öffentlichen Gutes bemerkbar, daß die Mitglieder des Exekutivkomitees zustimmen müssen, denn die Bereitstellungsmenge des Gutes g ist durch die Abstimmung im Kabinett nach unten auf die Position des Medianmitglieds in diesem Gremium beschränkt, wodurch diese Politikdimension u.U. weniger stark angepaßt werden kann. Somit ist durch das begrenzt offene Vorschlagsrecht im Kabinett das Mindestniveau festgelegt, wodurch gegebenfalls zur Kompensation mehr budgetäre Mittel für spezische Güter erforderlich werden als im reinen legislativen Komitee. Wie sich die Bereitstellung des Gutes g zum sozialen Optimum verhält, ist wiederum von der Verteilung der Präferenzen insbesondere im Exekutivkomitee abhängig. Vertreten dessen Mitglieder jeweils die Medianposition der Gesellschaft, so resultiert dasselbe Niveau wie beim Sozialplaner, das aufgrund der Annahme der Gleichverteilung der Präferenzen mit der gesellschaftlichen Medianpräferenz zusammenfällt[41]. Entsprechend der Allokation im reinen legislativen Verhandlungsmodell wird das spezifische Gut b_1, welches vom Budgetminister bevorzugt wird, auf einem zu hohen und das des Politikers P_s, der nicht in die Mehrheit einbezogen wird, auf einem im Vergleich zum sozialen Optimum zu niedrigen Niveau bereitgestellt.

[41] In diesem Fall gilt analog, daß bei einer linkssteilen (rechtssteilen) Verteilung eine überoptimale (unteroptimale) Bereitstellung des öffentlichen Gutes zu erwarten ist.

Schließlich wird wie in den vorangegangenen Modellen die universalistische Lösung abgeleitet, indem die Summe der Zielfunktionen der politischen Repräsentanten des Exekutiv- und des Legislativkomitees über den Budgetvektor maximiert wird

$$\max_{\mathbf{b}} \sum_{r=1,\ldots,3,G,B,6}^{8} \left[1 - \frac{1}{N} \left(\sum_{k=1}^{3} b_r + g \right) + \lambda_r J(g) + H_r(b_r) + \gamma_r w(b_r) \right],$$

wobei die Parameter γ_r eins für die entsprechenden Kabinettsmitglieder $r = 1, \ldots 5$ und null für die anderen Repräsentanten sind. Aus den Bedingungen erster Ordnung folgen die Politikniveaus:

$$g^{UM} \Leftarrow J' \left(\sum_{r=1,\ldots,3,G,B,6}^{8} \lambda_r \right) + w' = \frac{R}{N} \tag{4.85}$$

$$\forall r = 1,2 : b_r^{UM} \Leftarrow 3H_r' + w' = \frac{R}{N} \tag{4.86}$$

$$b_3^{UM} \Leftarrow 2H_r' + w' = \frac{R}{N}. \tag{4.87}$$

In der universalistischen Lösung werden die Präferenzen von mehr Repräsentanten berücksichtigt als in den beiden anderen institutionellen Regimen. Wegen der erhöhten Präferenz des Ressortministers P_g übersteigt das bereitgestellte Niveau des reinen öffentlichen Gutes g das soziale Optimum, selbst wenn alle Politiker als Bürger die gesellschaftliche Medianposition bezüglich dieses Gutes bevorzugen. Die Bereitstellung der spezifischen Güter erfolgt ebenso in einem größeren Ausmaß als beim Sozialplaner, weil in diesen Bereichen die besonderen Präferenzen der Ressortminister einfließen und weil nicht die Finanzierungslasten aller Bürger der Jurisdiktion Berücksichtigung finden.

4.4.4 Institutionelle Varianten

Im folgenden werden zwei ausgewählte institutionelle Modifikationen untersucht, die im zweiten Kapitel als mögliche Gestaltungsparameter budgetärer Verfahren dargestellt wurden. Es soll verdeutlicht werden, wie die verschiedenen institutionellen Regelungen die Resultate des Budgetaufstellungsspiels beeinflussen und ob diese zu einer Änderung der Budgetallokation führen.

4.4.4.1 Exogene quantitative Restriktionen

Wie wirken exogene quantitative Beschränkungen auf die Ergebnisse des Budgetprozesses? Diese Frage wird im Spiel eines mehrstufigen Budgetprozesses analog Abschnitt 4.4.3 untersucht. Analysiert wird die Beschränkung der Höhe des Gesamtbudgets, d.h. der gesamten Ausgaben. Dabei hat es in dem hier betrachteten Modell wegen des als konstant angenommenen Volkseinkommens Y keinen Einfluß auf die Ergebnisse, ob diese relativ, bezogen auf die in der Volkswirtschaft verfügbaren Ressourcen, z.B. als Maximalsteuersatz $\bar{t}$ formuliert oder ob sie als absolute Budgethöhe $\bar{A}$ festgelegt wird. Das Spiel verläuft im einzelnen wie in Abschnitt 4.4.3 dargestellt und die Spieler sowie ihre Präferenzen entsprechen den dort angenommenen. Die betrachtete Situation unterscheidet sich von derjenigen in Abschnitt 4.4.3 dadurch, daß die Spieler im Spiel bei der Formulierung ihrer Budgetvorschläge die exogen gegebene Restriktion zu beachten haben. Es wird unterstellt, daß die Status quo-Allokation implementiert wird, sofern der von der Legislative verabschiedete Haushaltsplan die Beschränkung überschreitet. Somit muß der Budgetminister bei der Aufstellung seiner Gegenvorschläge zu den Einzelvorlagen der Ressortminister die Einhaltung der Restriktion beachten[42].

Damit die Restriktion eine Wirkung auf die Allokation ausübt, muß sie in den Überlegungen des Budgetministers bindend wirksam werden, wovon im folgenden ausgegangen wird. Das Kalkül zur Ableitung des Budgetvorschlags des Budgetministers wurde in Abschnitt 4.4.3 beschrieben. Der Budgetminister optimiert seine Zielfunktion unter der Nebenbedingung, daß außer dem Legislativvertreter P_6, der dasselbe spezifische Gut bevorzugt wie er, ein weiterer Legislativvertreter P_r der Budgetvorlage zustimmt, wobei derjenige Abgeordnete ausgewählt wird, dessen Zustimmung mit den geringsten Kompensationen erreichbar ist. Darüber hinaus wird durch die Abstimmung im Exekutivkomitee der Bereich für die Bereitstellung des öffentlichen Gutes g mindestens auf die Medianposition in diesem Komitee festgelegt. Zunächst sei unterstellt, daß eine Reduktion des Niveaus von g nicht möglich ist, weil der Budgetminister sich in seinem Optimum bereits in der Position des Medianmitglieds im Exekutivkomitee befindet. Dann bleibt dem Budgetverantwortlichen keine andere Möglichkeit, als das Niveau des eigenen spezifischen Gutes, b_1, zu reduzieren. Wenn das Niveau von b_1 gesenkt wird, können auch die Kompensationen an die anderen Gruppenvertreter vermindert werden, weil diese weniger Beiträge für das spezifische Gut des Budgetministers leisten müssen. Die Bereitstellungsniveaus der anderen Güter sind für den Budgetminister aber nur beschränkt variabel, weil er sonst die Zustimmung im Legislativkomitee verliert. Somit führt die Ausgabenbeschränkung im betrachteten Modell zu einer Reduktion der Bereitstellung der Ausgaben für das spezifische Gut b_1 des Budgetministers und des Legislativvertreters P_6 und in beschränktem Ausmaß zu einer Reduzierung des anderen spezifischen Gutes b_r. Das Niveau des eigenen spezifischen Gutes kann nur soweit gesenkt werden, wie für den Budgetminister bzw. den Legislativvertreter P_6 noch die Anreizkompatibilitätsbedingung erfüllt ist; d.h. wenn die Ausgabenrestriktion $\bar{A}$ zu niedrig festgelegt wird, ist nur die Status quo-Allokation implementierbar. Somit kommt es auf die Höhe der exogenen Beschränkung an: ist diese zu gering, so ist im Parlament keine Einigung außer dem Ausweichbudget durchsetzbar. Wohlfahrtsmäßig bringt die Restriktion die Budgetallokation in der Dimension des spezifischen Gutes des Budgetministers, b_1, dem Optimum des Sozialplaners näher, da eine Reduzierung der Bereitstellung gegenüber dem unrestringierten Gleichgewicht erfolgt.

Wenn im Ausgangsoptimum des Finanzministers die bevorzugte Menge des öffentli-

[42]Von Umgehungsmöglichkeiten wird somit abstrahiert.

chen Gutes höher ist als die Medianposition im Exekutivkomitee und wenn die Präferenz des Budgetkoordinators für dieses Gut stärker ist als die des einbezogenen Politikers P_r, so wird im beschränkten Gleichgewicht u.U. auch eine Reduktion der Bereitstellungsmenge von g erfolgen. Wenn dagegen die Optimalposition von P_r bezüglich des Gutes g gleich oder extremer ist als die des Budgetministers, so ist dies nicht der Fall, weil eine Reduzierung des Gutes die Zustimmung in der Legislative gefährdet. Je nach Konstellation der Präferenzen im Legislativkomitee bezüglich des reinen öffentlichen Gutes g ist somit eine Reduzierung der Bereitstellungsmenge dieser Politikdimension möglich.

4.4.4.2 Variation des Abstimmungsquorums

Als weiterer budgetärer Gestaltungsparameter wird eine Variation des Abstimmungsquorums betrachtet und es wird überlegt, welche Budgetallokation resultiert, wenn im mehrstufigen Budgetspiel des Abschnitts 4.4.3 in der legislativen Versammlung für die Verabschiedung des Budgets ein höheres Quorum als die einfache Mehrheit verlangt wird. Beispielsweise sind im Haushaltsverfahren der EU für die Verabschiedung des Haushaltsplans qualifizierte Mehrheiten erforderlich. Es wird eine Erhöhung des Quorums in dem mehrstufigen Budgetaufstellungsspiel untersucht, wobei vorausgesetzt wird, daß der Budgetvorschlag der Exekutive die Zustimmung von allen drei Abgeordneten der Legislativversammlung erhalten muß, d.h. daß die Einstimmigkeitsregel gilt[43]. Der Spielverlauf und die Präferenzen der Spieler bleiben ansonsten gleich. Diese institutionelle Veränderung bewirkt, daß der Budgetminister bei der Erstellung seines Budgetvorschlags die Zustimmung aller Mitglieder des Legislativkomitees erreichen muß. Dabei muß die Partizipationsbedingung $v\left(\mathbf{b}_r^B\right) \geq v\left(\mathbf{b}_r^{SQ}\right)$ für alle Abgeordnete der Legislative erfüllt sein. Somit sind u.U. für den zusätzlich einzubeziehenden Repräsentanten P_s ebenfalls spezifische Ausgaben bereitzustellen. Das Ausgabenniveau wird demnach gegenüber dem Ausgangsspiel insgesamt steigen, wobei alle Gruppenvertreter in der Legislative einbezogen und die für sie spezifischen Ausgaben bereitgestellt werden. Die resultierende Budgetallokation bei Einstimmigkeit weicht von derjenigen bei universalistischem Verhalten in der Weise ab, daß die Repräsentanten der Legislative gerade die Wohlfahrt der Status quo-Allokation realisieren, während sie in der universalistischen Lösung ein höheres Wohlfahrtsniveau erreichen. In der universalistischen Lösung spielt das Quorum hingegen keine Rolle, weil alle beteiligten Politiker bei der Ableitung berücksichtigt werden.

[43]Wegen der spezifischen Annahmen bezüglich der Komiteegröße fallen in dem Modell die Quoren $q > \frac{2}{3}$ und $q = 1$ zusammen.

4.5 Budgetentscheidungen bei endogenen politischen Einkommen

In realen Budgetprozessen sind die politischen Repräsentanten u.U. in der Lage, über Budgetpolitiken zu entscheiden, die primär ihnen selbst nutzen, d.h. sie können sich im politischen Prozeß Renten aneignen. Dies wurde im zweiten Kapitel diskutiert[44] und in Abschnitt 4.2.3 durch Einführung politischer Einkommen π_r als Möglichkeit des Modells berücksichtigt. Jedoch wurden in der Analyse der Budgetspiele bislang endogene politische Renten ausgeschlossen, um zu verdeutlichen, welche Ergebnisse ohne die Möglichkeit zur Aneignung von Ressourcen zu erwarten sind. Im folgenden wird untersucht, welche Budgetpolitiken resultieren, wenn die Politiker sich Renten aneignen können. Dabei wird weiter unterstellt, daß die Repräsentanten Nutzen aus den Politiken ziehen. Somit wird für den Parameter β in der Zielfunktion (4.6) der politischen Repräsentanten $\beta = \frac{1}{2}$ angenommen.

Als Spiel wird zuerst das einfache legislative Verhandlungsmodell aus Abschnitt 4.4.1 betrachtet, wobei der Spielverlauf dem dort beschriebenen entspricht, mit der Ausnahme, daß der Agenda-Setter auch Vorschläge für die Renten der Vertreter des Legislativkomitees π_r mit $r = 1, 2, 3$ unterbreitet. Das Optimierungskalkül des Agenda-Setters entspricht im Prinzip (4.27), allerdings werden die direkten Zahlungen an die Politiker berücksichtigt. Das Maximierungsproblem des Agenda-Setters ändert sich dadurch zu

$$\max_{\mathbf{b}} \tfrac{1}{2}\left[1 - \tfrac{1}{N}\left(\sum_{k=1}^{3} b_k + \sum_{r=1}^{3} \pi_r + g\right) + \lambda_a J(g) + H_a(b_a) + \pi_a\right] \tag{4.88}$$

$$s.t.: \breve{v}_a\left(\mathbf{b}^{SQ}\right) - \lambda_a J(g) - H_a(b_a) - \pi_a - \tfrac{1}{N}\left(g + \sum_k b_k + \sum_{r=1}^{3} \pi_r\right) \leq 0$$

$$\exists P_r, r \neq a : \breve{v}_r\left(\mathbf{b}^{SQ}\right) - \lambda_r J(g) - H_r(b_r) - \pi_r + \tfrac{1}{N}\left(g + \sum_{k=1}^{3} b_k + \sum_{r=1}^{3} \pi_r\right) \leq 0.$$

Zusätzlich zu den (4.31) bis (4.34) angegebenen Bedingungen erster Ordnung für die Budgetpolitiken b_k mit $k = 1, ..., 3$ und g sind die folgenden Bedingungen für die politischen Einkommen der einzelnen Repräsentanten abzuleiten:

$$\frac{\partial L}{\partial \pi_a} = 1 - \tfrac{1}{N}(1 + \mu_r) \leq 0, \pi_a \geq 0 \tag{4.89}$$

$$r \neq a : \frac{\partial L}{\partial \pi_t} = \mu_r - \tfrac{1}{N}(1 + \mu_r) \leq 0, \pi_r \geq 0 \tag{4.90}$$

$$\forall s \neq a, r : \frac{\partial L}{\partial \pi_s} = -\tfrac{1}{N}(1 + \mu_r) \leq 0, \pi_s \geq 0. \tag{4.91}$$

Aus (4.91) folgt, daß der Politiker, dessen Wohlfahrt nicht im Vorschlag des Agenda-Setters berücksichtigt wird, keine direkten Zahlungen erhält, d.h. $\pi_s = 0$ für alle $s \neq a, r$.

[44]Siehe Abschnitt 2.4.2.2.

Bedingung (4.90) impliziert, daß es keine Zahlungen an den Politiker P_r gibt, so lange nicht das Optimum der Bereitstellung des spezifischen Gutes b_r erreicht ist. Da der Agenda-Setter ein Interesse an einer maximalen Rente hat, wird er einen Steuersatz von eins vorschlagen und sich die Ressourcen aneignen, die nach Bereitstellung der Ausgabenpolitiken auf seinem bevorzugten Niveau bzw. auf dem Niveau, das zur Kompensation des Abgeordneten, dessen Zustimmung angestrebt wird, verbleiben. Dabei ist es auch möglich, daß zur Kompensation direkte Zahlungen an den anderen Politiker bereitgestellt werden, wenn die angebotenen öffentlichen bzw. spezifischen Güter allein nicht ausreichen, um eine Zustimmung zu erlangen. Der Vorschlag des Agenda-Setters wird mit der Stimme des Politikers P_r verabschiedet, der genau wie im reinen Legislativmodell des Abschnitts 4.4.1 derjenige ist, dessen Stimme für den Agenda-Setter mit dem geringsten Nettonutzenaufwand zu gewinnen ist. Die Bürger realisieren in dieser Situation ausschließlich die Wohlfahrt aus dem reinen öffentlichen und gegebenfalls aus einem gruppenspezifischen Gut, wenn sie der Gruppe des Agenda-Setters oder des Politikers angehören, der in der Mehrheitskonstellation berücksichtigt wird. Für privaten Konsum verbleiben den Bürgern keine Ressourcen, weil das gesamte Einkommen wegbesteuert und für die Budgetpolitiken sowie die Renten der Politiker, insbesondere derjenigen des Agenda-Setters, verwendet wird.

Ein anderes Ergebnis resultiert, wenn als Spiel das reine Exekutivkomitee aus Abschnitt 4.4.2 zugrunde gelegt wird. Die Ressortminister unterbreiten zusätzlich zu der Vorlage über die Ausgaben für ihre Politikdimension ihres Ressorts jeweils einen Vorschlag über ihre politische Rente π_r mit $r = 1, 2, 3, g$. Der Budgetminister macht bei seinen Gegenvorschlägen zu den Vorlagen der Ressortminister jeweils auch einen Gegenvorschlag für die persönliche Rente des jeweiligen Ministers. Außerdem schlägt er die Höhe seiner eigenen Zahlung π_B vor, wobei die Abstimmungsalternative durch den Status quo-Wert, π_B^{SQ}, gegeben ist. In den Abstimmungen resultieren dieselben Niveaus der staatlich bereitgestellten Güter wie im Ausgangsmodell ohne endogene Renten. Bezüglich der direkten Zahlungen an die Ressortminister schlägt der Budgetminister jeweils ein Niveau von null vor und diese Vorschläge erhalten im Kabinett eine Mehrheit. Hinsichtlich der eigenen Rente π_B stellt der Finanzminister das Status quo-Niveau π_B^{SQ} zur Abstimmung und dies wird im Kabinett gebilligt. Somit resultieren im Exekutivkomitee bei nicht-kooperativem Verhalten der Kabinettsmitglieder und bei getrennter Abstimmung über die Einzelbudgets keine positiven direkten Zahlungen an die Ressortminister, lediglich der Budgetminister ist in der Lage sich den Status quo-Wert anzueignen, der aber nur positiv ist, wenn das Status quo-Budget nicht mit dem Nullbudget übereinstimmt. In der betrachteten Situation entsprechen die Ausgaben für die Renten der Politiker $A_\pi^E = \pi_B^{SQ}$ und diese sind deutlich niedriger als im Legislativkomitee, in dem alle Ressourcen der Ökonomie, die nicht für Budgetpolitiken ausgegeben werden, für direkte Zahlungen zur Verfügung stehen.

Das Ergebnis des reinen Exekutivkomitees überträgt sich auf das Spiel des mehrstufigen Budgetierungsverfahren aus Abschnitt 4.4.3. Der Budgetminister schlägt für alle direkten Zahlungen der Repräsentanten beider Komitees den Wert null sowie für die eigene den Status quo-Wert vor und diese Vorschläge werden jeweils akzeptiert. Daher entspricht das Niveau der politischen Renten demjenigen des reinen Exekutivmodells: $A_\pi^M = A_\pi^E$. Die anderen verabschiedeten Budgetpolitiken stimmen mit dejenigen des mehrstufigen Budgetprozesses überein, außer daß die Legislativpolitiker gegebenfalls zusätzlich für die Zahlung an den Budgetminister in Höhe des Status quo-Wertes, π_B^{SQ}, kompensiert werden müssen.

Die Resultate hinsichtlich der Politikerrenten im Exekutivkomitee und im mehrstufigen Budgetierungsprozeß werden durch die unterstellte nicht-kooperative Verhaltensweise der Politiker und die Festlegung der Abstimmungsbereiche determiniert. Die Trennung der Abstimmungen über die verschiedenen Ressorts bewirkt, daß kein Vorschlag, der eine positive Zahlung vorsieht bzw. den Status quo-Wert des Budgetministers übersteigt, eine Mehrheit in dem Gremium der Exekutive erhält. Wird über alle Ressorts in einer einzigen Abstimmung entschieden, so resultiert im Gegensatz dazu ein Ergebnis, bei dem alle Repräsentanten im Exekutivkomitee positive Renten und spezifische Ausgabenpolitiken erhalten und die gesamten Ressourcen der Volkswirtschaft durch das Budget umverteilt werden. Bei kooperativem Verhalten der Politiker, d.h. in der universalistischen Lösung, werden in allen drei Budgetierungsverfahren die maximal möglichen Einnahmen durch den Staat erhoben und die Mittel, die nicht zur Bereitstellung der Budgetpolitiken in universalistisch optimaler Höhe verwendet werden müssen, werden an die Politiker als Rente verteilt. Die Verteilung der budgetären Ressourcen auf die verschiedenen Politiker ist im Optimum aber unbestimmt. Insbesondere im Exekutivkomitee und im mehrstufigen Verfahren wird die universalistische Lösung je nach Verteilung der Renten von allen Repräsentanten und auch vom Budgetminister vorgezogen, so daß unter der Voraussetzung, daß das Kooperationsproblem zwischen den Politikern gelöst wird, eher mit dieser als mit der nicht-kooperativen Lösung zu rechnen ist.

4.6 Fazit

In diesem Kapitel wurde ein Modellrahmen für die Analyse budgetärer Entscheidungen entwickelt. Es wurden die Budgetallokationen im Gleichgewicht bei verschiedenen institutionellen Arrangements abgeleitet und miteinander verglichen, wobei die Wahlentscheidungen der Bürger keine Berücksichtigung fanden. Dabei konnten u.a. die folgenden Schlußfolgerungen abgeleitet werden:

1. Die resultierenden Budgetallokationen werden wesentlich durch die Regeln des budgetären Verfahrens bestimmt. Im legislativen Verhandlungsmodell werden die Budgetierungsergebnisse durch die Zielsetzung des Agenda-Setters dominiert, für sei-

ne bevorzugten Ausgabenpolitiken die Zustimmung zu erlangen, indem er einer minimalen Mehrheit von Mitgliedern des Legislativkomitees spezifische Politiken anbietet. Der Budgetminister im Exekutivkomitee kann seine budgetären Ziele aufgrund getrennter Abstimmungen über die Politikdimensionen und beschränkter Vorschlagsrechte im wesentlichen ohne Kompensationsmaßnahmen erreichen. Im mehrstufigen Budgetierungsverfahren, in dem beide Komitees an der Entscheidung beteiligt sind, kann sich ebenfalls überwiegend der Finanzminister durchsetzen, aber er ist gezwungen, einer minimalen Mehrheit von Abgeordneten der Legislative kompensatorische Politiken für eine Zustimmung anzubieten. Genaue Aussagen über die relativen Wohlfahrtseigenschaften sind nur bei Kenntnis der Präferenzstrukturen in den Komitees möglich.

2. Die zu erwartende budgetäre Allokation wird durch die unterstellte Verhaltensweise der politischen Repräsentanten determiniert. Während bei nicht-kooperativem Verhalten minimale Mehrheiten und Budgetpolitiken zu erwarten sind, die gerade ausreichen, um die erforderliche Zustimmung zu erlangen, werden bei universalistischem Verhalten alle Politiker einbezogen und mit wohlfahrtserhöhenden Politiken versorgt. Im universalistischen Regime resultieren folglich in allen Bereichen höhere überoptimale Bereitstellungsniveaus , während bei nicht-kooperativem Verhalten einige Politiken über- und andere unteroptimal angeboten werden. Insgesamt folgt eine ungleiche wohlfahrtsmäßige Verteilung der Budgetpolitiken, die davon abhängig ist, wer als Vorschlagender ausgewählt wurde, und wer in die politische Lösung einbezogen wird.

3. Änderungen einzelner budgetärer Institutionen können starke Implikationen für die Budgetierungsergebnisse haben. Exemplarisch untersucht wurden quantitative Begrenzungen der Gesamtausgaben und eine Anhebung des Quorums. Die Beschränkung der Ausgaben bewirkt im mehrstufigen Budgetierungsverfahren i.w., daß die überoptimale Bereitstellung der spezifischen Politik des Vorschlagenden reduziert wird, wodurch eine wohlfahrtsmäßige Verbesserung der Allokation erreicht wird. Die Erhöhung des Quorums bewirkt, daß Gruppen außerhalb der Mehrheitskoalition in der Entscheidung berücksichtigt werden müssen, so daß die spezifischen Politiken für sie verglichen mit einfachen Mehrheitsentscheidungen ausgedehnt werden.

4. Wird die Möglichkeit zur Aneignung von Ressourcen durch die Politiker zugelassen, kann sich in einer Situation ohne Wahlen die Wohlfahrt der Bürger je nach institutionellem Arrangement dramatisch verschlechtern. Im Legislativkomitee wird das gesamte Sozialprodukt der Ökonomie durch den Staat absorbiert, und alle Mittel, die nicht zur Bereitstellung von Gütern verwendet werden, werden durch den Agenda-Setter sowie durch die in die Mehrheit einbezogenen Repräsentanten als Rente angeeignet. Im Exekutivkomitee und im mehrstufigen Verfahren werden die

Renten der Politiker durch die Trennung der Politikdimensionen in den Abstimmungen auf ein Minimum beschränkt. Allerdings ist damit zu rechnen, daß sich die Politiker in einer kooperativen Entscheidung auf eine maximale Aneignung von Ressourcen einigen werden, so daß eine Allokation ähnlich derjenigen im Legislativkomitee zu erwarten ist.

Für die weitere Analyse ist insbesondere von Interesse, wie die Entscheidungsgewalt, die die politischen Repräsentanten im budgetären Prozeß ausüben, durch die Wahlentscheidung der Bürger beschränkt wird. Dies wird im folgenden Kapitel untersucht.

Kapitel 5

Budgetentscheidungen und demokratische Kontrolle

5.1 Einleitung

Im vorangegangenen Kapitel wurde in Abschnitt 4.5 festgestellt, daß die Möglichkeit der Entscheidungsträger, sich im budgetären Prozeß Ressourcen für eigene Zwecke anzueignen, die Wohlfahrt der Bürger beeinträchtigt, da diese im betrachteten Modellansatz u.U. vollständig besteuert werden, wodurch ihnen keine Mittel für den privaten Konsum verbleiben, während gleichzeitig keine staatlichen Leistungen bereitgestellt werden. Allerdings wurde bislang ein Modell betrachtet, in dem der Mechanismus zur Bestimmung bzw. Ablösung der politischen Repräsentanten ausgeblendet war. Die Auswahlentscheidungen der Bürger beeinflussen jedoch die Ergebnisse der betrachteten Budgetprozesse in entscheidender Weise. Die politischen Vertreter berücksichtigen, wenn sie an einer Wiederwahl interessiert sind, das Wahlverhalten der Bürger bei ihren Entscheidungen über die budgetäre Allokation. Umgekehrt machen die Bürger ihre Wahlentscheidung von der Wohlfahrt abhängig, die für sie aus den budgetären Politiken resultiert[1]. In diesem Kapitel werden daher Analyseansätze betrachtet, in denen die demokratische Kontrolle durch Wahlen im Zentrum der Untersuchung steht[2]. Dabei wird insbesondere der Interessenkonflikt zwischen Wählern, die durch Wahlen Kontrolle über die Aktivitäten der Politiker ausüben, und Politikern, die die Macht, die ihnen durch staatliche Ämter eingeräumt wird, für ihre Zwecke ausnutzen können, untersucht. Im ersten Teil des Kapitels werden zunächst Verteilungskonflikte zwischen den Bürgern ausgeblendet, um die Analyse auf das Prinzipal-Agenten-Problem zwischen Bürgern und Politikern zu konzentrieren. Daher wird unterstellt, die Präferenzen der Bürger seien homogen und die Möglichkeit zur Bereitstellung spezifischer Politiken existiere nicht. Im zweiten Teil des Kapitels wird hingegen untersucht, wie die Frage der demokratischen Kontrolle gelöst wird, wenn die

[1] Vgl. dazu ausführlich Abschnitt 2.4.2.2 im zweiten Kapitel.

[2] Vgl. Seabright (1995) und Persson/Roland/Tabellini (1997).

Präferenzen der Bürger - wie im Modell des vorangegangenen Kapitels - heterogen sind. In beiden Teilen des Kapitels werden unterschiedliche Arrangements budgetärer Institutionen betrachtet, so daß die Lösungen des Repräsentanzproblems, welche bei verschiedenen Haushaltsinstitutionen zu erwarten sind, miteinander verglichen werden können.

5.2 Demokratische Kontrolle bei homogenen Bürgerinteressen

Untersucht wird die Wirkung unterschiedlicher budgetärer Institutionen, insbesondere die Variation der Zuordnung von Entscheidungsrechten auf Exekutive und Legislative, auf die resultierenden Budgetentscheidungen und die Höhe der politischen Renten, die sich die Entscheidungsträger aneignen können[3]. Dabei wird die Höhe der Ressourcen, die die politischen Repräsentanten für ihre eigenen Zwecke verwenden und die nicht für Budgetpolitiken, die den Wählern nützen, zur Verfügung stehen, endogen im budgetären Entscheidungsverfahren bestimmt. Der Ansatz basiert im wesentlichen auf einem Prinzipal-Agenten-Modell, in dem die Anstrengung eines politischen Repräsentanten bei der Bereitstellung staatlicher Politiken betrachtet wird, wobei dieser durch die asymmetrische Informationsverteilung die Möglichkeit hat, auf Kosten der Wähler von diesen nicht beobachtbare Vorteile zu realisieren. Untersucht wird in diesem Zusammenhang die Entscheidung des Politikers, des Agenten, über das Niveau seines Ressourceneinsatzes, wenn die Wähler als Prinzipale über die Wiederwahl des Politikers befinden[4]. Der Ansatz, der in diesem Abschnitt zugrunde gelegt wird, modelliert explizit den Interessenkonflikt zwischen Wählern und Politikern, die die Möglichkeit haben, ihre Entscheidungsgewalt über die staatlichen Ressourcen auf Kosten der Wähler für ihre Zwecke einzusetzen. Im Extremfall sind die Politiker dabei in der Lage, sich die gesamten Mittel der Volkswirtschaft anzueignen, wobei in diesem Fall eine Wiederwahl unwahrscheinlich ist. Wahlen haben in diesem Zusammenhang die Funktion, die Politiker zu disziplinieren, indem sie den Bürgern die Möglichkeit geben, Politiker aus dem Amt zu entfernen, die ihre Macht übermäßig ausnutzen[5]. Betrachtet wird nicht - wie im vierten Kapitel - eine einzige Budgetierungsperiode, sondern eine Folge von Perioden, wobei zwischen den Haushaltsentscheidungen Wahlen der politischen Repräsentanten stattfinden.

---

[3]Das Modell, das in diesem Abschnitt vorgestellt wird, basiert auf Persson/Roland/Tabellini (1997). In der hier gewählten Modifikation wird zusätzlich zum Originalmodell über die absolute Budgethöhe und das Bereitstellungsniveau des öffentlichen Gutes entschieden.

[4]Vgl. Ferejohn (1986) und als Vorläufer dieses Ansatzes Barro (1973).

[5]Vgl. Persson/Roland/Tabellini (1997).

5.2.1 Prinzipal-Agenten-Problem zwischen Wählern und Regierung

Untersucht wird ein dynamischer Kontext mit einem unendlichen Zeithorizont. Die möglichen Budgetpolitiken und die Präferenzen der Spieler entsprechen im Prinzip denen, die in Abschnitt 4.2 des vierten Kapitels eingeführt wurden[6]. Allerdings wird zunächst die abweichende Annahme getroffen, daß vom Staat keine spezifischen Güter bereitgestellt werden, sondern daß es ausschließlich ein rein öffentliches Gut g gibt, bezüglich dessen die Wähler identische Präferenzen haben[7], so daß gilt:

$$u_t = K_t + J(g_t). \tag{5.1}$$

Die Bürger maximieren ihren erwarteten Nutzenstrom aus dem Konsum des privaten Gutes K_t und dem öffentlichen Gut g_t über einen unendlichem Zeithorizont:

$$U = E\left[\sum_{t=1}^{\infty} \delta^t u_t(K_t, g_t)\right]. \tag{5.2}$$

$\delta \in (0,1)$ bezeichnet den Diskontierungsfaktor. $u(K_t, g_t)$ ist eine in K_t steigende, konkave von Neumann-Morgenstern Nutzenfunktion, wobei K_t sich aufgrund der Budgetrestriktion folgendermaßen bestimmt:

$$K_t = y_{v,t} = 1 - t_t = 1 - \tfrac{1}{N}A_t. \tag{5.3}$$

Dabei bezeichnet t_t den Steuersatz, A_t die gesamten Ausgaben und N die Anzahl der Bürger der Jurisdiktion. Ausgangspunkt der Betrachtung in diesem Abschnitt ist die einfachste Modellvariante bezüglich der Spielstruktur zwischen Regierung und Wählern. Alle Spieler sind über alle Parameter und Spielzüge vollständig informiert. Es gibt nur einen politischen Spieler P_E, die Regierung bzw. den Präsidenten, welcher die Variable $\pi_{E,t}$ und die Höhe des Budgets A_t festlegt. Das öffentliche Gut wird auf dem folgenden Niveau bereitgestellt:

$$g_t = A_t - \pi_{E,t}. \tag{5.4}$$

$\pi_{E,t}$ steht für die Mittel, welche die Regierung für ihre eigenen Zwecke abzweigt, die politische Rente. Es gilt die Restriktion $g_t \geq 0$ und die Wahl der Regierung ist auf $\pi_t \leq A_t$ beschränkt. Die Regierung maximiert ihren erwarteten Nutzen[8]

$$V_E = E\left[\sum_{t=1}^{\infty} \delta \pi_{E,t}\right]. \tag{5.5}$$

[6] Vgl. Persson/Roland/Tabellini (1997), S. 1168 ff.

[7] Weil die Präferenzen der Individuen identisch sind, wird im folgenden der Index i für die Bezeichnung des betrachteten Individuums weggelassen.

[8] Für den Parameter β in der Zielfunktion der Politiker (4.6) im Abschnitt 4.2.3.2 des vierten Kapitels wird $\beta = 1$ gewählt.

Dabei wird die Annahme getroffen, daß der Diskontierungsfaktor δ für Wähler und Politiker gleich groß ist, wobei alternative Annahmen hierüber die Substanz der Ergebnisse nicht verändern. Das Spiel jeder Periode verläuft folgendermaßen:

1. Die Wähler legen eine Regel für die Wiederwahl des amtierenden Politikers P_E, $\mathbf{WR}^P$, fest, die auf $\pi_{E,t}$ sowie auf g_t bzw. A_t kontingentiert ist.

2. Die Regierung P_E wählt ihre Aktivitäten $\pi^P_{E,t}$, A^P_t bzw. g_t.

3. Die Wähler entscheiden entsprechend ihrer Wahlregel, ob die Regierung wiedergewählt oder ob sie ihres Amtes enthoben wird. Im zweiten Fall übernimmt ein Opponent die Regierung. Es gilt die Annahme, daß ein unendlich großer Pool an identischen Kandidaten existiert, so daß immer ein gleichwertiger Herausforderer zur Verfügung steht.

Die Annahme eines unerschöpfbaren Kandidatenpools ermöglicht den Wählern, den Amtsinhaber im Fall eines übermäßigem Machtmißbrauchs durch Abwahl zu sanktionieren. Eine einmal abgewählte Regierung wird in keiner der folgenden Perioden wiedergewählt. Die Wiederwahloption dient den Wählern zur Disziplinierung der Regierung, die im Prinzip Kraft des ihr übertragenen Amtes über die Macht verfügt, die Bürger maximal auszubeuten.

Bezüglich des Wählerverhaltens werden folgende Annahmen getroffen. Erstens wird angenommen, daß sich die Wähler, deren Präferenzen als identisch postuliert wurden, auf eine Wiederwahlstrategie koordinieren können. Dabei beschränken sie sich auf reine Strategien, weil es für eine große Wählerschaft zu kompliziert ist, sich auf eine der vielen möglichen gemischten Strategien zu verständigen[9]. Zweitens wird von retrospektivem Wählerverhalten ausgegangen, d.h. die Wähler machen ihre Wahlentscheidung vom tatsächlich realisierten Ergebnis der Politik der jeweiligen Periode und nicht von Wahlversprechen oder Parteiprogrammen abhängig[10]. Drittens werden Wählerstrategien unterstellt, die sequentiell rational sind und in denen die Spieler ihre Entscheidungen ausschließlich aufgrund von Ergebnissen der laufenden Periode und nicht auf der Basis früherer Perioden treffen. D.h. die Geschichte des Spiels vor der jeweiligen Periode spielt für die Entscheidung in der laufenden Periode keine Rolle[11].

[9] Vgl. Persson/Roland/Tabellini (1997), S. 1171.

[10] Vgl. zu einer ausführlichen Begründung Abschnitt 2.4.3 im zweiten Kapitel und Ferejohn (1986), S. 7 ff. Auch empirische Evidenz deutet darauf hin, daß Wähler ihre Wahlentscheidungen auf den Ergebnissen der vorangegangenen Wahlperiode konditionieren; vgl. dazu Persson/Roland/Tabellini (1997), S. 1171 ff. und Lewis-Beck (1988) sowie Beseley/Case (1995).

[11] Wenn - wie hier unterstellt - die Wähler zu Beginn jeder Periode neu optimieren, ist es gerechtfertigt, Strategien zu unterstellen, die nicht die gesamte Geschichte des Spiels sondern nur die unmittelbar vorangegangene Periode berücksichtigen. Außerdem müßte andernfalls angenommen werden, die Bürger könnten sich auf komplexe intertemporale Strategien koordinieren, und die Politiker könnten sich glaubhaft

Bei vollständiger Information können die Wähler direkt die Menge $\pi_{E,t}$ beobachten, die sich die Regierung aneignet. Sie sind daher in der Lage, eine Wahlstrategie bedingt auf $\pi_{E,t}$ und A_t bzw. g_t zu formulieren. Wenn die Regierung zu viele Ressourcen für ihre eigenen Zwecke abzweigt, wird sie nicht wiedergewählt. Allerdings müssen die Wähler zulassen, daß die Regierung einen Teil der Ressourcen für sich verwendet. Wenn die Gewinne einer möglichen Wiederwahl aufgrund der damit verbundenen Möglichkeit, sich auch in Zukunft Ressourcen anzueignen, nicht ausreichend sind, wird sich die Regierung schon in der laufenden Periode möglichst viel aneigenen und auf eine Wiederwahl verzichten. Das stationäre teilspielperfekte Gleichgewicht des Spiels wird durch Rückwärtsinduktion abgeleitet. Im folgenden wird angenommen, daß die Wähler die folgende Regel für eine Wiederwahl anwenden[12]:

WR^P Bestätige die Regierung genau dann im Amt, wenn $\pi_{E,t} \leq \tilde{\pi}_E = (1-\delta)Y$ und $g_t = \tilde{g} = J'^{-1}\left(\frac{1}{N}\right)$ ist.

Unter dieser Annahme kann der Vertreter der Exekutive entweder mehr als $\tilde{\pi}_E$ für sich abzweigen und er wird in der nächsten Periode nicht wiedergewählt. Alternativ kann er $\tilde{\pi}_E$ oder weniger für sich verwenden und er wird von den Wählern für eine weitere Periode gewählt, in der er ebenfalls wieder Ressourcen für sich selbst abzweigen kann. Wenn $E[V]$ den erwarteten Nutzen einer weiteren Amtsperiode bezeichnet, ist der Repräsentant P_E genau dann indifferent zwischen $\tilde{\pi}_E$ und einer Wiederwahl einerseits und der maximal möglichen Aneignung von Ressourcen in Höhe von $\pi_{E,t}^{\max} = Y$ andererseits, wenn $\tilde{\pi}_E$ die folgende Bedingung erfüllt:

$$Y = \tilde{\pi}_E + \delta E[V]. \tag{5.6}$$

D.h. er ist indifferent zwischen der Wiederwahl und einer Situation, in der seine Abwahl beschlossen wird, wenn die Wohlfahrt, die er aus der Aneignung der gesamten Ressourcen der Volkswirtschaft, Y, realisieren würde, gleich der Summe des Nutzens aus $\tilde{\pi}_E$ in der laufenden Periode und dem erwarteten abdiskontierten Nutzen seiner Wiederwahl $E[V]$ ist. $\tilde{\pi}_E$ stellt somit die minimale Höhe der politischen Rente dar, die die Wähler dem Politiker zugestehen müssen, damit dieser sich in der betrachteten Periode nicht alle verfügbaren Mittel der Ökonomie aneignet. Da ein stationäres Gleichgewicht eines dynamischen Spiels abgeleitet wird, gilt diese Überlegung für jede der Perioden, d.h. $\tilde{\pi}_E$ ist im Gleichgewicht in allen Perioden identisch und für V gilt demnach:

$$E[V] = \tfrac{1}{1-\delta}\tilde{\pi}_E. \tag{5.7}$$

über mehrere Wahlperioden binden. Beides erscheint unplausibel. Vgl. dazu Persson/Roland/Tabellini (1997), S. 1171.

[12] Vgl. Persson/Roland/Tabellini (1997), Proposition 1, S. 1172.

Nach Einsetzen des Ausdrucks (5.7) in die Indifferenzbedingung (5.6) und Auflösen nach $\tilde{\pi}_E$ resultiert der Ausdruck für $\tilde{\pi}_E$, der in der Wiederwahlregel angegeben wurde. D.h. im Gleichgewicht ist

$$\pi_E^P = \tilde{\pi} \equiv (1-\delta)\,Y, \tag{5.8}$$

und der Repräsentant P_E wird in jeder Periode wiedergewählt. π_E^P sinkt mit dem Diskontierungsfaktor δ, d.h. je geringer der Politiker zukünftigen Konsum bewertet, desto mehr muß er von den Wählern zugestanden bekommen, um sich auf eine Wiederwahl einzulassen.

Die Wähler konditionieren ihre Wahlregel auch auf der absoluten Höhe des Budgets A_t bzw. auf dem Bereitstellungsniveau des öffentlichen Gutes g_t. Der Politiker P_E, der nicht an der absoluten Budgethöhe interessiert ist, führt die von den Wählern verlangte Budgetallokation durch, solange im stationären Wiederwahlgleichgewicht der Gegenwartswert der politischen Renten dem entspricht, was er erhalten könnte, wenn er sich schon in der ersten Periode die ganzen verfügbaren Ressourcen, Y, aneignen würde. Zur Ableitung des optimalen Budgets aus Sicht der Wähler maximieren die Bürger ihre Zielfunktion unter der Nebenbedingung, daß die Teilnahmerestriktion für den Politiker P_E (5.8) für ein Wiederwahlgleichgewicht erfüllt ist:

$$\max_{g_t,\pi_{E,t}} u_t = J\left(g_t\right) - \tfrac{1}{N}\left(g_t + \pi_{E,t}\right) \tag{5.9}$$

$$s.t.\ \pi_E^P - \pi_{E,t} \leq 0. \tag{5.10}$$

Es handelt sich im Prinzip um die Lösung eines Second-best-Problems aus Sicht der Wähler, bei dem es darum geht, das optimale Budget unter Berücksichtigung der nicht vermeidbaren politischen Ineffizienz des staatlichen Sektors zu finden. Die Restriktion für den Politiker bindet, und das formulierte Optimierungsproblem führt zu der Lösung, die in der Wahlregel $\mathbf{WR}^P$ angegeben ist, d.h. es resultieren Ausgaben in Höhe von

$$\tilde{g} = J'^{-1}\left(\tfrac{1}{N}\right) \tag{5.11}$$

$$A_t = \tilde{g} + \tilde{\pi}. \tag{5.12}$$

Das Budget erfüllt eine modifizierte Samuelson Bedingung für die Bürger, bei der die Ineffizienz des politischen Sektors berücksichtigt wird. Bei vollständiger Information kann das folgende Gleichgewicht des Spiels abgeleitet werden: Der Politiker P_E wählt $\pi_E^P = (1-\delta)\,Y$ und $g^P = J'^{-1}\left(\frac{1}{N}\right)$. Die Wähler verhalten sich entsprechend der Wahlregel und der Politiker P_E wird in jeder Periode wiedergewählt[13].

In der betrachteten Budgetierungssituation führt eine bindende fiskalische Restriktion für die Höhe der gesamten Ausgaben des Budgets zu einer suboptimalen Allokation. Der Anteil des Budgets, der für die Bereitstellung des öffentlichen Gutes zur Verfügung steht,

[13] Vgl. Persson/Roland/Tabellini (1997), Proposition 1, S. 1172.

wird reduziert, während der Anteil der politischen Renten am Budget gleich bleibt und damit wird die Wohlfahrt der Wähler insgesamt sinken.

Bei gegebener Steuerfunktion sind die Ergebnisse auch für heterogene Präferenzen der Bürger über den Konsum des öffentlichen Gutes verallgemeinerbar. Durch Anwendung des Medianwählertheorems folgt, daß das Gleichgewicht für die Wahlregel der Bürger in diesem Fall im Optimalpunkt des Individuums mit der Medianpräferenz hinsichtlich der Bereitstellungsmenge des öffentlichen Gutes liegt[14]. Für keinen Bürger würde es sich lohnen, eine Abweichung vom Optimalniveau des Medians bezüglich des öffentlichen Gutes zu fordern.

Wird darüber hinaus die Möglichkeit in Betracht gezogen, daß Wahlen nur in jeder k-ten Periode stattfinden, so ändert sich die Partizipationsbedingung für den Repräsentanten (5.6) folgendermaßen[15]

$$Y = \pi_E + \delta^k \tfrac{1}{1-\delta^k} \pi_E \tag{5.13}$$

und für die politische Mindestrente ergibt sich

$$\pi_{E,t}^{P'} = \left(1 - \delta^k\right) Y. \tag{5.14}$$

Dies ist größer als $\bar{\pi}$. Demnach steigt die politische Rente π^P mit der Länge der Legislaturperiode bzw. mit der Anzahl der Budgetierungsperioden zwischen den Wahlen[16]. Eine längere Amtszeit der Regierung erhöht die Ressourcen, die sich die Regierung aneignen kann, und senkt die Wohlfahrt der Bürger. Je häufiger Wahlen abgehalten werden, desto häufiger kann die Regierung zur Verantwortung gezogen werden. Dies ist im Interesse der Wähler, weil es ihre Wohlfahrt erhöht[17].

5.2.2 Gewaltenteilung im Präsidialsystem

Im folgenden wird die Annahme aufgegeben, daß ein einziger staatlicher Akteur bzw. ein Organ wie im Präsidialsystem des vorangegangenen Abschnitts über die Entscheidungskompetenz bezüglich des staatlichen Budgets verfügt[18]. Das im vorigen Abschnitt spezifizierte Modell wird um eine weitere, von den Wählern direkt gewählte Institution P_L erweitert und es werden unterschiedliche Konstellationen der Beteiligung dieser staatlichen Körperschaft an den Budgetentscheidungen untersucht. Bei dem zusätzlichen staatlichen Organ kann es sich beispielsweise um eine legislative Versammlung handeln. In diesem Abschnitt wird zunächst der Fall untersucht, in dem beide Organe direkt und gleichzeitig von den Wählern gewählt werden. Diese Konstellation unterscheidet sich von

[14] Vgl. Arnold (1992), S. 122 ff.
[15] Vgl. Persson/ Roland/ Tabellini (1997), S. 1173.
[16] Vgl. Persson/Roland/Tabellini (1997), S. 1173.
[17] Kosten des Wählens werden dabei nicht berücksichtigt.
[18] Vgl. zu diesem Abschnitt Persson/Roland/Tabellini (1997), S. 1175 ff.

parlamentarischen Systemen, in denen die Exekutive durch die Legislative bestimmt und nicht direkt von den Wählern gewählt wird[19]. Es wird weiter eine Situation vollständiger Information betrachtet, so daß die Bürger die Gesamthöhe der politischen Renten in einer Periode, π_t, beobachten können. Allerdings können die Wähler bei ihren Entscheidungen nicht erkennen, wieviel jede der beiden Körperschaften zur Abzweigung der Ressourcen beigeträgt.

Die Präferenzen der Wähler und der Exekutive P_E sind wie im vorangegangenen Abschnitt definiert. Die Budgetrestriktion muß allerdings die geänderte institutionelle Konstellation berücksichtigen und eine Variable für die Rente des Legislativorgans P_L beinhalten. Die Legislative eignet sich die Rente $\pi_{L,t}$ an. Somit setzt sich das Budget in diesem institutionellen Arrangement folgendermaßen zusammen:

$$A_t = \pi_{L,t} + \pi_{E,t} + g_t. \tag{5.15}$$

Für die Ausgaben, die für die Bereitstellung des öffentlichen Gutes eingesetzt werden, gilt:

$$g_t = A_t - \pi_{L,t} - \pi_{E,t}. \tag{5.16}$$

Bezüglich der Exekutive ist weiterhin die Zielfunktion (5.5) des vorangegangenen Abschnitts gültig. Für die Legislative wird angenommen, daß diese analog zur Exekutive die Erwartungsnutzenfunktion

$$V_L = E\left[\sum_{t=1}^{\infty} \delta_t^t \pi_{L,t}\right] \tag{5.17}$$

maximiert. Die gesamte Rente der politischen Organe beträgt

$$\pi_t = \pi_{L,t} + \pi_{E,t}. \tag{5.18}$$

Wie bisher wird von weitgehend vollständig informierten Wählern ausgegangen, wobei diese den tatsächlichen Wert von π_t, aber nicht die einzelnen Realisationen von $\pi_{L,t}$ und $\pi_{E,t}$ beobachten können. Daher sind sie in der Lage, ihre Wahlregel von der Summe der Renten, π_t, abhängig zu machen aber nicht von $\pi_{L,t}$ und $\pi_{E,t}$.

Zwei Interessenkonflikte bestimmen die Entscheidung der poltischen Akteure über das Budget im Rahmen des Gewaltenteilungsmodells. Erstens besteht zwischen den Politikern der Exekutive und der Legislative eine Zieldivergenz bezüglich der Aufteilung der politischen Renten, d.h. jedes Organ zielt darauf ab, einen möglichst großen Anteil für sich zu gewinnen. Zweitens gibt es - wie im Grundmodell - zwischen den Politikern auf der einen und den Wählern auf der anderen Seite einen Dissens über die Aufteilung der Ressourcen der Ökonomie zwischen den Verwendungen, die die Wohlfahrt der Bürger erhöhen, und denen, die den Politikern nützen.

[19]Vgl. dazu Abschnitt 5.2.3 auf S. 135 ff.

5.2.2.1 Unabhängige Entscheidung der Organe

Im ersten institutionellen Arrangement (U), das untersucht wird, entscheiden die beiden staatlichen Körperschaften, Exekutive und Legislative, unabhängig voneinander über die Ausgaben, ohne auf die Zustimmung des jeweils anderen Organs angewiesen zu sein[20]. Beispielsweise kann die eine Körperschaft über die alleinige Entscheidungskompetenz im Aufgabenbereich A verfügen, während das andere Organ über den Aufgabenbereich B entscheidet[21]. Beide Organe äußern unabhängig voneinander ihre Nachfrage nach finanziellen Mitteln, wobei die Summe der angeforderten Mittel die in der Volkswirtschaft vorhandenen Ressourcen nicht überschreiten kann. Daher muß die Restriktion $y_v \geq 0$ bzw. $t \leq 1$ erfüllt sein und es muß $\pi_{L,t} + \pi_{E,t} + g_t \leq Y$ gelten. Der Entscheidungsprozeß verläuft folgendermaßen:

1. Die Bürger formulieren für beide Körperschaften eine Wiederwahlregel $\mathbf{WR}^U$, die auf g_t sowie π_t kontingentiert ist.

2. Exekutive und Legislative legen jeweils unabhängig voneinander die Mengen $\pi_{L,t}$, $\pi_{E,t}$ fest.

3. Ist $\pi_{L,t}+\pi_{E,t} \leq Y$, erhalten beide Organe jeweils die von ihnen nachgefragte Menge. Das Residuum, $Y - \pi_{L,t}+\pi_{E,t}$ wird gegebenenfalls bis zu der von den Bürgern geforderten Menge für das öffentliche Gut g verwendet. Wird die Ressourcenrestriktion nicht erfüllt, werden die Status quo-Mengen π_E^{SQ}, π_L^{SQ} und $g^{SQ} = 0$ implementiert. Dabei wird der Maximal-Steuersatz $t^{\max} = 1$ festgelegt und die gesamten Einnahmen $E^{\max} = Y$ werden auf die beiden Organe aufgeteilt, d.h. es resultiert $\pi_L^{SQ} + \pi_E^{SQ} = Y$ und es gilt $\pi_E^{SQ} = \pi_L^{SQ} = \frac{1}{2}Y$.

Im folgenden wird davon ausgegangen, daß die Wähler die folgende Wahlregel anwenden[22]:

WR^U Bestätige die Politiker in ihren Ämtern genau dann, wenn $\sum_N y_{v,t} = Y_{v,t} \geq Y_v^U = \lambda Y - \tilde{g}$ und $g_t \leq \tilde{g} = J'^{-1}\left(\frac{1}{N}\right)$.

Für jedes $\lambda > 0$ gibt es ein Gleichgewicht, welches aus Sicht der Wähler zu einer minimalen Wohlfahrt führt. Dabei fragen die beiden Organe $\pi_E \geq \frac{1}{2}Y$ und $\pi_L \geq \frac{1}{2}Y$ nach und es folgt $\pi_{L,t} + \pi_{E,t} = Y$ und somit $u_t = 0$. In den Gleichgewichten, die für die Wähler

[20] Vgl. zu diesem institutionellen Arrangement Persson/Roland/Tabellini (1997), S. 1176 ff.

[21] Diese institutionelle Konstellation ist z.B. in gewisser Hinsicht im Budgetierungsverfahren der EU vorzufinden, wo der Rat die letztendliche Entscheidungskompetenz für die obligatorischen Ausgaben und das Parlament die entsprechende Befugnis für die nichtobligatorischen Ausgaben hat. Vgl. Abschnitt 6.3.

[22] Vgl. Persson/Roland/Tabellini (1997), S. 1177.

günstiger sind und bei denen die politischen Organe kompatible Forderungen stellen, die auch die Wiederwahlrestriktion bezüglich der politischen Renten erfüllen, muß gelten:

$$\pi_L^{SQ} \leq \tfrac{1}{2}(1-\lambda)Y. \tag{5.19}$$

D.h. beide Spieler erhalten mindestens die Auszahlung der Status quo-Allokation. Die politischen Akteure, P_E und P_L, sind indifferent zwischen der Wiederwahl und dem Verlust des Amtes, wenn für sie jeweils

$$Y - \tfrac{1}{2}(1-\lambda)Y \leq \tfrac{1}{2}\tfrac{(1-\lambda)Y}{1-\delta} \tag{5.20}$$

gilt. Die rechte Seite von (5.20) gibt den abdiskontierten Wert des Auszahlungsstroms in einem Wiederwahlgleichgewicht an und die linke Seite entspricht der Auszahlung, wenn der eine Spieler sich an die Wiederwahlregel $\mathbf{WR}^U$ hält und $\frac{1}{2}(1-\lambda)Y$ aneignet, während der betrachtete Spieler von der Regel abweicht und die verbleibenden Ressourcen für sich abzweigt. (5.20) impliziert für λ:

$$\lambda = \tfrac{\delta}{2-\delta}; \tag{5.21}$$

wegen $\delta < 1$ folgt daraus:

$$\lambda < \delta. \tag{5.22}$$

Für die Auszahlung der Bürger bedeutet dies:

$$Y - \pi_t = \lambda Y < \delta Y. \tag{5.23}$$

Somit verbleiben für die Zwecke der Bürger, d.h. für deren privaten Konsum und das öffentliche Gut, weniger Ressourcen als im Präsidialsystem mit $Y - \pi_E^P = \delta Y$. Folglich stellen sich die Bürger strikt schlechter als im Präsidialsystem[23].

5.2.2.2 Geschlossene Agenda

Im folgenden wird von der Annahme, daß beide Körperschaften unabhängig voneinander Entscheidungen über Teile des Budgets treffen, abgewichen[24]. In diesem Abschnitt wird angenommen, daß eine Körperschaft die Vorschlagsrechte über die Budgetentscheidungen erhält. Welchem Organ die Kompetenzen des Agenda-Setters eingeräumt werden, ist für die Resultate aus Sicht der Wähler unerheblich. Es wird angenommen, daß die Exekutive P_E das Vorschlagsrecht über die Budgetallokation hat. Die Exekutive P_E erstellt einen Haushaltsentwurf und legt diesen der Legislative P_L zur Abstimmung vor, wie dies in realen Budgetprozessen der Fall ist und im stilisierten Modell der Budgetaufstellung im zweiten Kapitel beschrieben wurde. Die Sequenz der Entscheidungen verläuft folgendermaßen:

---

[23] Vgl. Persson/Roland/Tabellini (1997), Proposition 3, S. 1177. Dieses Ergebnis ist auch verallgemeinerbar für andere Status quo-Aufteilungen $\pi^{SQ} \neq \frac{1}{2}Y$.

[24] Vgl. Persson/Roland/Tabellini (1997), S. 1179 ff.

1. Die Wähler legen eine Regel für die Wiederwahl der amtierenden Politiker P_E und P_L, $\mathbf{WR}^C$, fest, die auf g_t und π_t kontingentiert ist.

2. Die Exekutive P_E unterbreitet einen Vorschlag $\mathbf{b}^{EC} = \left[\pi_{L,t}^{EC}\pi_{E,t}^{EC}, g_t^{EC}, A_t^{EC}\right]$, der die Budgetrestriktionen $g_t^{EC} = A_t^{EC} - \pi_{L,t}^{EC} - \pi_{E,t}^{EC} \geq 0$ und die Restriktion $A_t \leq Y$ erfüllen muß.

3. Die Legislative P_L kann den Vorschlag entweder akzeptieren oder ablehnen und es können keine Änderungsvorschläge gemacht werden, d.h. die Abstimmungsregel ist geschlossen[25]. Nimmt die Legislative den Vorschlag an, so wird dieser implementiert. Im Fall der Ablehnung wird eine Status quo-Allokation $\mathbf{b}^{SQ} = \left[\pi_L^{SQ}, \pi_E^{SQ}, g^{SQ}, A^{SQ}\right]$ mit $\pi_L^{SQ} + \pi_E^{SQ} + g^{SQ} \leq Y$ durchgeführt.

4. Am Ende jeder Periode entscheiden die Wähler, nachdem sie π_t und g_t bzw. A_t beobachtet haben, ob sie die Politiker wiederwählen.

Die Status quo-Allokation hat, wie im dritten Kapitel in Abschnitt 3.3.3 diskutiert, ihre Entsprechung in realen Budgetprozessen. Die Regel legt fest, welche Allokation realisiert wird, wenn keine bzw. keine rechtzeitige Einigung über das Budget erfolgt. In diesem Modell gilt, daß die Wohlfahrt der Bürger um so höher ist, je kleiner die Status quo-Allokation für die Renten der Politiker π^{SQ} ist. D.h. es ist im Interesse der Wähler, wenn für den Status quo $\pi_L^{SQ} + \pi_E^{SQ} < Y$ gilt. Die Status quo-Werte sind den Bürgern bekannt.

Gesucht wird das stationäre teilspielperfekte Gleichgewicht. Da die Exekutive Agenda-Setting Kompetenzen hat und die Wähler die Summe der von den Politikern tatsächlich abgezweigten Mengen beobachten können, ist die Legislative auf den Status quo π^{SQ} festgelegt. Das Gleichgewicht wird mittels Rückwärtsinduktion abgeleitet: Die Wähler gestehen der Exekutive die minimale Menge $\tilde{\pi}_E$ an Ressourcen zu, die diese indifferent zwischen der Aneignung aller verfügbaren Ressourcen und einer Wiederwahl sein lassen. Die maximale Menge an Ressourcen für den privaten Konsum, die die Bürger erwarten können, ist daher:

$$\tilde{Y}_v = Y - \tilde{\pi} - \tilde{g}, \tag{5.24}$$

wobei $\tilde{\pi}$ entsprechend (5.8) in Abschnitt 5.2.1 definiert ist. Es wird unterstellt, daß die Wähler die folgende Regel für die Wiederwahl anwenden[26]:

WR^C Bestätige die Exekutive und die Legislative in ihren Ämtern genau dann, wenn $Y_{v,t} \geq \tilde{Y}_v^C = Y - \tilde{\pi} - \tilde{g}$ und $g_t = \tilde{g} = J'^{-1}\left(\frac{1}{N}\right)$ ist.

[25] Diese Annahme ist keine unrealistische Beschreibung der institutionellen Gegebenheiten in den EU-Mitgliedstaaten. Vgl. dazu von Hagen (1992), S. 41 f. und Tabelle 7, S. 66 sowie die Ausführungen im Abschnitt 3.3.3 im dritten Kapitel.

[26] Vgl. Persson/Roland/Tabellini (1997), S. 1181.

Die Exekutive hat zwei Optionen: Sie kann erstens eine Wiederwahl anstreben und der Legislative das Budget $b^E = \left[\pi_E^C, \pi_L^{SQ}, \tilde{g}\right]$ mit $\pi_E^C = \tilde{\pi} - \pi_L^{SQ}$vorschlagen. Dieses wird von der Legislative akzeptiert, und beide Organe werden wiedergewählt. Die zweite Option der Exekutive ist es, auf die Wiederwahl zu verzichten und der Legislative ein Angebot zu unterbreiten, das sie dazu bringt, von dem Wiederwahlgleichgewicht abzuweichen. Die Legislative wird jeden Vorschlag $\pi_{L,t} = \pi_L^{SQ}$ und $\pi_{E,t} > \tilde{\pi} - \pi_L^{SQ}$ ablehnen, da sie dadurch zusammen mit der Exekutive ihr Amt verlieren würde, ohne sich in der laufenden Periode besser zu stellen. Um die Legislative zu einer Abweichung zu bewegen, muß die Exekutive der Legislative daher mehr als die Status quo-Menge anbieten, die diese im Fall eines stationären Wiederwahlgleichgewichts in jeder Periode erhalten kann. Im Fall des stationären Gleichgewichts wäre dies die Menge:

$$\pi_L^W = \frac{\pi_L^{SQ}}{1-\delta}. \tag{5.25}$$

Die Bedingung für eine Teilnahme der Exekutive an einem Wiederwahlgleichgewicht lautet daher

$$Y - \pi_L^W \leq \frac{\pi_E^C}{1-\delta}. \tag{5.26}$$

Daraus kann der Wert für die Auszahlung der Exekutive abgeleitet werden, bei der diese indifferent zwischen beiden Optionen ist:

$$\pi_E^C = (1-\delta)\, Y - \pi_L^{SQ}. \tag{5.27}$$

Demnach gibt es ein stationäres Gleichgewicht bei vollständiger Information, in dem P_E den Vorschlag $b^C = \left(\pi_E^C, \pi_L^{SQ}, \tilde{g}, A^C\right)$ mit $A^C = \pi_E^C + \pi_L^{SQ} + \tilde{g}$ unterbreitet. P_L akzeptiert und beide Organe werden entsprechend $\mathbf{WR}^C$ von den Wählern wiedergewählt[27]. Diese Allokation ist ein Gleichgewicht, da keiner der Spieler einen Anreiz hat, von den gewählten Strategien abzuweichen. Die gesamte Rente, die sich die Organe in jeder Periode im Gleichgewicht aneignen, beträgt

$$\pi^C = \pi_E^C + \pi_L^{SQ} = (1-\delta)\, Y = \tilde{\pi}, \tag{5.28}$$

d.h. diese ist genau so hoch wie im grundlegenden Präsidialsystem ohne Gewaltenteilung (P). Für die Wohlfahrt eines Bürgers resultiert

$$u_t^C = \delta + J(\tilde{g}) - \frac{1}{N}\tilde{g}, \tag{5.29}$$

also dasselbe Niveau wie im Präsidialmodell. Somit wird die Wohlfahrt der Bürger gegenüber der Common-Pool-Situation im institutionellen Arrangement U bei unabhängiger Entscheidung der Organe dadurch erhöht, daß eine Körperschaft das exklusive Vorschlagsrecht über das Budget erhält.

[27] Vgl. Persson/Roland/Tabellini (1997), Proposition 4, S. 1182.

5.2.2.3 Geteilte Vorschlagsrechte

Der vorangegangene Abschnitt hat gezeigt, daß der Interessenkonflikt zwischen den beiden Körperschaften den Wählern zu Gute kommen kann, wenn einem der beiden staatlichen Spieler Vorschlagsrechte über die Budgetallokation eingeräumt werden. In dem institutionellen Arrangement dieses Abschnitts wird gezeigt, daß sich diese Eigenschaft budgetärer Entscheidungsverfahren zusätzlich ausnutzen läßt, um die Wohlfahrtsposition der Wähler noch weiter zu verbessern[28]. Im folgenden institutionellen Arrangement (S) werden die Entscheidungen über die Höhe des Budgets und über die Verteilung der Ressourcen auf die verschiedenen Verwendungen innerhalb des staatlichen Sektors getrennt, wie dies in den Abschnitten 3.3.3.1 und 3.3.3.2 des dritten Kapitel diskutiert wurde. Jeder staatliche Spieler erhält die Vorschlagsrechte über jeweils eine Dimension des Entscheidungsprozesses. Ein Organ schlägt das Niveau der insgesamt vom Staat zu erhebenden Ressourcen vor, und das andere unterbreitet einen Vorschlag für die Verwendung der Ressourcen. Das Spiel einer Periode hat im einzelnen folgenden Verlauf:

1. Die Wähler legen eine Regel für die Wiederwahl der amtierenden Politiker P_E und P_L, $\mathbf{WR}^S$, fest, die auf g_t und π_t bzw. A_t kontingentiert ist.

2. Die Exekutive schlägt der Legislative eine Gesamtmenge an insgesamt vom Staat zu erhebenden Ressourcen A_t^{ES} vor.

3. Die Legislative kann den Vorschlag A_t^{ES} akzeptieren oder ablehnen. Bei Ablehnung gilt eine Status quo-Budgethöhe A^{SQ}.

4. Die Legislative kann eine Aufteilung der Ressourcen $\mathbf{b}^{LS} = \left[\pi_{L,t}^{LS}, \pi_{E,t}^{LS}, g_t^{LS}\right]$ vorschlagen, wobei die Summe $A^{LS} = \pi_{L,t}^{LS} + \pi_{E,t}^{LS} + g_t^{LS}$ den auf der vorangegangenen Stufe beschlossenen Betrag A_t^{ES} bzw. A^{SQ} nicht übersteigen darf, d.h. die Entscheidung der vorherigen Stufe kann nicht mehr verändert werden.

5. P_E hat die Möglichkeit, den Vorschlag zu akzeptieren oder abzulehnen. Im Fall der Ablehnung wird eine Status quo-Allokation π_E^{SQ}, π_L^{SQ} sowie g^{SQ} mit $\pi_E^{SQ} + \pi_L^{SQ} + g^{SQ} = A^{SQ}$ implementiert.

6. Am Ende jeder Periode entscheiden die Wähler, nachdem sie π_t^S und g_t^S bzw. A_t^S beobachtet haben, ob sie die Politiker wiederwählen.

In dem beschriebenen Spiel wirkt der Interessenkonflikt zwischen den beiden Organen zum Vorteil der Wähler. Auf der vierten Stufe unterbreitet die Legislative einen Vorschlag, der die Exekutive auf den Status quo beschränkt. Daher kommen alle staatlichen Ressourcen, die über den Status quo-Wert der Exekutive hinausgehen, dieser nicht zugute. Die Exekutive schlägt deshalb ein Budget vor, das ihr die Wiederwahl sichert. Mehr

[28] Vgl. zu diesem institutionellen Arrangement Persson/Roland/Tabellini (1997), S. 1183 ff.

als den Status quo kann sich keiner der beiden staatlichen Spieler außerhalb eines Wiederwahlgleichgewichts aneignen. Die Ressourcenmenge, bei der die Spieler im staatlichen Sektor indifferent zwischen maximaler Aneignung und einem stationären Wiederwahlgleichgewicht sind, werden durch folgende Ausdrücke beschrieben:

$$\pi_E^S = (1-\delta)\,\pi_E^{SQ}, \tag{5.30}$$

$$\tilde{\pi}_L^M = (1-\delta)\,\pi_L^{SQ}. \tag{5.31}$$

Diese sind strikt kleiner als die Status quo-Payoffs. Die folgende Wahlregel sorgt dafür, daß sich beide Spieler nicht mehr als diese Werte aneignen[29]:

WR^S Bestätige beide Spieler, P_E und P_L, in ihren Ämtern genau dann, wenn $Y_{v,t} \geq \tilde{Y}_v^S = Y - \pi_E^S - \pi_L^S - \tilde{g}$ und $g_t = \tilde{g} = J'^{-1}\left(\frac{1}{N}\right)$ ist.

Im Gleichgewicht unterbreitet die Exekutive den Vorschlag $A^{ES} = \pi_E^S + \pi_L^S + \tilde{g}$ und die Legislative schlägt $\mathbf{b}^{LS} = \left[\pi_E^S, \pi_L^S, \tilde{g}\right]$ vor und beide Vorschläge werden jeweils akzeptiert[30]. Dieses Gleichgewicht resultiert aus folgenden Überlegungen. Angenommen, die Regel für eine Wiederwahl **WR**^{S} wird von den Bürgern angewendet, dann verlieren die Spieler ihr Amt, wenn sie sich auf $\pi > \pi^S$ bzw. $A > \pi^S + \tilde{g}$ einigen. In diesem Fall schlägt P_L auf der zweiten Stufe eine Aufteilung $\pi_L = A - \pi_E^{SQ}$ vor, da P_E jedes Angebot kleiner als π_E^{SQ} ablehnen würde. Wenn P_E auf der ersten Stufe ein Budgetvolumen von $A > \pi^S + \tilde{g}$ zur Abstimmung stellt, wird er somit abgewählt und erhält insgesamt nicht mehr als einmalig π_E^{SQ}, unabhängig davon, ob er den Vorschlag auf der zweiten Stufe ablehnt oder nicht. Wenn sich die Spieler stattdessen im ersten Schritt des Spiels auf $A = \pi^S + \tilde{g}$ einigen, erhält P_E entweder π_E^{SQ} und er wird abgewählt, wenn P_L auf der zweiten Stufe ein nicht akzeptables Angebot unterbreitet, oder er erhält in jeder folgenden Periode π_E^S, wenn sich P_L entsprechend der Wiederwahlregel verhält und beide wiedergewählt werden. Dabei entspricht der Gegenwartswert des unendlichen Zahlungsstroms von π_E^S in jeder Periode der Auszahlung π_E^{SQ}. Wenn sich beide Spieler auf der ersten Stufe auf $A = \pi^S + \tilde{g}$ geeinigt haben, erhalten sie somit durch die entsprechenden Entscheidungen auf der zweiten Stufe insgesamt einen diskontierten Zahlungsstrom in Höhe von π_E^{SQ} und π_L^{SQ}, weil P_E die Gleichgewichtsallokation immer schwach präferiert und ein abweichendes Abstimmungsverhalten seine Position nicht verbessern kann. Schließlich wird P_L einen Vorschlag $A = \pi^S + \tilde{g}$ auf der ersten Stufe einer Ablehnung schwach vorziehen und auch P_E wird einen solchen Vorschlag schwach gegenüber jedem anderen Budgetniveau bevorzugen. D.h. durch die Spezifikation der Werte π_E^S und π_L^S in **WR**^{S} ist sichergestellt, daß keiner der beiden politischen Spieler einen Anreiz hat, von dem beschriebenen Gleichgewicht abzuweichen, da sie sich durch eine Abweichung nicht verbessern können. Die Bürger wählen entsprechend **WR**^{S} und sie stellen sich dabei strikt besser als im grundlegenden

[29]Vgl. Persson/Roland/Tabellini (1997), S. 1185 f.

[30]Vgl. Persson/Roland/Tabellini (1997), Proposition 5, S. 1185.

Präsidialmodell ohne Gewaltenteilung, P. Die Wähler verfügen im Gleichgewicht über das Einkommen:

$$y_{t,v}^{S} = 1 - (1-\delta)\left(\pi_E^{SQ} + \pi_L^{SQ}\right)\frac{1}{N} - \frac{1}{N}\tilde{g}. \tag{5.32}$$

Dieses ist höher als das verfügbare Einkommen im Präsidialsystem ohne Gewaltenteilung,

$$y_{t,v}^{P} = \delta - \frac{1}{N}\tilde{g} \leq y_{t,v}^{S}, \tag{5.33}$$

da $\pi_E^{SQ} + \pi_L^{SQ} \leq Y$. Aus Sicht der Bürger ist es somit vorteilhaft, wenn die Vorschlagsrechte und die Abstimmungsentscheidungen über Budgethöhe und -verteilung getrennt sind, und wenn jeweils eine Körperschaft in einer Spielstufe eine Agenda-Setting Position einnimmt, wobei auf beiden Stufen ein Konsens über das Ergebnis, d.h. die Zustimmung des jeweiligen anderen Organs, erforderlich ist. Die Eigenschaft des Gleichgewichts in diesem institutionellen Arrangement wird dadurch bestimmt, daß ein Spieler, in diesem Fall P_L, "residual claimant" eines größeren Budgets ist, d.h. P_L kann den Teil des Budgets für sich beanspruchen, der nach Abzug des Status quo-Wertes von P_E verbleibt. Dies ist u.a. dadurch bedingt, daß der Status quo-Payoff π_E^{SQ} von der beschlossenen Budgethöhe unabhängig ist. Wäre dies nicht der Fall, würde die Gleichgewichtsallokation derjenigen des institutionellen Arrangements P entsprechen. Die Budgetinstitutionen sollten daher zum Wohl der Bürger so angelegt sein, daß ein Komitee residual claimant des Budgets ist, während das andere Komitee durch die Anreizstruktur des institutionellen Designs dazu gebracht wird, disziplinierend zu wirken und das andere Gremium mit seiner Agenda-Setting-Macht auf den Status quo festzulegen.

5.2.3 Parlamentarisches System

In den bislang betrachteten institutionellen Arrangements sind beide Körperschaften direkt von der Wiederwahl durch die Wähler abhängig. In parlamentarischen Systemen wird dagegen die Exekutive von der Legislative gewählt und ist den Wählern gegenüber nur indirekt verantwortlich. Was bewirkt diese Änderung der politischen Institutionen für die Budgetierungsergebnisse? Diese Frage wird in diesem Abschnitt untersucht. In diesem Zusammenhang ist insbesondere die Möglichkeit zur Kollusion zwischen den beiden politischen Spielern von Bedeutung, wobei es darauf ankommt, ob die Exekutive bei der Abwahl der Legislative ebenfalls die Macht abgeben muß.

5.2.3.1 Budgetallokation im parlamentarischen System

Das Timing des Spiels verläuft analog zu dem institutionellen Arrangement C in Abschnitt 5.2.2.2 [31]. Zusätzlich entscheidet die Legislative, das Parlament, nach der dritten

[31] Vgl. Persson/Roland/Tabellini (1997), S. 1193 ff.

Stufe des Spiels, der Verabschiedung bzw. der Ablehnung des Haushaltsentwurfs, über einen Mißtrauensantrag gegenüber der Regierung und basierend auf dem Ergebnis der Abstimmung werden Parlamentswahlen abgehalten. Verliert die Regierung die Abstimmung, wird sie aus dem Amt entfernt und kann in den folgenden Perioden nicht mehr wiedergewählt werden. Falls die Regierung das Vertrauen des Parlaments gewinnt, können Exekutive und Legislative nur zusammen von den Wählern in ihren Ämtern bestätigt werden. Werden die Legislativpolitiker abgewählt, so müssen die Exekutivpolitiker auch nach einem erfolgreich überstandenen Mißtrauensvotum die Macht abgeben. Wie bisher beobachten die Wähler die Summe der Renten der Politiker π_t, sie beobachten aber nicht, wieviel die staatlichen Spieler jeweils im einzelnen abzweigen. Die Wähler wenden die folgende modifizierte Wahlregel an[32]:

$\mathbf{WR}^{Pa}$ Bestätige das Parlament genau dann, wenn $Y_{v,t} \geq \tilde{Y}_v^{Pa} = Y - \tilde{\pi} - \tilde{g}$ und $g_t = \tilde{g} = J'^{-1}\left(\frac{1}{N}\right)$.

Dabei ist $\tilde{\pi}$ wie in (5.8) definiert $\tilde{\pi} = (1-\delta)Y$ und es gilt $\pi_E^{Pa} = \tilde{\pi} - \pi_L^{SQ}$. Bei Anwendung von $\mathbf{WR}^{Pa}$ ergibt sich das Gleichgewicht wie im institutionellen Arrangement C in Abschnitt 5.2.2.2, d.h. im Präsidialsystem mit einer geschlossenen Agendaregel und einer starken Exekutive als Agenda-Setter des Budgetprozesses[33]. Jeder Vorschlag der Exekutive mit $\pi_E > \pi_E^{Pa}$ und $\pi_L \leq \pi_L^W = \frac{\pi_L^{SQ}}{1-\delta}$ wird vom Parlament abgelehnt, da es andernfalls abgewählt wird und sich schlechter stellt als im Fall eines Wiederwahlgleichgewichts. Daher wird die Exekutive keinen solchen Vorschlag unterbreiten, weil sie dabei nicht mehr als die Status quo-Auszahlung realisiert. Schlägt die Exekutive eine Vorlage mit $\pi_E > \pi_E^{Pa}$ und $\pi_L > \pi_L^W$ vor, so wird dies vom Parlament akzeptiert. Als Folge wird das Parlament abgewählt und auch die Exekutive verliert ihr Amt. In diesem Fall stellt sich die Exekutive schlechter, als wenn sie einen Vorschlag unterbreitet, der der Wahlregel $\mathbf{WR}^{Pa}$ entspricht und bei dem sie sich in jeder Periode eine Rente von π_E^{Pa} aneignet und jeweils wiedergewählt wird. Die gesamte Verhandlungsmacht liegt bei der Exekutive, da diese als einzige Vorschläge unterbreiten kann. Aber das Parlament hat keinen Anreiz, von dem beschriebenen Gleichgewicht abzuweichen, d.h. es wird keinen Vorschlag akzeptieren, der ihm weniger als π^{SQ} bringt. Die Exekutive hat ebenfalls keinen Anreiz abzuweichen, da sie sich gegenüber den in $\mathbf{WR}^{Pa}$ festgelegten Payoffs nicht verbessern kann. Es lohnt sich daher für den Spieler P_E nicht, das Parlament durch einen entsprechenden Vorschlag zur Abweichung zu bewegen. Das Niveau der Wohlfahrt der Bürger entspricht demjenigen, welches im Präsidialsystem bei vollständiger Information und Gewaltenteilung (P bzw. U) zu erwarten ist.

Würde Kollusion zwischen den Spielern über die Wiederwahl des Politikers in der Form, daß P_E dem Parlament ein Angebot abhängig von seiner Wiederwahl macht, auftreten, so sind die Wähler in der Lage, P_E zu entfernen, indem sie P_L abwählen. $\mathbf{WR}^{Pa}$ ist

[32] Vgl. Persson/Roland/Tabellini (1997), S. 1194.

[33] Vgl. Persson/Roland/Tabellini (1997), Proposition 7, S. 1195.

deshalb auf dem Budgetierungsresultat und nicht auf den Entscheidungen des Parlaments über das Mißtrauensvotum kontingentiert.

5.2.3.2 Kollusion über die Wiederwahl der Exekutive

Im folgenden wird gezeigt, daß die Ergebnisse des vorangegangenen Abschnitts kritisch von den postulierten Regeln über die Wiederwahl des Spielers P_E abhängen. Dazu wird die Annahme getroffen, daß die Exekutive ihr Amt nicht abgeben muß, wenn die Exekutive im Mißtrauensverfahren nicht abgewählt und die Legislative von den Wählern nicht wiedergewählt wird[34]. Zunächst ändern sich die Ergebnisse des Gleichgewichts im institutionellen Arrangement Pa des vorangegangenen Abschnitts nicht. Um das Parlament dazu zu bewegen, mehr Ressourcen als im Gleichgewicht des institutionellen Arrangement Pa abzuzweigen, muß der Spieler P_E dem Spieler P_L ein Angebot $\pi_L > \pi_L^W$ wie in (5.25) definiert anbieten. Die Definition von $\tilde{\pi}$ impliziert, daß sich dies für den Spieler P_E nur lohnt, wenn er wiedergewählt wird. Aber das Parlament hat keinen Anreiz, P_E in diesem Fall wieder zu ernennen, da es von den Wählern im Fall dieser Budgetallokation abgewählt wird, d.h. bei einem Mißtrauensvotum gegen P_E ist die Legislative indifferent zwischen Abwahl und Bestätigung von P_E. Es gibt daher ein Gleichgewicht, in dem das Parlament die Exekutive aus dem Amt entfernt, wenn es erwartet, von den Wählern abgewählt zu werden. Wenn P_E dem Spieler P_L diese Strategie unterstellt, bleibt es bei dem Gleichgewicht in Pa.

Das Ergebnis ändert sich allerdings, wenn Absprachen über die Wiederwahl von P_E möglich sind. P_E könnte einen Vorschlag $b_E = [\pi_E, \pi_L, g]$ mit $\pi_L > \pi_L^W$ und $\pi_E > \pi_E^{Pa}$ sowie $g = 0$ bedingt auf der bindenden Vereinbarung unterbreiten, daß P_E vom Parlament wiedergewählt wird. In diesem Fall würde das Gleichgewicht der Proposition Pa nicht erhalten bleiben. P_L würde den Vorschlag akzeptieren, P_E würde wiedergewählt, P_L wird von den Wählern abgewählt, aber P_E bliebe im Amt. Um im Gleichgewicht Kollusion über die Wiederwahl der Exekutive zu vermeiden, muß der Exekutive erlaubt werden, die Menge

$$\pi_E^K = Y - \pi_L^W \tag{5.34}$$

abzuzweigen, und die Bürger wählen entsprechend der Wahlregel[35]:

WR^K Bestätige das Parlament genau dann, wenn $Y_{v,t} \geq Y_v^K = Y - \pi_E^K - \pi_L^{SQ} - \tilde{g} = \pi_L^W - \pi_L^{SQ} - \tilde{g}$ und $g_t = \tilde{g}$.

Ob sich die Wähler in dem beschriebenen Kollusionsgleichgewicht besser oder schlechter stellen als im Gleichgewicht ohne Kollusion, Pa, ist von der Höhe des Status quo-Wertes π_L^{SQ} abhängig. Verglichen wird das gesamte verfügbare Einkommen der Bürger

[34] Vgl. Persson/Roland/Tabellini (1997), S. 1195 ff.

[35] Vgl. Persson/Roland/Tabellini (1997), Proposition 8, S. 1196 und S. 1197 ff.

nach Abzug der Renten der Politiker und der Ausgaben für das öffentliche Gut in den beiden Gleichgewichtssituationen. Kollusion ist zum Nachteil der Bürger, wenn gilt:

$$
\begin{aligned}
& Y_v^K < Y_v^{Pa} \\
\Leftrightarrow\ & \frac{\pi_L^{SQ}}{1-\delta} - \pi_L^{SQ} < Y - \left((1-\delta)\,Y - \pi_L^{SQ}\right) - \pi_L^{SQ} \\
\Leftrightarrow\ & \pi_L^{SQ} < (1-\delta)\,Y,
\end{aligned}
\tag{5.35}
$$

d.h. wenn der Status quo von P_L kleiner ist als $(1-\delta)\,Y$. Wenn z.B. $\pi_L^{SQ} = 0$ ist, stellen sich die Wähler im Gleichgewicht mit Kollusion, K, schlechter als im Fall ohne Kollusionsmöglichkeit. Die Regel, nach der in parlamentarischen Systemen die Exekutive zusammen mit der Legislative die Macht abgeben muß, ist somit durch ihre Effizienzwirkung begründbar. Andererseits ist die indirekte Ernennung von Amtsträgern (Verfassungsrichtern, Vorsitzenden von Behörden, Mitgliedern der Europäischen Kommission) durch politische Akteure weit verbreitet. Die im Modell gezeigte starke Anfälligkeit für Kollusion kann in diesen Fällen relevant sein.

5.2.4 Budgetentscheidungen bei asymmetrischer Information

Bislang wurde angenommen, daß die Bürger über die Aktivitäten der politischen Repräsentanten weitgehend vollständig informiert sind, d.h. sie können beobachten, welche Menge an Ressourcen die Politiker insgesamt ausschließlich für sich verwenden. Dadurch sind die Bürger in der Lage, ihre Wahlentscheidung auf dem Niveau der Summe der politischen Renten zu kontingentieren. Diese Annahme entspricht wahrscheinlich nicht der Realität budgetärer Prozesse, d.h. es ist realistisch, davon auszugehen, daß die Bürger nicht genau unterscheiden können, welche Ausgaben primär den politischen Repräsentanten nützen und welche zur Bereitstellung staatlicher Leistungen erforderlich sind[36]. Daher wird im folgenden die Annahme der vollständigen Information der Wähler aufgegeben und es wird untersucht, welche Budgetallokationen in den verschiedenen institutionellen Arrangements resultieren, wenn die Bürger lediglich Vermutungen über das Ausmaß der politischen Renten bilden können.

5.2.4.1 Präsidialsystem

Um budgetäre Entscheidungen unter Unsicherheit der Bürger über die tatsächliche Wirkung der verschiedenen Aktivitäten zu analysieren, wird unterstellt, daß die Produktivität des staatlichen Sektors ex ante unsicher ist, d.h. die Bürger wissen nicht mit Sicherheit, welches Niveau des öffentlichen Gutes g_t mit einem bestimmten Gesamtbudget A_t bereitgestellt werden kann[37]. Die Beziehung (5.4) zwischen den insgesamt im staatlichen Sektor

[36] Vgl. dazu ausführlich die Ausführungen in Abschnitt 2.4.3 im zweiten Kapitel.

[37] Vgl. Persson/Roland/Tabellini (1997), S. 1173 ff.

verfügbaren budgetären Ressourcen A_t und dem bereitgestellten Niveau des öffentlichen Gutes g_t modifiziert sich zu

$$g_t = \theta_t (A_t - \pi_t) . \tag{5.36}$$

Der Parameter θ_t beschreibt die Produktivität des öffentlichen Sektors in Periode t und gibt an, in welcher Relation die budgetären Mittel in das öffentliche Gut umgewandelt werden können. θ_t ist eine nicht-negative Zufallsvariable, für die angenommen wird, daß sie seriell unkorreliert über die Zeit und gleichverteilt auf dem Intervall $[0, \bar{\theta}]$ ist. Die Einführung des Parameters ermöglicht die Analyse von Situationen asymmetrischer Information, in denen die Bürger im Gegensatz zu den Politikern einige der staatlichen Variablen nicht beobachten können. Die unvollständig informierten Wähler beobachten g_t und A_t, aber nicht θ_t sowie das Niveau der Ressourcenaneignung π_t. Sie können nicht feststellen, wie hoch bei einer Bereitstellung des öffentlichen Gutes auf dem Niveau g_t und einem Budgetvolumen von A_t die Realisation von θ_t und die Aneignung durch die Regierung π_t ist. Daher kann eine Kontingentierung der Wahlregel auf dem Wohlfahrtsniveau $u_t (g_t, A_t)$, aber nicht auf den Realisationen von π_t bzw. θ_t erfolgen. Die auf dem Reservationsnutzen basierte Wiederwahlregel lautet daher folgendermaßen[38]:

WR^A Wenn $u_t (g_t, A_t) \geq \bar{u}$ ist , wird der Politiker in seinem Amt bestätigt, andernfalls wird er abgewählt.

Die Regel impliziert, daß der Politiker im Gleichgewicht die von den Wählern auferlegte Wiederwahlrestriktion nur dann erfüllt, wenn die Ausprägung von θ_t groß genug ist. Wenn die Realisation von θ_t zu niedrig ausfällt, eignet sich der Politiker in der laufenden Periode die gesamten Ressourcen an und verzichtet auf eine Wiederwahl. In dieser Konstellation resultiert das folgende Gleichgewicht: Wenn $\theta_t \leq \theta^*$, dann ist $\pi_{t,E}^{AI}(\theta) = Y$ und $u_t = 0$ und der Politiker wird abgewählt. Ist hingegen $\theta_t \geq \theta^*$, wird $\pi_{t,E}^{AI}(\theta) = Y - A^*/\theta$ festgelegt und der Politiker wird wiedergewählt[39].

Die Rente des Politikers resultiert residual aus den Mindestniveaus des Gesamtbudgets und den Ausgaben für das öffentliche Gut, die mindestens veranschlagt werden müssen, um die Reservationsnutzenforderung der Bürger zu erfüllen:

$$\pi_t = \tilde{A}_t - \frac{\tilde{g}_t}{\theta_t} \tag{5.37}$$

Bei einem kritischen Wert von θ^* ist der Repräsentant P_E indifferent zwischen der Aneignung der gesamten Ressourcen und einem Wiederwahlgleichgewicht:

$$Y \leq \tilde{A} - \frac{\tilde{g}}{\theta_t} + \delta E(V) \tag{5.38}$$

$$\Leftrightarrow \quad \theta_t \geq \theta^* = \frac{\tilde{g}}{\tilde{A} + \delta E(V) - Y} \tag{5.39}$$

[38] Ebenda, S. 1173.

[39] Vgl. Persson/Roland/Tabellini (1997), Proposition 2, S. 1174.

und er wählt die Niveaus der Budgetpolitiken nach folgender Strategie:

$$\theta_t \left\{ \begin{array}{c} \geq \\ < \end{array} \right\} \theta^* \Rightarrow \left\{ \begin{array}{c} A_t = \tilde{A}, g_t = \tilde{g}, u_t = y - \frac{\tilde{A}}{N} + J(\tilde{g}) = \bar{u} \\ A_t = Y, g_t = 0, u_t = 0 \leq \bar{u} \end{array} \right. . \tag{5.40}$$

Der Reservationsnutzen von $\bar{u}\left(\tilde{A}, \tilde{g}\right)$ wird von den Wählern durch das folgende Erwartungsnutzenkalkül bestimmt:

$$\begin{aligned} \max_{\tilde{A},\tilde{g}} E(u) &= (1 - F(\theta^*))\, \bar{u}\left(\tilde{A}, \tilde{g}\right) \\ &= \left[1 - \frac{1}{\bar{\theta}} \frac{\tilde{g}}{\tilde{A} + \delta E(V) - Y}\right] \left(y - \frac{\tilde{A}}{N} + J(\tilde{g})\right). \end{aligned} \tag{5.41}$$

Es läßt sich zeigen, daß die Politiker von der asymmetrischen Informationssituation profitieren, während die Wähler verlieren[40]. Der erwartete Wert der Ressourcen, die vom Politiker angeeignet werden, ist tendenziell höher als unter vollständiger Information, da dieser sich bei hohen Realisationen von θ einen größeren Teil aneignen kann. Bei einem im Erwartungswert höheren Budget ist das erwartete Bereitstellungsniveau des öffentlichen Gutes insgesamt geringer, und folglich ist auch die erwartete Wohlfahrt der Bürger unter asymmetrischer Information geringer als unter vollständiger.

5.2.4.2 Gewaltenteilung

Im folgenden wird weiter angenommen, daß die Wähler im Gegensatz zu den Politikern θ_t und π_t nicht beobachten können. Das Timing des Spiels entspricht dem institutionellen Arrangement C im Abschnitt 5.2.2.2[41]. Jedoch wird eine zusätzliche Ankündigungsstufe eingeführt, in der beide Spieler unabhängig voneinander einen Bericht über die Realisation von θ_t, $\left(\theta_t^L, \theta_t^E\right)$ abgeben. Dabei kann es sich um ein Dokument wie beispielsweise einen Budgetvorentwurf, um ein Hearing in einem Ausschuß oder um eine Lesung im Parlament handeln, die öffentlich verfolgt werden können. Bei dieser Variante des Spiels stellt sich heraus, daß die Wähler vom Interessenkonflikt profitieren und Informationen über den wahren Wert von θ_t erlangen können. Der Schwellenwert des institutionellen Arrangements C (5.24) wird in diesem Fall definiert als:

$$Y_v^{\min}\left(\theta^L\right) = \theta^L \left(Y - \tilde{\pi}_E - \pi_L^{SQ}\right) \tag{5.42}$$

und die Wahlregel $\mathbf{WR}^A$ wird entsprechend für $Y_v^{\min}\left(\theta^L\right)$ formuliert. Die Offenbarung des wahren Wertes $\theta^L = \theta$ ist ein mögliches Gleichgewicht, da P_L immer π_L^{SQ} erhält. Die Legislative ist damit indifferent zwischen der Verkündung des wahren und eines falschen Wertes, da sie durch Ansage von $\theta^L < \theta_t$ ausschließlich P_E besser stellt, der sich als

[40] Vgl. den Beweis bei Persson/Roland/Tabellini (1997), S. 1200 f.

[41] Vgl. Persson/Roland/Tabellini (1997), S. 1188 ff.

Agenda-Setter die gesamten Vorteile einer falschen Ansage aneignen kann. Unter asymmetrischer Information über θ_t können deshalb die Werte des Gleichgewichts bei vollständiger Information erreicht werden, wenn die Wähler ihre Wiederwahlregel auf der Ankündigung der Legislative, θ^L, konditionieren, und es existiert ein Gleichgewicht, in dem P_L den wahren Wert $\theta^L = \theta_t$ offenbart[42].

Dieses für die Bürger positive Gleichgewicht resultiert aber nicht, wenn die Legislative P_L einen Teil der Verhandlungsmacht über das Budgetergebnis erhält oder wenn der Status quo mit θ_t ansteigt, weil sich dann beide Spieler die Renten der asymmetrischen Information teilen. Es ist in diesem Fall daher vorteilhaft, einem Spieler die gesamten Vorschlagsrechte zu übertragen, da dies zur Offenbarung der von den Bürgern nicht beobachteten Informationen führt. Das Ergebnis gilt auch bei der umgekehrten Agenda-Setting-Konstellation.

Als Schlußfolgerung kann somit abgeleitet werden, daß Gewaltenteilung bei unvollständiger Information der Wähler effiziente Allokationen ermöglicht, da sie die Informationsoffenbarung durch die Körperschaft ohne Agenda-Setting-Kompetenzen bewirkt. Allerdings sollten die Vorschlagsrechte in dieser Situation nicht geteilt werden. Wird zusätzlich ein Monitoring über den Wert von θ_t eingeführt und wird dabei mit einer gewissen positiven Wahrscheinlichkeit der wahre Wert von θ_t festgestellt, so kann es sich für die Legislative im Gleichgewicht immer lohnen, die Wahrheit zu sagen, sofern die Wähler die Wiederwahl der Legislative auch davon abhängig machen, ob der wahre Wert von θ_t angesagt wurde[43]. Gleichgewichte, in denen nicht die Wahrheit offenbart wird, werden auf diese Weise eliminiert. Entscheidend ist dabei die zeitliche Abfolge der Ankündigungen und die Tatsache, daß die Spieler keine Kollusion über die Ansage von θ_t betreiben können.

5.2.5 Modellerweiterungen und -grenzen

In diesem Abschnitt werden verschiedene Modifikationen des vorgestellten Modellansatzes diskutiert, die über das grundlegende Modell hinausgehen. Dabei geht es zum einen um die bereits im zweiten Kapitel angesprochenen Anreizeffekte der Besteuerung auf die Besteuerungsbasis, wobei überlegt wird, was die Einbeziehung der Effekte für die Gleichgewichtsresultate des Grundmodells impliziert. In einem weiteren Schritt wird verdeutlicht, wie sich die im Gleichgewicht resultierenden Budgetallokationen verändern, wenn die Präferenzen der Bürger über die Budgetpolitiken nicht wie bisher angenommen identisch, sondern wenn sie heterogen sind. Schließlich wird erörtert, welche Folgen es für die Modellergebnisse hat, daß die Interaktion und Interessenkonflikte der politischen Repräsentanten innerhalb der staatlichen Organe nicht berücksichtigt werden.

[42] Vgl. Persson/Roland/Tabellini (1997), Proposition 6, S. 1189 f.

[43] Vgl. Persson/Roland/Tabellini (1997), S. 1192.

5.2.5.1 Anreizeffekte

Es wird die Wirkung von Anreizeffekten der Besteuerung im Modell des institutionellen Arrangements P betrachtet. Wie bisher wird eine proportionale Einkommensteuer mit dem Satz $t \in (0,1)$ erhoben, um das staatliche Budget $A_t = g_t + \tilde{\pi}_{E,t} + \pi_L^{SQ}$ zu finanzieren. Die individuellen Bruttoeinkommen y sind dabei anders als bisher abhängig von der Höhe der Besteuerung, wobei $y(t)' < 0$, $y(1) = 0$ sowie $y(0) = 1$ gilt. Die Politiker verfügen über die Besteuerungsgewalt und bestimmen die Höhe des Steuersatzes. Wenn der Politiker P_E nicht für eine Wiederwahl optiert, kann er sich das Steueraufkommen $E(t) = ty(t)N$ aneignen. Er wird dazu den Steuersatz t so wählen, daß das Steueraufkommen $E(t)$ maximal wird. Das Steueraufkommen ist maximal, wenn der Steuersatz die folgende Bedingung erster Ordnung erfüllt:

$$\frac{\partial E(t)}{\partial t} = y'(t)t + y(t) = 0 \Rightarrow t_E^*. \tag{5.43}$$

Dies müssen die Wähler bei der Ableitung ihrer Wahlregel und ihres optimalen Budgets berücksichtigen. D.h. sie lösen das in (5.9) angegebene Maximierungsproblem zur Ableitung ihrer optimalen Budgetpolitiken unter der Nebenbedingung $\tilde{\pi}'_E = (1-\delta)t_E^* Y(t_E^*)$, unter Berücksichtigung der Funktion von $y(t)$ und der Budgetrestriktion $E(t) = ty(t) = g + \tilde{\pi}_E$. Der tatsächliche Steuersatz ergibt sich dann aus den Budgetpolitiken im Optimum der Bürger sowie aus der Budgetrestriktion.

5.2.5.2 Heterogene Bürgerpräferenzen

Wenn die Annahme aufgegeben wird, daß die Wähler identische Präferenzen haben, existieren keine Gleichgewichte, in denen die Aneignung von Ressourcen durch die Politiker geringer ist als die maximal mögliche Menge, wie dies im bisher betrachteten Modell der Fall ist[44]. Im einzigen stabilen stationären Gleichgewicht ist die Ausbeutung durch die Politiker maximal und der Nutzen der Wähler null. Dazu wird angenommen, daß die Politiker im Budgetverfahren nicht öffentliche Güter, sondern ausschließlich gruppenspezifische Güter $b_{k,t}$ bereitstellen, die den jeweiligen Gruppen von Bürgern Nutzen stiften. Es gilt die Budgetrestriktion

$$\sum_{k=1}^{K} b_{k,t} \leq Y. \tag{5.44}$$

Ein politisches Gleichgewicht im Grundmodell kommt zustande, indem die Wähler ihre Nachfrage nach spezifischen Politiken äußern und jeweils die Menge $\tilde{b}_{k,t}$ ansagen, die sie mindestens verlangen, damit sie dem Politiker bei der Wahl ihre Stimme geben. Die Abstimmung erfolgt mittels der einfachen Mehrheitsregel und der Politiker muß für seinen

[44] Vgl. Ferejohn (1986), S. 20 ff.

Vorschlag $\frac{N+1}{2} = 2$ Stimmen erhalten. Bei der Zusammenstellung seiner Mehrheitskoalition minimiert der Repräsentant die Summe der Ausgaben, die er an die ihn unterstützenden Wähler zahlen muß und die seinen Pool für die Aneignung von Ressourcen $E^{\max}$ beim maximalen Steuersatz $t^{\max} = 1$ mindern:

$$E^{\max} = Y - A_k \tag{5.45}$$

$$= Y - \sum_k b_k. \tag{5.46}$$

Der Repräsentant bezieht die Bürgergruppen mit den niedrigsten $\tilde{b}_{k,t}$-Werten in die Mehrheit ein. Es gibt keine politisch stabile Allokation, die einer Gruppe von Bürgern eine positive Ausgabenmenge ihres spezifischen Gutes zuweist, weil es sich für die Bürger außerhalb der Koalition stets lohnt, durch Herabsetzung ihrer Forderungen $\tilde{b}_{k,t}$, also durch Unterbietung in die Koalition zu gelangen. Der Unterbietungsprozeß führt zum einzigen stabilen Gleichgewicht:

$$\tilde{b}_{k,t} = 0 \ \forall k = 1, ..., K. \tag{5.47}$$

D.h. die Möglichkeit der Politiker, distributive Politiken durchführen und zwischen einzelnen Wählergruppen bei der Vergabe von benefits zu diskriminieren sowie der Wettbewerb zwischen den Bürgern um die Vorteile aus budgetären Politiken führen dazu, daß sich die Repräsentanten maximale Renten aneignen können und daß die Wähler keine Kontrolle über die Politiker ausüben können.

5.2.5.3 Heterogene Interessen innerhalb der staatlichen Komitees

Interessenkonflikte zwischen den politischen Repräsentanten, die - wie im vierten Kapitel dargestellt - innerhalb der Komitees der Exekutive und der Legislative Entscheidungen treffen, wurden in dem vorgestellten Modellrahmen nicht berücksichtigt. Zur Plausibilisierung des hier verwendeten Modells kann beispielsweise argumentiert werden, daß jeweils eine politische Partei gemeinsame Interessen verfolgt und daß es bindende Parteiabsprachen gibt, so daß z.B. auch die abgezweigten Ressourcen nach einer vorher ausgehandelten Aufteilungsregel unter den Regierungsmitgliedern aufgeteilt werden. Dieses Szenario wäre aber im einzelnen zu modellieren, und es stellt sich die Frage, wie der regierungsinterne Entscheidungsprozeß das Verhalten der Regierung beeinflußt. Als Rechtfertigung für den dargestellten Ansatz kann angeführt werden, daß primär der Interessenkonflikt zwischen Wählern und Politikern untersucht werden sollte. Ein Ansatz, der auch die Entscheidungen der einzelnen Akteure innerhalb der Komitees berücksichtigt und dabei heterogene Präferenzen der Bürger zuläßt, wird im folgenden behandelt.

5.3 Demokratische Kontrolle bei heterogenen Interessen der Bürger

Im vorangegangen Abschnitt wurden Budgetentscheidungen untersucht, wenn die Bürger homogene Präferenzen über die Budgetpolitiken haben. Im Zentrum der Analyse stand ausschließlich der Interessenkonflikt zwischen Bürgern und Politikern und das Problem der Kontrolle der politischen Repräsentanten durch die Gesamtheit der Wähler. Dabei wurde im Abschnitt 5.2.5.2 gezeigt, daß das Modell nicht geeignet ist, redistributive Budgetpolitiken zu erklären, bei denen zwischen Bürgern bzw. Gruppen von Bürgern umverteilt wird. In diesem Abschnitt wird ein Ansatz vorgestellt, in dem die Wählerschaft aus Gruppen mit heterogenen Präferenzen bezüglich der staatlichen Budgetpolitiken besteht[45]. Zusätzlich zu dem Interessengegensatz zwischen Wählern und Politikern werden die Interessenkonflikte zwischen Bürgern berücksichtigt. Dabei werden sowohl die Höhe des Budgets als auch die Verwendungen der Mittel für öffentliche Güter, Umverteilung zwischen den Bürgern sowie die Einkommen der Politiker im Gleichgewicht bestimmt. Neben den beiden bereits genannten Interessenkonflikten zwischen Bürgern und Politikern sowie zwischen den Bürgern wirkt in dem hier betrachteten Modell auch der Konflikt zwischen verschiedenen Politikern innerhalb der Entscheidungsgremien auf die Budgetierungsergebnisse.

5.3.1 Modifikationen des Modells

Der Modellansatz entspricht im wesentlichen Abschnitt 4.2 des vierten Kapitels, allerdings wird in diesem Abschnitt - wie im vorangegangenen Teil dieses Kapitels - ein unendlicher Zeithorizont betrachtet[46]. Die Jurisdiktion besteht aus N Individuen, die sich in K Gruppen von Bürgern mit jeweils N_k Mitgliedern aufteilen. Zur Vereinfachung wird angenommen, daß $K = 3$ ist und daß die Gruppen eine identische Mitgliederanzahl haben. Die Präferenzen eines Individuums der Gruppe k in einer willkürlich gewählten Anfangsperiode j sind durch

$$U_{k,,j} = \sum_{t=j}^{\infty} \delta^{(t-j)} u_{k,t} (\mathbf{b}_t) \tag{5.48}$$

gegeben. $u_{k,t}$ ist die Periodennutzenfunktion, die als quasi-linear im Konsum privat und staatlich bereitgestellter Güter angenommen wird:

$$u_{k,t} (\mathbf{b}_t) = K_{k,t} + J (g_t) = 1 - t_t + \tau_t^i + J (g_t) . \tag{5.49}$$

Dabei ist t_t die für alle Individuen gleich hohe Steuerzahlung, wobei in (5.49) implizit unterstellt wurde, daß jedes Individuum mit einer Einheit Einkommen ausgestattet ist.

[45] Der Modellansatz dieses Abschnitts basiert auf Persson/Roland/Tabellini (2000).

[46] Vgl. Persson/Roland/Tabellini (2000), S. 1127 ff.

$\tau_{k,t}$ bezeichnet einen monetären Transfer an die Individuen der Gruppe k und bei g_t handelt es sich um ein reines öffentliches Gut, das allen Individuen Nutzen stiftet. $J(g_t)$ ist eine konkave monoton steigende Funktion mit den im vierten Kapitel beschriebenen Eigenschaften[47]. Wie bisher in diesem Kapitel wird angenommen, daß die Präferenzen der Bürger bezüglich des öffentlichen Gutes homogen sind. Der Politikvektor setzt sich folgendermaßen zusammen:

$$\mathbf{b}_t = [t_t, g_t, \{\tau_{k,t}\}, \{\pi_{r\in\mathcal{R}}\}]. \tag{5.50}$$

Alle Komponenten sind auf den nichtnegativen Bereich beschränkt. $\pi_{r\in\mathcal{R}}$ bezeichnet die Einkommen, die sich die Repräsentanten im Budgetprozeß aneignen können. Politische Einkommen unterliegen nicht der Besteuerung und erhöhen nicht die Besteuerungsbasis. In jeder Periode t muß der Vektor der Budgetpolitiken die folgende staatliche Budgetrestriktion erfüllen:

$$Nt = \sum_k N_k \tau_{k,t} + \sum_{r\in\mathcal{R}} \pi_r + g_t. \tag{5.51}$$

5.3.2 Legislatives Verhandlungsspiel

Es wird ein einfaches institutionelles Arrangement betrachtet, in dem die staatlichen Gewalten nicht in Exekutive und Legislative geteilt sind, sondern in dem eine Versammlung direkt gewählter politischer Repräsentanten über die Budgetallokation mit einfacher Mehrheit entscheidet[48]. In diesem institutionellen Arrangement wird jede Gruppe von Individuen durch einen Abgeordneten repräsentiert. Beispielsweise können die identischen Präferenzen der Gruppenmitglieder regional begründet sein. Dann entspricht jede Region einem Wahlbezirk, der von einem Repräsentanten vertreten wird, so daß $k = r = 1,2,3$ ist. In jedem Wahlbezirk finden getrennte Wahlen statt. Die Präferenzen des amtierenden Repräsentanten P_r in der Periode j über die Budgetierungsergebnisse werden durch folgende intertemporale Nutzenfunktion wiedergegeben

$$V_{r,j} = \sum_{t=j}^{\infty} \delta^{(t-j)} v_{r,t}(\mathbf{b}_t) D_{t,r}, \tag{5.52}$$

wobei der Periodennutzen durch

$$v_{r,t}(\mathbf{b}_t) = \pi_{r,t} \tag{5.53}$$

gegeben ist. $D_{t,r}$ stellt eine Dummy-Variable dar, die gleich eins ist, wenn der Repräsentant in der Periode t im Amt ist, und die sonst null wird. Die politischen Repräsentanten

[47] Vgl. Abschnitt 4.2.3 im vierten Kapitel.

[48] Vgl. Persson/Roland/Tabellini (2000), S. 1129 ff. Das Entscheidungsverfahren entspricht dem einfachen legislativen Verhandlungsmodell, welches im vierten Kapitel in Abschnitt 4.4 diskutiert wurde.

ziehen ausschließlich Nutzen aus den Renten, die sie sich aneignen können. Am Ende jeder Legislaturperiode werden in jedem Wahlkreis Wahlen abgehalten. Der jeweilige Amtsinhaber tritt gegen einen Gegenkandidaten an, der per Zufall aus einer unendlich großen Menge von identischen Gegenkandidaten bestimmt wird. Es gewinnt der Kandidat, der die meisten Stimmen erhält. Die Kandidaten unterscheiden sich nicht in ihrer Kompetenz oder in irgendeinem anderen Attribut, vielmehr hat jeder Kandidat genau dieselben Präferenzen wie der Amtsinhaber. Ein Politiker, der einmal abgewählt wurde, kann nicht mehr wieder gewählt werden. Das Spiel jeder Budgetierungsperiode läuft im einzelnen folgendermaßen ab:

1. Einer der Repräsentanten der Versammlung P_a mit $a \in \{1,2,3\}$ wird von der Natur zum Agenda-Setter bestimmt.

2. Die Bürger in jedem Bezirk k einigen sich auf eine Regel $\mathbf{WR}_k^L$ für die Wiederwahl des Repräsentanten P_k. Sie setzen jeweils einen Reservationsnutzen $\bar{u}_k$, der mindestens erreicht werden muß, damit sie ihren Repräsentanten im Amt bestätigen. Der Vektor der Reservationsnutzen ist $\bar{\mathbf{u}} = [\bar{u}_1, \bar{u}_2, \bar{u}_3]$.

3. Der Agenda-Setter schlägt einen Budgetvektor $\mathbf{b}_t^a = \left[t_t^a, g_t^a, \left\{\tau_{k,t}^a\right\}, \left\{\pi_{r\in\mathcal{R}}^a\right\}\right]$ vor.

4. Die Versammlung stimmt über den Vorschlag ab. Wenn eine Mehrheit - also mindestens zwei Repräsentanten - zustimmt, wird der Vorschlag umgesetzt. Wenn nicht, wird eine Status quo-Allokation $\mathbf{b}_t^{SQ}$ mit $\pi_r^{SQ} \geq 0$ und $g^{SQ} = \tau_k^{SQ} = 0 \; \forall r, k = 1,2,3$ implementiert.

5. Es finden Wahlen statt, wobei die Bürger in jedem Wahlkreis über Wieder- oder Abwahl ihres Repräsentanten P_k entscheiden.

Es wird unterstellt, daß sich die Wähler eines Wahlbezirks auf eine gemeinsame Wahlstrategie koordinieren können, die Wähler verschiedener Wahlbezirke aber nicht. Zusammenarbeit zwischen den Bürgern verschiedener Bezirke, die unterschiedliche bzw. entgegengerichtete Interessen hinsichtlich redistributiver Programme haben, ist in dem Modell nicht möglich. Kooperation innerhalb eines Wahlbezirks ist dagegen erreichbar, da die Bürger gleichgerichtete Präferenzen haben. Bei einem unendlichen Zeithorizont gibt es viele sequentiell rationale Gleichgewichte. Wie im ersten Teil des Kapitels wird angenommen, daß die Spieler sich darauf beschränken, Strategien anzuwenden, in denen die Entscheidungen der Periode t ausschließlich auf den Handlungen und Informationen der Periode t kontingentiert sind und nicht auf denen früherer Perioden. Daher werden Zeitindizees weggelassen, wenn dies ohne Mißverständnisse möglich ist. Die Wähler in jedem Wahlbezirk wenden eine einfache retrospektive Regel für die Wiederwahl ihres Repräsentanten an, die auch davon abhängig ist, ob dieser in der Periode t Agenda-Setter ist oder nicht:

WR^{Lk} Bestätige P_k in seinem Amt, d.h. $D^l_{t+1} = 1$, wenn $u_{k,t}(\mathbf{b}_t) \geq \bar{u}_k$ ist.

Die Wähler in allen Regionen setzten ihre "Reservationsnutzen" $\bar{u}_k$ simultan, so daß ihr erwarteter Nutzen maximiert wird. Der Vektor der Reservationsnutzen $\bar{\mathbf{u}}$ ist den Politikern bekannt, wenn sie ihren Vorschlag für eine Budgetpolitik formulieren und die Reservationsnutzen werden von den Bürgern im Verlauf der Periode t nicht mehr verändert. Es ist auch möglich, daß die Wähler ihre Forderungen direkt auf die einzelnen politischen Variablen beziehen, ohne daß die Ergebnisse sich ändern. Bei dem unterstellten Verlauf des Spiels formulieren die Wähler ihre Forderungen für eine Wiederwahl, nachdem sie erfahren haben, welche Rolle ihr Repräsentant im Budgetprozeß spielt und bevor der Haushaltsprozeß beginnt. Wenn die Wähler vor der Wahl ihre Strategien überprüfen und ändern könnten, würde sich an den Ergebnissen nichts ändern. Auch ex-post sind die Wahlregeln für die Wähler optimal, da Amtsinhaber und Herausforderer in den Augen der Wähler per Annahme identisch sind. Ein Gleichgewicht des Spiels ist folgendermaßen definiert[49]:

Definition 5.1 *Ein Gleichgewicht des Spiels der einfachen Legislative* (L) *besteht aus Politikvektoren* $\mathbf{b}^L(\bar{\mathbf{u}})$ *für alle* $k = 1, 2, 3$ *und einem Vektor von Reservationsnutzen* $\bar{\mathbf{u}}$, *für die gilt:*

1. *Gegeben* $\bar{\mathbf{u}}$ *zieht der Repräsentant* P_a $\mathbf{b}^L(\bar{\mathbf{u}})$ *jeder anderen möglichen Allokation vor.*

2. *Gegeben* $\bar{\mathbf{u}}$ *bevorzugt mindestens ein Repräsentant* P_k *mit* $k \neq a$ $\mathbf{b}^L(\bar{\mathbf{u}})$ *der Status quo-Allokation* $\mathbf{b}^{SQ}$.

3. *Die Reservationsnutzen* $\bar{u}_k$ *sind für die Bürger in jedem Bezirk* k *optimal, gegeben, daß die Politiken für alle* k *entsprechend* $\mathbf{b}^L_k(\bar{\mathbf{u}})$ *gesetzt werden, gegeben die Reservationsnutzen in den anderen Bezirken,* $\bar{\mathbf{u}}_{-k}$, *und gegeben die Identität des Agenda-Setters.*

4. *Alle Spieler nehmen die Gleichgewichtsergebnisse der* $t + j$ *Perioden mit* $j \geq 1$ *als gegeben an (Stationaritätsannahme).*

Die Ableitung der Gleichgewichtsallokation wird schrittweise vorgenommen[50]. Im Gleichgewicht wird der Agenda-Setter eine Minimum-Winning-Koalition anstreben, die seinem Vorschlag zustimmt, d.h. P_a wird die Zustimmung eines weiteren Repräsentanten zu gewinnen suchen. Würde der Agenda-Setter die Unterstützung von mehr als einem weiteren Repräsentanten erlangen wollen, müßte er Ressourcen für deren Wahlbezirke ausgeben, die er aus seiner Sicht besser verwenden kann, z.B. um seine eigene Rente π_a zu erhöhen. Wenn also beispielsweise P_r aus der Minimum-Winning-Koalition ausgeschlossen

---

[49] Vgl. Persson/Roland/Tabellini (2000), S. 1133.

[50] Vgl. zur Ableitung des Gleichgewichts Persson/Roland/Tabellini (2000), S. 1134 ff.

wird, so wird der Agenda-Setter $\pi_r = \tau_r = 0$ setzen. Dabei wird derjenige Repräsentant in die Koalition aufgenommen, dessen Stimme am günstigsten zu haben ist. Da die Repräsentanten dieselben Status quo-Auszahlungen erhalten, ist es ausschließlich von den Reservationsnutzen der Wähler, $\bar{u}_r$ und $\bar{u}_s$ abhängig, welcher Bezirk für den Agenda-Setter mit dem geringsten Ressourceneinsatz als Koalitionspartner zu gewinnen ist. Die Bürger in den Wahlbezirken r und s haben daher einen Anreiz, sich bei ihren Forderungen für eine Wiederwahl gegenseitig zu unterbieten, bis $\tau_r = \tau_s = 0$ und $\bar{u}_r = \bar{u}_s = 1 - t + J(g)$ ist. D.h. die Bürger der beiden Wahlbezirke spielen ein Bertrand-Wettbewerbsspiel zum Nutzen des Wahlbezirks des Agenda-Setters. Das einzige stabile Gleichgewicht ist die Ecklösung, in der die Bürger, die nicht aus dem Wahlbezirk des Agenda-Setters stammen, Transfers von Null verlangen. Somit gilt für die Wahlbezirke $r, s \neq a$ im Gleichgewicht $\tau_r^L = \tau_s^L = 0$.

In einem weiteren Schritt wird die Ableitung des Vorschlags des Agenda-Setters betrachtet. $E[V]$ bezeichnet im folgenden den erwarteten Nutzen eines Repräsentanten in Periode t, wenn dieser wiedergewählt wird und auch in Periode $t+1$ im Amt ist und zwar bevor bekannt ist, wer in Periode $t+1$ Agenda-Setter sein wird. Wenn P_a die Wiederwahl anstrebt, wird er dem Spieler P_r nicht mehr als

$$\begin{aligned} & \pi_r + \delta E[V] = \pi_r^{SQ} \\ \Leftrightarrow \quad & \pi_r = \pi_r^{SQ} - \delta E[V] \end{aligned} \tag{5.54}$$

anbieten. π_r macht den Spieler P_r indifferent zwischen einer Zustimmung zum Vorschlag von P_a und einer Wiederwahl einerseits sowie einer Ablehnung, bei der P_r die Status quo-Auszahlung π_r^{SQ} erhält, und seiner Abwahl andererseits. Angenommen, P_a würde nicht die Wiederwahl anstreben und einen Vorschlag machen, der für die Repräsentanten zu einem Verlust ihres Amtes führt. In diesem Fall müßte P_a dem P_r mindestens π_r^{SQ} anbieten, um die Zustimmung zu seinem Vorschlag zu erhalten. Da sich P_a in dieser Situation nicht um die Gunst der Wähler bemüht, könnte er sich alle sonst verfügbaren Ressourcen aneignen und $g = B_\tau = 0$ und $t = 1$ setzen. Daher wird P_a genau dann eine Wiederwahl anstreben, wenn

$$\pi_a + \delta E[V] \geq Y - \pi_r^{SQ} \tag{5.55}$$

ist. Die linke Seite von (5.55) bezeichnet den Nutzen des Auszahlungsstroms des Agenda-Setters, wenn er einen Vorschlag macht, der zur Wiederwahl führt. Die rechte Seite ist die maximale Auszahlung, die er erreichen kann, wenn er keine Wiederwahl anstrebt und dabei π_r^{SQ} an P_r zahlen muß, um dessen Zustimmung zu erlangen. Aus (5.54) und (5.55) folgt, daß P_a und P_r genau dann eine Politik implementieren, die zu ihrer Wiederwahl führt, wenn

$$\pi = \pi_a + \pi_r \geq 3 - 2\delta E[V] \tag{5.56}$$

ist. Die Wiederwahlregel der Bürger kann nicht verlangen, daß die Politiker sich insgesamt weniger aneignen, als in (5.56) angegeben ist. Andernfalls würden die Repräsentanten auf die Wiederwahl verzichten und sich alle verfügbaren Ressourcen aneignen, wobei sie die Wohlfahrt der Wähler auf ein sehr niedriges Niveau senken. Daher muß die Wahlregel der Bürger die Bedingung (5.56) erfüllen. Schließlich werden sowohl der Agenda-Setter als auch der Repräsentant, der seinen Vorschlag unterstützt, wiedergewählt. Die Reservationsnutzen der Wähler in den beiden Bezirken r und s sind gleich, weil - wie oben gezeigt wurde - beide infolge des Unterbietungsprozesses keine Transfers für sich verlangen. Da die Reservationsforderungen der Wähler in diesen Bezirken erfüllt sind, werden ihre Repräsentanten P_r und P_s wiedergewählt. Die Gleichung (5.56) ist eine Bedingung der Anreizkompatibiltät für die Erfüllung der Reservationsforderungen der Bürger, in der berücksichtigt wird, welche Aneignung von Ressourcen den Politikern in einem Wiederwahlgleichgewicht mindestens zugestanden werden muß. Außerdem ist der Agenda-Setter residual claimant der verfügbaren Ressourcen in Periode t, d.h. er kann sich die Ressourcen aneignen, die nach Erfüllung der Mindestforderungen der anderen Spieler verbleiben. Es ist daher nicht nur optimal für P_a, die Zahlungen an P_r zu minimieren, sondern auch die Wiederwahlforderung der Wähler in den Wahlbezirken P_r und P_s in Höhe von Null zu erfüllen. Die verbleibenden Ressourcen kann er sich selbst aneignen. Wenn es mit der Wiederwahlregel vereinbar ist, was noch zu untersuchen ist, wird er $t = 1$ setzen.

Abschließend wird, um das resultierende Gleichgewicht abzuleiten, der Wahlbezirk des Agenda-Setters P_a betrachtet. Da wie oben gezeigt $\tau_a = \tau$ gilt, entspricht für die Bürger in Bezirk a die nutzenmaximierende Budgetpolitik der Lösung des Maximierungsproblems

$$\max_{\tau,t,g} [1 + \tau - t + J(g)] \tag{5.57}$$

unter der Nebenbedingung der Budgetrestriktion der Regierung (5.51) und der Anreizkompatibilitätsbedingung (5.56). Aus der Kombination der beiden Restriktionen (5.51) und (5.56) folgt die Ungleichung

$$3(t-1) + 2\delta E[V] \geq \tau + g. \tag{5.58}$$

Die Lösung dieses Optimierungsproblems impliziert $t = 1$, $g = \min[J'^{-1}(1), 2\delta E[V]]$, $\tau_a = 2\delta E[V] - g$, $\pi = 3 - 2\delta E[V]$. Wie oben gezeigt, werden alle Repräsentanten wiedergewählt. Für den Fortführungswert $E[V]$ gilt

$$E[V] = \frac{\pi}{3} + \delta E[V]. \tag{5.59}$$

$\frac{1}{3}\pi_a + \frac{1}{3}\pi_r = \frac{1}{3}\pi$ entspricht der erwarteten Rente eines Repräsentanten, d.h. mit einer Wahrscheinlichkeit von $\frac{1}{3}$ wird ein Repräsentant entweder zum Agenda-Setter oder zum Juniorkoalitionspartner und kann sich die entsprechenden Renten der jeweiligen Position aneignen. Auflösen nach $E[V]$ ergibt

$$E[V] = \frac{1}{1-\delta/3}. \tag{5.60}$$

Setzt man das Ergebnis in die obigen Ausdrücke ein, so erhält man die Budgetpolitiken im Gleichgewicht. Die Budgetallokation im Gleichgewicht der einfachen Legislative L ist somit zusammengefaßt durch folgende Größen gekennzeichnet[51]:

$$E^L = Y = 3, \; t^L = 1 \tag{5.61}$$

$$\pi^L = 3\frac{1-\delta}{1-(\delta/3)}, \tag{5.62}$$

$$g^L = \min\left(\frac{2\delta}{1-\delta/3}, g^{a*}\right), \text{ wobei } g^{a*} \text{ aus } J'(g^{a*}) = 1 \text{ folgt,} \tag{5.63}$$

$$\tau_a^L = \frac{2\delta}{1-\delta/3} - g^L \geq 0, \tag{5.64}$$

$$\tau_k^L = 0 \text{ für } k \neq a. \tag{5.65}$$

Alle Politiker werden wiedergewählt. Einsetzen der Gleichgewichtsbudgetpolitiken in die Nutzenfunktionen der Wähler führt zu den Reservationsnutzen im Gleichgewicht:

$$\bar{u}_a^L = J\left(g^L\right) - g^L + \frac{2\delta}{1-\delta/3}, \tag{5.66}$$

$$\bar{u}_k^L = J\left(g^L\right) \text{ für } k \neq a. \tag{5.67}$$

Weil die Wahlstrategie den Nutzen der Wähler in jedem Wahlbezirk in jeder Periode maximiert, ist gesichert, daß das Gleichgewicht sequentiell rational ist. Da die Wähler ihre Wiederwahlstrategien simultan wählen, hat kein Wähler einen Anreiz, seine Strategie zu ändern, gegeben die optimalen Strategien der anderen Wähler und der Politiker.

Im Gleichgewicht sind die Steuern maximal, öffentliche Güter werden im Vergleich zum sozialen Optimum zu wenig bereitgestellt[52]. Dabei wird zu Gunsten einer Minderheit von Wählern, den Bürgern im Bezirk des Agenda-Setters, umverteilt. Allerdings werden, wenn das öffentliche Gut sehr stark geschätzt wird oder wenn die Ressourcen nach Abzug der Rente des Agenda-Setters und der Ausgaben für das öffentliche Gut nicht ausreichen, keine Ressourcen umverteilt. Die Repräsentanten erhalten im Gleichgewicht eine politische Rente, die relativ größer ist als in den grundlegenden institutionellen Arrangements (P, U, Pa) des Modells in Abschnitt 5.2[53]. Dabei bekommt der Agenda-Setter den größeren Anteil der abgezweigten Ressourcen, der Koalitionspartner erhält eine kleinere Rente und der Repräsentant außerhalb der Minimum-Winning-Koalition erhält keine Zahlungen.

Das Ergebnis steht in Beziehung zu dem bereits erwähnten Gleichgewicht in Abschnitt 5.2.5.2, in dem ein einzelner Repräsentant sich maximale Renten aneignen kann, wenn die Wähler um die Gunst eines Politikers, des Agenda-Setters, im Wettbewerb stehen und sich bei ihren Forderungen für ihre Zustimmung gegenseitig unterbieten[54]. In dem

[51]Vgl. Persson/Roland/Tabellini (2000), Proposition 1, S. 1133 f.

[52]Dies folgt aus $J'(g^{a*}) = 1 > \frac{1}{3}$.

[53]Dies kann aus $\pi^L = Y\frac{1-\delta}{1-(\delta/3)} > \pi^P = Y(1-\delta) \Leftrightarrow \delta > 0$ abgeleitet werden.

[54]Vgl. auch Ferejohn (1986), S. 20 ff.

hier betrachteten institutionellen Arrangement stehen nur die Wähler der verschiedenen Wahlbezirke im Wettbewerb um die Zuweisung von Ressourcen, da eine Umverteilung annahmegemäß ausschließlich zwischen den Bezirken möglich ist. Die Wähler des Agenda-Setters können ihren Repräsentanten disziplinieren und die Renten beschränken, indem sie eine Wiederwahlregel formulieren, die den Politiker indifferent macht zwischen der Option, sich in der laufenden Periode alle verfügbaren Ressourcen anzueignen und nicht wiedergewählt zu werden, und der Möglichkeit, sich weniger Ressourcen anzueignen und in den folgenden Perioden im Amt zu bleiben sowie sich Renten anzueignen. Wenn $\tau > 0$ ist, erhalten die Wähler in Bezirk P_a einen Nettotransfer auf Kosten der Bürger in den anderen Bezirken. Weil der Grenznutzen der Umverteilung für die Bürger im Bezirk des Agenda-Setters immer positiv ist, bevorzugen sie einen maximalen Steuersatz von $t = 1$. Es kommt zur Unterversorgung mit dem öffentlichen Gut, da das Ausgabenniveau gewählt wird, das die Wohlfahrt der Wähler im Bezirk P_a maximiert. Die Präferenzen der Bürger in den anderen Bezirken werden aber nicht berücksichtigt. Im Gleichgewicht sind der Grenznutzen der Redistribution und des öffentlichen Gutes der Bürger im Bezirk a angeglichen und es gilt $J'(g) = 1$.

Die Interessen der Wähler im Wahlbezirk a und ihres Repräsentanten sind in einigen Dimensionen gleichgerichtet und in anderen nicht. Beide streben danach, die Steuern zu maximieren. Aber die Bürger und der Repräsentant wollen jeweils das Aufkommen möglichst für ihre Zwecke verwendet sehen. Die Wähler wünschen eine Erhöhung von τ^a und der Politiker von π^a. Dadurch, daß die Wähler ihren Repräsentanten für seine Politik in Wahlen regelmäßig zur Verantwortung ziehen, können sie die Aneignung von Ressourcen durch den Politiker beschränken, solange sie die Anreizkompatibilitätsbedingung (5.56) beachten. Nur die Wähler aus der Region des Agenda-Setters können sich eine Umverteilung zu Gunsten ihrer Region sichern. Die Bürger aus den anderen Regionen gehen leer aus. Die Wähler aus den Regionen, die nicht durch den Agenda-Setter vertreten werden, sind nicht in der Lage, mehr Umverteilung für sich zu verlangen, da sie mit den Bürgern anderer Regionen darum konkurrieren, in die MWC aufgenommen zu werden.

Der Vergleich der Ergebnisse in dem betrachteten Modell und im institutionellen Arrangement der "Einfachen Legislative" mit der Budgetallokation des Sozialplaners in Abschnitt 4.3.1 im vierten Kapitel verdeutlicht drei Formen von Politikversagen. Erstens sind die Politiker in der Lage, sich Ressourcen anzueignen, d.h. aus Sicht der Bürger kommt es zur Verschwendung budgetärer Mittel ($A_\pi > 0$). Zweitens resultiert eine Unterversorgung mit dem öffentlichen Gut $\left(g^L < J'^{-1}(1/3)\right)$. Drittens ist eine Minderheit von Bürgern in der Lage, sich die gesamten verbleibenden Ressourcen der Ökonomie mittels budgetärer Umverteilung anzueignen ($\tau_a > 0$).

5.3.3 Aufteilung der Vorschlagsrechte

In diesem Abschnitt werden die budgetären Effekte von Modifikationen der institutionellen Struktur des Grundmodells betrachtet[55]. Weil eine ausführliche Ableitung der Gleichgewichte den Rahmen dieses Kapitels sprengen würde, und weil einige der Implikationen bereits im Zusammenhang mit dem Modellansatz in Abschnitt 5.2.2.3 verdeutlicht wurden, beschränkt sich die Darstellung auf einen Vergleich der Budgetierungsergebnisse im Gleichgewicht[56]. Untersucht wird die Teilung der Vorschlagsrechte und die Trennung der Entscheidung über Budgethöhe und -aufteilung. Es wird eine Variante des Spiels betrachtet, bei der die Vorschlagsrechte in der Legislative getrennt werden, und in der die legislative Versammlung separat über die Höhe des Budgets und über die Verteilung der budgetären Mittel entscheidet. Die Entscheidungen werden nacheinander getroffen, wobei die beschlossene Budgetrestriktion bei der Aufteilung des Budgets bindet. Der Vorschlag über die Budgethöhe wird von einem zweiten Agenda-Setter aus der legislativen Versammlung gemacht, er könnte alternativ aber auch von außerhalb der Legislative, vom Präsidenten bzw. der Regierung, unterbreitet werden. Diese institutionelle Struktur mit verschiedenen Vorschlagenden führt zu einer Trennung der Entscheidungsgewalt, die die Wohlfahrt der Bürger erhöht, weil auf jeder Stufe des Spiels der jeweilige Agenda-Setter einer anderen Gruppe von Wählern verantwortlich ist.

Die Wähler in jedem Wahlbezirk wenden eine Wahlregel an, die WR^{Lk} in Abschnitt 5.3.2 auf S. 147 entspricht, d.h. sie setzen einen Reservationsnutzen, der die Budgetallokation mindestens genügen muß, damit sie ihren Repräsentanten P_k wiederwählen. Zu Beginn des Spiels bestimmt die Natur zwei Agenda-Setter, einen für die Budgethöhe, P_A, und einen für die Aufteilung des Budgets, P_a. Anschließend legen die Bürger ihre Wiederwahlregel in Abhängigkeit davon fest, ob ihr Repräsentant zum Agenda-Setter für eine der beiden Entscheidungen bestimmt wurde oder nicht. Der Agenda-Setter für die Budgethöhe unterbreitet einen Vorschlag A^A. Wenn dieser keine Mehrheit erhält, gilt das Status quo-Budgetvolumen A^{SQ}. Der Agenda-Setter P_a schlägt eine Aufteilung des Budgets vor, wobei die Summe der vorgeschlagenen Budgetpolitiken nicht das auf der vorangegangenen Stufe beschlossene Volumen überschreiten darf. Wird dieser Vorschlag in der Versammlung abgelehnt, gilt eine Status quo-Allokation mit $g^{SQ} = \tau_k = 0$ und $\pi_k = \frac{1}{3}A^G$. Anschließend finden Wahlen statt.

Ein Gleichgewicht ist analog definiert wie in Abschnitt 5.3.2[57]. Im einzigen stationären Gleichgewicht resultiert ein geringeres Budgetvolumen und ein niedrigerer Steuersatz als im legislativen Verhandlungsmodell, L, $t^G < 1$. Sowohl die Summe der Renten der politischen Repräsentanten, $\pi^G < \pi^L$, als auch das Niveau der Bereitstellung des öffentlichen

---

[55] Vgl. Persson/Roland/Tabellini (2000), S. 1137 ff.

[56] Vgl. für eine ausführliche Herleitung der Allokationen im Gleichgewicht Persson/Roland/Tabellini (2000), S. 1137 ff. und S. 1144 ff.

[57] Vgl. für eine genaue Definition Persson/Roland/Tabellini (2000), S. 1155.

Gutes, $g^G \leq g^L$, und das Ausmaß der Umverteilung zwischen den Wahlbezirken, die wie im Grundmodell ausschließlich an die Bürger im Bezirk des Agenda-Setters P_a erfolgt, $\tau^G = \tau_a^G \leq \tau^L$, sind niedriger als im Ausgangsmodell. In dem betrachteten institutionellen Arrangement werden weniger Steuern erhoben, es wird weniger für Redistribution ausgegeben und es werden weniger Ressourcen für Renten der Politiker verwendet. Die bereitgestellte Menge des öffentlichen Gutes ist gleich oder im Fall einer Randlösung geringer als im legislativen Verhandlungsmodell. Die zu geringe Bereitstellung des öffentlichen Gutes erfolgt aus demselben Grund wie im einfachen legislativen Modell, weil es sich um das Optimalniveau der Bürger aus einem Bezirk handelt, die nicht die Präferenzen der Bürger aus den anderen Bezirken berücksichtigen. Der Wettbewerb zwischen den Bezirken bewirkt, daß die gesamte Redistribution zu Gunsten des Bezirks des Agenda-Setters erfolgt. Die Wähler aus dem Bezirk des Agenda-Setters bestimmen über die Verwendung der Transfers und die Bereitstellung des öffentlichen Gutes. Weil die Wähler im Bezirk des Agenda-Setters P_a residual claimants der Staatseinnahmen sind, möchte die Mehrheit der Wähler aus den anderen Bezirken die redistributiven Ausgaben begrenzen. Die Wähler aus dem Bezirk des Vorschlagenden für die Budgethöhe, P_A, gehören zu dieser Mehrheit und begrenzen die für Redistribution verfügbaren Mittel, indem sie eine Wiederwahlregel formulieren, die die Staatseinnahmen auf dem Minimum beschränken, das zur Finanzierung des öffentlichen Gutes erforderlich ist. Das niedrigere Niveau der Aneignung von Ressourcen durch die Politiker resultiert, weil der Politiker, der die Renten vorschlagen kann, P_a, Zugang zu weniger Ressourcen hat. Das Maximum der verfügbaren Ressourcen des Staates ist durch die Beschränkung der Budgethöhe geringer als im legislativen Verhandlungsmodell und folglich muß den Politikern für eine Wiederwahl nur eine geringere Menge zugestanden werden. Die Steuern können aber nicht unter eine bestimmte Grenze gesenkt werden, da der Agenda-Setter für die Steuern mit einer Wahrscheinlichkeit von $\frac{1}{2}$ bei der Abstimmung über die Budgetaufteilung zur Mehrheitskoalition gehören wird und in diesem Fall eine positiv vom Steueraufkommen abhängige Rente erhält. Daher kann er durch die Wahlregel der Politiker nicht auf ein minimales Einnahmenniveau beschränkt werden, vielmehr müssen in einem Wiederwahlgleichgewicht in gewissem Umfang Mittel für die Aneignung von Ressourcen zugestanden werden. Die Umverteilung und die Ressourcenaneignung durch die Politiker wird durch die Aufteilung der Entscheidungsdimensionen beschränkt und die Bürger sind in diesem institutionellen Arrangement in der Lage, den Interessenkonflikt zwischen den Politikern noch mehr zu ihren Gunsten auszunutzen.

Was verändert sich an diesen Budgetierungsergebnissen bei alternativen Annahmen bezüglich der institutionellen Regelungen? Eine ähnliche budgetäre Allokation wie in dem diskutierten Gleichgewicht resultiert, wenn der Agenda-Setter für die Budgethöhe nicht Mitglied der legislativen Versammlung ist und von den Bürgern in einer eigenen Wahl gewählt wird. Dieses institutionelle Arrangement entspricht einem präsidialen System, bei dem der Präsident bzw. die Regierung einen Vorschlag für diesen Teil der Budgetallokation unterbreitet. Dabei wird die Rente der Repräsentanten noch weiter reduziert, weil der Präsident bei der Allokationsentscheidung nicht an der Mehrheitskoalition beteiligt ist, weshalb ihn die Wähler auf ein niedrigeres Budgetniveau festlegen können.

Eine weitere Unterteilung der Vorschlagsrechte beispielsweise in der Art eines Exekutivkomitees, wie im vierten Kapitel in Abschnitt 4.4.2 untersucht, führt zu einer Reduzierung der Umverteilung zwischen den Bürgern der verschiedenen Bezirke bis auf ein Niveau von Null, da in den einzelnen Abstimmungen über die Transfers jeweils eine Mehrheit der Bürger gegen positive Ausgabenniveaus ist und ihre Repräsentanten wegen der Trennung der Abstimmungen für die einzelnen Entscheidungen zur Verantwortung ziehen kann. Dieses Ergebnis entspricht den Resultaten des Exekutivmodells im vierten Kapitel. Wird die Entscheidung über die Budgethöhe mit einer allokativen Entscheidung verknüpft, so entspricht das resultierende Gleichgewicht dem des reinen Legislativmodells. Eine gleichzeitige Abstimmung über Steuern, öffentliche Güter und politische Renten, $[t, g, \pi]$, und eine separate Entscheidung über die interregionale Umverteilung $\boldsymbol{\tau}$ macht es für die Bürger unmöglich, einen Steuersatz kleiner als eins zu fordern, da der Agenda-Setter für t residual claimant höherer Steuern ist. Eine Kombination der Entscheidung über $(t, \boldsymbol{\tau})$ und eine Trennung von der Entscheidung über (g, π) würde ebenfalls das Gleichgewicht beeinträchtigen, da die Wähler des Vorschlagenden für die Budgethöhe maximale Steuern für eine ausgedehnte Umverteilung budgetärer Mittel in ihren Bezirk verlangen.

Entscheidend für die bisherigen Resultate ist, daß die verschiedenen Agenda-Setter keine bindenden Absprachen treffen können. Die sequentielle Entscheidung über die verschiedenen Dimensionen des Budgets ohne die Möglichkeit von Absprachen zwischen den politischen Spielern, die durch Dritte durchgesetzt werden können, impliziert, daß beispielsweise Versprechen des Agenda-Setters P_a über die Budgetaufteilung im Austausch für ein höheres Budgetniveau nicht glaubwürdig sind. Bei wirksam funktionierender Kollusion zwischen den politischen Spielern resultieren aber andere für die Bürger ungünstigere Gleichgewichte, die die Vorteile der Aufteilung der Vorschlagsrechte reduzieren.

5.4 Fazit

In diesem Kapitel wurde untersucht, wie die Entscheidungsregeln staatlicher Budgetierungsprozesse auf die resultierenden Budgetallokationen, insbesondere auf die Lösung des Interessenkonflikts zwischen Bürgern und Politikern, d.h. auf die demokratische Kontrolle der Politiker durch die Bürger, wirken. Dabei wurden verschiedene Modellansätze dargestellt und die Budgetierungsergebnisse, die bei alternativen institutionellen Arrangements zu erwarten sind, miteinander verglichen.

Im ersten Teil des Kapitels wurde vereinfachend unterstellt, daß die Präferenzen der Bürger bezüglich der staatlichen Budgetpolitiken homogen sind. Von staatlichen Verteilungspolitiken, die einzelne Bürger oder Gruppen von Bürgern begünstigen, wurde abgesehen. Darüber hinaus wurde der Interessenkonflikt zwischen den verschiedenen politischen Repräsentanten innerhalb der staatlichen Körperschaften ausgeblendet und es wurde angenommen, daß die staatlichen Körperschaften, z.B. die Regierung oder das Parlament, jeweils als einheitliche Spieler agieren. Verschiedene Arrangements allgemeiner politischer Institutionen wurden miteinander verglichen, wobei insbesondere das Präsidialsystem sowie das parlamentarische System untersucht wurden. Diese institutionellen Arrangements unterscheiden sich dadurch, daß im ersten Regime die gesamten am politischen Entscheidungsprozeß beteiligten Organe von den Bürgern in Wahlen bestimmt werden, wohingegen im zweiten Arrangement nur das Parlament von den Bürgern gewählt wird, während die Exekutive durch das Parlament determiniert wird. Wenn jeweils ein Organ die Agenda-Setting-Kompetenz über das Budget erhält und Kollusion zwischen den Körperschaft ausgeschlossen ist, ist in allen politischen Grundmodellen die Menge der Ressourcen, die sich die politischen Repräsentanten im Gleichgewicht aneignen, gleich hoch, d.h. das Problem der demokratischen Kontrolle kann in allen Regimen gleich gut gelöst werden. Für die Bürger wohlfahrtsmäßig schlechtere Allokationen sind hingegen zu erwarten, wenn die Organe im Präsidialsystem unabhängig voneinander entscheiden oder wenn im parlamentarischen System die Exekutive nicht zusammen mit der Legislative die Macht abgeben muß und wenn gleichzeitig bindende Absprachen über die Wiederwahl der Exekutive möglich sind. Die Bürger können hingegen besser gestellt werden, wenn die Vorschlagsrechte über die Budgethöhe und die Aufteilung der budgetären Mittel getrennt werden. Unter asymmetrischer Information, wenn die Bürger im Gegensatz zu den Politikern nicht über die wahren Produktionsmöglichkeiten des Staates informiert sind, ist die erwartete Wohlfahrt der Bürger geringer als bei symmetrischer Information. In diesem Fall kann die Aufteilung der Entscheidungsgewalt über das staatliche Budget auf verschiedene Körperschaften die Informationssituation der Bürger verbessern und ihre Wohlfahrtsposition derjenigen annähern, die bei gleich verteilten Informationen resultiert. Eine Budgetkontrolle durch eine externe Kontrollinstanz kann dabei von entscheidender Bedeutung für die Etablierung und Stabilisierung des für die Bürger wohlfahrtsmaximierenden Gleichgewichts sein. Schließlich wurde verdeutlicht, daß in diesem Modell ein für die Bürger schlechtes Budgetgleichgewicht resultiert, wenn die Annahme homogener Bürgerpräferenzen aufgegeben und die Möglichkeit spezifischer Verteilungspolitiken zugelassen wird, da die Wähler nicht mehr in der Lage sind, sich bei der Aufstellung ihrer Forderungen für eine Wiederwahl zu koordinieren, sondern wenn sie sich stattdessen mit ihren Bedingungen für eine Wiederwahl gegenseitig unterbieten.

Die Annahmen monolithischer staatlicher Entscheidungsorgane und homogener Bürgerpräferenzen wurden im zweiten Teil des Kapitels aufgegeben und es wurden Budgetentscheidungen in Komitees betrachtet, die denen des vierten Kapitels entsprechen. Dabei wird jeweils ein Repräsentant von einer Gruppe von Bürgern mit homogenen Präferenzen gewählt. Im legislativen Verhandlungsmodell zeigt sich, daß die Bürger, die mit dem Agenda-Setter assoziiert sind, ihren Einfluß auf die Budgetallokation maximal ausnutzen können, weil sich die anderen Bürger mit ihren Forderungen für die Einbeziehung in die Mehrheitskoalition gegenseitig unterbieten. So sind der Agenda-Setter und seine Wähler in der Lage, sich alle Ressourcen der Ökonomie anzueignen und für ihre Zwecke zu verwenden. Es resultiert daher ein extremes Verteilungsungleichgewicht zu Gunsten der Bürger im Wahlbezirk des Agenda-Setters. Der Interessenkonflikt zwischen den Politikern und den Bürgern wird ähnlich gelöst wie im Modell des ersten Teils dieses Kapitels, allerdings ist die Rente der Politiker insgesamt relativ größer. Schließlich kann gezeigt werden, daß die Allokation des einfachen legislativen Verhandlungsspiels aus Sicht der Gesamtheit der Bürger durch die Aufteilung der Vorschlagsrechte deutlich verbessert werden kann, wobei sowohl die extreme Ungleichverteilung als auch die Ressourcenaneignung durch die Repräsentanten reduziert wird.

Die institutionellen Arrangements, die in diesem Kapitel untersucht wurden, umfassen nicht die gesamten Gestaltungsmöglichkeiten von Haushaltsinstitutionen, die im Zusammenhang mit den dargestellten Ansätzen diskutiert werden. Eine erschöpfende Diskussion würde aber den Rahmen dieser Arbeit sprengen. Ziel der Darstellung war es, den Einfluß ausgewählter Gestaltungsparameter auf die Budgetallokation zu verdeutlichen. Eine weitere Intention lag darin, die Möglichkeiten der verwendeten Ansätze für die Analyse und Evaluation bestehender Haushaltswirtschaften und ihrer Gestaltungsmöglichkeiten aufzuzeigen. Im weiteren Verlauf der Arbeit werden die Modelle angewendet, um die institutionelle Struktur budgetärer Entscheidungen in einer internationalen Wirtschaftsunion bzw. der EU im besonderen zu untersuchen.

Teil II

Das Haushaltsverfahren der EU

Kapitel 6

Budgetäre Institutionen und Haushaltsentscheidungen in der EU

6.1 Einleitung

Nachdem im ersten Teil der Arbeit Modellansätze zur Untersuchung der Zusammenhänge zwischen den budgetären Institutionen und den Ergebnissen staatlicher Budgetierungsprozesse herausgearbeitet wurden, wird in diesem Teil der Versuch unternommen, die entwickelten Methoden zur Analyse von Budgetierungsverfahren auf das Haushaltsverfahren der EU anzuwenden. Aus politisch-ökonomischer Sicht wird untersucht, welche Ergebnisse für die Budgetallokation in der gegenwärtigen institutionellen Struktur des Haushaltsverfahrens der EU zu erwarten sind und wie die budgetären Institutionen der EU auf die Budgetallokation wirken, d.h. welches Budgetvolumen und welche Budgetstruktur resultieren. Dabei geht es darum, weitergehende Möglichkeiten zur Gestaltung der Haushaltsinstitutionen und der politischen Entscheidungsstrukturen in einer internationalen Wirtschaftsunion wie der EU einer Bewertung zu unterziehen. Die Implikationen der positiven Analyse werden dazu verwendet, die Gestaltung der Institutionen normativ zu evaluieren und das derzeitige EU-Haushaltsverfahren insbesondere aus Sicht der Bürger zu bewerten. Im Zentrum der Untersuchung steht entsprechend der im ersten Teil der Arbeit vorgenommenen Abgrenzung die Lösung des Prinzipal-Agenten-Problems zwischen den Bürgern und ihren politischen Repräsentanten. Erörtert wird, wie gut die Aufgabe der Kontrolle der politischen Repräsentanten gelöst wird und durch welche institutionellen Gestaltungsmaßnahmen diese gegebenenfalls verbessert werden kann.

Es wird weitgehend auf eine Vertiefung der grundlegenden Diskussion der Bedeutung und der Funktion des Budgets einer internationalen Wirtschaftsunion wie der EU verzichtet. Eine ausführliche Analyse der damit verbundenen Fragen würde an der eigentlichen Fragestellung der Arbeit vorbeigehen und den Rahmen der Untersuchung sprengen. Zudem wurde dieser Fragenkomplex bereits an anderer Stelle ausgiebig theoretisch und empirisch untersucht[1]. Der Schwerpunkt der Analyse liegt stattdessen entsprechend der inhaltlichen Ausrichtung der Arbeit auf den Wirkungen, die von den budgetären und politischen Institutionen, mit denen über das Budget einer internationalen Wirtschaftsunion entschieden wird, auf die resultierende Budgetallokation ausgehen. Dies setzt voraus, daß von der Existenz eines Unionsbudgets und der Möglichkeit der Durchführung internationaler budgetärer Politiken ausgegangen wird, unabhängig davon, ob ein zentrales Budget einer internationalen Wirtschaftsunion aus normativer Sicht als erforderlich angesehen wird. Die Existenz eines internationalen Budgets sowie die Möglichkeit zur Durchführung verschiedener Budgetpolitiken wird in der Untersuchung daher als gegeben angenommen. Darüber hinaus werden politische und budgetäre Institutionen als Ausgangspunkt der theoretischen Analyse gewählt, die das reale Haushaltsverfahren der EU bestimmen. Somit wird nicht primär erörtert, welche Aufgaben das Budget der EU übernehmen sollte und wie das Ergebnis des Haushaltsprozesses im einzelnen gestaltet sein muß, damit es den Funktionen des Budgets gerecht wird. Vielmehr geht es darum, festzustellen, welche Allokationsergebnisse bei gegebenen Regeln bzw. bei möglichen Veränderungen dieser Institutionen zu erwarten sind. Der Fokus liegt dabei entsprechend dem Untersuchungsgegenstand der Arbeit auf der Frage, inwieweit die politischen und budgetären Institutionen die demokratische Kontrolle der Entscheidungen der politischen Repräsentanten ermöglichen und eine übermäßige Ausnutzung der politischen Entscheidungsgewalt zu Ungunsten der Bürger verhindern.

Die Analyse des Haushaltswesens der EU erfordert zunächst eine Bestandsaufnahme der relevanten Merkmale des EU-Budgets sowie der politischen und budgetären Institutionen. Deshalb werden die Gegebenheiten des Haushalts der EU und der budgetären Institutionen dargestellt, soweit sie für die anschließende Analyse von Bedeutung sind. Insbesondere werden jene Merkmale und stilisierten Fakten herausgearbeitet, die hinsichtlich der Frage der demokratischen Kontrolle bei alternativen budgetären und politischen Institutionen von Interesse sind. Auf die Funktion des Budgets der EU im europäischen Intergrationsprozeß wird in dem Ausmaß eingegangen, wie dies zur Ableitung eines geeigneten Modells erforderlich ist. Aus den dargestellten realen Gegebenheiten wird schließlich ein Ansatz entwickelt, der eine Analyse der budgetären Institutionen ermöglicht. Basierend auf der deskriptiven Darstellung werden die Prämissen begründet, die vorausgesetzt werden müssen, um die Fragestellung des Zusammenhangs zwischen den Institutionen und der demokratischen Kontrolle im Kontext der EU untersuchen zu können. Schließlich werden von den derzeitigen Regelungen abweichende Möglichkeiten für die Gestaltung der politischen und budgetären Institutionen der EU erörtert, die im Zusammenhang mit einer Umgestaltung der Verfassung der EU diskutiert werden und deren Einführung eine Änderung der Entscheidungsregeln im budgetären Bereich der EU bewirken würde.

[1] Vgl. insbesondere Folkers (1994a, 1995, 2001), Heinemann (1995) sowie Thomas (1997).

Jahr	1998		1999		2000	
Bereich	Mio Euro	%	Mio Euro	%	Mio Euro	%
Agrarpolitik (incl. EAGFL-Ausrichtung, FIAF)	45.778,3	50,3	47.108,8	48,6	44.613,7	47,8
Struktur-, Regional- u. Verkehrspolitik	28.849,8	31,7	33.091,2	34,2	29.691,8	31,8
Bildung, Kultur	778,1	0,9	812,0	0,8	841,6	0,9
Energie, Umwelt	189,5	0,2	235,4	0,2	211,2	0,2
Verbraucherschutz, Binnenmarkt, Industrie, TEN	1.067,1	1,2	1.129,1	1,2	1.211,7	1,3
Forschung, Technologie	3.491,0	3,8	3.450,0	3,6	3.630,0	3,9
Außen- und Sicherheitspolitik	6.068,6	6,6	6.253,8	6,4	8.194,8	8,8
Garantien und Reserven	437,0	0,5	346,0	0,4	203,0	0,2
Verwaltungsausgaben (alle Organe)	4.353,4	4,8	4.502,3	4,6	4.725,3	5,1
Summe	91.013,0	100	96.928,7	100	93.323,0	100

Mittel für Verpflichtungen laut Haushaltsplan
Quellen: Europäische Gemeinschaften (1998, 1999, 2000), jeweils Teil IV und eigene Berechnungen

Tabelle 6.1: Mittel für Verpflichtungen im Budget der EU

6.2 Merkmale und Funktionen des Budgets der EU

In diesem Abschnitt wird ein Überblick über wesentliche Merkmale der budgetären Allokation der EU gegeben, soweit dies als Voraussetzung zur Analyse der Haushaltsinstitutionen erforderlich ist[2]. Dabei wird jedoch keine umfassende und detailreiche Darstellung der Entwicklung der Budgetstruktur angestrebt, stattdessen wird eine Übersicht über ausgewählte stilisierte Fakten der EU-Haushaltswirtschaft gegeben, soweit sie für die Ableitung eines Modells von Bedeutung sind, welches die wesentlichen realen Möglichkeiten budgetärer Allokationen des Gesamthaushalts der EU abbildet[3].

Kennzeichnend für die Entwicklung des Budgets der EU ist ein stetiger, im Vergleich zum BIP der EU überproportionaler Anstieg des Budgetvolumens vor allem seit Einbeziehung des Europäischen Parlaments in das Haushaltsverfahren im Jahre 1975 bis zu den

[2] Vgl. für einen umfassenden Überblick Folkers (1998), S. 572 ff.

[3] Es wird ausschließlich der Gesamthaushalt der EU in die Betrachtung einbezogen. Der EEF und die Ausgaben der EGKS und alle weiteren Nebenhaushalte werden nicht berücksichtigt, weil für sie andere budgetäre Regeln gelten. Für einen Überblick über die Nebenhaushalte der EU vgl. Folkers (1998), S. 581 ff.

Haushaltsreformen im Jahre 1988[4]. Die Ausdehnung des Budgets war primär begründet durch die ausufernden Ausgaben für die Agrarmarktinterventionspolitiken[5]. Zudem versuchte das Europäische Parlament, das erstmals im Jahre 1979 von den Bürgern gewählt wurde, seine 1975 neu gewonnen Entscheidungskompetenzen zur Ausdehnung seines Einflußbereiches zu nutzen[6]. Unzureichende Einnahmen und Uneinigkeiten zwischen den Regierungen der Mitgliedstaaten über die Verteilung der Finanzierungslasten führte zu Konflikten innerhalb und zwischen den Organen der Europäischen Gemeinschaften und bewirkte in der Zeit von 1979 - 1987 permanente Haushaltskrisen[7]. Erst Ende der 80er Jahre wurde der Anstieg durch eine geänderte Ausrichtung der Budgetpolitiken sowie durch Reformen der budgetären Institutionen gebremst[8]. Dabei wurde die Verlangsamung des Ausgabenwachstums insbesondere durch verschiedene Veränderungen des Haushaltssystems bewirkt. Insbesondere wurden im Jahre 1988 eine Obergrenze für die Einnahmen bzw. für die Gesamtausgaben sowie eine mittelfristige finanzielle Vorausschau eingeführt[9]. Seitdem werden die Obergrenze der Gesamtausgaben und die Ausgabenstruktur in den Finanzperspektiven jenseits des eigentlichen jährlichen Haushaltsverfahrens jeweils für fünf bis sechs Jahre zwischen den Regierungschefs der Mitgliedsländer im Europäischen Rat ausgehandelt, durch die nationalen Parlamente bestätigt und mittels interinstitutioneller Vereinbarungen mit dem Parlament und der Kommission abgestimmt[10]. Die Finanzperspektiven gehen über unverbindliche Budgetprojektionen hinaus, da sie für die Rahmendaten der jährlichen Budgets, insbesondere für das Niveau der Ausgaben insgesamt und für die Struktur des Budgets, d.h. die Aufteilung der Ausgaben auf die einzelnen Kategorien verbindlich sind und ausschließlich im Rahmen festgelegter Regeln an die jeweils aktuellen Gegebenheiten angepaßt werden können, wobei es nicht zu einer Überschreitung der Ausgabenobergrenze kommen darf.

Die Tabelle 6.1 gibt einen Überblick über die Ausgaben in den Jahren 1998 bis 2000. Trotz entsprechender Reformprogramme wird die Ausgabenstruktur weiterhin bestimmt durch die Gemeinsame Agrarpolitik. Die Ausgaben für diesen Politikbereich machen nach wie vor nahezu 50% des Gesamtbudgets aus. Diese Mittel werden überwiegend für Produktionssubventionen und Einkommenstransfers für Produzenten und Beschäftigte im landwirtschaftlichen Sektor verwendet[11]. Der zweite große Posten des EU-Budgets, der

[4]Für die Jahre 1975 bis 1987 entsprach der Durchschnitt des jährlichen realen Wachstums der Gesamtausgaben der Europäischen Gemeinschaften 12,27 %. Für die Zeit von 1988 bis 1999 sank dieser Wert auf 5,7 %. Eigene Berechnung auf der Basis von Europäische Gemeinschaften (2000), S. 38 f.

[5]EGKS/EG/EAG (1995), S.19 ff.

[6]Vgl. Strasser (1991), S. 210 ff.

[7]Vgl. Läufer (1990), S. 160 ff.

[8]Vgl. Timmann (1990), S. 25 ff.

[9]Vgl. Folkers (1998), S. 577.

[10]Vgl. EGKS/EG/EAG (1995), S. 22 ff. Finanzielle Vorausschauen wurden jeweils für die Jahre 1988-1992, 1993-1999 und 2000-2006 (Agenda 2000) festgelegt; vgl. dazu Europäische Gemeinschaften (2000), S. 10 f.

[11]Vgl. EGKS/EG/EAG (1995), S. 92 ff.

im Haushaltsplan bis zu 35% der gesamten Mittel für Verpflichtungen entspricht, sind die Ausgaben für strukturelle Maßnahmen[12]. Hierbei handelt es sich überwiegend um Mittel, die zur Kofinanzierung nationaler Politiken und Projekte ausgegeben werden. Über die Vergabe der Mittel entscheidet die EU im Rahmen zumeist mehrjähriger Programme und anhand von ihr vorgegebener Förderziele. Die restlichen Ausgaben werden für verschiedene interne und externe Politiken sowie für die Verwaltung veranschlagt und die Summe der Ausgaben für die verbleibenden Politikbereiche übersteigt nicht einen Anteil von 15% am gesamten Budget[13]. Größtenteils werden mit den Mitteln für die internen und externen Politikbereiche Projekte der Mitgliedstaaten kofinanziert. Der Anteil der Verwaltungsausgaben ist mit ca. 5% am Gesamthaushalt relativ gering.

Als stilisiertes Faktum der Ausgabenseite des Budgets kann festgehalten werden, daß durch das Budget der EU in erster Linie Produktionssubventionen und direkte Einkommenstransfers im Agrarsektor und an zweiter Stelle staatliche Politiken, die von den Nationalstaaten durchgeführt werden, finanziert werden. Sieht man von einigen Dienstleistungen und Koordinationsaufgaben der EU-Kommission beispielsweise im Bereich der Informationspolitik, der Politikkoordination, der Wettbewerbspolitik (insbesondere europäische Wettbewerbsaufsicht) oder der Verkehrspolitik ab, die aber einen sehr geringen Anteil an den Ausgaben des operativen Budgets der EU ausmachen, so stellt die EU im Prinzip derzeit kaum öffentliche Güter im engeren Sinn bereit[14].

Das Budget der EU wird zu über 95 % aus Eigenmitteln finanziert[15], die aus den traditionellen Eigenmitteln (i.w. Agrarzölle und Zölle), den MwSt-Eigenmitteln und der sogenannten "vierten Einnahme" bestehen. Die Zölle und Abschöpfungen werden von den Mitgliedstaaten im Warenverkehr mit Drittländern erhoben und nach Abzug der Erhebungskosten an die EU abgeführt. Die MwSt-Mittel werden im Prinzip erhoben, indem ein Satz von mittlerweile 1 % auf die MwSt-Einnahmen der Mitgliedsländer angewendet wird, wobei für verschiedene Länder Ausnahmeregelungen gelten, bei denen es sich insbesondere um Begrenzungen der Bemessungsgrundlage und um Ausgleichsbeträge wie z.B. für Großbritannien handelt[16]. Durch Beschluß des Rates im Jahre 1988 wurde eine Gesamtobergrenze für die Eigenmittel der Europäischen Gemeinschaften als Anteil am BSP

[12] Vgl. Europäische Gemeinschaften (2000), S. 80.

[13] 14.089 Mio von 93.323 Mio. Euro der Mittel für Verpflichtungen im Haushaltsplan 2000 wurden für die Bereiche Bildung, Energie, Verbraucherschutz, Binnenmarkt, Industrie, transeuropäische Netze, Forschung und Technologie, Außenpolitische Maßnahmen und die Gemeinsame Außen- und Sicherheitspolitik veranschlagt. Vgl. Europäische Gemeinschaften (2000), S. 80. Für den Binnenmarkt beispielsweise, eines der Hauptziele der EU, sind im Haushaltsplan 2000 146,6 Mio Euro an Mitteln für Verpflichtungen vorgesehen, was etwa 0,15 % des Gesamtbudgets entspricht; vgl. Europäische Gemeinschaften (2000), S. 88.

[14] Vgl. dazu auch Folkers (1994a), S. 9 ff.

[15] Der Anteil der Eigenmittel an den Gesamteinnahmen entsprach im Haushaltsjahr 2000 95,7 %; vgl. Europäische Gemeinschaften (2000), S. 41.

[16] Vgl. Europäische Gemeinschaften (2000), S. 17 f. sowie EGKS/EG/EAG (1995), S. 83.

der EU festgelegt[17]. Außerdem wurde eine neue Einnahmekategorie eingeführt, die "vierte Einnahme", die aus der Anwendung eines einheitlichen Erhebungssatzes auf das BSP der Mitgliedstaaten resultiert. Der einheitliche BSP-Abrufsatz berechnet sich unter Berücksichtigung aller sonstigen Haushaltseinnahmen und unter Einhaltung der Obergrenze für die gesamten Eigenmittel. Mittlerweile werden über 40% (42,2% im Haushaltsjahr 2000) aus der vierten Eigenmittelquelle finanziert[18].

Für die weitere Analyse ist festzuhalten, daß die EU über eigene Mittel im Rahmen von Obergrenzen verfügen kann, die vom Europäischen Rat in Eigenmittelbeschlüssen festgelegt werden und die von den nationalen Parlamenten zu ratifizieren sind. Dabei hat die EU einen rechtlichen Anspruch auf diese Mittel und kann über die Verwendung im Rahmen ihrer budgetären Regeln entscheiden[19]. Die Beiträge der Mitgliedstaaten zur Finanzierung des EU-Budgets werden aus den nationalen Haushalten überwiesen[20].

Zur Erklärung der Existenz des Budgets der EU wird von einigen Autoren die Theorie des fiskalischen Föderalismus herangezogen[21]. Entsprechend diesem Ansatz ist die EU vergleichbar einer Föderation und ein zentrales Budget ist notwendig, um die Funktionen der zentralen Ebene der "Europäischen Föderation" zu erfüllen. Eine primäre allokative Funktion des Unionshaushalts ist in diesem Zusammenhang die Finanzierung unionsweiter öffentlicher Güter bzw. von staatlichen Politiken, deren Bereitstellung mit positiven Skalenerträgen verbunden ist, weshalb eine Zentralisierung allokativ vorteilhaft ist. Darüber hinaus dient das zentrale Budget einer Föderation zur Internalisierung interregionaler bzw. internationaler Spillovers, die durch bi- oder multilaterale Verhandlungen nicht ausgeglichen werden können[22]. Gegen diese Sicht ist einzuwenden, daß - wie bereits bei der Darstellung der Struktur des EU-Budgets verdeutlicht wurde - durch das Budget der EU gegenwärtig kaum solche Aufgaben finanziert werden[23]. Zudem zeigen Untersuchungen der verschiedenen allokativen und distributiven Begründungen für eine zentrale Bereitstellung budgetärer Politiken, daß zum derzeitigen Zeitpunkt aus normativer Sicht insbesondere bei Berücksichtigung des Subsidiaritätsprinzips keine Notwendigkeit zur Zentralisierung von staatlichen Aufgaben mit Haushaltswirkung besteht[24].

Eine alternative Erklärung der Funktion des EU Budgets im Prozeß der europäischen Integration geht davon aus, daß in einer zusammenwachsenden Wirtschaftsunion Kompen-

[17]Vgl. Europäische Gemeinschaften, S. 17 f. sowie EGKS/EG/EAG (1995), S. 22 ff. und S. 83. 1988 wurde eine Eigenmittelobergrenze von 1,15 % des BSP der Gemeinschaft festgelegt. Dieser Maximalsatz wurde mehrfach angehoben und entsprach im Haushaltsjahr 2000 1,27 %.

[18]Vgl. Europäische Gemeinschaften (2000), S. 43.

[19]Vgl. EGKS/EG/EAG (1995), S. 45.

[20]Auf die Diskussion über die Angemessenheit der Verteilung der Finanzierungslasten auf die EU-Mitgliedstaaten und die Frage der Nettopositionen wird nicht eingegangen. Vgl. für eine Diskussion u.a. Folkers (2001), Heinemann (1999) sowie Wissenschaftlicher Beirat beim BMWi (1999).

[21]Vgl. z.B. Oates (1977) sowie Biehl (1988).

[22]Vgl. für eine ausführliche Darstellung Folkers (1998), S. 565 ff.

[23]Vgl. Folkers (1994a), S. 87 ff.

[24]Vgl. Thomas (1997), S. 193 ff.

sationsmaßnahmen und langfristig ausgerichtete Ausgabenprogramme erforderlich sind, um aus ökonomischen Nachteilen der Marktintegration erwachsende politische Widerstände gegen internationale Liberalisierungsmaßnahmen zu vermeiden[25]. Auch wenn die aggregierte Wohlfahrt der Länder durch den Beitritt zur Wirtschaftsunion gemäß den Theoremen der klassischen Außenhandelstheorie insgesamt steigt, gibt es innerhalb der Länder Wirtschaftssubjekte einzelner Branchen oder Regionen, die durch die Integration ökonomisch verlieren und deren Ablehnung für die politischen Repräsentanten zu politischen Nachteilen führen kann, welche eine Durchführung von Freihandels- und Binnenmarktpolitiken aus politischen Gründen möglicherweise verhindern können[26]. Um politische Nachteile zu vermeiden und um die Voraussetzung für Integrationsschritte zu schaffen, ist somit u.U. ein finanzieller Ausgleich der Verlierer erforderlich. Eine Zentralisierung und Institutionalisierung der Kompensationspolitiken erhöht deren Glaubwürdigkeit und steigert für die Verlierer der Marktintegration die Wahrscheinlichkeit, daß die Ausgleichsleistungen nicht nach Durchführung der Maßnahmen eingestellt werden[27].

Schließlich ist die Etablierung zentraler politischer Strukturen auf internationaler Ebene politisch-ökonomisch dadurch begründbar, daß sich durch sie die Möglichkeiten der politischen Repräsentanten erweitern, Politiken zu ihren Gunsten und auf Kosten der Bürger durchzuführen[28]. Die demokratische Kontrolle auf nationaler Ebene durch politische Institutionen und durch die Wähler kann auf diese Weise u.U. umgangen werden und die Auslagerung von Politiken an eine internationale Ebene hilft wiederwahlorientierten Politikern möglicherweise, ihre Position im nationalen Verteilungsspiel zu verbessern. Kollusion der Politiker mit ihren Kollegen aus anderen Staaten und der Abschluß internationaler Abkommen ermöglicht die Durchführung von Politiken, die sonst auf nationaler Ebene ohne politische Nachteile, wie z.B. den Verlust des politischen Amts in der nächsten Wahl, nicht möglich gewesen wären. Die politischen Repräsentanten handeln auf internationaler Ebene Vereinbarungen aus und etablieren internationale politische Strukturen, ohne daß die Wähler den Verhandlungsprozeß verfolgen können. Die Bürger sind daher nicht in der Lage, zu beurteilen, ob die von ihren Repräsentanten abgeschlossenen Abkommen tatsächlich die bestmögliche Lösung darstellt, oder ob die Politiker sich entgegen ihren Interessen abgesprochen haben. Somit bewirkt die Möglichkeit, internationale Politiken vereinbaren zu können und auf internationaler Ebene budgetäre Mittel bereitzustellen, eine direkte Veränderung der Prinzipal-Agenten-Beziehung zwischen Bürgern und ihren Repräsentanten, wie sie im ersten Teil der Arbeit diskutiert wurde. Im Kontext der vorliegenden Arbeit stellt sich insbesondere die Frage, wie die Institutionen bei Entscheidungen über budgetäre Politiken in der Wirtschaftsunion im Zusammenspiel mit den nationalen Budgetentscheidungen eine demokratische Kontrolle gewährleisten können.

---

[25] Vgl. Folkers (2001), Abschnitt 2 und 3.

[26] Vgl. ebenda.

[27] Vgl. Folkers (2001), Abschnitt 2 und 3.

[28] Vgl. Vaubel (1986).

6.3 Budgetäre Institutionen

Im folgenden werden die derzeitigen budgetären und politischen Institutionen des Haushaltsentscheidungsverfahrens der EU dargestellt. Die Betrachtung beschränkt sich entsprechend der Abgrenzung, die im einzelnen im zweiten Kapitel begründet wurde, auf die Phase der Aufstellung und Verabschiedung des Haushalts. Die Regeln des Budgetprozesses unterscheiden sich, je nachdem, ob es sich um "Obligatorische Ausgaben" (OA) oder um "Nichtobligatorische Ausgaben" (NOA) handelt[29]. Die Abgrenzung dieser beiden Ausgabenkategorien stellte bis zu den Haushaltsreformen im Jahre 1988 eine Ursache für Konflikte zwischen dem Rat und dem Europäischen Parlament dar, weil die in den Verträgen enthaltene Definition ungenau und auslegungsbedürftig ist. Die Unterscheidung ist deshalb von Bedeutung, weil die budgetären Entscheidungsrechte der Haushaltsorgane Rat und Parlament für die beiden Ausgabenkategorien verschieden geregelt sind. So hat der Rat das Feststellungsrecht bezüglich der OA, und das Parlament hat das letzte Wort bei der Entscheidung über die NOA. Insbesondere das Parlament versuchte durch eine entsprechend weite Definition der NOA seine Entscheidungskompetenzen auszudehnen. Um diesen Streitpunkt zu beseitigen wurde 1982 eine Gemeinsame Erklärung der beiden Organe unterzeichnet, in der eine präzise Abgrenzung vereinbart wird. Darin werden die OA als jene Ausgaben definiert, die der Gemeinschaft die Erfüllung der Verpflichtungen ermöglichen, die aus den Rechtsakten resultieren, welche aufgrund der Verträge erlassen werden. Alle übrigen Ausgaben zählen zu den NOA. Darüber hinaus wurden die gesamten existierenden Haushaltslinien jeweils einer der beiden Kategorien zugeordnet und es wurden Regeln für die Zuordnung neuer Haushaltslinien vereinbart. Seit 1988 ist die Höhe der verschiedenen Posten der beiden Ausgabenkategorien bereits in der Finanziellen Vorausschau festgelegt, in der auch die Ausgabenhöhe der verschiedenen Politikbereiche fixiert wird. Die OA umfassen insbesondere die Agrarausgaben, Teile der externen Ausgaben und die Pensionen für EU-Bedienstete. Zu den NOA zählen v.a. die Mittel für strukturpolitische Maßnahmen sowie für die internen Politikbereiche. Das Haushaltsverfahren der EU verläuft im einzelnen entsprechend den folgenden Stufen, die auch in Abbildung 6.1 auf S. 174 dargestellt sind[30]:

1. Die Kommission nimmt eine technische Anpassung der finanziellen Vorausschau an die Entwicklung des BSP und des Preisniveaus vor und teilt die Ergebnisse den Organen der Haushaltsbehörde mit. Gegebenfalls unterbreitet sie über die technischen Anpassungen hinaus Vorschläge für die Änderung der finanziellen Vorausschau, über die die Haushaltsbehörde dann zu entscheiden hat.

[29] Vgl. zu den Ausführungen bezüglich der OA und der NOA in diesem Absatz EGKS/EG/EAG (2000), S. 108 sowie Folkers (1998), S. 579 ff.
[30] Vgl. EGKS/EG/EAG (1995), S. 100 ff. sowie Folkers (1998), S. 579 ff.

Die Organe der EU erstellen Voranschläge für ihre Teilbudgets. Die Europäische Kommission faßt die Voranschläge zusammen und überarbeitet diese. Der resultierende Haushaltsvorentwurf (HVE) wird dem Rat vorgelegt.

2. In der ersten Lesung ändert der Rat gegebenfalls den von der Kommission vorgelegten Vorentwurf des Haushaltsplans, und der Haushaltsentwurf wird mit qualifizierter Mehrheit verabschiedet.

3. Das Europäischen Parlament kann in seiner ersten Lesung auf Grundlage des Haushaltsentwurfs des Rats Änderungsvorschläge der OA und Abänderungen der NOA beschließen. Für Abänderungen der NOA ist die Mehrheit der Stimmen der Mitglieder des Parlaments erforderlich. Änderungsvorschläge an den OA werden mit der Mehrheit der abgegebenen Stimmen beschlossen. Stimmt das Parlament dem Entwurf zu oder nimmt es innerhalb einer bestimmten Frist keine Abänderungen oder Änderungsvorschläge vor, so gilt der Haushalt als endgültig festgestellt.

4. Der Rat hat in zweiter Lesung die Möglichkeit, die Abänderungen des Parlaments zu ändern und/ oder die Änderungsvorschläge des Parlaments anzunehmen, abzulehnen oder abzuändern. Dabei entscheidet der Rat mit qualifizierter Mehrheit. Bezüglich der OA ist die Entscheidung endgültig. Der geänderte Haushaltsentwurf wird an das Parlament weitergeleitet. Alternativ kann der Rat alle Abänderungen des Parlaments annehmen und der Haushaltsplan gilt als endgültig festgestellt.

5. In der zweiten Lesung kann das Parlament die an den NOA vorgenommenen Änderungen korrigieren oder ablehnen, wobei mittels Mehrheitsregel entschieden wird. Hat das Parlament einen Haushalt verabschiedet oder innerhalb einer gewissen Frist keine Entscheidung getroffen, so ist der Haushalt endgültig festgestellt. Wird der Haushalt entsprechend Art. 203 Abs. 8 EUV durch die Mehrheit der Mitglieder des Parlaments insgesamt abgelehnt (Globalablehnung)[31], so unterbreitet die Kommission Vorschläge zur Änderung des vom Rat in zweiter Lesung beschlossenen Haushaltsentwurfs und es kommt in der Regel zu einer dritten Lesung im Rat und im Parlament. Ist der Haushaltsplan zu Beginn des Haushaltsjahres noch nicht festgestellt, tritt die in Art. 204 EUV festgelegte Regelung der vorläufigen Zwölftel in Kraft, wonach in den einzelnen Haushaltsposten jeweils monatliche Ausgaben in Höhe eines Zwölftels des Vorjahresansatzes getätigt werden können. Dabei darf ein Zwölftel des Ansatzes im Haushaltsentwurf nicht überschritten werden[32].

---

[31] Dies war beispielsweise im Zusammenhang mit den Haushaltsplänen der Jahre 1980 und 1985 der Fall. Vgl. Läufer (1990), S.160 f.

[32] Diese Regelung kam ebenfalls mehrfach zur Anwendung, so z.B. in den Jahren 1980 und 1985. Vgl. Läufer (1990), S. 160 ff.

Parallel zum formalen Haushaltsverfahren werden verschiedene Koordinationsmaßnahmen (Trialog, Konzertierung) durchgeführt, die die Funktion haben, jenseits der formalen Regelungen des Haushaltsverfahrens eine Einigung zwischen den Organen der Haushaltsbehörde herbeizuführen. Vor der Finanzreform von 1988 verfehlten die Verfahren allerdings meist ihre Zielsetzung und konnten kaum zu einer Verhinderung der zahlreichen Haushaltskonflikte beitragen[33]. Seitdem dienen die Verfahren primär dazu, die Haushaltsprioritäten des aktuellen Budgets abzustimmen und die Einhaltung des durch die Eigenmittelobergrenze bzw. die Finanzielle Vorausschau gesteckten Finanzrahmens zu gewährleisten. Durch das Verfahren zur Koordination der am Haushaltsverfahren beteiligten Unionsorgane, Kommission, Rat und Europäisches Parlament wird die Implementierung der Budgetprojektion und -begrenzung für das jeweilige Haushaltsjahr sichergestellt[34]. In den formalen Regeln des Haushaltsverfahrens ist die Befugnis des Parlaments, über die NOA zu entscheiden, durch einen Höchstsatz für Ausgabensteigerungen begrenzt (Art. 203 Abs. 9 EUV), der von der Kommission auf der Basis makroökonomischer Daten errechnet wird[35]. Durch die Einführung der interinstitutionellen Vereinbarungen über die Finanzielle Vorausschau ist es in der Praxis des Haushaltsverfahrens jedoch zu einer Neutralisierung der Höchstsatzregel gekommen, weil die Organe der Haushaltsbehörde übereingekommen sind, jeweils die Höchstsätze für die Erhöhung der NOA zu akzeptieren, die sich aus den Obergrenzen der Haushaltsansätze ergeben, welche in der Finanziellen Vorausschau festgelegt wurden. Konflikte zwischen Rat und Parlament wegen der Überschreitung des Höchstsatzes, die in den Haushaltsjahren zwischen 1975 und 1987 auftraten, sind daher mit der Einführung der Finanziellen Vorausschau 1988 beseitigt worden[36]. De facto verfügt die Haushaltsbehörde somit im laufenden jährlichen Haushaltsverfahren über keinen Spielraum bei der Erhebung von Einnahmen über die Obergrenze der Eigenmittel hinaus, die in der Vorausschau festgelegt ist. Die Kompetenz der Organe im jährlichen Budgetprozeß bezieht sich im wesentlichen auf die Verteilung der zugewiesenen Eigenmittel auf die verschiedenen Verwendungen innerhalb des Rahmens der Finanziellen Vorausschau[37].

6.4 Prämissen der Analyse

Nur wenige Arbeiten, die den im zweiten Kapitel aufgestellten Kriterien für einen mikroökonomisch fundierten Ansatz zur Analyse budgetärer Entscheidungen genügen[38], untersuchen, wie die Gestaltung budgetärer Entscheidungsverfahren in einer internationalen

[33]Vgl. Läufer (1990), S. 172.
[34]Vgl. EGKS/EG/EAG (1995), S. 22 ff.
[35]Vgl. EGKS/EG/EAG (1995), S. 109 f.
[36]Vgl. EGKS/EG/EAG (1995), S. 110 f.
[37]Vgl. EGKS/EG/EAG (1995), S. 111 f.
[38]Vgl. Kapitel 1 und Kapitel 2, Abschnitt 2.4.3.

Wirtschaftsunion wie der EU die resultierende Budgetallokation beeinflussen. Die meisten Studien, die auf geeigneten theoretischen Ansätzen basieren, analysieren die Frage, welche Wirkung die Zuweisung staatlicher Aufgaben an die verschiedenen Gebietskörperschaften auf die Resultate budgetärer Entscheidungen hat[39].

Der Einfluß der jeweiligen Entscheidungsregeln, die bei der Aufstellung des Budgets gelten, auf die resultierende Haushaltsallokation wird meist nicht berücksichtigt. Keiner der Ansätze leistet einen Beitrag zu der in dieser Arbeit untersuchten Frage der demokratischen Kontrolle budgetärer Entscheidungen in einer internationalen Wirtschaftsunion. Anders als in den Arbeiten, die die Zentralisierung bzw. Dezentralisierung von Aufgaben untersuchen, wird in der vorliegenden Untersuchung davon ausgegangen, daß die Frage der Zuordnung der potentiellen Aufgaben festgelegt ist. Es wird untersucht, welche Ergebnisse der Budgetallokation bei unterschiedlichen Regierungsformen und alternativen institutionellen Regelungen resultieren. Normatives Bewertungskriterium für die Qualität des institutionellen Designs ist dabei die Verantwortlichkeit der politischen Repräsentanten bzw. der Grad der demokratischen Kontrolle. Aus Sicht der Bürger wird analysiert, welches institutionelle System die Renten minimiert, die sich die politischen Repräsentanten im politischen Prozeß aneignen können. Theoretische Grundlagen der Untersuchung sind dabei insbesondere die im fünften Kapitel dargestellten Ansätze, die auf reale und denkbare institutionelle Arrangements für die finanzwirtschaftlichen Entscheidungen im Kontext einer internationalen Wirtschaftsunion wie der EU angewendet werden[40]. Als Voraussetzung und Ausgangspunkt für die weitere Untersuchung werden im folgenden die Schlußfolgerungen zusammengefaßt, die aus der deskriptiven Analyse der Haushaltsinstitutionen abgeleitet werden können.

Aus der Diskussion der Eigenschaften der Haushaltsallokationen der EU sowie der realen und potentiellen Funktionen des Budgets werden bestimmte Folgerungen für die weitere Untersuchung hinsichtlich der möglichen Budgetpolitiken festgehalten. Erstens kann durch das Budget der EU prinzipiell die Bereitstellung unionsweiter öffentlicher Gütern finanziert werden, auch wenn diese Funktion derzeit kaum in Anspruch genommen wird. Darüber hinaus sind gebundene Finanztransfers der Union zu berücksichtigen, die den Staatshaushalten der Mitgliedsländer für die Bereitstellung spezifischer Güter auf nationaler Ebene zur Verfügung gestellt werden. Diese Ausgabenkategorie stellt, wie in der deskriptiven Analyse festgestellt wurde, mit den Mitteln für strukturelle Maßnahmen und interne Politikbereiche den zweitgrößten Ausgabenposten des EU-Budgets dar. Zu-

[39]Seabright (1996) analysiert beispielsweise, wie die Zuordnung von Entscheidungskompetenzen über staatliche Aufgaben an mehr oder weniger zentralisierte Gebietskörperschaften die Wohlfahrt der Bürger im Allokationsgleichgewicht beeinflußt. Beseley/Coate (2000) und Lockwood (1998) untersuchen, wie die Allokation der Bereitstellung lokaler öffentlicher Güter mit Spillovers bei unterschiedlichen politischen Entscheidungsstrukturen der zentralen Ebene gelöst werden.

[40]Die theoretische Grundlage der Untersuchung bilden insbesondere die Ansätze von Persson/Roland/Tabellini (1997, 2000).

dem sind Transferpolitiken, die den Bürgern der Mitgliedsländer zu Gute kommen, in die Betrachtung einzubeziehen. Vor allem die Ausgaben für die Agrarpolitik, die über die Hälfte des Haushalts der EU ausmachen, entsprechen diesem Typ von Budgetpolitiken. Schließlich ist in Betracht zu ziehen, daß die Repräsentanten auf Unionsebene u.U. in der Lage sind, Politiken bereitzustellen, die überwiegend ihnen selbst nützen und ihnen die Aneignung politischer Renten ermöglichen. Ein Modell, in dem die angeführten budgetären Instrumente mögliche Optionen für Haushaltspolitiken in einer internationalen Wirtschaftsunion sind, wird im folgenden Kapitel in Abschnitt 7.2.2 eingeführt.

Die Diskussion der Funktionen des EU-Budgets in Abschnitt 6.2 hat gezeigt, daß die Aktivitäten der EU im wesentlichen durch die Vereinbarung und Implementierung von Marktintegrationspolitiken begründet sind, die eine ökonomische Wirkung auf die Wohlfahrt der Bürger haben. Dabei geht es um Maßnahmen, die Barrieren zwischen den Märkten der Mitgliedsländer der Union beseitigen und die somit einen Abbau von Zusatzlasten ermöglichen, die im internationalen Handel aus Protektionismus resultieren. In der Untersuchung sind deshalb neben der Bereitstellung von Gütern, der Zahlung von zwischenstaatlichen Finanzzuweisungen oder Transfers Integrationsmaßnahmen zu berücksichtigen, von denen Effekte auf die Einkommen der Bürger bzw. auf die Steuerbasen der Länder ausgehen. Darüber hinaus führen Marktintegrationspolitiken u.U. auch zu Kosten, die sich in den Staatshaushalten der Mitgliedsländer der Wirtschaftsunion niederschlagen. Auf nationaler Ebene entfallen beispielsweise die Einnahmen aus den Zöllen, die im Handel mit den anderen Staaten der Wirtschaftsunion erhoben wurden, und auf internationaler Ebene entstehen gegebenenfalls Kosten der Koordination der Ordnungspolitik des gemeinsamen Marktes. Die Einbeziehung von Marktintegrationspolitiken in das Modell wird im folgenden Kapitel in Abschnitt 7.2.1 vorgenommen.

Aus den Ausführungen zur Finanzierung des Unionsbudgets folgt, daß die budgetären Mittel, über die im jährlichen Haushaltsverfahren der Union verhandelt wird, durch eine Obergrenze beschränkt sind. Über die Höhe der Ausgabenbeschränkung wird alle fünf bis sechs Jahre außerhalb des jährlichen Haushaltsverfahrens vom Europäischen Rat entschieden, der über diese Frage einstimmig befinden muß, weil es sich um internationale Vereinbarungen handelt[41]. Die Entscheidungen im Rat werden dominiert durch das Land, welches die Ratspräsidentschaft inne hat und das daher für die Vorbereitung der Entscheidungen sowie die Ausrichtung der Sitzungen verantwortlich ist. Das Mandat der Ratspräsidentschaft verleiht Einfluß auf die Entscheidungsergebnisse und wird daher nach festen Regeln halbjährlich unter den Mitgliedstaaten weitergegeben. Die Bedeutung des

[41] Vgl. EGKS/EG/EAG (1995), S. 22 ff. sowie Europäische Gemeinschaften (2000), S. 10 f. Im weiteren Verlauf der Untersuchung wird von der Unterscheidung zwischen dem Rat der Gemeinschaften und dem Europäischen Rat abstrahiert. Obwohl die Gremien sich in der Zusammensetzung und den institutionellen Bedingungen unterscheiden, ist diese Vereinfachung keine starke Annahme, weil es sich bei beiden jeweils um Komitees handelt, deren Mitglieder Repräsentanten der nationalen Regierungen sind.

Vorsitzenden, der für die Erarbeitung der Vorlagen verantwortlich ist, ist daher im Modell zu berücksichtigen.

Die Mittel werden überwiegend aus den nationalen Haushalten an das Budget der EU überwiesen und nicht durch die EU selbst erhoben. Weil einige Autoren die Forderung nach einer weitgehenden Einnahmenautonomie der EU gestellt haben[42], werden im Verlauf der Analyse im achten Kapitel auch die zu erwartenden Budgetallokationen untersucht, wenn - abweichend von den geltenden Regeln - die Höhe der Gesamtausgaben endogen im jährlichen Budgetverfahren festgelegt wird. Damit soll verdeutlicht werden, welche Wohlfahrtswirkungen zu erwarten sind, wenn Forderungen nach einer Einnahmenhoheit der EU-Organe realisiert würden.

Für die Untersuchung der budgetären Institutionen der EU, v.a. für die formale Analyse, sind, insbesondere um das Modell analytisch handhabbar zu machen, Abstraktionen von den realen Regeln des Budgetprozesses erforderlich. Deshalb werden im folgenden die stilisierten Eigenschaften des Haushaltsverfahrens der Union zusammengefaßt. Wegen der Neutralisierung der Höchstsatzregel sind im Prinzip zwei voneinander unabhängige Verfahren zu betrachten. Im Verfahren über die OA ist der Rat die entscheidende Instanz und im Verfahren über die NOA das Parlament. Allerdings wird das Parlament beschränkt durch die Einnahmenobergrenze, die vom (Europäischen) Rat festgelegt wird. In jedem der Entscheidungsprozesse hat jeweils eines der Organe die letztendliche Entscheidungsgewalt über eine genau abgegrenzte Menge von Ausgabenpositionen. Zwar kann das jeweils andere Organ Änderungsvorschläge unterbreiten, d.h. es handelt sich um eine offene Entscheidungsregel, aber die Änderungen können durch das jeweils andere Organ wieder aufgehoben werden. Dabei ist es a priori nicht eindeutig, in welcher Weise das Änderungsrecht in diesem Fall die Entscheidung beeinflußt. Die Diskussion budgetärer Entscheidungen in Abschnitt 4.4.3 des vierten Kapitels hat gezeigt, daß sich für Verfahren, in denen mehrere Komitees interaktiv am Entscheidungsprozeß beteiligt sind und in denen offene Agendaregeln gelten, d.h. in denen Änderungsvorschläge an den originären Abstimmungsvorlagen zugelassen sind, nur bedingt Gleichgewichtsergebnisse ableiten lassen. Um die Analyse der Entscheidungsverfahren handhabbar zu halten, wird deshalb vereinfachend unterstellt, daß die Zulassung von Änderungsvorschlägen die Gestaltungsmacht der vorangegangenen Instanz jeweils entkräftet. Da auch der Budgetvorentwurf der Kommission (HVE) im Rat auf eine offene Änderungsregel trifft, wird gleichermaßen von dieser Vorschlagsstufe abstrahiert. Es werden somit zunächst zwei verschiedene Verfahren untersucht, wobei im ersten Prozeß ein Unionsrat aus nationalen Regierungsvertretern und im zweiten Fall ein Unionsparlament entscheidet, dessen Abgeordnete von den Bürgern der verschiedenen Länder für die Unionsebene gewählt werden, wobei jedes Land eigene Vertreter entsendet. Darüber hinaus wird als alternative Möglichkeit politischer Institutionen ein drittes grundlegendes Modell analysiert, in dem die

[42] Vgl. beispielsweise Biehl et. al. (1990), insbesondere S. 77.

Budgetentscheidungen von einer Unionsregierung getroffen werden, die von den Bürgern der Union als Gesamtheit gewählt wird. Dieses institutionelle Arrangement, bei dem es sich derzeit um keine reale politischen Institutionen handelt, soll in erster Linie verdeutlichen, welche Budgetallokationen zu erwarten sind, wenn über den Haushalt von einer durch die Bürger gewählten zentralen Regierung der Wirtschaftsunion entschieden würde. Dieses Modell geht damit auf Vorschläge für die politischen Institutionen ein, in denen u.a. erwogen wird, die derzeitige Europäische Kommission als Europäische Regierung von den Bürgern wählen zu lassen und gleichzeitig ihre politischen Entscheidungskompetenzen auszuweiten[43]. Betrachtet werden somit drei unterschiedliche Modelle institutioneller Arrangements:

1. **Unionsrat**: Die Repräsentanten der nationalen Regierungen entscheiden auch auf der internationalen Ebene über die Politiken der Wirtschaftsunion. Dieses Modell entspricht einer konföderativen Regierungsform. Bezüglich des Abstimmungsverfahrens wird unterstellt, daß die Einstimmigkeitsregel angewendet wird. Im achten Kapitel wird eine Modellvariante untersucht, in der das Abstimmungsquorum kleiner als eins ist. Aus Gründen der einfacheren Modellierung wird von einer geschlossenen Abstimmungsregel ausgegangen, bei der keine Änderungsvorschläge an der Politik des Agenda-Setters zugelassen sind. Außerdem sind in diesem Modell die Beiträge der Mitgliedsländer zum Unionsbudget endogen, was der Tatsache Rechnung trägt, daß der Rat auf einer vorgelagerten Stufe auch über die Einnahmen- bzw. die Ausgabenobergrenze entscheidet.

2. **Unionsparlament**: Neben den Repräsentanten der nationalen Regierung wird in jedem Land ein Repräsentant für das Unionsparlament gewählt, in dem mittels einer geschlossenen Mehrheitsregel über die Politiken der Union entschieden wird. Dabei wird zunächst vereinfachend davon ausgegangen, daß die Finanzierung der Unionspolitiken durch eine exogene Beitragsgrenze begrenzt ist. In einer Erweiterung des Modells im achten Kapitel wird eine endogene Festlegung der Finanzierungsbeiträge an die Union betrachtet.

3. **Unionsregierung:** In diesem Modell wird neben den nationalen Regierungen von allen Bürgern der Union gemeinsam ein einzelner Repräsentant für die Unionsebene, z.B. ein Unionspräsident, gewählt, der die Politiken der Union bestimmt. Im Grundmodell wird eine exogene Beitragsgrenze unterstellt und in Modellvarianten im achten Kapitel wird die endogene Bestimmung der Einnahmenbegrenzung untersucht.

Die formalen Budgetierungssituationen, d.h. die Spiele, die resultieren, wenn das

[43]Vgl. als Beispiel für einen entsprechenden Vorschlag aus dem politischen Bereich Fischer (2000), S. 6.

in diesem Abschnitt entworfene ökonomische Modell der Wirtschaftsunion mit den politischen Grundmodellen zusammengeführt wird, sind im einzelnen im siebten Kapitel angegeben. Die Grundmodelle dienen einerseits als Basis für die Analyse der realen Institutionen der EU-Haushaltswirtschaft, andererseits enthalten sie auch das Potential für Gedankenexperimente darüber, wie alternative politische und budgetäre Institutionen auf die resultierende Budgetallokation wirken. Im achten Kapitel werden ausgewählte Varianten der budgetären und politischen Institution in den Grundmodellen untersucht, wobei ein alternatives Abstimmungsquorum im Rat und verschiedene Möglichkeiten der endogenen Festlegung der Budgethöhe betrachtet werden. Außerdem wird erörtert, wie sich kollusives Verhalten der Politiker auf die Allokationsergebnisse auswirkt.

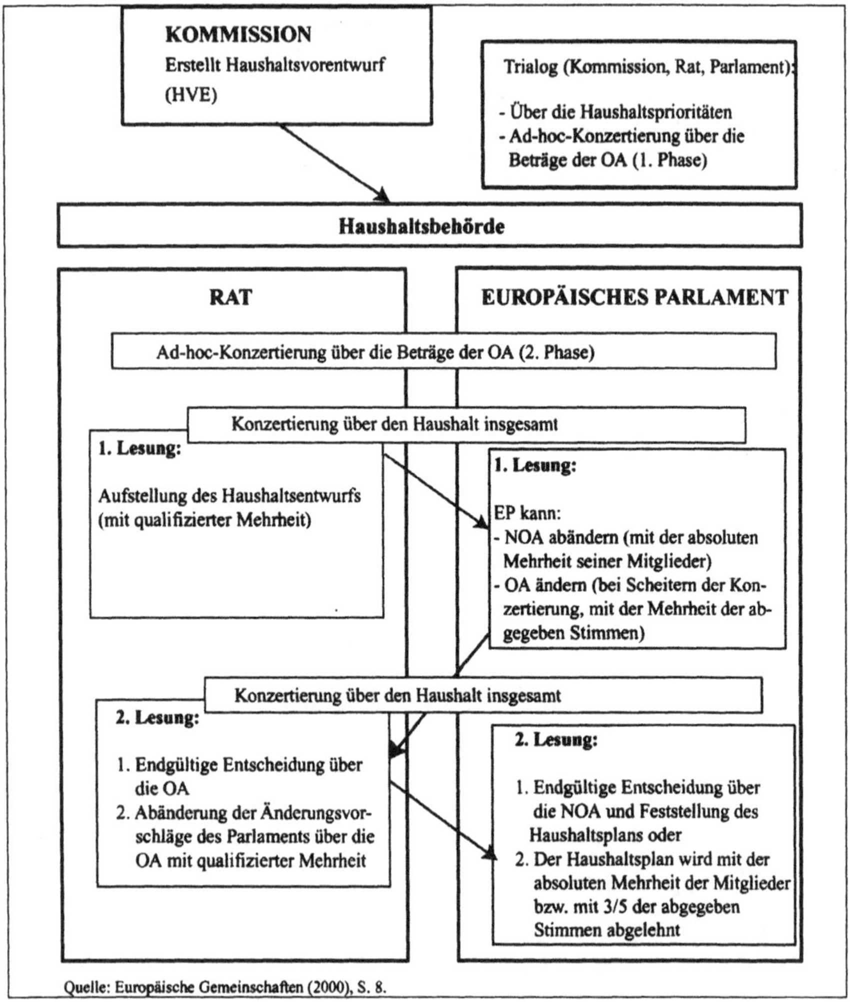

Quelle: Europäische Gemeinschaften (2000), S. 8.

Abbildung 6.1: Das Haushaltsverfahren der EU

Kapitel 7

Demokratische Kontrolle in der EU

7.1 Einleitung

Ausgehend von den Eigenschaften und Funktionen des Budgets und den Haushaltsinstitutionen der EU wurden in Abschnitt 6.4 des vorangegangenen Kapitels die Prämissen dargestellt, die als Grundlage der Analyse der budgetären und politischen Institutionen einer internationalen Wirtschaftsunion wie der EU vorausgesetzt werden. In diesem Kapitel wird das formale Modell konkretisiert und es werden die resultierenden Gleichgewichte in den verschiedenen institutionellen Arrangements - Unionsrat, Unionsparlament und Unionsregierung - abgeleitet und miteinander verglichen. Ausgangspunkt der Untersuchung budgetärer Entscheidungen in einer internationalen Wirtschaftsunion mittels eines formalen Modellansatzes sind die stilisierten Merkmale der EU-Haushaltswirtschaft. Dabei werden insbesondere die im vierten und fünften Kapitel dargestellten Analyseansätze auf den Kontext einer internationalen Wirtschaftsunion angewendet. Im Mittelpunkt der Untersuchung steht der Einfluß der Gestaltung der budgetären und politischen Institutionen auf den Grad der demokratischen Kontrolle. Es wird untersucht, wie sich die Einrichtung eines Unionsrats, eines Unionsparlaments und einer Unionsregierung als Haushaltsbehörde beispielsweise in einer zukünftigen Verfassung der EU auf die Lösung des Prinzipal-Agenten-Problems zwischen Bürgern und Politikern und auf die Wohlfahrt der Bürger auswirkt. Die politischen Grundmodelle sind dabei gegeben durch die im sechsten Kapitel in Abschnitt 6.4 abgeleiteten institutionellen Arrangements, die - bis auf das Modell der Unionsregierung - aus den institutionellen Gegebenheiten der EU abgeleitet wurden.

7.2 Grundmodell der Wirtschaftsunion

In dem betrachteten Modell gibt es drei Länder, $k = 1, 2, 3$. Die Anzahl der Bürger in einem Land k entspricht N_k, wobei die Bevölkerungsgröße für alle Länder auf $N_k = 1$

normiert wird[1]. In jedem Land werden vom Staat verschiedene Politiken bereitgestellt, die in Abschnitt 7.2.2 genauer charakterisiert werden. Die Bereitstellung der staatlichen Politiken wird in einem Budgetverfahren durch politische Repräsentanten entschieden, die ihre politische Rente maximieren und von den Bürgern gewählt werden. Das Modell entspricht in großen Teilen demjenigen im Kapitel 4, Abschnitt 4.2 und berücksichtigt die im sechsten Kapitel in Abschnitt 6.4 herausgearbeiteten stilisierten Merkmale der Haushaltswirtschaft der EU. Auf internationaler Ebene kann ein Abkommen über die Integration nationaler Märkte geschlossen werden und von Budgetpolitiken der internationalen Union sowie durch Finanzausgleichsmaßnahmen begleitet werden[2].

7.2.1 Integrationswirkung

Was bewirkt die Marktintegration für die Wohlfahrt bzw. das Einkommen der Bürger? Der Fokus liegt dabei auf der Frage, wie gegebene ökonomische Effekte das Verhalten der politischen Akteure und das Ergebnis der Budgetierungsverfahren beeinflussen. Ein explizites Modell, in dem die Wirkungen der ökonomischen Integration endogen erklärt werden, wird nicht formuliert. Statt dessen werden die Effekte der Marktliberalisierung als exogen gegeben angenommen und es wird unterstellt, daß der Abbau von Handelshemmnissen zur Reduzierung von Zusatzlasten führt, wodurch das Einkommen der Wirtschaftssubjekte in der Wirtschaftsunion erhöht wird[3].

Es wird unterstellt, daß die Präferenzen der Bürger eines Landes bezüglich der Marktintegrationspolitik homogen sind. Dazu wird vereinfachend angenommen, daß alle Bürger eines Landes k ein Einkommen in Höhe von $y_k(p_u)$ beziehen, das in allen Ländern durch die Integrationspolitik der Union p_u beeinflußt wird[4]. Bezüglich der Marktintegration wird unterstellt, daß es die beiden Optionen Nicht-Integration und Integration gibt: $p_u \in \{0, 1\}$. Hinsichtlich des Einkommens sind daher die beiden Realisationen $y_k(0)$ und $y_k(1)$ möglich, wobei $y_k(1) = y_k(0) + \Delta y_k$ angenommen wird und Δy_k sowohl positiv als auch negativ sein kann.

7.2.2 Budgetpolitiken

Folgende Politiken können in jedem Land k auf nationaler Ebene durchgeführt werden[5]:

---

[1] Die Reduzierung auf drei gleich große Länder erfolgt, um die Analyse zu vereinfachen. Eine Verallgemeinerung des Modells hinsichtlich der Länderanzahl und heterogener Bevölkerungsgrößen ist ohne weiteres möglich.

[2] Die Annahme, daß die Entscheidungen über Marktintegrations- und Budgetpolitiken miteinander verknüpft sind, beruht auf den realen Gegebenheiten, die dieser Analyse als Ausgangspunkt zu Grunde gelegt werden. Vgl. dazu die Ausführungen im sechsten Kapitel.

[3] Vgl. für eine ausführliche Diskussion der Marktintegrationseffekte Robson (1998), Kapitel 2 bis 7.

[4] Vgl. zu einem allgemeineren Ansatz Folkers (1994a).

[5] Das Modell basiert i.w. auf dem Grundmodell des vierten und fünften Kapitels, zu dem die Arbeiten von Persson/Roland/Tabellini (1997, 2000) die theoretische Grundlage bilden.

- Es kann vom Staat ein öffentliches Gut g_k mit ausschließlicher Nutzenwirkung in Land k bereitgestellt werden. Dabei bezeichnet $g_k = b_k + z_k$ die insgesamt für dieses Gut veranschlagten Ausgaben, die sich aus den nationalen Ausgaben b_k und den gebundenen Finanzzuweisungen der internationalen Union für dieses Gut, z_k, zusammensetzen.

- Die Politiker können sich poltische Einkommen zukommen lassen. π_{rk} bezeichnet die Pro-Kopf-Rente des Politikers P_r im Land k.

Das gesamte Einkommen der Volkswirtschaft des Landes k summiert sich zu $N_k y_k = y_k$. Kreditaufnahme durch den Staat wird ausgeschlossen. Daher müssen in jeder Periode die Steuereinnahmen E_k den gesamten Ausgaben A_k entsprechen:

$$E_k = t_k y_k = A_k = b_k + \sum_{r \in \mathcal{R}_k} \pi_{rk} + Z_k. \tag{7.1}$$

Dabei ist $t_k \in (0, 1)$ der Steuersatz, der auf das Einkommen y_k erhoben wird. Z_k bezeichnet die Summe aus dem Nettozahlungsstrom der Beiträge und ungebundenen Zuweisungen zwischen dem Land k und der Union sowie den Kosten $c_k(p_u)$, die dem Land auf nationaler Ebene durch internationale Marktintegrationspolitik entstehen. Bei den Kosten kann es sich beispielsweise um Mindereinnahmen bei den nationalen Zöllen handeln, die bei der Einigung auf eine Zollunion resultieren. Der Budgetvektor in Land k ist durch $\mathbf{b}_k = [b_k, \boldsymbol{\pi}_k, t_k]$ gegeben.

Es wird die grundlegende Annahme getroffen, daß die Zuordnung von Aufgaben auf die internationale Ebene der Union exogen festgelegt ist. Die Spieler entscheiden, auf welchem Niveau die Politiken bereitgestellt bzw. wieviel budgetäre Mittel jeweils in das Budget der Union eingestellt werden. Auf Unionsebene sind neben der im letzten Abschnitt beschriebenen Marktintegrationspolitik die folgenden budgetären Politiken möglich:

- Es kann ein unionsweites öffentliches Gut g_u bereitgestellt werden.

- Aus dem supranationalen Budget können gebundene Finanzzuweisungen an die Haushalte der Mitgliedsstaaten geleistet werden. Dabei bezeichnet z_k einen gebunden Transfer an das Land k, der für die Bereitstellung des öffentlichen Gutes im Lande k verwendet werden muß.

- Möglich sind direkte Transfers aus dem Budget der Union an Wirtschaftssubjekte in den Mitgliedsländern τ_{ku}, wobei der Vektor der Transfers durch $\boldsymbol{\tau}_u$ gegeben ist.

- Auch auf supranationaler Ebene können sich die Politiker Renten π_{ru} aneignen. Der Vektor der Politikerrenten auf Unionsebene wird mit $\boldsymbol{\pi}_u$ bezeichnet.

Der Budget- und Politikvektor der Wirtschaftsunion ist durch $\mathbf{b}_u = [p_u, b_u, \boldsymbol{\tau}_u, \boldsymbol{\pi}_u, \mathbf{z}_u]$ gegeben. Auf Unionsebene ist die folgende Budgetrestriktion zu beachten:

$$E_u = \sum_k T_k = A_u = c_u (p_u) + b_u + \sum_{r \in \mathcal{R}_u} \pi_{ru} + \sum_k \tau_{ku} + \sum_k z_k. \tag{7.2}$$

D.h. auch auf Unionsebene müssen die Einnahmen E_u in jeder Periode den gesamten Budgetausgaben B_u entsprechen. T_k bezeichnet den Nettozahlungsstrom aus Beiträgen und ungebundenen Finanzzuweisungen zwischen dem Land k und der Union[6]. Es wird unterstellt, daß $T_k = \alpha_k Y_k$ist, wobei α_k für den Nettobeitragssatz des Landes k steht, der auf das Volkseinkommen Y_k angewendet wird. Die Obergrenze für die Beitragssätze ist durch $\bar{\alpha}$ gegeben. $c_u (p_u)$ repräsentiert die Kosten, die auf internationaler Ebene für die Bereitstellung der Marktintegrationspolitik p_u anfallen. Auf nationaler Ebene setzt sich Z_k folgendermaßen zusammen:

$$Z_k = T_k + c_k (p_u). \tag{7.3}$$

Das Nettoeinnahmeaufkommen im Land k entspricht

$$E_k (p_u) = t_k [y_k (0) + \Delta y_k (p_u)] - T_k - c_k (p_u). \tag{7.4}$$

Einkommensgewinne oder -verluste durch die Integrationspolitik, die Nettozahlungsströme zwischen dem Land k und der Union sowie die auf nationaler Ebene entstehenden Kosten der Integration erhöhen bzw. vermindern die nationalen Einnahmen des Staates. Damit wird der Pool für die Aneignung von Ressourcen durch die nationalen Politiker auf

$$\pi_k \leq B_k \leq E_k^{\max} (p_u) = y_k (0) + \Delta y_k (p_u) - T_k - c_k (p_u) \tag{7.5}$$

beschränkt, der bei einem Steuersatz von $t_k = 1$ resultiert.

Für den weiteren Verlauf der Analyse werden die folgenden Variablen definiert:

$$Y \equiv \sum_{k=1}^{3} y_k, \tag{7.6}$$

$$\Delta Y \equiv \sum_{k=1}^{3} \Delta y_k, \tag{7.7}$$

$$C_k \equiv \sum_{k=1}^{3} c_k \tag{7.8}$$

$$C \equiv C_k + c_u. \tag{7.9}$$

Bezüglich der Integrationsgewinne und des maximalen Beitragssatzes, $\bar{\alpha}$, der Union werden die folgenden Bedingungen formuliert:

[6]Das Land k leistet einen Beitrag zum Budget der Union, wenn der Nettozahlungsstrom aus Beiträgen und ungebundenen Zuweisungen der Union zwischen dem Land k und der Union positiv ist, d.h. wenn $T_k > 0$. Im Fall $T_k < 0$ erhält das Land k einen positiven ungebundenen Nettotransfer aus dem Budget der Union.

Bedingung 7.1 $\Delta Y - C > 0.$

Bedingung 7.2 $\bar{\alpha} \geq \alpha^{I} \equiv \frac{c_u}{\Delta Y}.$

Bedingung 7.3 $\bar{\alpha} \geq \alpha^{II} \equiv \frac{c_u}{Y(1)}.$

In Bedingung 7.1 wird postuliert, die Durchführung der Integrationspolitik führe in der Summe der Unionsländer immer zu einem Nettowohlfahrtsgewinn. Daß die zusätzlichen Beiträge zum Unionsbudget bei Implementierung der Politik $p_u = 1$ beim maximalen Beitragssatz $\bar{\alpha}$ mindestens mit den Kosten dieser Politik übereinstimmen, die auf Unionsebene entstehen, wird in Bedingung 7.2 vorausgesetzt. Entsprechend Bedingung 7.3 reichen die Beiträge aus, die beim maximalen Beitragssatz $\bar{\alpha}$ insgesamt an das Unionsbudget gezahlt werden, um die auf Unionsebene anfallenden Integrationskosten zu decken. Weil $\alpha^{I} > \alpha^{II}$ ist, gilt mit Bedingung 7.2 auch Bedingung 7.3. Im folgenden wird angenommen, daß der exogene maximale Beitragssatz Bedingung 7.2 erfüllt. Außerdem ist für die gesamte Analyse Bedingung 7.1 gültig.

Die Präferenzen eines Bürgers im Land k hinsichtlich der nationalen und internationalen Budgetpolitiken werden durch die im vierten Kapitel in Abschnitt 4.2.3.1 eingeführte additiv-separable Nutzenfunktion (4.5) beschrieben:

$$u_k = y_k(p_u)(1 - t_k) + \tau_{ku} + H_k(g_k) + \lambda_k J(b_u). \tag{7.10}$$

H_k ist die strikt konkave Funktion des Nutzens aus den Ausgaben für das staatlich bereitgestellte Gut g_k in Land k. $\lambda_k J(b_u)$ bezeichnet den Nutzen, den ein Individuum aus Land k aus der Bereitstellung des öffentlichen Gutes der Union zieht. Dabei ist $J(b_u)$ eine monoton steigende, strikt konkave Nutzenfunktion, die für die Individuen aus allen Ländern als identisch angenommen wird. λ_k ist ein Parameter, der die Präferenzen der Bürger im Land k bezüglich des unionsweiten öffentlichen Gutes beschreibt. Die Präferenzen bezüglich des unionsweiten öffentlichen Gutes werden als national homogen aber international heterogen angenommen. Außerdem wird die Summe der Präferenzparameter definiert als

$$\hat{\lambda} \equiv \sum_{k=1}^{3} \lambda_k. \tag{7.11}$$

Die Präferenzen eines Politikers j des Landes k sind durch folgende einfache Funktion gegeben:

$$v_{rk} = \pi_{rk}. \tag{7.12}$$

Für die politischen Repräsentanten wird somit vereinfachend unterstellt, daß sie keine Präferenzen für die staatlich bereitgestellten öffentlichen Güter haben, sondern lediglich durch die Möglichkeit motiviert sind, sich politische Renten anzueignen[7]. Betrachtet

[7] Somit wird für den Parameter β der Nutzenfunktion des Politikers, die im vierten Kapitel eingeführt wurde, der Wert $\beta = 1$ angenommen.

wird ein diskret gemessener Zeitverlauf mit unendlichem Horizont. Die Präferenzen eines Individuums in einer Periode j sind gegeben durch den abdiskontierten Strom der Periodennutzen

$$U_{k,j} = \sum_{t=j}^{\infty} \delta^{(t-j)} u_{k,t} \left(\mathbf{b}_{k,t}, \mathbf{b}_{u,t}\right) \tag{7.13}$$

für einen Bürger des Landes k und durch

$$V_{r,j} = \sum_{t=j}^{\infty} \delta^{(t-j)} v_{r,t} \left(\mathbf{b}_{k,t}, \mathbf{b}_{u,t}\right) D_{r,t} \tag{7.14}$$

für einen politischen Repräsentanten, wobei $D_{r,t}$ eine Dummy-Variable ist, die den Wert Eins annimmt, wenn der Politiker in der Periode t im Amt ist und Null sonst. Am Ende jeder Periode werden Wahlen abgehalten, bei denen die Amtsinhaber jeweils gegen einen Herausforderer antreten, der per Zufall aus einem unendlich großen Pool identischer Kandidaten ausgelost wird, die die gleichen Eigenschaften, insbesondere die gleichen Fähigkeiten wie der Amtsinhaber haben. Ein Amtsinhaber, der abgewählt wurde, wird von den Wählern nicht wieder in ein Amt gewählt. Die ökonomischen Bedingungen bleiben über die Zeit unverändert und jedes Periodenspiel ist identisch. Per Annahme machen die Spieler ihre Entscheidungen nur vom Verlauf der laufenden Periode und nicht von der Geschichte der vergangenen Perioden abhängig. Dies impliziert, daß im Gleichgewicht in jeder Teilperiode identische stationäre Strategien als Optimalstrategie gewählt werden[8].

7.3 Unionsrat (C)

In dem Modell dieses Abschnitts werden die Entscheidungen auf beiden politischen Ebenen von den nationalen Repräsentanten getroffen. Auf nationaler Ebene wird ein politischer Repräsentant (eine Regierung) gewählt, der in seinem Land die nationalen politischen Variablen bestimmt. Gleichzeitig entscheiden die nationalen Repräsentanten auf supranationaler Ebene über die Politikvariablen der Union, wobei für die Interaktion in dem internationalen Gremium die Entscheidung mittels der Einstimmigkeitsregel unterstellt wird[9]. Am Ende jeder Periode finden Wahlen statt, und die Bürger haben die Gelegenheit, den politischen Repräsentanten ihres Landes sowohl für die nationale als auch für die Politik der Union zur Verantwortung zu ziehen und gegebenenfalls abzuwählen. Dieses Modell folgt dem konföderalen Prinzip und entspricht dem Rat der EU. In Abbildung 7.1 wird das Orgarnigramm des institutionellen Arrangements dargestellt. Quadrate stehen für Spieler, d.h. für die Bürger B_k und die politischen Repräsentanten P_k. Pfeile symbolisieren die Möglichkeit der demokratischen Kontrolle durch Wahlen.

[8] Auf Zeitindizees kann daher verzichtet werden.

[9] Abstimmungen mittels der Mehrheitsregel im Unionsrat werden in Abschnitt 8.2 im achten Kapitel untersucht.

Die runden gestrichelten Kreise in der Abbildung verdeutlichen den nationalen und die gestrichelte Ellipse den supranationalen Entscheidungsprozeß.

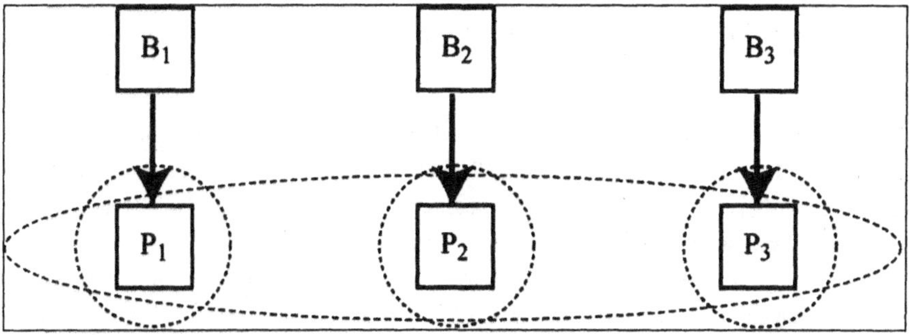

Abbildung 7.1: Modell Unionsrat (C)

Es wird von einer geschlossenen, durch den Agenda-Setter dominierten Entscheidungsregel ausgegangen, bei der keine Änderungsvorschläge am Erstvorschlag des Agenda-Setters zugelassen sind. Das Spiel verläuft folgendermaßen:

1. Die Natur bestimmt einen der drei nationalen Repräsentanten P_a zum Agenda-Setter im Unionsrat mit $a \in \{1,2,3\}$.

2. Die Bürger in jedem Land k einigen sich auf eine Regel $\mathbf{WR}_k$ für die Wiederwahl des Repräsentanten P_k. Sie setzen jeweils einen Reservationsnutzen $\bar{u}_k$, der mindestens erreicht werden muß, damit sie ihren Repräsentanten im Amt bestätigen. Der Vektor der Reservationsnutzen ist $\bar{\mathbf{u}} = [\bar{u}_1, \bar{u}_2, \bar{u}_3]$.

3. Auf beiden Ebenen wird über die Politiken entschieden[10]:

   (a) Jeder nationale Repräsentant P_k legt eine Politik $\mathbf{b}_k = [b_k, \pi_k, t_k]$ für sein Land fest, wobei die Budgetrestriktion $A_k = E_k$ einzuhalten ist.

   (b) Die Politiker P_k mit $k = 1,2,3$ bestimmen im Unionsrat die Politik der Union $\mathbf{b}_u = [p_u, \mathbf{T}, b_u, \mathbf{z}_u, \boldsymbol{\pi}_u, \boldsymbol{\tau}_u]$. Dabei wird das folgende nicht-kooperative Verhandlungsverfahren unterstellt:

      i. Der Repräsentant P_a, der zum Agenda-Setter bestimmt wurde, unterbreitet einen Politikvorschlag $\mathbf{b}_u^a$.

      ii. Die beiden anderen Repräsentanten $k \neq a$ müssen dem Vorschlag des Agenda-Setters zustimmen, damit dieser umgesetzt wird. Erlangt der Vorschlag diese Zustimmung nicht, so wird Status quo-Allokation $\mathbf{b}_u^{SQ}$ mit

[10] Dabei spielt es keine Rolle, ob die Entscheidungen simultan oder sequentiell getroffen werden.

$p_u^{SQ} = 0$, $b_u^{SQ} = 0$, $\forall k : z_k^{SQ} = 0$, $T_k^{SQ} = 0$, $\pi_{ku}^{SQ} = 0$, $\tau_{ku}^{SQ} = 0$ implementiert[11].

4. In jedem Land finden Wahlen statt und die Bürger B_k entscheiden über die Wieder- oder Abwahl von P_k.

Ein teilspielperfektes stationäres Gleichgewicht des Spiels ist in der Definition A.1 im Appendix A.1 auf S. 253 definiert. Die Definition impliziert multiple Gleichgewichte. Im folgenden werden die in der Definition A.1 charakterisierten Gleichgewichte abgeleitet und begründet. Dazu wird das Spiel schrittweise beginnend mit der letzten Stufe gelöst.

Im ersten Schritt wird überlegt, in welcher Höhe sich die politischen Repräsentanten Renten aneignen können, wenn sie nicht auf Wiederwahl spielen, sondern sich in der laufenden Periode maximale Ressourcen zukommen lassen und die Forderungen der Bürger für eine Wiederwahl nicht erfüllen. Die größte mögliche Rente eines Politikers in Land k entspricht dem maximal erzielbaren Einnahmeaufkommen bei einem Steuersatz von $t_k = 1$, das von der Marktintegrationspolitik und den Nettozahlungsströmen zwischen dem Land und der Union abhängig ist[12]:

$$\pi_k^K = E_k^{\max}(p_u) = y_k(0) + \Delta y_k(p_u) - T_k - c_k(p_u). \tag{7.15}$$

In einem Wiederwahlgleichgewicht muß der politische Repräsentant mindestens einen Strom erwarteter abdiskontierter Periodennutzen in Höhe von $V_k^K = \pi_k^K$ erhalten. Da π_k^K von den auf Unionsebene zu beschließenden Politikvariablen p_u und T_k bestimmt wird, ist zunächst zu untersuchen, wie die Repräsentanten bezüglich dieser Variablen entscheiden.

Im Spiel auf Unionsebene können die Spieler P_k, die in der Periode nicht Agenda-Setter geworden sind, den Vorschlag des Agenda-Setters P_a akzeptieren oder nicht. Lehnt einer von ihnen den Vorschlag ab, wird die Status quo-Allokation $\mathbf{b}_u^{SQ}$ implementiert, die vorsieht, daß keine gemeinsame Marktpolitik der Union und auch keine internationalen Budgetpolitiken implementiert werden. Aus Sicht der Repräsentanten ist dabei in erster Linie von Bedeutung, wie sich ihr Potential für die Aneignung von Ressourcen verändert.

---

[11] Zur Vereinfachung wird von der tatsächlichen Regelung im EU-Haushaltsverfahren abgewichen, bei der das Budget der Vorperiode als Status quo zu Grunde gelegt wird. Zum einen wurde die Wirkung einer Regelung, bei der das Status quo-Budget dem Haushalt der Vorperiode entspricht, bereits im vierten Kapitel in Abschnitt 4.4 untersucht. Außerdem kann unterstellt werden, daß die Vorbudgetwerte auf Null normiert sind, so daß im laufenden Budgetprozeß i.w. über Ausgabenzuwächse entschieden wird.

[12] Zur Vereinfachung wird im Modell des Unionsrats unterstellt, daß sich die Politiker ausschließlich auf nationaler Ebene Ressourcen aneignen können, daß also $\pi_{ku} = 0$ gilt. Diese Annahme hat Implikationen für den Bereich der möglichen Gleichgewichte und für die Nettotransfers T_k im Gleichgewicht. Nicht beeinflußt wird dagegen die Höhe der Renten, die sich die Politiker im Gleichgewicht insgesamt zukommen lassen. Ohne diese Annahme wäre die Gleichung (7.5) folgendermaßen zu schreiben: $\pi_{k+u}^K = \pi_k^K + \pi_{ku}^K = y_k(0) + \Delta y_k(p_u) - T_k - c_k(p_u) + \pi_{ku}^K$. Eingeschränkt wird lediglich die Verteilung der Auszahlungen der Politiker auf die nationale und die internationale Ebene.

In diesem Zusammenhang ist entscheidend, wie sich die Besteuerungsbasis, das Einkommen der Individuen in den Ländern, ändert und welche Mittel zwischen dem Land und der Union fließen, ob Nettozahlungen zu leisten sind oder ob das Land Nettotransfers erhält. Der Nettozahlungsstrom der Beiträge und ungebundenen Zuweisungen zwischen dem Land und der Union vermindert oder erhöht die finanziellen Mittel in den nationalen Staatskassen und verändert somit die Möglichkeiten der Politiker zur Aneignung von Ressourcen. Daher interessieren sich die Repräsentanten im Zusammenhang mit der Unionspolitik in erster Linie für die Veränderung der maximal verfügbaren Einnahmen in ihrem Land, die in der Gleichung (7.5) angegeben wurden. Die beiden Repräsentanten P_k akzeptieren keine Politik, die sie schlechter stellt als ohne Aktivitäten der Union. Die Veränderung der nationalen Staatseinnahmen durch die Unionspolitiken muß daher aus Sicht der Repräsentanten nichtnegativ sein, damit sie sich gegenüber dem Status quo nicht verschlechtern:

$$\Delta E_k = \Delta y_k (p_u) - c_k (p_u) - T_k \geq 0. \tag{7.16}$$

Ungleichung (7.16) ist die Voraussetzung dafür, daß der Repräsentant P_k mit $k \neq a$ den Vorschlag des Agenda-Setters P_a akzeptiert. Sie stellt somit die Partizipationsbedingung für die Zustimmung der beiden anderen Ratsmitglieder dar, die der Agenda-Setter beachten muß, wenn er seinen Vorschlag im Rat durchbringen will. Für P_a ist es am besten, wenn die Bedingung für die beiden Spieler P_k mit $k \neq a$ mit Gleichheit erfüllt wird, da sich seine eigene Rente gegenüber einer Erfüllung mit Ungleichheit erhöht, während die beiden anderen politischen Repräsentanten seinen Vorschlag schwach dem Status quo vorziehen und zustimmen. Falls die Politiker keine Wiederwahl anstreben, setzten sie alle nationalen Ausgabenpolitiken, die nicht ihren, sondern ausschließlich den Nutzen der Bürger erhöhen, auf Null. Darüber hinaus schlägt der Agenda-Setter für die Ausgabenpolitiken der Union ein Niveau von Null und $p_u = 1$ sowie Nettozahlungen des Landes k an die Union in Höhe von

$$\forall k \neq a : \tilde{T}_{k \neq a} = -\left(\Delta y_k (p_u) - c_k (p_u)\right) \tag{7.17}$$

vor. Wenn die politischen Repräsentanten nicht die Wiederwahl, sondern eine maximale Aneignung von Ressourcen in der laufenden Periode anstreben, kann sich der Agenda-Setter die gesamten Gewinne der Integrationspolitik in allen Ländern über den Transfermechanismus des Unionsbudgets aneignen. Dies ist möglich, indem er die Nettotransfers der Länder $k \neq a$ entsprechend (7.17) vorschlägt und für das eigene Land einen Transfer in Höhe der Summe der Nettozahlungen der anderen Länder abzüglich der Kosten, die auf Unionsebene für die Unionspolitik entstehen, zur Abstimmung stellt:

$$\tilde{T}_a = -\sum_{k \neq a} \tilde{T}_k + c_u (p_u) . \tag{7.18}$$

Dieser Allokation stimmen die beiden anderen Repräsentanten zu, weil ihre Partizipationsbedingung (7.16) erfüllt ist. Wenn alle anderen Budgetpolitiken der Union auf einem Niveau von Null bereitgestellt werden, genügen diese Nettotransfers der Budgetbeschränkung der Union (7.2). Die maximal erzielbaren Renten, die sich die politischen Repräsentanten in einer Situation ohne Wiederwahl aneignen könnten, entsprechen somit

$$\pi_a^K = E_a^{\max} = y_a(0) + \Delta Y - C, \tag{7.19}$$

$$\pi_{k\neq a}^K = E_{k\neq a}^{\max} = y_k(0). \tag{7.20}$$

Die Bürger realisieren in diesem Fall einen Nutzen von $u_k^K = 0$.

Aus den Überlegungen zum Spiel auf Unionsebene resultiert für das simultan stattfindende Spiel auf nationaler Ebene, daß die Höhe der maximal verfügbaren Mittel in einem Land, aus denen der Politiker seine Rente schöpfen kann, davon abhängig ist, ob der jeweilige Repräsentant auf europäischer Ebene Agenda-Setter ist oder nicht. In den Ländern $k \neq a$ entsprechen die maximal möglichen Staatseinnahmen in einer Situation ohne Wiederwahl der Repräsentanten dem Volkseinkommen, das ohne Unionspolitiken erreicht wird, da die Integrationsgewinne durch die Transfers vollständig abgeschöpft bzw. die Integrationsverluste ausgeglichen werden. Im Land a steigt der Pool für die Rente des Politikers um die Summe der Nettointegrationsgewinne aller Mitgliedsländer der Union.

Wieviel Ressourcen müssen die Wähler den Politikern in einer Periode als Auszahlung zugestehen, damit es für die Repräsentanten attraktiv ist, die Wiederwahl anzustreben und die Wiederwahlrestriktion der Bürger einzuhalten? Würde der Politiker von vorneherein auf eine Wiederwahl verzichten und sich alle verfügbaren Ressourcen aneignen, so würde er in diesem Modell den Steuersatz auf $t_k = 1$ setzen und sich das gesamte maximal mögliche Einnahmeaufkommen $E_k^{\max}$, das sich aus dem aggregierten Einkommen der Individuen und den Nettoeinnahmenzuwachs aus Marktintegrationspolitiken der Union zusammensetzt, als Rente aneignen, d.h. $\pi_k^K = E_k^{\max}$. Die Höhe von $E_k^{\max}$ ist wie bereits ausgeführt davon abhängig, ob k in der Union Agenda-Setter ist oder nicht. D.h. die Rente, die die Bürger ihrem Repräsentanten in einem Wiederwahlgleichgewicht zugestehen müssen, π_k^W, ist höher, wenn der Repräsentant Agenda-Setter auf Unionsebene ist. Es gilt also $\pi_{k=a}^W > \pi_{k\neq a}^W$. Der abdiskontierte erwartete Wert der Renten bei Wiederwahl in allen folgenden Perioden zuzüglich der Rente der laufenden Periode, $\pi_k^W + \delta \frac{E(\pi_k^W)}{1-\delta}$, muß mindestens dem entsprechen, was er sich sofort in der laufenden Periode bei einem Verzicht auf die Wiederwahl aneignen könnte. Dabei ist die erwartete Rente gleich

$$E\left(\pi_k^W\right) = q_a \pi_{k=a}^W + (1 - q_a)\, \pi_{k\neq a}^W, \tag{7.21}$$

wobei q_a die Wahrscheinlichkeit bezeichnet, in der Union Agenda-Setter zu werden. Die Bedingungen für die Indifferenz des Politikers zwischen der Aneignung der gesamten Ressourcen ohne Wiederwahl und dem Verzicht auf die vollständige Aneignung mit Wiederwahl lautet je nachdem, ob der Repräsentant Agenda-Setter ist oder nicht:

$$\pi_a^K = \pi_{k=a}^W + \delta \frac{E(\pi_k^W)}{1-\delta}, \tag{7.22}$$

$$\pi_{k\neq a}^K = \pi_{k\neq a}^W + \delta \frac{E(\pi_k^W)}{1-\delta}. \tag{7.23}$$

Aus den Partizipationsbedingungen (7.22) und (7.23) sowie der Erwartungswertgleichung (7.21) lassen sich die Renten der Politiker im Gleichgewicht berechnen, je nachdem, ob sie auf Unionsebene die Agenda bestimmen oder nicht:

$$\pi_a^C = (1-\delta)\, y_a(0) + (1-\delta q_a)(\Delta Y - C), \tag{7.24}$$

$$\pi_{k\neq a}^C = (1-\delta)\, y_k(0) - \delta q_a (\Delta Y - C). \tag{7.25}$$

Für einen Repräsentanten, der keine Agenda-Setter-Position einnimmt, ist die Periodenrente im Gleichgewicht $\pi_{k\neq a}^C$ um den Betrag $\delta q_a(\Delta Y - C)$ kleiner als ohne Marktintegrationspolitiken. Dennoch akzeptiert der Repräsentant den Vorschlag des Agenda-Setters auf Unionsebene. Die Annahme der Vorschläge ist für ihn optimal, weil der Politiker in einem Wiederwahlgleichgewicht einen höheren abdiskontierten Nutzenstrom

$$V_k^C = \pi_{k\neq a}^C + \delta \frac{E(\pi_k^C)}{1-\delta} > V_k^K = \pi_{k\neq a}^K \tag{7.26}$$

bei einem Ex ante-Erwartungswert seiner Rente von

$$E\left(\pi_k^C\right) = (1-\delta)\left[y_k(0) + q_a(\Delta Y - C)\right] \tag{7.27}$$

realisiert als ohne eine Einigung auf Marktintegration und als in einer Situation ohne Wiederwahl. Mit der Wahrscheinlichkeit $q_a = \frac{1}{3}$ wird er in den folgenden Perioden Agenda-Setter in der Union und kann sich die hohen Renten dieser Position aneignen.

Aus den hier angestellten Überlegungen folgt nicht, daß in einem Gleichgewicht mit Wiederwahl tatsächlich Nettozahlungsströme zwischen einem Land $k \neq a$ und der Union in Höhe von (7.17) fließen. Die tatsächlichen Finanzübertragungen im Wiederwahlgleichgewicht resultieren aus den Reservationsforderungen der Wähler. Die bisherigen Überlegungen erklären lediglich, welche Renten sich die Repräsentanten in einer Situation ohne Wiederwahl aneignen könnten bzw. wieviel ihnen die Bürger in einem Wiederwahlgleichgewicht zugestehen müssen, damit diese die Wiederwahlforderungen der Bürger erfüllen.

In einem weiteren Schritt wird bestimmt, welche Reservationsnutzen die Bürger von ihren Repräsentanten für eine Wiederwahl bei Anwendung der Einstimmigkeitsregel fordern. In einem Gleichgewicht müssen die Reservationsnutzenniveaus unter Beachtung der relevanten Restriktionen gegenseitig miteinander vereinbar sein. Insbesondere müssen die Reservationswerte in jedem Land k, $\bar{u}_k$, optimal sein, gegeben die Reservationswerte $\bar{u}_l$ der anderen beiden Länder $l \neq k$, und dies gilt jeweils aus Sicht jedes Landes. Weil die Reservationsnutzen simultan festgelegt werden, erfüllen diese Anforderung viele Tripel von Reservationswerten $(\bar{u}_1, \bar{u}_2, \bar{u}_3)$ und es gibt multiple Gleichgewichte[13]. Ausgeschlossen werden können nur solche Gleichgewichte, die durch die Auszahlungen im Fall der Implementierung der Status quo-Allokation der Union $\mathbf{b}_u^{SQ}$ dominiert werden, d.h. die Bürger müssen mindestens einen Nutzen von

$$u_k(\mathbf{b}_k, \mathbf{b}_u) \geq u_k^{SQ} \equiv u_k\left(\mathbf{b}_k\left(\mathbf{b}_u^{SQ}\right), \mathbf{b}_u^{SQ}\right) \tag{7.28}$$

realisieren [14]. Erfüllt der Vorschlag des Agenda-Setters im Unionsrat die Bedingung (7.28) nicht, verlangen die Bürger in den Ländern $k \neq a$ von ihrem Repräsentanten, der Allokation nicht zuzustimmen, wobei sie die Partizipationsbedingung (7.23) ihres Politikers berücksichtigen müssen. Die Bürger des Agenda-Setters können hingegen von ihrem Repräsentanten fordern, daß sein Vorschlag ihrer Nutzenrestriktion (7.28) genügt, vorausgesetzt die Ressourcen des Landes im Fall einer Implementierung der Status quo-Allokation, $y_a(0)$, sind ausreichend, um die Partizipationsbedingung des Politikers (7.23) zu erfüllen und diesem eine Rente in Höhe von π_a^C zahlen zu können. Diese Voraussetzung ist gegeben, wenn $y_a(0) \geq \pi_a^C$ ist, was sich auf die Bedingung

$$\frac{\delta}{1 - q\delta} \geq \frac{\Delta Y - C}{y_a(0)} \tag{7.29}$$

reduziert. Damit Bedingung (7.29) erfüllt wird und damit sich für den Agenda-Setter eine Abweichung vom Wiederwahlgleichgewicht nicht lohnt, dürfen die Nettointegrationsgewinne der Union im Vergleich zum Status quo-Einkommen des Landes a nicht zu groß und der Diskontierungsfaktor nicht zu gering sein[15]. Wenn (7.29) gilt, was im folgenden vorausgesetzt wird, sind auch die Bürger B_a in der Lage, von ihrem Repräsentanten für eine Wiederwahl zu fordern, daß der Vorschlag für eine Budgetallokation der Union ihnen mindestens den Nutzen der Status quo-Allokation bringt.

Um die Werte der Politiken in den verschiedenen Länder abzuleiten, die den Bürgern ihren Reservationsnutzen sichern, werden zunächst die nationalen Budgetpolitiken bestimmt, indem die Bürger in jedem Land ihre Zielfunktion (7.10) über die Variablen ihrer nationalen Budgetpolitiken unter der Nebenbedingung der Budgetrestriktion (7.1) sowie der Partizipationsbedingung für den nationalen Politiker (7.25) bei gegebenen Unionspolitiken maximieren. Auf diese Weise können indirekte Nutzenfunktionen, die von

[13]Diese Art multipler Gleichgewichte ist typisch für Spiele, in denen ein Verhandlungsmandat an einen Repräsentanten delegiert wird und in denen die abgeschlossenen Vereinbarungen allgemein beobachtbar sind. Vgl. Fershtman/Judd/Kalai (1991) und für eine Anwendung in einem Kontext, der dem dieses Abschnitts entspricht Persson/Roland/Tabellini (2000) S. 1144 ff., insbes. S. 1148.

[14]Es wird die Annahme getroffen, daß die Durchführung der Marktintegrationspolitiken nur möglich ist, wenn alle Länder zustimmen. Alternative internationale Abmachungen, bei denen sich z.B. nur zwei der drei Länder auf die Durchführung der Integration einigen, sind ausgeschlossen.

[15]Wenn beispielsweise die rechte Seite von (7.29) nicht größer als eins ist, d.h. wenn die gesamten Nettointegrationsgewinne der Union nicht größer sind als das Einkommen des Landes a, ist die Bedingung für jeden Diskontierungsfaktor erfüllt, der größer als $\frac{3}{4}$ ist .

den Unionspolitiken abhängig sind, bestimmt werden. Die optimalen Budgetpolitiken der Union im Gleichgewicht werden berechnet, indem die indirekte Nutzenfunktion der Bürger aus einem der Länder über die Politikvariablen der Union unter Berücksichtigung der Budgetrestriktion der Union (7.2) optimiert wird. Dabei müssen die Bürger aus den beiden anderen Ländern mindestens den Wert ihrer exogen gegebenen Reservationsnutzen erhalten. Außerdem ist für alle Bürger die Bedingung (7.28) zu berücksichtigen.

Die gegenseitig konsistenten Reservationsforderungen der Bürger bezüglich der nationalen und internationalen Budgetpolitiken können auf einfachere Weise berechnet werden, indem eine einzige Optimierung durchgeführt wird, bei der über alle nationalen und internationalen Variablen unter den genannten relevanten Neben- und Partizipationsbedingungen maximiert wird. Zielfunkion ist die Nutzenfunktion der Bürger eines willkürlich ausgewählten Landes, während die Nutzenfunktionen der Bürger der anderen Länder bei den Restriktionen berücksichtigt werden, indem gefordert wird, daß die Nutzenwerte nicht die exogen festgelegten Reservationswerte unterschreiten dürfen. Das vollständige Optimierungsproblem ist folgendermaßen zu formulieren, wobei hier aus Sicht des Landes des Agenda-Setters optimiert wird, was aber nicht zwingend so sein muß:

$$\max_{\forall k:\mathbf{b}_k,\mathbf{b}_u} u_a = (1-t_a)\, y_a(p_u) + \tau_{au} + H_a(b_a + z_a) + \lambda_a J(b_u) \tag{7.30}$$

$$s.t.: \forall k \neq a: \bar{u}_k \leq [(1-t_k)\, y_k(p_u) + \tau_{ku} + H_k(b_k + z_k) + \lambda_k J(b_u)] \tag{7.31}$$

$$u_a^{SQ} \leq u_a \tag{7.32}$$

$$\pi_a = (1-\delta)\, y_a(0) + (1-\delta q_a)(\Delta Y - C) \tag{7.33}$$

$$\forall k \neq a: \pi_k = (1-\delta)\, y_k(0) - \delta q_a(\Delta Y - C) \tag{7.34}$$

$$\forall k: t_k y_k(p_u) = b_k + \pi_k + T_k + c_k \tag{7.35}$$

$$\sum_{k=1}^{3} T_k = b_u + c_u + \sum_{k=1}^{3} [\tau_{ku} + z_k] \tag{7.36}$$

$$\forall k: t_k \leq 1. \tag{7.37}$$

Der Nutzen der Bürger im Land a muß mindestens $u_a \geq u_a^{SQ}$ entsprechen, und auch die Reservationsnutzen der Bürger in den Länder $k \neq a$, $\bar{u}_k$ müssen größer als u_k^{SQ} sein, da es sich sonst für die Bürger nicht lohnt, in der Union einer Allokation jenseits des Status quo zustimmen zu lassen. D.h. die Bürger können von ihren politischen Repräsentanten mindestens ein Nutzenniveau von u_k^{SQ} verlangen. Ist diese Minimalforderung der Bürger nicht erfüllt, werden die Politiker nicht wiedergewählt. Die Restriktion (7.31) berücksichtigt, daß die Bürger $k \neq a$ mindestens ihr exogen festgelegtes Reservationsniveau $\bar{u}_k$ erhalten.

Die Restriktionen (7.31) bis (7.36) in dem oben formulierten Optimierungsproblem müssen mit Gleichheit erfüllt sein. Dies gilt uneingeschränkt für die Budgetrestriktionen (7.35) und (7.36) sowie für die Bedingungen der Anreizkompatibilität für die Politiker, (7.33) und (7.34). Dies ist ebenfalls gültig für die Reservationsnutzenrestriktionen der

Bürger in $k \neq a$, (7.31), weil es bei einer Erfüllung der Restriktion mit Ungleichheit immer möglich ist, mit Hilfe der Nettozahlungsströme mit der Union, T_k, Nutzen von den Bürgern in k an die Bürger in Land a zu transferieren. Es kann allerdings sein, daß die insgesamt in allen Ländern der Union vorhandenen Ressourcen zur Durchführung der optimalen Politiken nicht ausreichen, oder daß die Partizipationsbedingung der Bürger eines Landes mit Ungleichheit erfüllt werden, weil der Reservationsnutzen niedrig ist, während die Beiträge an die Union durch das maximale Steueraufkommen der Länder beschränkt werden, so daß ein weiterer Nutzentransfer an das Land, aus dessen Sicht maximiert wird, nicht möglich ist. Von diesen Fällen wird zunächst abgesehen und es wird in einem ersten Schritt die unbeschränkte Optimallösung abgeleitet.

Nach Umformung der Reservationsnutzenrestriktionen und Einsetzen der Budgetrestriktionen resultiert für die Nettozahlungsströme:

$$\begin{aligned} \forall k \neq a : T_k =& \delta \left[y_k \left(p_u \right) + q_a \left(\Delta Y - C \right) \right] + \Delta y_k - c_k \\ & + H_k \left(b_k + z_k \right) - b_k + \lambda_k J \left(b_u \right) + \tau_{ku} - \bar{u}_k \end{aligned} \tag{7.38}$$

$$\begin{aligned} a : T_a =& b_u + c_u + \sum_{k=1}^{3} \left[\tau_{ku} + z_k \right] - \sum_{k \neq a} T_k \\ =& b_u + c_u + \tau_{au} + \sum_{k=1}^{3} z_k - \sum_{k \neq a} \{ \delta \left[y_k (0) + q_a \left(\Delta Y - C \right) \right] + \Delta y_k - c_k \\ & + H_k \left(b_k + z_k \right) - b_k + \lambda_k J \left(b_u \right) - \bar{u}_k \} . \end{aligned} \tag{7.39}$$

Einsetzten der Nebenbedingungen in die Zielfunktion ergibt die folgende Form der Nutzenfunktion

$$u_a \left(p_u, g_u, \mathbf{g}_k \right) = \delta \left(Y \left(p_u \right) - C \right) + \hat{\lambda} J \left(g_u \right) - g_u + \sum_{k=1}^{3} \left(H_k \left(g_k \right) - g_k \right) - \sum_{k \neq a} \bar{u}_k . \tag{7.40}$$

Die Durchführung der Marktintegrationspolitik, d.h. $p_u = 1$, wird von den Bürgern B_a gewünscht, weil u_a dadurch um $\delta \left(\Delta Y - C \right)$ steigt, so daß sich die Wohlfahrt erhöht. Der Steuersatz t_k wird aus der Zielfunktion eliminiert, weil sein Wert residual aus den Niveaus der Budgetpolitiken folgt. Die Zahlungsströme zwischen einem Land und der Union, T_k, und die Transfers der Union, τ_{ku}, sind substituierbare Instrumente, d.h. eine Senkung des Beitrags eines Landes an die Union, T_k, ist möglich, indem die Transfers der Union an die Bürger um den selben Betrag erhöht werden, so daß es im Gleichgewicht viele mögliche Kombinationen von T_k und τ_{ku} gibt:

$$\begin{aligned} \forall k \neq a : \left(\tau_k^C, T_k^C \right) =& \{ \left(\tau_k, T_k \right) \mid \tau_k \geq 0, \delta \left[y_k \left(p_u \right) + q_a \left(\Delta Y - C \right) \right] + \Delta y_k - c_k \\ & + H_k \left(b_k + z_k \right) - b_k + \lambda_k J \left(b_u \right) + \tau_{ku} - \bar{u}_k \} \end{aligned} \tag{7.41}$$

$$\begin{aligned} \left(\tau_a^C, T_a^C \right) =& \Big\{ \left(\tau_a, T_a \right) \mid \tau_a \geq 0, T_a = b_u + c_u + \tau_{au} + \sum_{k=1}^{3} z_k \\ & - \sum_{k \neq a} \left[\delta \left(y_k (0) + q_a \left(\Delta Y - C \right) \right) + \Delta y_k - c_k \right. \\ & \left. + H_k \left(b_k + z_k \right) - b_k + \lambda_k J \left(b_u \right) - \bar{u}_k \right] \Big\} . \end{aligned} \tag{7.42}$$

Die Höhe der Nettozahlungsströme zwischen den Bürgern und der Union ist von der Nutzenverteilung des jeweils betrachteten Gleichgewichts abhängig. Die Nettozahlungsströme ermöglichen den Nutzentransfer zwischen den Ländern, und die individuellen Transferzahlungen der Union sind daher nichtnegativ:

$$\forall k : \tau_{ku}^{C} \geq 0. \tag{7.43}$$

Eine äquivalente Wirkung entfalten auch die nationalen Ausgaben für das nationale öffentliche Gut und die gebundenen Finanzzuweisungen für dasselbe Gut. Daher wird über die Gesamtausgaben $g_k = b_k + z_k$ optimiert. Im Gleichgewicht ist jede Aufteilung der optimalen Menge von g_k auf die beiden Komponenten möglich. Die Bedingungen erster Ordnung für ein Maximum in den Politiken g_u, $\mathbf{g}_k$ lauten:

$$\frac{\partial L}{\partial g_u} = \hat{\lambda} J'(g_u) - 1 = 0 \Rightarrow g_u^* = J'^{-1}\left(\hat{\lambda}^{-1}\right), \tag{7.44}$$

$$\forall k : \frac{\partial L}{\partial g_k} = H_k'(g_k) - 1 = 0 \Rightarrow g_k = H_k'^{-1}(1). \tag{7.45}$$

Diese Lösungen entsprechen den Bedingungen einer optimalen Bereitstellung öffentlicher Güter im Sinne von Samuelson. Die Menge der möglichen Kombinationen von b_k und z_k im Gleichgewicht ist:

$$(b_k^*, z_k^*) \in \left\{(b_k, z_k) \mid b_k \geq 0, z_k \geq 0, b_k + z_k = H_k'^{-1}(1)\right\}. \tag{7.46}$$

Bislang wurde davon ausgegangen, daß die in der Union vorhandenen Ressourcen zur Durchführung der optimalen Ausgabenpolitiken ausreichend sind. Ist dies nicht der Fall, so bindet die Restriktion für den Steuersatz, und der entsprechende Multiplikator wird verschieden von Null. Daraus folgt, daß im Optimum der Grenznutzen einer im staatlichen Bereich verwendeten Geldeinheit um den Betrag dieses Multiplikators größer sein muß als im unrestringierten Fall. Daher ist das Bereitstellungsniveau geringer. Die optimalen Niveaus aller Politiken im Gleichgewicht resultieren, indem die staatlichen Gelder so auf die verschiedenen Verwendungen verteilt werden, daß sich deren Grenznutzen angleichen. Die Ausgaben für die öffentlichen Güter in einem ressourcenbeschränkten Gleichgewicht sind auf Unionsebene durch

$$g_u = \sum_k T_k^C - \left[c_u + \sum_k \left(z_k^C + \tau_{ku}^C\right)\right] \tag{7.47}$$

und auf nationaler Ebene durch

$$b_k = y_k(1) - \left(\pi_k^C + c_k + T_k^C\right) \tag{7.48}$$

gegeben, so daß

$$g_u^C = \min\left(g_u^{C*}, \sum_k T_k^C - \left(c_u + \sum_k \left(z_k^C + \tau_{ku}^C\right)\right)\right)$$

sowie

$$\forall k : g_k^C = \min\left(g_k^*, y_k - \left(\pi_k^C + T_k^C + c_k\right)\right) \tag{7.49}$$

resultiert. Für die Steuersätze im Gleichgewicht gilt:

$$\forall k : t_k^C = \min\left(\frac{b_k^C + \pi_k^C + T_k^C + c_k}{y_k}, 1\right). \tag{7.50}$$

Für den oben bereits erläuterten Fall, daß die Reservationsnutzenrestriktion eines Landes $k \neq a$ nicht mit Gleichheit erfüllt ist, wird der Multiplikator der Restriktion gleich Null. Dann wird der Nutzen der Bürger dieses Landes aus der Bereitstellung des öffentlichen Gutes der Union bei der Optimierung nicht berücksichtigt, so daß das Bereitstellungsniveau geringer ist als in dem oben angeführten Fall, in dem die Samuelson-Lösung resultiert.

In dem Modell sind multiple Gleichgewichte möglich, weil die Reservationsnutzen von den Bürgern simultan festgelegt werden. Die Forderungen der Bürger müssen miteinander vereinbar, d.h. paretoeffizient sein, da sie sonst kein Nash-Gleichgewicht darstellen können. Wäre dies nicht der Fall, könnten sich die Bürger mindestens eines Landes verbessern, indem sie ihre Forderungen erhöhen, ohne daß der Nutzen der Bürger der anderen Länder vermindert wird[16]. Jede mögliche paretoeffiziente Verteilung des Nutzens zwischen den Bürgern der Länder, die diesen mindestens die Wohlfahrt wie im Fall der Status quo-Allokation der Union sichert, kann daher ein Gleichgewicht sein, in dem die Repräsentanten in jeder Periode wiedergewählt werden[17].

7.4 Unionsparlament (P)

Dieses Modell bildet die budgetären Entscheidungen eines Unionsparlaments ab, das mit dem Europäischen Parlament vergleichbar ist. Den realen Gegebenheiten folgend wird unterstellt, daß das Parlament bis zu einer exogen festgelegten Grenze über Einnahmen verfügen kann, die von den Mitgliedstaaten erhoben werden, d.h. es gibt einen exogenen maximalen Beitragssatz $\bar{\alpha}$. Dies entspricht dem Teil des Haushaltsverfahrens, in dem über die NOA entschieden wird und in dem das Parlament innerhalb der Ausgabenobergrenze für die NOA die bestimmenden Entscheidungsbefugnisse ausübt. Dabei wird die Höhe der Ausgaben durch die Entscheidung des Rates der EU über die finanzielle Vorausschau begrenzt. Das hier verwendete Modell verdeutlicht daher, wie der Teil der Ausgaben alloziiert wird, der in die Kategorie der NOA fällt bzw. welche Allokation resultieren würde, wenn das Verfahren zur Festlegung der NOA auf das gesamte Budget angewendet wird. Dabei wird im Grundmodell in diesem Abschnitt zunächst das maximal mögliche

[16] Vgl. Persson/Roland/Tabellini (2000) S. 1144 ff.

[17] Die Wiederwahlregeln $\mathbf{WR}_k^C$ lauten: Bestätige P_k, d.h. $D_{k,t} = 1$, genau dann, wenn $u_k\left(\mathbf{b}_{k,t}, \mathbf{b}_{u,t}\right) \geq u_k\left(\mathbf{b}_{k,t}^C, \mathbf{b}_{u,t}^C\right) = \bar{u}_k$.

Budgetvolumen bzw. die maximal zu leistenden Beitragszahlungen als exogen gegeben angenommen[18].

Im Vergleich zum Unionsrat unterscheidet sich das Modell des Unionsparlaments dadurch, daß die Wähler in jedem Land zwei Repräsentanten bestimmen: Eine nationale Regierung P_k, die die Politikvariablen auf nationaler Ebene festlegt, und einen Repräsentanten P_{ku}, der das Land im Parlament der Union vertritt, in dem die Unionspolitiken beschlossen werden. Gegenüber dem Modell des vorigen Abschnitts werden die politischen Entscheidungen auf den beiden Ebenen nun nicht mehr ausschließlich von den nationalen Repräsentanten getroffen, sondern die Beschlüsse über die Unionspolitiken werden vollständig an die Repräsentanten in dem internationalen Gremium delegiert. Dieser Zusammenhang ist in der folgenden Abbildung 7.2 verdeutlicht.

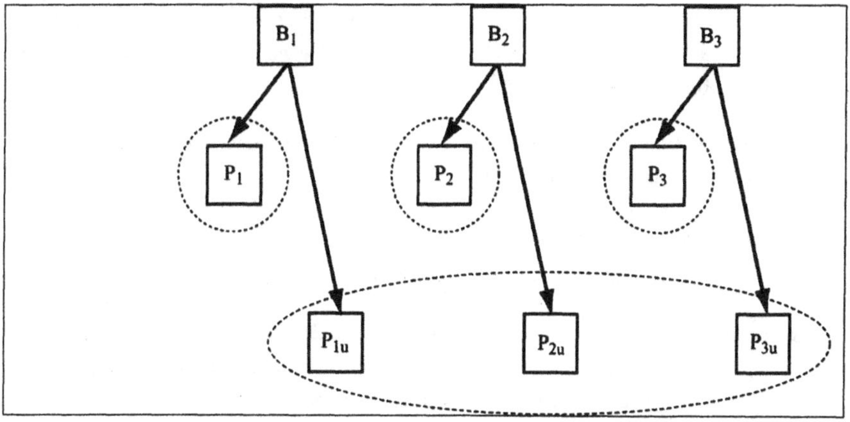

Abbildung 7.2: Modell Unionsparlament (P)

Im einzelnen verläuft das Spiel folgendermaßen:

1. Die Natur bestimmt einen der drei Repräsentanten des Unionsparlaments P_{ku} zum Agenda-Setter: $a = \{1, 2, 3\}$.

2. Die Bürger in jedem Land k legen jeweils für den nationalen Repräsentanten P_k und für ihren Unionsabgeordneten P_{ku} eine Wiederwahlregel, $\mathbf{WR}_k$ und $\mathbf{WR}_{ku}$, fest. Dabei ist $\mathbf{WR}_k$ auf den Werten des nationalen Politikvektors $\mathbf{b}_k$ und $\mathbf{WR}_{ku}$

[18] In Erweiterungen des Modells in Abschnitt 8.3 im achten Kapitel wird untersucht, wie die in der Realität praktizierte endogene Festlegung der Höhe der Beiträge durch den Rat auf die Budgetallokation im Gleichgewicht wirkt und wie sich eine Einnahmenautonomie des Europäischen Parlaments auf die Ergebnisse des Budgetprozesses auswirken würde.

auf denen des Unionspolitikvektors $\mathbf{b}_u$ kontingentiert, wobei die Vektoren der Reservationswerte für die nationalen und die Unionspolitiken mit $\bar{\mathbf{b}}_k$ und $\bar{\mathbf{b}}_{ku}$ bezeichnet werden.

3. Die Politiken werden festgelegt:

   (a) Auf nationaler Ebene bestimmen die nationalen Repräsentanten P_k jeweils $\mathbf{b}_k$.

   (b) Auf Unionsebene entscheiden die Repräsentanten P_{ku} mit $k = 1, 2, 3$ aus den verschiedenen Ländern über die Unionspolitik $\mathbf{b}_u$:

      i. Der Agenda-Setter P_{au} unterbreitet einen Vorschlag $\mathbf{b}_u^a$. Er hat dabei die Restriktion durch den maximalen Beitragssatz $\bar{\alpha}$ zu beachten.

      ii. Wenn mindestens einer der beiden anderen Repräsentanten $P_{k\neq a,u}$ zustimmt, wird der Vorschlag des Agenda-Setters implementiert. Lehnen beide Repräsentanten $P_{k\neq a,u}$ den Vorschlag ab, wird stattdessen die Status quo-Allokation $\mathbf{b}_u^{SQ}$ durchgeführt.

4. Es finden nationale Wahlen und Wahlen zum Unionsparlament statt. Die Bürger in jedem Land entscheiden über die Wiederwahl:

   (a) ihres nationalen Repräsentanten P_k,

   (b) ihres Repräsentanten auf Unionsebene P_{ku}.

Ein stationäres teilspielperfektes Gleichgewicht des Spiels wird in der Definition A.2 auf S. 253 im Appendix A.1 definiert. Die Spiele auf nationaler Ebene und auf Unionsebene werden getrennt untersucht. Begonnen wird mit dem Spiel auf Unionsebene.

In einem ersten Schritt wird abgeleitet, welche Renten sich die Politiker des Unionsparlaments aneignen können, wenn sie nicht auf Wiederwahl spielen. Dies hängt davon ab, über welche Ressourcen die Repräsentanten insgesamt verfügen können. Die maximalen Beiträge, die das Parlament zur Finanzierung seiner Politiken von den Ländern erheben kann, sind per Annahme exogen festgelegt. Von jedem Land können nicht mehr als $\bar{\alpha}$ Prozent des Volkseinkommens y_k eingenommen werden[19]. Die Maximalbeiträge des Landes k entsprechen $T_k^{\max} = \bar{\alpha} y_k$. Das Budget auf nationaler Ebene muß ausreichende Mittel für die vom Parlament erhobenen Beiträge bereitstellen. Damit ist festgelegt, daß die budgetären Mittel, über die das Parlament verfügen kann,

$$E_u^{\max} = \sum_k T_k^{\max} - c_u \tag{7.51}$$

nicht überschreiten können. Weil mittels Mehrheitsregel entschieden wird, muß der Agenda-Setter mindestens einen der beiden anderen Repräsentanten im Parlament dazu bringen,

[19] In einer Modellerweiterung im Abschnitt A.2 des achten Kapitels wird eine endogene Festlegung der Höhe von $\bar{\alpha}$ z.B. durch Unionsratsbeschluß untersucht.

seinem Vorschlag zuzustimmen. Wenn die Status quo Allokation implementiert wird, erhält jeder Unionsabgeordnete P_k mit $k \neq a$ einen pay off von $\pi_{ku}^{SQ} = 0$. Daher muß der Agenda-Setter einem der beiden anderen Repräsentanten P_k mit $k \neq a$ mindestens eine Rente von $\pi_{ku} = \pi_{ku}^{SQ}$ anbieten, damit dieser den Vorschlag akzeptiert. Da es sich für ihn nicht lohnt, mehr als einen weiteren Repräsentanten einzubeziehen, wird er die Bildung einer Minimum-Winning-Coalition (MWC) anstreben. Somit ist eine Option des Agenda-Setters im Unionsparlament, die maximalen Beiträge in Höhe von $\bar{\alpha} y_k$ von den Mitgliedsländern zu erheben, die Durchführung der Integrationspolitik vorzuschlagen, weil sie die Höhe der Maximalbeiträge positiv erhöht[20], einem der beiden Agenda-Setter eine minimale Rente anzubieten und sich selbst den Rest der erhobenen Beiträge als Rente anzueignen. Diese Strategie würde dem Agenda-Setter eine Rente von

$$\pi_{k=au}^{K} = E_u^{\max} \tag{7.52}$$

sichern. In einem Wiederwahlgleichgewicht muß der Agenda-Setter mindestens einen Erwartungswert seiner Rente von $\pi_{k=au}^{K}$ erhalten. Aus diesen Überlegungen folgt die Partizipationsbedingung für den Agenda-Setter des Unionsparlaments in einem Wiederwahlgleichgewicht:

$$E_u^{\max} = \pi_{k=au}^{W} + \delta \frac{E(\pi_{ku})}{1-\delta}, \tag{7.53}$$

wobei $E(\pi_{ku})$ die erwartete Rente des Repräsentanten in zukünftigen Perioden bezeichnet, die sich folgendermaßen berechnet:

$$E(\pi_{ku}) = q_a \pi_{k=au}^{W} + (1 - q_a) \pi_{k \neq a}^{W}. \tag{7.54}$$

Dabei ist $q_a = \frac{1}{3}$ die Wahrscheinlichkeit, mit der ein Repräsentant im Unionsparlament Agenda-Setter werden kann. Für einen Unionsparlamentarier, der nicht Agenda Setter ist, lautet die Partizipationsbedingung für ein Wiederwahlgleichgewicht

$$\pi_{k \neq au}^{SQ} = 0 \leq \pi_{k \neq au}^{W} + \delta \frac{E(\pi_u^W)}{1-\delta}. \tag{7.55}$$

Zusätzlich wird unterstellt, daß die Periodenrenten nur nichtnegative Werte annehmen können[21], d.h. es gilt

$$\pi_{k \neq au}^{W} \geq 0. \tag{7.56}$$

[20] Dies setzt die oben getroffene Annahme voraus, daß die Bedingung 7.3 erfüllt ist, denn sonst würden die Einnahmen der Union nicht ausreichen, die Kosten der Marktintegration c_u zu decken, und es würde sich für die politischen Repräsentanten im Unionsparlament nicht lohnen, die Integrationspolitik durchzuführen.

[21] Diese Annahme ist u.a. notwendig, weil ohne eine Beschränkung der Unionsabgeordnete, der im Gleichgewicht nicht der MWC angehört, mit einer unendlich hohen Rente maximal ausgebeutet würde.

Aus den Partizipationsbedingungen (7.53) und (7.55) sowie aus (7.54) und der Annahme (7.56) resultieren die Werte der Renten, die die Parlamentarier im Wiederwahlgleichgewicht erhalten müssen, je nachdem ob sie Agenda-Setter sind oder nicht:

$$\pi_{au}^{W} = \varphi E_{u}^{\max}, \tag{7.57}$$

$$\pi_{k\in Cu}^{W} = \pi_{k\notin Cu}^{W} = 0. \tag{7.58}$$

Dabei ist φ folgendermaßen definiert:

$$\varphi \equiv \frac{(1-\delta)}{1-\delta(1-q_{au})} = \frac{(1-\delta)}{1-\frac{2}{3}\delta}. \tag{7.59}$$

Der Parameter φ, der kleiner als eins und größer als $(1-\delta)$ ist, gibt an, welchen Anteil der Ressourcen, die auf Unionsebene verfügbar sind, die Bürger des Agenda-Setters im Unionsparlament ihrem Unionsrepräsentanten als Rente zugestehen müssen. Alle Unionsabgeordneten werden wiedergewählt, solange ihre Renten nicht größer sind als die hier abgeleiteten Werte und solange die Budgetpolitiken den Reservationsforderungen genügen.

Im folgenden wird untersucht, welche Renten die nationalen Repräsentanten in dem Spiel auf nationaler Ebene in einem Wiederwahlgleichgewicht erzielen können. Die nationalen Politiker in den Ländern müssen bei der Festlegung der Politiken in ihrem Land berücksichtigen, daß ihre Einnahmen um die Unionsbeiträge gemindert werden. Die maximalen Einnahmen im Land k entsprechen bei einem Steuersatz von $t_k = 1$:

$$E_{k}^{\max}(T_k) = y_k - T_k - c_k. \tag{7.60}$$

Die Partizipationsbedingung im Wiederwahlgleichgewicht für den Politiker P_k lautet:

$$E_{k}^{\max} = \pi_{k}^{W} + \frac{\delta}{(1-\delta)}\pi_{k}^{W}, \tag{7.61}$$

und daraus folgt die Rente des nationalen Repräsentanten im Wiederwahlgleichgewicht

$$\pi_{k}^{P} = \pi_{k}^{W}(T_k) = (1-\delta)\, E_{k}^{\max} = (1-\delta)\,(y_k - T_k - c_k). \tag{7.62}$$

Die Auszahlung des nationalen Repräsentanten $\pi_{k}^{P}(T_k)$ sinkt mit den Beiträgen T_k, die das Land an die Union zu leisten hat. Die Renten des Repräsentanten auf Unionsebene, π_{ku}, sind dagegen von den tatsächlichen Zahlungen an die Union unabhängig, weil die Unionspolitiker das Recht haben, die maximalen Beiträge bis zur Beitragssatzgrenze $\bar{\alpha}$ zu erheben. Diese Wirkung der Institutionen in einer Situation ohne Wiederwahl auf die Renten der Politiker führt dazu, daß die Wähler einen Anreiz haben, möglichst hohe Unionsbeiträge zu verlangen und Politiken statt durch das nationale Budget durch die Union bereitstellen zu lassen.

In einem weiteren Schritt werden die Werte der Budgetpolitiken im Gleichgewicht abgeleitet. Wessen Reservationsforderungen, außer denen der Bürger im Land des Agenda-Setters im Unionsparlament, werden im Gleichgewicht berücksichtigt? Da es sich für die

Bürger im Land des Agenda-Setters nicht lohnt, mehr als eine weitere Stimme zu gewinnen, werden diese eine MWC anstreben. Dies führt zu einem Unterbietungswettbewerb zwischen den Bürgern der anderen beiden Länder um die Beteiligung an der MWC. Von den Bürgern des Agenda-Setters wird dasjenige Land in die Koalition einbezogen, dessen Stimme am billigsten zu haben ist, was wiederum von den Reservationswerten der Bürger abhängig ist[22]. Die Wähler in den beiden Ländern unterbieten sich gegenseitig mit ihren Forderungen nach Transfers $\bar{\tau}_{ku}$ und gebundenen Zuweisungen $\bar{z}_{ku}$ und beschränken sich auf die niedrigsten möglichen Auszahlungen, d.h.

$$\bar{\tau}_{ku} \geq 0, \tag{7.63}$$

$$\bar{z}_{ku} \geq 0. \tag{7.64}$$

Bei ihrer Nachfrage nach dem öffentlichen Gut der Union werden sie sich mit dem Niveau zufrieden geben, welches der Agenda-Setter ohnehin bereitstellen würde: $\bar{b}_{ku} = b^*_{au}$. Darüber hinaus werden die Bürger in den Ländern $k \neq a$ die Erhebung maximaler Beiträge akzeptieren

$$\bar{T}_k \leq T_k^{\max}. \tag{7.65}$$

Der Vektor der so abgeleiteten Reservationspolitiken wird mit $\bar{\mathbf{b}}_k^P$ bezeichnet. Die Werte der Unionspolitiken, die das Land des Agenda-Setters betreffen, werden weiter unten zusammen mit den nationalen Variablen abgeleitet. Die Bürger in den Ländern $k \neq a$ formulieren ihre Wiederwahlbedingungen an den Repräsentanten k, indem sie ihre Nutzenfunktion (7.10) unter Berücksichtigung der Budgetrestriktion (7.1) sowie der Teilnahmebedingung für den Politiker (7.62) über $\mathbf{b}_k$ maximieren und dabei die Werte von $\mathbf{b}_u$ als gegeben annehmen:

$$\max_{\mathbf{b}_k} u_k = (y_k (1 - t_k) + \tau_{ku}) + H_k (b_k + z_k) + \lambda_k J (b_u) \tag{7.66}$$

$$s.t.: t_k y_k = b_k + \pi_k + T_k + c_k (p_u) \tag{7.67}$$

$$\pi_k = (1 - \delta) E_k^{\max} \tag{7.68}$$

Es ist optimal, wenn die Nebenbedingungen mit Gleichheit erfüllt sind. Durch Einsetzen resultiert die folgende Form der Zielfunktion:

$$\max_{b_k} u_k = \delta (y_k - (T_k + c_k)) + H_k (b_k + z_k) - b_k + \lambda_k J (b_u) + \tau_{ku}. \tag{7.69}$$

Die Auszahlung des Politikers wird auf den für ein Wiederwahlgleichgewicht erforderlichen kleinstmöglichen Wert festgelegt, π_k^P. Maximiert wird über das Niveau des nationalen

[22] Dieses Gleichgewicht stimmt mit dem des Legislativen Verhandlungsspiels in Abschnitt 5.3.2 überein; vgl. dazu Vgl. Persson/Roland/Tabellini (2000), S. 1129 ff. Unterschiede in den Gleichgewichtswerten ergeben sich durch die in der Bedingung (7.56) formulierten Annahme, daß die Renten nichtnegativ sein müssen.

öffentlichen Gutes b_k, wobei u.U. ein ressourcenbeschränktes Optimum resultieren kann, bei dem das maximale Steueraufkommen abzüglich der Auszahlungen des Politikers und der Beiträge an die Union nicht ausreicht, um das optimale Niveau des öffentlichen Gutes bereitzustellen. Die Bedingung erster Ordnung lautet:

$$H_k^{'}(b_k) = 1. \tag{7.70}$$

Es resultieren die folgenden Gleichgewichtswerte, die z.T. von den Unionspolitiken abhängig sind:

$$\pi_k^P = (1-\delta)\,E_k^{\max} = (1-\delta)\left((1-\alpha_k)\,y_k - c_k\right), \tag{7.71}$$

$$b_k^{P*} = H_k^{'-1}(1), \tag{7.72}$$

$$b_k^P = \min\left(b_k^*, y_k - \left(\pi_k^P + T_k + c_k\right)\right), \tag{7.73}$$

$$t_k^P = \min\left(\tfrac{b_k^* + \pi_k^P + T_k + c_k}{y_k}, 1\right). \tag{7.74}$$

Die Bürger in Land a formulieren die Reservationswerte der Politikvariablen in ihren Wiederwahlregeln für den nationalen Regierungspolitiker P_a und für den Unionsabgeordneten P_{au}, indem sie ihre Nutzenfunktion (7.10) sowohl über $\mathbf{b}_k$ als auch über $\mathbf{b}_u$ maximieren. Dabei müssen sie die nationale Budgetrestriktion (7.1) und die der Union (7.2), die Anreizkompatibilitätsbedingungen für die Repräsentanten (7.57)-(7.58) und die Reservationswerte der Bürger des Landes, das in die MWC einbezogen wird, (7.63)-(7.65) berücksichtigen. Aus diesen Überlegungen leitet sich die folgende Optimierungsaufgabe ab:

$$\max_{\mathbf{b}_a,\mathbf{b}_u,\alpha} u_a = (1-t_a)\,y_a + \tau_{au} + H_a(b_a + z_a) + \lambda_a J(b_u) \tag{7.75}$$

$$s.t.: 0 \geq b_a + \pi_a + T_a + c_a - t_a y_a \tag{7.76}$$

$$0 \geq b_u + c_u + \sum_{k=1}^{3}\left[\pi_{ku} + \tau_{ku} + z_{ku} - T_k\right] \tag{7.77}$$

$$0 \geq \pi_a^{PW} - \pi_a \tag{7.78}$$

$$\forall k: 0 \geq \pi_{ku}^{PW} - \pi_{ku} \tag{7.79}$$

$$\forall k: 0 \geq T_k - \alpha y_k \tag{7.80}$$

$$\forall k \neq a: 0 \geq \bar{\tau}_{ku} - \tau_{ku} = -\tau_{ku} \tag{7.81}$$

$$\forall k \neq a: 0 \geq \bar{z}_{ku} - z_{ku} = -z_{ku} \tag{7.82}$$

Es ist vorteilhaft für die Bürger in a, wenn die Nebenbedingungen mit Gleichheit erfüllt sind[23]. Um die unrestringierte Lösung zu berechnen, werden die Variablen in die

[23]Wegen der Eigenschaften der Politikerrenten, daß $\pi_a(T_a)$ mit T_a sinkt, während π_{au} konstant ist, gilt dies auch für die Beiträge des Landes a an die Union: $T_a = \alpha_a y_a$.

Budgetrestriktion (7.77)

$$T_a = b_u + c_u + \tau_{au} + z_{au} + \underbrace{\varphi\left(\bar{\alpha}Y - c_u\right)}_{\pi_{au}^{PW}} - \sum_{k\neq a} \underbrace{\alpha_k y_k}_{T_k} \tag{7.83}$$
$$= \bar{\alpha}\varphi y_a - \sum_{k\neq a}\left[\left(\alpha_k - \bar{\alpha}\varphi\right) y_k\right] + b_u + \tau_{au} + z_{au} + (1-\varphi)\, c_u,$$

und in die Haushaltsbeschränkung des Landes a (7.76) eingesetzt:

$$t_a y_a = \underbrace{(1-\delta)\left((1-\alpha_a)\, y_a - c_a\right)}_{\pi_a^{PW}} + \bar{\alpha}\varphi y_a - \sum_{k\neq a}\left(\alpha_k - \bar{\alpha}\varphi\right) y_k \tag{7.84}$$
$$+ b_a + b_u + \tau_{au} + z_{au} + (1-\varphi)\, c_u + c_a$$

sowie schließlich in der Zielfunktion substituiert[24]:

$$\max_{p_u, b_a, z_u, \tau_u, b_u, \alpha} u_a = \left(\delta + \alpha_a (1-\delta) - \bar{\alpha}\varphi\right) y_a + \sum_{k\neq a}\left(\alpha_k - \bar{\alpha}\varphi\right) y_k \tag{7.85}$$
$$- (1-\varphi)\, c_u - \left(b_a + b_u + \tau_{au} + z_{au} + \delta c_a\right)$$
$$+ \tau_{au} + H_a\left(g_a\right) + \lambda_a J\left(b_u\right),$$

wobei für die Beitragsätze α_k die folgenden Restriktionen zu beachten sind:

$$\forall k : \alpha_k \leq \bar{\alpha}. \tag{7.86}$$

Das Budget der Union wird vollständig verausgabt, während die Ausgaben auf nationaler Ebene geringer sein können als die verfügbaren Ressourcen, da das Residuum für privaten Konsum zur Verfügung steht. Die Bürger in a wünschen, daß ihr Land den maximalen Beitrag $\alpha_a = \bar{\alpha}$ an die Union leistet, d.h. $T_a^P = \bar{\alpha} y_a$, weil die Zahlungen an die Union die Rente verringert, die im Gleichgewicht auf nationaler Ebene an den Repräsentanten gezahlt werden muß, während die Rente des Unionsrepräsentanten nicht steigt, wobei die nationalen Budgetpolitiken gegebenfalls aus dem Unionsbudget finanziert werden[25]. Außerdem sind die optimalen Beiträge für die anderen Länder maximal, d.h. für alle $k \neq a$ ist ebenfalls $\alpha_k = \bar{\alpha}$, und es gilt $T_k^P = \bar{\alpha} y_k$[26]. Die Durchführung der Marktintegrationspolitik wird von den Bürgern in a bevorzugt, d.h. es ist $p_u^P = 1$[27]. Die Unionspolitiken, von denen die Länder $k \neq a$ profitieren, werden entsprechend der Reservationsforderungen der

[24] Statt über T_k wird schließlich über α_k maximiert.

[25] Entsprechend ist $\frac{\partial u_a}{\partial \alpha_a} = (1-\delta)\, y_a > 0$.

[26] Die für Ausgabenpolitiken verfügbaren Ressourcen in der Union steigen mit $\alpha_{k\neq a}$ und es gilt $\frac{\partial u_a}{\partial \alpha_k} = y_k > 0$.

[27] Die Vorteilhaftgkeit der Marktintegrationspolitik im Regime Unionsparlament aus Sicht der Bürger im Land a folgt aus der Nutzendifferenz $\Delta u_a = \left[\delta + \bar{\alpha}\left((1-\delta) - \varphi\right)\right] \Delta y_a - \delta c_a + (1-\varphi)\left(\bar{\alpha}\sum_{k\neq a} \Delta y_k - c_u\right) > 0$, was aufgrund von Bedingung 7.1 und 7.2 erfüllt ist, so lange das Land a keine großen Integrationsverluste realisiert.

Bürger in diesen Ländern auf einem Niveau von Null bereitgestellt:

$$\forall k \neq a : \tau_{ku}^{P} = \bar{\tau}_{ku} = 0, \tag{7.87}$$

$$\forall k \neq a : z_{ku}^{P} = \bar{z}_{ku} = 0. \tag{7.88}$$

Die Bereitstellung des öffentlichen Gutes der Union b_u erfolgt auf dem von den Bürgern in a bevorzugten Niveau, wenn die Einnahmen abzüglich der Politikerrenten, der Integrationskosten sowie der anderen Unionspolitiken dazu ausreichen:

$$b_u^P = \min\left(b_u^{a*}, (1-\varphi)(\bar{\alpha}Y - c_u) - z_{au}^P\right) > 0 \text{ mit } b_u^{a*} = J'^{-1}\left(\lambda_a^{-1}\right). \tag{7.89}$$

Ausgaben g_a für das öffentliche Gut des Landes a werden in Höhe des optimalen Bereitstellungsniveaus oder in durch die verfügbaren Ressourcen der Union und des Landes a beschränkter Höhe geleistet:

$$g_a^P = \min\left(g_a^*, (1-\varphi)(\bar{\alpha}Y - c_u) + (\delta + \alpha_a(1-\delta))\, y_a - \delta c_a - b_u^P\right) > 0 \tag{7.90}$$

mit $g_a^* = H'^{-1}(1)$. Reichen die Nettoeinnahmen der Union aus, um damit beide öffentliche Güter, b_u und g_a, auf optimalem Niveau bereitzustellen, so entsprechen die ungebundenen Transfers gerade der optimalen Bereitstellungshöhe: $z_a^P = g_a^*$, $b_u^P = b_u^{a*}$, $b_a^P = 0$. Zur Ausschöpfung des Unionsbudgets werden die Transfers an das Land a darüber hinaus maximal ausgedehnt:

$$\tau_{au}^P = \max\left[0, (1-\varphi)(\bar{\alpha}Y - c_u) - \left(b_u^P + z_{au}^P\right)\right] \geq 0. \tag{7.91}$$

Sind die in der Union verfügbaren Ressourcen geringer als $g_a^* + b_u^{a*}$, wird das öffentliche Gut der Union in einer für die Bürger im Land a optimalen Höhe durch das Unionsbudget bereitgestellt, die verbleibenden Unionsressourcen werden als gebundene Transfers z_{au} an das Land a überwiesen: $b_u^P = b_u^{a*}$, $z_a^P = (1-\varphi)(\bar{\alpha}Y - c_u) - b_u^{a*}$, $b_a^P = g_a^* - z_a^P$. Sind die für Ausgabenpolitiken insgesamt verfügbaren Ressourcen zu gering, um keine der beiden Politiken optimal bereitzustellen, so werden die Politiken auf den Niveaus bereitgestellt, die den Grenznutzen der Ausgaben angleichen[28]. Die Zuweisungen z_{au} erfolgen dann in der zum Ausgleich der Grenznutzen erforderlichen Höhe. Schließlich entsprechen die Rente des nationalen Politikers P_a und der Steuersatz t_a für das Land a:

$$\pi_a^P = (1-\delta)\left((1-\alpha)\, y_a - c_a\right), \tag{7.92}$$

$$t_a^P = \min\left(\frac{b_a^P + c_a + \pi_a^P + T_a - (z_{au} + \tau_{au})}{y_k}, 1\right). \tag{7.93}$$

Die Allokation im Gleichgewicht ist dadurch bestimmt, daß die Bürger des Agenda-Setters dessen Einfluß auf die Allokation nutzen können, um die Ressourcen, über die die Union

[28] In einem beschränkten Optimum werden die Unionspolitiken auf einem Niveau bereitgestellt, bei dem sich die Grenznutzen der verwendeten Ausgaben angleichen, d.h. $\mu = \lambda_a J'\left(b_u^P\right) = H'\left(g_a^P\right)$.

über die Integrationskosten und die Renten der Politiker hinaus verfügen kann, entsprechend ihren Präferenzen alloziieren zu lassen[29]. Die Resultate werden im Abschnitt 7.6 zusammengefaßt und mit den Ergebnissen der anderen institutionellen Arrangements verglichen.

7.5 Unionsregierung (R)

Als drittes Modell eines politischen Entscheidungsverfahrens wird die Möglichkeit einer Unionsregierung betrachtet, die allen Bürgern in den Unionsländern gleichermaßen verantwortlich ist und von allen Bürgern der Union gewählt wird. In diesem institutionellen Arrangement gibt es wie in dem vorangegangenen Modell nationale Repräsentanten, die allein für die nationalen Politiken verantwortlich sind. Gleichzeitig wird von allen Bürgern in den Mitgliedsländern der Union eine gemeinsame Unionsregierung direkt gewählt, die die Unionspolitiken bestimmt. Der Aufbau der Entscheidungsinstitutionen wird in dem Organigramm der Abbildung 7.3 veranschaulicht.

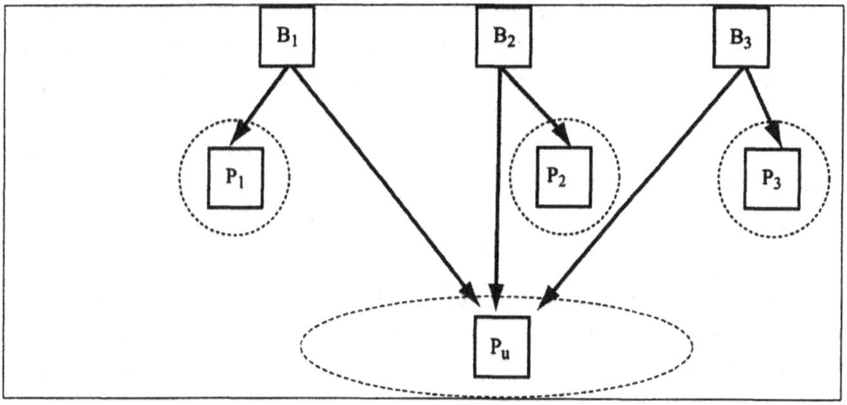

Abbildung 7.3: Modell Unionsregierung (R)

Im einzelnen verläuft das Spiel folgendermaßen:

1. Die Bürger in jedem Land k legen jeweils für den nationalen Repräsentanten P_k und für die Unionsregierung P_u eine Wiederwahlregel $\mathbf{WR}_k$ und $\mathbf{WR}_{ku}$ fest. Dabei ist $\mathbf{WR}_k$ auf den Werten des nationalen Politikvektors $\mathbf{b}_k$ und $\mathbf{WR}_{ku}$ auf denen des

[29] Die Wiederwahlregeln $\mathbf{WR}_k^P$ für die nationalen Repräsentanten lauten: "Bestätige P_k, d.h. $D_{k,t} = 1$, genau dann, wenn $u_k\left(\mathbf{b}_{k,t}, \mathbf{b}_{u,t}^P\right) \geq u_k\left(\mathbf{b}_{k,t}^P, \mathbf{b}_{u,t}^P\right)$." Die Wiederwahlregeln $\mathbf{WR}_{ku}^P$ für die Unionsabgeordneten werden entsprechend formuliert: "$D_{ku,t} = 1$ genau dann, wenn $u_k\left(\mathbf{b}_{k,t}^P, \mathbf{b}_{u,t}\right) \geq u_k\left(\mathbf{b}_{k,t}^P, \mathbf{b}_{u,t}^P\right)$."

Unionspolitikvektors $\mathbf{b}_u$ kontingentiert, wobei die Vektoren der Reservationswerte für die nationalen und die Unionspolitiken mit $\bar{\mathbf{b}}_k$ und $\bar{\mathbf{b}}_{ku}$ bezeichnet werden.

2. Die Politiken werden festgelegt:

   (a) Auf nationaler Ebene bestimmen die nationalen Regierungen P_k jeweils $\mathbf{b}_k$.

   (b) Auf Unionsebene legt die Unionsregierung die Unionspolitik $\mathbf{b}_u$ fest, wobei sie an die Restriktion durch den maximalen Beitragssatz $\bar{\alpha}$ gebunden ist.

3. Es finden nationale Wahlen und Wahlen der Unionsregierung statt. Die Bürger in jedem Land entscheiden über die Wiederwahl:

   (a) ihres nationalen Repräsentanten P_k

   (b) der Unionsregierung P_u : Wenn die Bürger aus mindestens zwei Ländern für die Wiederwahl von P_u stimmen, wird dieser im Amt bestätigt.

In der Definition A.3 im Appendix A.1 wird ein stationäres teilspielperfektes Gleichgewicht des Spiels definiert. Das Spiel wird per Rückwärtsinduktion gelöst. Die Spiele in den Ländern und in der Union werden jeweils getrennt betrachtet. Begonnen wird mit der Union.

Für die Unionsebene wird wie im vorangegangenen Modell unterstellt, daß die maximalen Einnahmen durch den exogen festgelegten Beitragssatz $\bar{\alpha}$ auf

$$E_u^{\max} = \bar{\alpha} Y \tag{7.94}$$

beschränkt sind. Daher kann der Repräsentant P_u bei Verzicht auf die Wiederwahl die maximalen Einnahmen erheben und alle Ausgabenvariablen der Union ausschließlich seiner eigenen Auszahlung auf Null setzen. Der Unionsrepräsentant würde in diesem Fall eine Auszahlung von $\pi_u^{KR} = E_u^{\max} - c_u$ realisieren. Dabei hat er einen Anreiz, für die Marktintegrationsvariable $p_u = 1$ zu wählen, weil dadurch die Einnahmen der Union und damit seine eigene Rente steigen[30]. Für eine Wiederwahl braucht P_u die Stimmen der Bürger aus mindestens zwei Ländern. Aus Sicht des Unionsregenten ist es ausreichend, eine MWC zu bilden und die Bürger einzubeziehen, deren Stimmen am günstigsten zu haben sind. Es kommt zum Wettbewerb zwischen den Bürgern der verschiedenen Unionsländer darum, wer in die MWC einbezogen wird. Dabei unterbieten sich die Bürger mit ihren Forderungen für eine Wiederwahl gegenseitig und die Reservationsforderungen für die Ausgabenpolitiken werden auf die geringsten möglichen Werte, $\bar{b}_u = 0$ und $\bar{r}_{ku} = 0 \; \forall k$, gesenkt. Darüber hinaus werden maximale Beiträge zum Budget der Union,

[30] Voraussetzung ist die Annahme, daß die Bedingung 7.2 erfüllt ist und daß der exogene Beitragssatz mindestens α^I beträgt.

$T_k^R = \bar{T}_k = \bar{\alpha} y_k$, akzeptiert. Der Unterbietungswettbewerb zwischen den Bürgern verschiedener Länder um einen kleinen Vorteil im Gleichgewicht führt dazu, daß die Bürger aus den verschiedenen Ländern nicht in der Lage sind, sich auf einen Reservationswert für die Renten des Politikers oder das öffentliche Gut der Union b_u zu koordinieren, obwohl ihre Interessen bezüglich dieser Ausgabenvariablen gleichgerichtet sind. Dies kann bewirken, daß sich die Bürger schlechter stellen als im Status quo ohne Union. Aus den Überlegungen folgt, daß im Gleichgewicht mit Wiederwahl von der Union alle Budgetpolitiken bis auf die Rente des Unionsrepräsentanten in Höhe von

$$\pi_a^R = \bar{\alpha} Y - c_u \tag{7.95}$$

auf einem Niveau von Null bereitgestellt werden, d.h. $\forall k : \tau_k^R = 0$, $z_k^R = 0$ und $b_u^R = 0$. Auf nationaler Ebene entsprechen die maximalen Einnahmen des Staates unter Berücksichtigung der Gleichgewichtspolitiken auf Unionsebene

$$E_k^{\max} = y_k - c_k - T_k^R = (1 - \alpha_k)\, y_k - c_k. \tag{7.96}$$

Die Teilnahmebedingung für den nationalen Repräsentanten P_k in einem Wiederwahlgleichgewicht lautet daher

$$E_k^{\max} = \pi_k^W + \frac{\delta}{(1-\delta)} \pi_k^W \tag{7.97}$$

und es resultiert entsprechend der Argumentation in den beiden vorangegangenen Abschnitten die folgende Rente im Wiederwahlgleichgewicht

$$\pi_k^R = (1 - \delta)\, E_k^{\max} = (1 - \delta)\left[(1 - \alpha)\, y_k - c_k\right]. \tag{7.98}$$

Zur Ableitung ihrer Wiederwahlforderungen im Gleichgewicht maximieren die Bürger in jedem Land k ihre Nutzenfunktion über die nationalen Politikvariablen $\mathbf{b}_k$ bei gegebenen Unionsvariablen $\mathbf{b}_u^R$ und unter der Nebenbedingung der nationalen Budgetrestriktion sowie der Partizipationsbedingung für den Politiker:

$$\begin{aligned} \max_{\mathbf{b}_k = [t_k, b_k, \pi_k]} \; & u_k = (y_k\,(1 - t_k)) + H_k\,(b_k) \\ s.t.: 0 = & \, b_k + \pi_k + \underbrace{\bar{\alpha} y_k}_{T_k} + c_k - t_k y_k \\ 0 = & \,(1 - \delta)\,((1 - \alpha)\, y_k - c_k) - \pi_k \end{aligned} \tag{7.99}$$

Substitution der Nebenbedingung,

$$t_k y_k = b_k + (1 - \delta\,(1 - \alpha))\, y_k + \tau_k + \delta c_k, \tag{7.100}$$

in der Zielfunktion ergibt

$$\max_{b_k} u_k = \delta\,(1 - \alpha)\, y_k + \delta c_k + H_k\,(b_k) - b_k. \tag{7.101}$$

Maximierung über b_k führt zu den optimalen Werten $b_k^{R*} = H_k'^{-1}(1)$, wobei berücksichtigt werden muß, daß die optimale Lösung u.U. durch die vorhandenen Ressourcen beschränkt wird

$$b_k^R = \min\left(b_k^*, y_k - \left(\pi_k^R + c_k + T_k^R\right)\right). \tag{7.102}$$

Als Steuersatz resultiert

$$t_k^R = \min\left(\frac{b_k^R + c_k + \pi_k^R + T_k^R}{y_k}, 1\right). \tag{7.103}$$

Die nationalen Repräsentanten aller Länder und der Unionsrepräsentant werden wiedergewählt[31]. In diesem Modell eignet sich der Unionsrepräsentant in einem Wiederwahlgleichgewicht die gesamten Ressourcen an, über die auf Unionsebene verfügt werden kann, weil die Bürger aus den verschiedenen Ländern wegen z.T. divergierender Interessen nicht in der Lage sind, sich auf eine gemeinsame internationale Wiederwahlstrategie zu einigen[32]. Eine vergleichende Zusammenfassung der Modellergebnisse erfolgt im nächsten Abschnitt.

7.6 Zusammenfassung und Vergleich der Ergebnisse

In diesem Abschnitt werden die Resultate der verschiedenen Grundmodelle zusammengefaßt und miteinander verglichen. Dabei werden nacheinander die Beiträge zum Unionsbudget, die Politiken auf Unionsebene und auf nationaler Ebene und die Renten der Politiker, die jeweils im Gleichgewicht resultieren, betrachtet.

Die Nettozahlungsströme der Beiträge und ungebundenen Zuweisungen sind in Tabelle 7.1 auf S. 203 zusammengefaßt. Die Beiträge, die die Unionsländer im Gleichgewicht leisten, unterscheiden sich nicht in den Modellen Unionsparlament und Unionsregierung. In beiden Fällen entsprechen sie für alle Länder den maximal möglichen Einnahmen $\bar{\alpha}y_k$. Allerdings stimmen die Beiträge aus unterschiedlichen Gründen mit dem Höchstbeitrag $\bar{\alpha}$ überein. Während die Bürger im institutionellen Arrangement Unionsparlament hohe Beiträge wünschen und diese von ihren Repräsentanten auf Unionsebene verlangen, weil dadurch die Renten, die insgesamt an die Politiker zu zahlen sind, minimiert werden, sind die Beträge im Modell Unionsregierung durch die fehlende Koordination der Bürger aus den verschiedenen Mitgliedsländern begründet, was dazu führt, daß sich der Unionsrepräsentant die gesamten Ressourcen der Union aneigen kann. Im Modell Unionsrat können die Nettozahlungsströme dagegen auf verschiedenen Niveaus geleistet werden. Sie dienen

[31] Die Wiederwahlregeln $\mathbf{WR}_k^R$ lauten: "Bestätige P_k, d.h. $D_{k,t} = 1$ genau dann, wenn $u_k\left(\mathbf{b}_{k,t}, \mathbf{b}_{u,t}^R\right) \geq u_k\left(\mathbf{b}_{k,t}^R, \mathbf{b}_{u,t}^R\right)$." Die Regeln für den Unionsrepräsentanten werden entsprechend formuliert: "Bestätige P_u, d.h. $D_{ku,t} = 1$ genau dann, wenn $u_k\left(\mathbf{b}_{k,t}^R, \mathbf{b}_{u,t}\right) \geq u_k\left(\mathbf{b}_{k,t}^R, \mathbf{b}_{u,t}^R\right)$."

[32] Das Modellergebnis entspricht dem des Modells von Ferejohn (1986), S. 20 ff., das im Abschnitt 5.2.5.2 in Kapitel 5 dargestellt wurde, in dem ein einzelner Repräsentant den Wettbewerb der Bürger um budgetäre Verteilungsvorteile zu seinen Gunsten extrem ausnutzen kann.

in diesem Modell zum Nutzentransfer zwischen den Unionsländern, mit denen die Nutzenverteilung des jeweiligen Gleichgewichts implementiert wird.

Institutionelles Regime	Beiträge zum Unionsbudget, T
Unionsrat	$T_a^C = b_u^C + c_u + \sum_{k=1}^{3} \left[z_k^C + \tau_{ku}^C\right] - \sum_{k\neq a} T_k^C$ $T_{k\neq a}^C \leq \delta \left[y_k(p_u) + q_a(\Delta Y - C)\right] + H_k\left(g_k^C\right) - g_k^C$ $+\lambda_k J\left(b_u^C\right) + \tau_{ku}^C - \bar{u}_k$
Unionsparlament	$T_k^P = \bar{\alpha} y_k$
Unionsregierung	$T_k^R = \bar{\alpha} y_k$

Tabelle 7.1: Nettozahlungsströme der Beiträge zum Unionsbudget und der ungebundenen Zuweisungen

Die Ausgabenpolitiken der Union im Gleichgewicht, die in Tabelle 7.2 auf S. 204 wiedergegeben werden, unterscheiden sich wesentlich voneinander. Im Modell Unionsrat können je nach Gleichgewicht alle Budgetpolitiken positiv sein, d.h. es kann sowohl direkte Transfers als auch gebundene Finanzzuweisungen für die Bereitstellung des nationalen öffentlichen Gutes geben. Die genaue Höhe der Budgetpolitiken ist jeweils davon abhängig, welche Nutzenverteilung im Gleichgewicht implementiert wird. Je gleichmäßiger die Nutzenverteilung ist, um so wahrscheinlicher ist es, daß alle Länder von entsprechenden Politiken profitieren. Allerdings sind jeweils die Beiträge T_k und die Transfers τ_k sowie darüber hinaus die Finanzzuweisungen z_k und die nationalen Ausgaben für das öffentliche Gut b_k substituierbare Politikinstrumente, so daß keine Aussage über die tatsächliche Höhe im Gleichgewicht gemacht werden kann. Bezüglich der Bereitstellung des öffentlichen Gutes der Union im Modell Unionsrat kann festgehalten werden, daß in einem unrestringierten Gleichgewicht eine optimale Bereitstellung im Sinn von Samuelson erfolgen kann. Im Modell Unionsparlament sind nur die Unionstransfers und die Finanzzuweisungen für das Land des jeweiligen Agenda-Setters im Unionsparlament positiv, die anderen Länder erhalten keine Zuweisungen aus dem Unionsbudget. Weil Zahlungen an die Union die Renten auf nationaler Ebene reduzieren, werden die Unionsbeiträge maximal ausgedehnt und das Budget wird vollständig für Politiken verausgabt, die die Wohlfahrt der Bürger im Land des Agenda-Setters erhöhen. Bei der Bereitstellung des öffentlichen Gutes der Union werden deshalb nicht die Präferenzen der Bürger aus den Ländern $k \neq a$ berücksichtigt und es wird weniger bereitgestellt, als bei Berücksichtigung aller Nutznießer optimal wäre, d.h. $J'^{-1}\left(\lambda_a^{-1}\right) < J'^{-1}\left(\hat{\lambda}^{-1}\right)$. Außerdem wird das nationale öffentliche Gut im Land des Agenda-Setters in einem nicht durch die Ressourcen der Union beschränkten Gleichgewicht vollständig durch Unionstransfers finanziert. Der Rest des Budgets der Union wird für direkte Transfers an die Bürger im Land a verwendet. Schließlich werden im institutionellen Arrangement Unionsregierung keine Budgetpolitiken durch die Union bereitgestellt. Das Budget der Union wird ganz für die Renten des Unionsrepräsentanten verausgabt.

Institutionelles Regime	Unionspolitiken τ_{ku}	z_k	b_u
Unionsrat	$\forall k : \tau_{ku}^C \geq 0$	$\forall k : z_k^C \geq 0$	$b_u^C \leq J'^{-1}\left(\hat{\lambda}^{-1}\right)$
Unionsparlament	$\tau_{au}^P \geq 0$ $\tau_{k \neq au}^P = 0$	$z_a^P = \min\left(H'^{-1}(1), \sum_{k=1}^{3} \bar{\alpha} y_k - \left(b_u^P + c_u + \pi^P\right)\right)$ $z_{k \neq a}^P = 0$	$b_u^P \leq J'^{-1}\left(\lambda_a^{-1}\right)$
Unionsregierung	$\forall k : \tau_{ku}^R = 0$	$\forall k : z_k^R = 0$	$b_u^R = 0$

Tabelle 7.2: Budgetpolitiken der Union

In einem weiteren Schritt werden die Budgetpolitiken im Gleichgewicht auf nationaler Ebene verglichen. Tabelle 7.3 auf S. 205 zeigt die Steuersätze t_k und die Bedingungen für die Bereitstellung des öffentlichen Gutes, die im Gleichgewicht in den Grundmodellen resultieren. Das optimale Niveau der Bereitstellung des nationalen öffentlichen Gutes mittels nationaler Ausgaben im Fall ohne Beschränkung durch die zur Verfügung stehenden Ressourcen ist in allen drei Modellen gleich und beträgt $b^* = H'^{-1}(1)$. Allerdings gibt es eine Abweichung im Modell des Unionsparlaments, da in diesem Fall die Bereitstellung des nationalen öffentlichen Gutes in diesem Land soweit wie möglich aus den Mitteln der Union erfolgt. Bei den Gleichgewichtspolitiken auf nationaler Ebene besteht der wichtigste Unterschied zwischen den verschiedenen Modellen darin, in welcher Höhe auf nationaler Ebene Ressourcen zur Bereitstellung von Budgetpolitiken zur Verfügung stehen. Wieviele Mittel verfügbar sind, wird zum einen bestimmt durch die Höhe der Beiträge an die Union und zweitens durch die Höhe der Renten, die sich die Politiker auf nationaler Ebene aneignen können. Daher ist die Differenz zwischen den Steuersätzen t_k, die in den verschiedenen Modellen resultieren, durch die Höhe der Renten der nationalen Repräsentanten π_k und durch die Höhe der Beiträge T_k , die an die Union zu zahlen sind, determiniert. Die Höhe der Beiträge ist - wie oben diskutiert - im Modell Unionsrat vom implementierten Gleichgewicht abhängig und in den beiden anderen Modellen entspricht sie $\bar{\alpha} y_k$.

Die Renten auf nationaler Ebene, die sich die Repräsentanten in den verschiedenen Modellen in einer Periode aneignen können, sind in Tabelle 7.4 auf S. 206 angeführt. Zudem werden für das Ratsmodell die ex ante erwarteten Auszahlungen der Politiker pro Periode in einem Wiederwahlgleichgewicht berechnet. Die erwarteten Ex ante-Renten der nationalen Politiker in den Modellen Unionsparlament und Unionsregierung sind gleich und

Institutionelles	Politiken auf nationaler Ebene	
Regime	t_k	$b_k(z_k)$
Unionsrat	$t_k^C = \frac{b_k^*+c_k+\pi_k^C+T_k^C}{y_k}$	$\left(b_k^{C*}, z_k^{C*}\right) \in \{(b_k, z_k) \mid b_k \geq 0, z_k \geq 0, b_k + z_k = H_k^{'-1}(1)\}$
		$b_k^C = \min\left(b_k^{C*}, y_k - \left(\pi_k^C + c_k + T_k^C\right)\right)$
Unionsparlament	$t_k^P = \frac{b_k^*+c_k+\pi_k^P+T_k^P}{y_k}$	$b_a^{P*} = \max\left(0, H'(1)^{-1} - z_a^P\right)$
		$b_a^P = \min\left(b_a^{P*}, y_k - \left(\pi_k^P + c_k + T_k^P\right)\right)$
		$\forall k \neq a : b_k^* = H_k^{'-1}(1)$
		$\forall k \neq a : b_k^P = \min\left(b_k^{P*}, y_k - \left(\pi_k^P + c_k + T_k^P\right)\right)$
Unionsregierung	$t_k^R = \frac{b_k^*+c_k+\pi_k^R+T_k^R}{y_k}$	$b_k^{R*} = b_k^{P*} = H_k^{'-1}(1)$
		$b_k^R = \min\left(b_k^{R*}, y_k - \left(\pi_k^R + c_k + T_k^R\right)\right)$

Tabelle 7.3: Nationale Budgetpolitiken

entsprechen $E\left(\pi_k^P\right) = E\left(\pi_k^R\right) = (1-\delta)\left((1-\bar{\alpha})\, y_k - c_k\right)$. Die erwarteten Renten der nationalen Politiker im Ratsmodell enthalten auch den Anteil, der durch die Entscheidungen auf Unionsebene begründet ist, d.h. die Renten in diesem Modell werden nicht nach nationaler Ebene und Unionsebene getrennt, sondern sie werden vollständig der nationalen Ebene zugerechnet. Deshalb ist ein getrennter Vergleich der nationalen Renten bzw. der Unionsrenten zwischen dem Ratsmodell und den beiden anderen Regimen eigentlich nicht interpretierbar. Weil aber die Ressourcen für Budgetpolitiken auf nationaler Ebene durch die Renten der nationalen Repräsentanten beschränkt werden, wird eine Bedingung für die relative Höhe angegeben. Wenn die folgende Ungleichung gilt, sind die erwarteten Renten der nationalen Politiker im Ratsmodell größer als in den beiden anderen Modellen:

$$
\begin{aligned}
& E\left(\pi_k^C\right) > E\left(\pi_k^P\right) = E\left(\pi_k^R\right) && (7.104)\\
\Leftrightarrow\ & y_k(0) + \frac{1}{3}(\Delta Y - C) > (1-\bar{\alpha})\left(y_k(0) + \Delta y_k\right) - c_k \\
\Leftrightarrow\ & \Delta\pi_k \equiv \bar{\alpha} y_k(0) + \left(\bar{\alpha} - \frac{2}{3}\right)\Delta y_k + \frac{2}{3}c_k + \frac{1}{3}\left(\textstyle\sum_{l \neq k}(\Delta y_l - c_l) - c_u\right) > 0.
\end{aligned}
$$

Mit der Wahrscheinlichkeit $q_a = \frac{1}{3}$ erhalten die Repräsentanten im Ratsmodell den Anteil $(1-\delta)$ an den gesamten Nettointegrationsgewinnen der Unionsländer. D.h. mit der Wahrscheinlichkeit $\frac{1}{3}$ bekommen die Repräsentanten $(1-\delta)$ der Integrationsgewinne, aber mit der Wahrscheinlichkeit $\frac{2}{3}$ gehen die Vorteile der Integration an die Repräsentanten der übrigen Länder. In den beiden anderen Modellen ist die Rente ausschließlich vom Einkommen des eigenen Landes und damit von den nationalen Integrationsgewinnen abhängig. In diesen Modellen muß ein Teil der Rente, der mit $\bar{\alpha}$ steigt, an die Union abgeführt werden. Deshalb steigt der Vorteil des Ratsmodells gegenüber den beiden anderen Modellen aus Sicht der nationalen Politiker, $\Delta\pi_k$, mit dem maximalen Beitragssatz $\bar{\alpha}$, mit der Höhe des eigenen integrationsunabhängigen Einkommens $y_k(0)$ und mit der Höhe der

Nettointegrationsgewinne $\Delta Y - C$. Bei Gültigkeit der Bedingung (7.104) bevorzugen die nationalen Repräsentanten das Ratsmodell. Es sind aber auch Situationen möglich, in denen $\Delta\pi_k < 0$ ist, wenn z.B. der Satz für die Beiträge an die Union $\bar{\alpha}$ kleiner als 2/3 ist und das Land hohe Integrationsgewinne realisiert oder wenn für die anderen Länder in großem Ausmaß Verluste aus der Integration resultieren.

Institutionelles Regime	Nationale Ebene
Unionsrat	$\pi_a^C = (1-\delta)\, y_a(0) + \left(1 - \delta\frac{1}{3}\right)(\Delta Y - C)$ $\pi_{k\neq a}^C = (1-\delta)\, y_k(0) - \delta\frac{1}{3}(\Delta Y - C)$ $E\left(\pi_k^C\right) = (1-\delta)\left[y_k(0) + \frac{1}{3}(\Delta Y - C)\right]$
Unionsparlament	$\forall k : \pi_k^P = E\left(\pi_k^P\right) = (1-\delta)\left((1-\bar{\alpha})\, y_k - c_k\right)$
Unionsregierung	$\pi_k^R = E\left(\pi_k^R\right) = (1-\delta)\left[(1-\bar{\alpha})\, y_k - c_k\right]$

Tabelle 7.4: Auszahlungen der nationalen Repräsentanten

Im folgenden werden die Auszahlungen der Unionsrepräsentanten miteinander verglichen, die in der Tabelle 7.5 auf S. 206 zusammengefaßt sind. Im Modell Unionsparlament ist die Höhe der Auszahlung der Unionspolitiker davon abhängig, ob sie als Agenda-Setter ausgewählt wurden, weshalb für dieses Modell auch die Ex ante-Erwartungswerte der Periodenrenten berechnet werden. Die erwarteten Auszahlungen pro Periode der Politiker auf der Unionsebene sind im Modell der Unionsregierung am größten[33], während im Modell Unionsrat keine speziellen politischen Repräsentanten auf Unionsebene beteiligt sind. Daher resultiert die folgende Rangfolge der erwarteten Auszahlungen pro Periode der Politiker auf Unionsebene:

$$E\left(\pi_u^C\right) < E\left(\pi_{ku}^P\right) < E\left(\pi_u^R\right). \tag{7.105}$$

Institutionelles Regime	Unionsebene
Unionsrat	-
Unionsparlament	$\pi_{au}^P = \varphi\left[\bar{\alpha}Y - c_u\right]; \quad \forall k \neq a : \pi_{ku}^P = 0$ $E\left(\pi_{ku}^P\right) = \frac{1}{3}\varphi\left[\bar{\alpha}Y - c_u\right]$
Unionsregierung	$\pi_u^R = E\left(\pi_u^R\right) = \bar{\alpha}Y - c_u$

Tabelle 7.5: Auszahlungen der Unionspolitiker

Die getrennte Betrachtung der Politikerauszahlungen auf den verschiedenen Ebenen ist

[33] Dies folgt aus $\frac{1}{3}\varphi < 1$.

- wie bereits ausgeführt - nur bedingt vergleichbar, deshalb wird die gesamte erwartete Rente der politischen Repräsentanten eines Landes berechnet, die aus der Addition der erwarteten Periodenauszahlungen der Politiker eines Landes resultiert, welche auf der nationalen Ebene und in der Union realisiert werden, d.h. aus $E(\pi) = E(\pi_k) + E(\pi_{ku})$. Dem liegt die Vorstellung zugrunde, daß zwischen den Repräsentanten eines Landes etwa durch die gemeinsame Mitgliedschaft in nationalen Parteien eine Verbindung besteht bzw. daß jeder politische Kandidat sowohl Amtsinhaber auf nationaler als auch auf europäischer Ebene werden kann. Für das Modell Unionsregierung wird unterstellt, daß der Unionspolitiker mit der Wahrscheinlichkeit r_k aus dem Land k kommt. Die Werte sind in Tabelle 7.6 auf S. 207 wiedergegeben. Aus den erwarteten Gesamtrenten der Repräsentanten wird deutlich, daß für $r_k \geq \frac{1}{3}\varphi \quad E(\pi^R) > E(\pi^P)$ gilt, wobei $\varphi \leq 1$ ist. Die erwarteten Auszahlungen der politischen Repräsentanten im Modell Unionsregierung sind ab einer kritischen Wahrscheinlichkeit $r_k^* = \frac{\varphi}{3}$ größer als im Modell Unionsparlament. Weil $r_k^* < \frac{1}{3}$ ist, wird diese Bedingung beispielsweise erfüllt, wenn der Unionsrepräsentant mit der gleichen Wahrscheinlichkeit $r_k = \frac{1}{3}$ aus einem der drei Länder kommt.

Institutionelles Regime	Erwartete Ex ante-Rente aller Repräsentanten eines Landes $E(\pi) = E(\pi_k) + E(\pi_{ku})$
Unionsrat	$E(\pi^C) = (1-\delta)\left[y_k(0) + \frac{1}{3}\Delta Y\right]$
Unionsparlament	$E(\pi^P) = (1-\delta)\left[(1-\bar{\alpha})y_k - c_k\right] + \frac{1}{3}\varphi\left[\bar{\alpha}Y - c_u\right]$ $= (1-\delta)\left[\left(1-\bar{\alpha}\left(1-\frac{1}{3}\varphi\right)\right)y_k - c_k + \frac{1}{3}\frac{1}{\left(1-\frac{2}{3}\delta\right)}\left(\alpha\sum_{l\neq k} y_l - c_u\right)\right]$
Unionsregierung	$E(\pi^R) = (1-\delta)\left[(1-\bar{\alpha})y_k - c_k\right] + r_k\left[\alpha Y - c_u\right]$

Tabelle 7.6: Erwartete Auszahlungen der Politiker eines Landes

Nicht so eindeutig kann eine Aussage bezüglich des Vergleichs mit den erwarteten Renten im Ratsmodell getroffen werden. Für den Vergleich mit dem Modell Unionsparlament gilt der im Appendix A.2 in der Bedingung $(A.1)$ angegebene Zusammenhang zwischen den Parametern und der erwarteten Rente. Wenn die Bedingung $(A.1)$ erfüllt ist, gilt $E(\pi^C) < E(\pi^P)$, und das Ratsmodell bringt eine niedrigere nationale Gesamtrente als das Unionsparlament. Wie bei den Renten auf nationaler Ebene kann es Situationen geben, in denen aus Sicht der Politiker je nach Konstellation der Parameter das eine oder das andere Modell vorteilhaft ist. Negativ auf die Vorteilhaftigkeit des Ratsmodells wirken u.a. die Integrationsgewinne der anderen Länder und das nationale Einkommen ohne Integration, $y_k(0)$, wobei diese Aussage nur gilt, wenn $\bar{\alpha}$ nicht zu groß ist. Auch der Einfluß von $\bar{\alpha}$ ist nicht eindeutig. Im Vergleich mit der Unionsregierung ist der Unionsrat aus Sicht der Politiker nachteilig, d.h. es gilt $E(\pi^C) < E(\pi^R)$, wenn die Bedingung $(A.2)$ im Appendix gültig ist. Die formulierten Bedingungen $(A.1)$ und $(A.2)$ für die Rangfolge der Summe der Renten der Politiker eines Landes in den verschiedenen institutionellen Arrangements sind schwer interpretierbar, weil sich verschiedene Verteilungseffekte, die aus möglichen Unterschieden zwischen den Ländern resultieren, überlagern. Deshalb sind in Appendix A.2 auch die Differenzen zwischen den erwarteten politischen Auszahlungen der Repräsentanten in den verschiedenen Modellen für den Fall symmetrischer Länder berechnet. Dabei resultiert die Rangfolge $E\left(\pi^C\right) < E\left(\pi^P\right) < E\left(\pi^R\right)$ unter der Voraussetzung, daß Bedingung 7.3 erfüllt ist und daß die maximalen Beiträge $\bar{\alpha}Y$ mindestens ausreichen, um die auf der Unionsebene anfallenenden Integrationskosten c_u zu decken.

Für die Wohlfahrt der Bürger ist die erwartete Rente der Politiker eines Landes nicht die relevante Größe. Sie müssen in jedem Fall in jeder Periode den vollen Anteil an der Rente der Unionspolitiker tragen, unabhängig davon, aus welchem Land die Politiker kommen. Ihr im Gleichgewicht resultierendes Nutzenniveau ist davon abhängig, welches Gleichgewicht implementiert wird (Ratsmodell) bzw. ob ihr Unionsrepräsentant Agenda-Setter ist oder nicht (Unionsparlament). Daher besitzen die zuletzt berechneten erwarteten Renten zwar Aussagekraft über die Präferenzen der Politiker, aber weniger darüber, wie das Prinzipal-Agenten Problem zwischen Bürgern und Politikern gelöst wird. Sollen dennoch unabhängig von den Wohlfahrtsniveaus der Bürger vergleichende Aussagen über die Verteilung zwischen Politikern und Bürgern gemacht werden, bietet es sich zu diesem Zweck an, die insgesamt von den Politikern in der Union angeeignete Rente zu berechnen. Betrachtet wird die Verteilung zwischen allen Bürgern auf der einen und allen politischen Repräsentanten der Union und den Mitgliedsländern auf der anderen Seite. Das Ergebnis dieser Berechnung wird in Tabelle 7.7 auf S. 208 wiedergegeben.

Institutionelles Regime	Summe der gesamten Politikerrenten in der Union, Π
Unionsrat	$\Pi^C = (1-\delta)(Y-C)$
Unionsparlament	$\Pi^P = (1-\delta)((1-\bar{\alpha})Y(1) - C_k) + \varphi[\bar{\alpha}Y(1) - c_u]$ $= (1-\delta)[\psi Y(1) - C_k - \omega c_u]$
Unionsregierung	$\Pi^R = (1-\delta(1-\bar{\alpha}))Y(1) - (1-\delta)C_k - c_u$

Tabelle 7.7: Unionsweite Politikerrenten

Dabei sind die Parameter ψ und ω durch $\psi = (1-\bar{\alpha}) + \bar{\alpha}\omega$ und $\omega = \frac{1}{1-\frac{2}{3}\delta}$ gegeben. Beide sind größer als eins. Wenn die Kosten der Marktintegration auf Unionsebene c_u nicht zu groß sind, gilt $\Pi^C < \Pi^P$. Dazu muß die im folgenden formulierte Bedingung erfüllt sein:

$$\frac{c_u}{Y(1)} < \frac{\psi - 1}{\omega - 1} = \bar{\alpha}, \tag{7.106}$$

die der Bedingung 7.3 entspricht. Außerdem gilt unter der gleichen Annahme $\Pi^P <$

Π^R.[34] Wenn die Ungleichung (7.106) bzw. die Bedingung 7.3 erfüllt ist, was bisher bei der Herleitung der Gleichgewichte unterstellt wurde, kann für die Summe der gesamten Politikerrenten in der Union folgende Rangfolge abgeleitet werden:

$$\Pi^C < \Pi^P < \Pi^R. \tag{7.107}$$

Aus der Perspektive der Bürger ist demnach, was den Verteilungskonflikt mit den Politikern betrifft, das Ratsmodell dem Parlamentsmodell vorzuziehen und dieses ist gegenüber dem Regierungsmodell zu bevorzugen.

Wegen der Multiplizität der Gleichgewichte bzw. wegen der unendlich vielen Möglichkeiten für die internationale Wohlfahrtsverteilung im Modell Unionsrat ist ein Vergleich der alternativen institutionellen Arrangements anhand der nationalen Wohlfahrt nur eingeschränkt möglich. Daher bietet es sich an, den Aspekt der internationalen Verteilung auszublenden und die aggregierte Wohlfahrt der Bürger in allen Unionsmitgliedsländern miteinander zu vergleichen. Dies ermöglicht es auch, auf eine Differenzierung zwischen Agenda-Setter- und Nicht-Agenda-Setter-Ländern zu verzichten. Als Maß für die aggregierte Wohlfahrt wird die Summe der Bürgernutzen in den Unionsländern gewählt:

$$W = \sum_{k=1}^{3} u_k, \tag{7.108}$$

wobei von Gleichgewichten abgesehen wird, die durch die Ressourcen beschränkt werden. In der Tabelle 7.8 auf S. 210 werden die maximal möglichen Niveaus der aggregierten Wohlfahrt der Bürger zusammengefaßt. Durch Vergleich der Wohlfahrtsniveaus gelang man zu der folgenden Rangfolge:

$$W^R < W^P < W^C. \tag{7.109}$$

Diese Schlußfolgerung ist ein Korrelat zur Rangfolge bei den Unionsrenten und den Budgetpolitiken. Im Modell Unionsrat fallen unionsweit die geringsten Renten an und die politischen Repräsentanten können am ehesten dazu gebracht werden, Budgetpolitiken auf effizientem Niveau bereitzustellen. Im Gegensatz dazu werden im Modell Unionsregierung durch die extreme Machtposition des Unionsrepräsentanten die unionsweiten Renten maximiert, während gleichzeitig keine Politiken von der Union bereitgestellt werden. Schlechtere Resultate als das Ratsmodell liefert aus Bürgersicht auch das institutionelle Arrangement Unionsparlament. Hier sind die Renten der Politiker zwar nicht so hoch wie im Fall einer Unionsregierung, aber immer noch höher als beim Unionsrat. Darüber hinaus werden auf der Ebene der Union zwar Budgetpolitiken bereitgestellt, aber bei der Entscheidung werden ausschließlich die Präferenzen der Bürger eines Landes, das des Agenda-Setters, berücksichtigt. Deshalb ist die Bereitstellung des unionsweiten öffentlichen Gutes im Gleichgewicht niedriger als optimal. Außerdem stehen durch die

[34] Dies wird im Appendix A.3 gezeigt.

maximalen Transfers an das Unionsbudget in den Ländern $k \neq a$ weniger Ressourcen für die Bereitstellung der nationalen öffentlichen Güter zur Verfügung, wodurch auch in diesem Bereich eine Unterversorgung wahrscheinlich ist.

Institutionelles Regime	Aggregierte Wohlfahrt in der Union, W
Unionsrat	$W^C = \delta(Y(1) - C) + \hat{\lambda}J\left(J'^{-1}\left(\hat{\lambda}^{-1}\right)\right) - b_u^* + \sum_{k=1}^{3}\left(H_k\left(H_k'^{-1}(1)\right) - g_k^*\right)$
Unionsparlament	$W^P = \delta\left[(1 - \alpha\omega)Y(1) - C_k + \alpha\omega c_u\right] + H_a\left(H_a'^{-1}(1)\right) - g_a^* + \hat{\lambda}J\left(J'^{-1}\left(\lambda_a^{-1}\right)\right) - b_u^* + \sum_{k\neq a}\left[H_k\left(H_k'^{-1}(1)\right) - b_k^*\right]$
Unionsregierung	$W^R = \delta\left((1 - \bar{\alpha})Y(1) - C_k\right) + \sum_{k=1}^{3} H_k\left(H_k'^{-1}(1) - b_k^*\right)$

Tabelle 7.8: Wohlfahrt der Bürger

Aus Sicht der Bürger ist unter den Annahmen des Modells das Modell Unionsrat gegenüber den beiden anderen institutionellen Arrangements vorzuziehen. Dieses Ergebnis ist insbesondere auf zwei Einflüsse zurückzuführen, die aus den Institutionen resultieren. Erstens wurde für das Ratsmodell die Abstimmung mit Einstimmigkeit unterstellt, wodurch eine näher am Maximum der aggregierten Wohlfahrt liegende Bereitstellung der spezifischen und globalen öffentlichen Güter bewirkt wird als in den beiden anderen Modellen. In einem unrestringierten Gleichgewicht, in dem die Verteilung der Reservationsnutzen der Bürger nicht zu ungleich ist, so daß bzüglich der öffentlichen Güter die Bürger aus allen Unionsländern berücksichtigt werden, erfolgt eine Bereitstellung auf wohlfahrtsoptimalen Niveau. Im Parlamentsmodell werden hingegen aufgrund der Mehrheitsregel nur die Präferenzen der Bürger des Agenda-Setters berücksichtigt und im Regierungsmodell bewirkt die Anwendung der Mehrheitsregel das Ausbleiben der Koordination der Wähler aus den verschiedenen Ländern, so daß die staatlichen Güter nicht oder nur eingeschränkt bereitgestellt werden. Somit führt die Anwendung der Einstimmigkeitsregel im Gegensatz zur Mehrheitsregel zu einer Verbesserung der aggregierten Wohlfahrt der Bürger. Dies wird auch im achten Kapitel deutlich, in dem im Abschnitt 8.2 die institutionelle Variante einer Entscheidung mittels Mehrheitsregel im Unionsrat untersucht wird.

Zweitens wird die Frage der demokratischen Kontrolle dadurch beeinflußt, wie die allgemeinen politischen Institutionen, d.h. in diesem Fall die Regeln, nach denen die Repräsentanten in die Entscheidungsgremien gewählt werden, gestaltet sind. Im Unionsrat können die Bürger ihren Repräsentanten für die Politikentscheidungen auf nationaler

Ebene und in der Union verantwortlich machen. Im Unionsparlament sind die Wähler jedes Landes ebenfalls in der Lage, ihre Repräsentanten für die Politikentscheidungen zur Rechenschaft zu ziehen, aber auf europäischer Ebene können ausschließlich die Bürger des Agenda-Setters ihre Interessen durchsetzten. Im Fall einer Unionsregierung sind die Bürger aufgrund der fehlenden Koordination nicht in der Lage, den Unionsrepräsentanten für seine Politik in die Pflicht zu nehmen. Könnten die Bürger aus den verschiedenen Ländern sich indes auf eine gemeinsame unionsweite Wiederwahlregel koordinieren, so wäre es auch in diesem institutionellen Arrangement möglich, daß die Bürger im Gleichgewicht eine stärkere demokratische Kontrolle ausüben.

Die in diesem Kapitel abgeleiteten Resultate bestätigen die These von Mueller (1997)[35], daß der Übergang von einem konföderalen zu einem mehr föderalistischen bis hin zu einem zentralisierten politischen System in einer internationalen Wirtschaftsunion wenn überhaupt erst dann erfolgen sollte, wenn sich die Präferenzverteilungen der Bürger in den verschiedenen Ländern international angleichen und homogener werden. Zur Ableitung dieser These wird der Zusammenhang zwischen der Ausprägung der Präferenzen der Bürger in der Europäischen Union und der wohlfahrtsmäßig zu bevorzugenden Regierungsform untersucht, wobei, wie in der Literatur üblich, zwischen den Organisationsformen einer Konföderation, einer Föderation und eines Zentralstaates unterschieden wird. Dabei wird die Schlußfolgerung gewonnen, daß eine konföderale Regierungsform vorteilhaft ist, solange die Verteilung der Präferenzen der Bürger in den verschiedenen Unionsmitgliedsländern bezüglich der Unionspolitiken national homogen und international heterogen ist. Erst bei einer internationalen Angleichung der Präferenzverteilungen ist der Übergang zu einer föderalen Staatsordnung zu befürworten. Begründet wird diese normative Hypothese damit, daß eine Konföderation bei heterogenen Präferenzen der europäischen Bürger eine bessere Repräsentanz und demokratische Kontrolle ermöglicht. Politische Bereiche mit einer international homogenen Präferenzverteilung sollten eher von einer föderalistischen Volksvertretung entschieden werden.

Die in diesem Abschnitt betrachteten institutionellen Arrangements sind von vereinfachten budgetären Regeln ausgegangen. Insbesondere die Annahme exogener Einnahmenbegrenzungen führt zu der Frage, welche Ergebnisse bei einer endogenen Entscheidung entsprechend den derzeitigen Regelungen zu erwarten sind und welchem Organ die Einnahmenentscheidung zugeordnet werden sollte. Dies wird u.a. im folgenden Kapitel untersucht.

---

[35] Vgl. Mueller (1997) S. 259 ff.

Kapitel 8

Alternative budgetäre Institutionen

8.1 Einleitung

In diesem Kapitel werden verschiedene institutionelle Varianten der Grundmodelle untersucht, wobei vorwiegend Institutionen betrachtet werden, die im realen Haushaltsverfahren der EU angewendet werden oder als Vorschläge zur Gestaltung der europäischen Institutionen vorgelegt wurden. Ein Überblick über die Dimensionen der politischen und budgetären Institutionen wurde im dritten Kapitel gegeben. Um nicht den Rahmen der Arbeit zu sprengen, wird die Untersuchung auf eine Auswahl möglicher Varianten der institutionellen Arrangements der Grundmodelle fokussiert. Ausgewählt werden jene Erweiterungen der Grundmodelle, die für die Evaluation der realen budgetären Verfahren oder möglicher Veränderungen von Bedeutung sind. Dabei werden folgende Dimensionen budgetärer bzw. politischer Institutionen analysiert:

1. **Abstimmungsquoren**: Wie ändert sich die Budgetallokation, wenn im Rat nicht mittels der Einstimmigkeits- sondern mit der Mehrheitsregel abgestimmt wird? Im Grundmodell wurde Einstimmigkeit für die Budgetentscheidungen im Rat unterstellt. Im Rat der EU wird im Haushaltsverfahren eine qualifizierte Mehrheitsregel angewendet. Daher wird untersucht, welche Budgetallokation resultiert, wenn in den Abstimmungen ein Quorum kleiner als Eins erfüllt werden muß[1].

2. **Festlegung der Budgethöhe**: Welche Budgetallokationen sind zu erwarten, wenn die Beiträge, die die Union maximal von den Mitgliedsländern erheben kann, nicht exogen festliegen, sondern wenn über sie innerhalb des Budgetverfahrens entschieden wird? Zunächst wird erörtert, wie eine unbeschränkte Einnahmenautonomie eines Unionsparlaments und einer Unionsregierung wirkt, in der die Unionsorgane

[1] Die Ausweitung der Entscheidungsbereiche, in denen der Rat mit qualifizierter Mehrheit statt mittels Einstimmigkeit entscheidet, war auch ein zentrales Thema der Regierungskonferenz 2000 zu den institutionellen Reformen der EU, wenngleich die Entscheidung über finanzwirtschaftliche Grundsatzfragen wie z.B. die Eigenmittel bislang nicht zu den Bereichen einer möglichen Änderung zählt. Vgl. Zöpel (2000).

selbst über die Höhe der Einnahmen bzw. der Budgethöhe entscheiden. Alternativ wird untersucht, welches Ergebnis resultiert, wenn der Rat der Union über die Einnahmenobergrenze beschließt, wie dies in der EU der Fall ist.

Schließlich werden die Ergebnisse der Budgetverfahren bei nichtkooperativem Verhalten der Politiker mit den Budgetallokationen verglichen, die sich ergeben, wenn die politischen Repräsentanten der verschiedenen Ebenen miteinander kooperieren und sich gegenüber den Wählern kollusiv verhalten.

8.2 Mehrheitsentscheidung im Rat ($C2$)

Welche Budgetallokation resultiert im Grundmodell des Unionsrats, wenn anstatt mittels der Einstimmigkeits- mit der Mehrheitsregel abgestimmt wird? Gegenüber dem Spielverlauf im Grundmodell (siehe S. 181) ändert sich, daß auf der dritten Stufe des Spiels, in der die Budgetpolitiken von den politischen Repräsentanten festgelegt werden, auf Unionsebene nicht beide Repräsentanten $k \neq a$ dem Vorschlag des Agenda-Setters $\mathbf{b}^a$ zustimmen müssen. Statt dessen ist es ausreichend, wenn es dem Agenda-Setter P_a gelingt, die Zustimmung eines der beiden anderen Repräsentanten im Unionsrat zu gewinnen.

Welche Auszahlungen erhalten die Repräsentanten, wenn sie nicht eine Wiederwahl anstreben, sondern sich maximale Renten in der laufenden Periode aneignen? In dieser Situation kommt es zu einem Unterbietungswettbewerb zwischen den beiden Repräsentanten $k \neq a$ um die Einbeziehung in die MWC des Agenda-Setters. Die beiden Repräsentanten aus den Ländern, die nicht den Agenda-Setter stellen, akzeptieren maximale Unionsbeiträge für ihr Land und realisieren eine Rente von $\pi^K_{k\neq a} = 0$. Die maximalen Staatseinnahmen des Landes des Agenda-Setters entsprechen im Fall ohne Wiederwahl

$$E_a^{\max} = Y - C. \tag{8.1}$$

Der Agenda-Setter ist in der Lage, sich das gesamte Nettoeinkommen aller Unionsländer anzueignen: $\pi_a^K = Y - C$. Aus den Partizipationsbedingungen für ein Wiederwahlgleichgewicht

$$Y - C \leq \pi_a^W + \tfrac{\delta}{1-\delta} E\left(\pi^W\right) \tag{8.2}$$

$$0 \leq \pi_k^W + \tfrac{\delta}{1-\delta} E\left(\pi^W\right) \tag{8.3}$$

mit $E\left(\pi^W\right) = q_a \pi_a^W + (1 - q_a)\, \pi_k^W$ und der Annahme, daß die Renten nicht negativ sein müssen, d.h. $\pi_k^W \geq 0$ [2], folgt aus Überlegungen, die denen auf S. 192 im Abschnitt 7.4

[2] Wie im Modell Unionsparlament ist diese Annahme bei Anwendung der Mehrheitsregel erforderlich, da sonst die Rente des Repräsentanten, der nicht der MWC angehört, unendlich negativ würde. Vgl. dazu auch die Fußnote 21 auf S. 193.

entsprechen, die Rente in einem Wiederwahlgleichgewicht je nachdem, ob der nationale Repräsentant Agenda-Setter auf Unionsebene ist oder nicht:

$$\pi_a^{C2} = \varphi(Y - C), \tag{8.4}$$

$$\pi_{k \neq a}^{C2} = 0, \tag{8.5}$$

wobei φ wie im siebten Kapitel als $\varphi = \frac{1-\delta}{1-\delta(1-q_a)}$ definiert ist.

Bei der Aufstellung der Reservationsforderungen gibt es zwischen den Bürgern aus den Ländern $k \neq a$ im Zusammenhang mit der Abstimmung über die Budgetpolitiken einen Wettbewerb um die Einbeziehung in die MWC des Agenda-Setters. Wie im Modell Unionsparlament kommt es zur gegenseitigen Unterbietung der Bürger in $k \neq a$ mit ihren Reservationsforderungen, so daß für die Zustimmung zum Vorschlag des Agenda-Setters nur minimale Budgetpolitiken verlangt werden, während andererseits maximale Unionsbeiträge in Höhe von $T_k = y_k(1)$ akzeptiert werden. Die Bürger des Agenda-Setters legen in ihren Reservationsforderungen u.a. die Politiken auf der Unionsebene fest, indem sie ihre Zielfunktion unter Berücksichtigung der Reservationsforderungen der Bürger in den anderen Ländern, der Budgetrestriktionen sowie der Partizipationsbedingungen der Politiker, (8.2) und (8.3), maximieren. Als Konsequenz wird die Marktintegrationspolitik durchgeführt, d.h. $p_u^{C2} = 1$, und das öffentliche Gut wird auf dem Optimalniveau der Bürger im Land a bereitgestellt, sofern die Ressourcen der Union ausreichend sind:

$$b_u^{C2} = \min\left(b_u^*, Y - C - \left(g_a^{C2} + \sum_k \pi_k^{C2}\right)\right) \text{ mit } b_u^* = J'^{-1}\left(\lambda_a^{-1}\right) \tag{8.6}$$

Für die Unionstransfers τ_a an die Bürger B_a und die Beiträge des Landes T_a an die Union (bzw. die ungebundenen Zahlungen von der Union an den Staatshaushalt von a) resultieren multiple Lösungen, da eine Senkung der Beiträge T_a eine Steuersenkung im Land a bewirkt und weil somit eine Senkung von T_a und eine Erhöhung von τ_a um denselben Betrag aus Sicht der Bürger substituierbare Maßnahmen sind:

$$\left(\tau_a^{C2}, T_a^{C2}\right) = \left\{(\tau_a, T_a) \mid \tau_a \geq 0, T_a = b_u^{C2} + z_a^{C2} + \tau_a + C - Y\right\}. \tag{8.7}$$

Die Bürger in den Ländern $k \neq a$ leisten maximale Beiträge und erhalten keine spezifischen Politiken, d.h. $\forall k \neq a : T_k^{C2} = y_k(1)$, $\tau_{ku}^{C2} = 0$, $z_k^{C2} = 0$. Wegen der maximalen Beiträge verbleiben in den Ländern, die nicht den Agenda-Setter stellen, auf nationaler Ebene keine Ressourcen für Budgetpolitiken, aber der Steuersatz zur Finanzierung der Zahlungen an die Union ist maximal, d.h. $\forall k \neq a : b_k^{C2} = 0$, $\tau_k^{C2} = 0$ und $t_k^{C2} = 1$. Im Land a wird hingegen das nationale öffentliche Gut auf optimalem Niveau bereitgestellt:

$$g_a^{C2} = \min\left(g_a^*, Y - C - \left(b_u^{C2} + \sum_k \pi_k^{C2}\right)\right) \text{ mit } g_a^* = H'^{-1}(1), \tag{8.8}$$

wobei dieses auf vielfältige Weise durch nationale Ausgaben oder durch Finanzzuweisungen der Union finanziert werden kann:

$$\left(b_a^{C2}, z_a^{C2}\right) = \left\{(b_a, z_a) \mid b_a, z_a \geq 0, b_a + z_a = g_a^{C2}\right\}. \tag{8.9}$$

Der Steuersatz in a entspricht: $t_a = \min\left(\frac{b_a^* + c_a + \pi_a^{C2} + T_a + \tau_a}{y_a}, 1\right)$ und im Gleichgewicht werden alle Repräsentanten wiedergewählt.

Die resultierenden Budgetpolitiken entsprechen denen des Grundmodells des Unionsparlaments bei einer Beitragssatzobergrenze von $\bar{\alpha} = 1$. Durch die Beiträge zum Unionsbudget werden alle Ressourcen auf die Unionsebene transferiert und durch den Agenda-Setter P_a nach Abzug seiner Wiederwahlauszahlung und der Integrationskosten zu Gunsten der Bürger seines Landes umverteilt. In diesem institutionellen Arrangement werden in den Ländern, die nicht den Agenda-Setter stellen, maximale Steuern erhoben, während auf nationaler Ebene weder Budgetpolitiken von den Ländern selbst noch von der Union bereitgestellt werden. Die Bürger dieser Länder geben alle ihre Ressourcen an die Union ab und ziehen lediglich Nutzen aus dem unionsweiten öffentlichen Gut, das allerdings suboptimal nur in der Höhe bereitgestellt wird, wie es den Präferenzen der Bürger des Agenda-Setters entspricht. Die Bürger aus dem Land des Agenda-Setters können sich das Einkommen der Union abzüglich der Renten der politischen Repräsentanten in Höhe von

$$\Pi^{C2} = \pi_a^{C2} = \varphi(Y - C) \tag{8.10}$$

aneignen. Die aggregierte Wohlfahrt der Bürger der Union addiert sich zu

$$W^{C2} = \delta\omega(Y - C) + H_a\left(g_a^{C2}\right) - g_a^{C2} + \hat{\lambda}J\left(b_u^{C2}\right) - b_u^{C2}. \tag{8.11}$$

Die unionsweite Rente ist damit größer und die aggregierte Bürgerwohlfahrt geringer als im Grundmodell Unionsrat mit Einstimmigkeit[3]:

$$\Pi^{C2} > \Pi^{C} \tag{8.12}$$

$$W^{C2} < W^{C}. \tag{8.13}$$

Die Werte der Renten und der aggregierten Wohlfahrt entsprechen jeweils denen im Modell Unionsparlament bei einem maximalen Beitragssatz von $\bar{\alpha} = 1$. Statt multipler Gleichgewichte wie im Grundmodell bei Einstimmigkeit resultiert in dieser institutionellen Variante des Ratsmodells mit Mehrheitsregel ein einziges Gleichgewicht mit einer eindeutigen Verteilung der Periodennutzen zu Gunsten der Bürger des Agenda-Setters im Rat. Damit gleichen sich die gleichgewichtigen Allokationen in den Modellen Unionsrat und Unionsparlament an. Die Änderung des Abstimmungsquorums bewirkt eine Verschlechterung der aggregierten Wohlfahrt der Bürger, weil mehr Ressourcen für den Konsum der Bürger im Land des Agenda-Setters bereitgestellt werden, während die nationalen öffentlichen Güter in den Ländern $k \neq a$ und das der Union im Gegensatz zur Allokation bei Entscheidung mittels Einstimmigkeit auf suboptimalem Niveau bereitgestellt werden. Die Renten der Politiker steigen insgesamt, weil der Pool zur Aneignung von Ressourcen für

[3] Dies resultiert aus dem Vergleich mit den Werten aus der Tabelle 7.7 auf S. 208 und der Tabelle 7.8 auf S. 210.

den Agenda-Setter größer ist als bei Einstimmigkeit, da die anderen Repräsentanten für die Einbeziehung in die MWC bereit sind, maximale Zugeständnisse zu machen. Daher ist der Anreiz für den Agenda-Setter, sich die gesamten Ressourcen anzueignen, bei Mehrheitsabstimmung stärker, weshalb er im Wiederwahlgleichgewicht mit höheren Auszahlungen kompensiert werden muß.

8.3 Endogene Bestimmung des maximalen Finanzierungsbeitrags

Bei einer endogenen Festlegung des maximalen Finanzierungsbeitrags, den die Mitgliedsländer zum Unionsbudget leisten müssen, bzw. der Obergrenze für die Ausgaben, legen die Spieler im Verlauf des Spiels in den Modellen Unionsparlament und -regierung einen Wert für den maximalen Beitragssatz $\bar{\alpha}$ fest, wobei $\bar{\alpha}$ aus dem Intervall $(0, 1)$ gewählt werden muß[4]. Der tatsächliche Beitragssatz α, der weiterhin in der Phase bestimmt wird, in der über die Budgetpolitiken entschieden wird, darf den maximalen Satz $\bar{\alpha}$ nicht überschreiten. Dabei wird wie bisher unterstellt, daß keine Differenzierung der maximalen Beitragssätze für die Länder erfolgt, daß also für jedes Land k jeweils derselbe maximale Satz $\bar{\alpha}$ gilt. Die Bestimmung des maximalen Beitragssatzes $\bar{\alpha}$ erfolgt zwischen der bisherigen zweiten und dritten Spielstufe nach der Festlegung der Reservationsforderungen durch die Bürger und vor der Festlegung der Budgetvektoren durch die Repräsentanten. Damit nimmt das Periodenspiel unabhängig vom betrachteten Grundmodell den im folgenden grob skizzierten Verlauf an:

1. Die Natur bestimmt die Vorsitzenden in den verschiedenen Gremien.

2. Die Bürger legen ihre Reservationsforderungen fest.

3. Es wird über den maximalen Beitragssatz der Union $\bar{\alpha}$ entschieden.

4. Die politischen Repräsentanten bestimmen die Budgetpolitiken.

5. Die Bürger entscheiden über Wieder- oder Abwahl ihrer Repräsentanten.

Es stellt sich die Frage, wer über die Einnahmenobergrenze entscheidet, ob dies die Repräsentanten der Union oder der nationalen Entscheidungsebene sind. Beide Möglichkeiten werden im folgenden erörtert.

[4]Ein Beitragssatz von Eins ist bei Durchführung der Marktintegrationspolitik wegen der Kosten auf nationaler Ebene und der Annahme, daß alle Haushalte stets materiell ausgeglichen sind, nicht implementierbar. Der Beitragssatz kann in jedem Land maximal $\bar{\alpha}_k = \frac{y_k - c_k}{y_k}$ betragen. Um die Notation zu vereinfachen und um nicht explizit von der Annahme nicht differenzierter Beitragssatzobergrenzen abweichen zu müssen, wird vereinfachend unterstellt, daß bei einem maximalen Beitragssatz, der über $\bar{\alpha}_k$ liegt, die Kosten c_k von den Einnahmen des Unionsbudgets abgesetzt werden, so daß die Einnahmen dort nur $E_u = \alpha Y - C$ entsprechen.

8.3.1 Die Unionsorgane legen den maximalen Beitragssatz selbst fest

Im ersten Fall, in dem die Unionsrepräsentanten selbst über $\bar{\alpha}$ entscheiden, ändern sich die Spielverläufe der Grundmodelle des siebten Kapitels im Prinzip nicht, weil es bei dem unterstellten zeitlichen Ablauf keine Rolle spielt, ob die politischen Spieler in der Union sukzessiv oder simultan über die politischen Variablen entscheiden[5]. Allerdings ist $\bar{\alpha}$ nun nicht mehr durch einen exogenen Wert beschränkt, sondern es ist ein maximaler Satz von Eins implementierbar. Als Resultat bleiben die Ergebnisse der Grundmodelle im wesentlichen erhalten. Da die politischen Repräsentanten in den Gleichgewichten des Parlaments und des Regierungsmodells entsprechend den Reservationsforderungen ihrer Bürger den maximal möglichen Satz wählen, setzen sie in dem hier betrachteten institutionellen Arrangement $\alpha = \bar{\alpha} = 1$ und alle Ressourcen werden auf die Unionsebene transferiert.

8.3.1.1 Unionsparlament ($P2$)

Im Modell Unionsparlament könnte sich der Agenda-Setter im Parlament, wenn er seine Abwahl in Kauf nehmen würde, eine Rente in Höhe der gesamten Ressourcen der Union

$$\pi_{au}^{KP2} = Y - C \tag{8.14}$$

aneignen. Dazu würde er einem der beiden anderen Repräsentanten seinen Status quo pay off $\pi_{k \neq au}^{KP2} = 0$ anbieten und darüber hinaus vorschlagen, den Beitragssatz auf $\bar{\alpha} = 1$ und alle weiteren Budgetpolitiken der Union auf ein Niveau von Null zu setzen. Dieser Vorschlag würde im Unionsparlament akzeptiert und wäre somit implementierbar. Aus den entsprechenden Überlegungen auf S. 192 im Abschnitt 7.4 folgt daher, daß die Bürger des Agenda-Setters im Wiederwahlgleichgewicht ihrem Unionsrepräsentanten eine Rente in Höhe von

$$\pi_{au}^{P2} = \varphi[Y - C] \tag{8.15}$$

zugestehen müssen. Für die Repräsentanten, die nicht den Agenda-Setter im Parlament stellen, resultiert entsprechend eine Rente von Null:

$$\pi_{k \neq au}^{P2} = 0. \tag{8.16}$$

Wie im Ausgangsmodell bestimmen die Bürger im Land des Agenda-Setters durch ihre Reservationsforderungen die Politiken der Union, indem sie ihre Zielfunktion (7.85) unter der Nebenbedingung der Mindestauszahlungen der Politiker und der Reservationsforderungen der Bürger aus den anderen Ländern sowie der Budgetbeschränkungen maximieren.

[5] Dabei wird unterstellt, daß der Agenda-Setter bei den Entscheidungen über die verschiedenen Politikdimensionen nicht variiert.

Die Problemstellung unterscheidet sich von der ursprünglichen Situation nur soweit, daß der tatsächliche Beitragssatz α_k nun nicht mehr durch eine exogene Obergrenze $\bar{\alpha} < 1$ beschränkt wird. Die Ableitung der Zielunktion (7.85)

$$u_a = (\delta + \bar{\alpha}(1-\delta))\, y_a + \sum_{k \neq a} (\bar{\alpha} y_k) - \pi_{au}^{P2} \tag{8.17}$$
$$- c_u - (b_a + b_u + \tau_{au} + z_{au} + \delta c_a) + \tau_{au} + H_a(g_a) + \lambda_a J(b_u),$$

nach $\bar{\alpha}$ entspricht

$$\frac{\partial u_a}{\partial \bar{\alpha}} = (1-\delta) Y + \sum_{k \neq a} y_k > 0. \tag{8.18}$$

Die Auszahlung der Repräsentanten auf nationaler Ebene ist negativ abhängig vom tatsächlichen Beitragssatz α_a. Die Rente der Repräsentanten auf Unionsebene ist - wie oben abgeleitet - fix, was dazu führt, daß es auch aus Sicht der Bürger des Agenda-Setters im Unionsparlament vorteilhaft ist, den Beitragssatz möglichst hoch zu wählen, weil dadurch die insgesamt an die beiden Repräsentanten des Landes a zu leistende Rente minimiert wird. In ihren Reservationsforderungen verlangen die Wähler des Agenda-Setters von ihrem Unionsabgeordneten deshalb, daß dieser die höchst möglichen Beiträge, $\alpha^{P2} = 1$, erhebt, da auf diese Weise die Summe der politischen Einkommen auf das niedrigst mögliche Niveau beschränkt und die Einnahmen der Union, über die die Bürger als residual claimants verfügen können, maximiert wird.

Die Ausgaben für öffentliche Güter auf nationaler Ebene g_a werden durch gebundene Finanzzuweisungen und die Ausgaben für den privaten Konsum der Bürger im Land des Agenda-Setters werden über direkte Transfers an die Bürger B_a aus dem Budget der Union finanziert, weil die gesamten Ressourcen über das Unionsbudget alloziiert werden, um sie der Verfügungsgewalt des nationalen Repräsentanten zu entziehen, dessen Rente von der Höhe der national verfügbaren Ressourcen positiv abhängig ist. Die Bürger aus den Ländern, die nicht den Agenda-Setter stellen, sind in ihrem gegenseitigen Unterbietungswettbewerb bereit, maximale Beiträge, d.h. einen Satz von $\alpha_k = 1$ zu akzeptieren. In ihren Ländern werden keine nationalen öffentlichen Güter bereitgestellt und ihnen verbleiben keine Ressourcen für ihren privaten Konsum. Deshalb realisieren sie im Gleichgewicht nur den Nutzen, den sie durch die Bereitstellung des öffentlichen Gutes der Union erfahren:

$$u_{k \neq a}^{P2} = \lambda_k J\left(J'^{-1}\left(\lambda_a^{-1}\right)\right). \tag{8.19}$$

Das Ergebnis des Spiels ist eine Variante des Gleichgewichts im Abschnitt 7.4 , bei der der maximale und der tatsächliche Beitragssatz endogen auf den Wert Eins festgelegt werden. Im Gleichgewicht des institutionellen Regimes "Unionsparlament bei endogener Festlegung des maximalen Beitragssatzes durch das Unionsparlament ($P2$)" werden daher die entsprechenden Werte der Budgetpolitiken des Grundmodells (P) realisiert, die hier nicht im einzelnen noch einmal aufgeführt werden.

8.3.1.2 Unionsregierung ($R2$)

Im Modell Unionsregierung erhebt der Repräsentant der Union Beiträge in Höhe des maximalen Satzes von $\bar{\alpha}^{R2} = \alpha^{R2} = 1$. Im Wiederwahlgleichgewicht kann wegen der Konkurrenz und des Unterbietungsprozesses zwischen den Bürgern kein niedrigerer Wert durchgesetzt werden. In diesem Modell werden außer der Rente der Unionsregierung keine Budgetpolitiken implementiert und in keinem der Länder verbleiben Ressourcen für den Konsum der Bürger, so daß $b_u^{R2} = 0$ ist und $\forall k\ z_{ku}^{R2} = 0$, $\tau_{ku}^{R2} = 0$ und $T_k^{R2} = y_k - c_k$ gilt. Die nationalen Budgetpolitiken entsprechen wegen der Erhebung der gesamten Ressourcen durch die Union $\forall k : \pi_k^{R2} = 0$, $b_k^{R2} = 0$ sowie $t_k^{R2} = 1$. Alle Ressourcen werden ausschließlich für die Rente des Unionsrepräsentanten verwendet: $\pi_u^{R2} = Y - C$. Aus diesem Grund ist in diesem Modell die Rente maximal und entspricht: $\Pi^{R2} = \pi_u^{R2} = Y - C$. Die Wohlfahrt der Bürger im Gleichgewicht ist gleich null, $u_k^{R2} = 0$.

8.3.2 Der Rat der Union legt die Beitragssätze fest

Alternativ zu den bisherigen Szenarien, in denen die Repräsentanten der Union selbst den Beitragssatz festlegen, kann die Ausgabenobergrenze auch von den Repräsentanten der nationalen Ebene bestimmt werden. In diesem Fall muß überlegt werden, wie sich die nationalen Repräsentanten der verschiedenen Länder bei der Festlegung des Beitragssatzes koordinieren. Ein Koordinationsmechanismus ist das Verfahren des Ratsmodells, bei dem die nationalen Repräsentanten einstimmig oder mittels Mehrheitsregel eine Einnahmen- bzw. Ausgabenobergrenze festlegen. Diese Entscheidungsregel entspricht der Realität des Haushaltsverfahrens in der EU, in dem die Regierungen der Mitgliedstaaten im Europäischen Rat vor dem Ablauf des eigentlichen Haushaltsverfahrens einstimmig über die Höhe der Beiträge bzw. der Eigenmittel zur Finanzierung des Budgets der EU entscheiden und in dem das Niveau der Ausgaben durch die Finanzielle Vorausschau beschränkt wird[6]. Im folgenden wird deshalb das Spiel des Modells Unionsrat für die Festlegung des maximalen Beitragssatzes $\bar{\alpha}$ zugrunde gelegt, bei dem ein zufällig ausgewählter Agenda-Setter einen Vorschlag unterbreitet, dem die beiden anderen Repräsentanten zustimmen müssen. Als Variante wird im Appendix B auch eine Ratsentscheidung über die Einnahmenobergrenze mittels Mehrheitsregel untersucht. Der zeitliche Ablauf bezüglich der Auswahl des Agenda-Setters wird so gewählt, daß die Vorsitzenden der Entscheidungen über die Einnahmenobergrenze und über die Ausgaben wie bisher auf der ersten Stufe bestimmt werden. Die Spielstufe, in der über die Beitragshöhe entschieden wird, läuft auf einer Stufe vor der Festlegung der Budgetpolitiken in den Ländern und in der Union ab[7]. Betrachtet werden nacheinander Erweiterungen der Grundmodelle, in denen die Ausga-

[6] Vgl. dazu die Ausführungen im sechsten Kapitel.

[7] Der zeitliche Ablauf wurde entsprechend der Vorgehensweise von Persson/Roland/Tabellini (2000), S. 1137 ff. gewählt. Vgl. auch die Ausführungen im Abschnitt 5.3.3 des fünften Kapitels.

benentscheidungen durch ein Unionsparlament, einen mit Mehrheitsregel entscheidenden Unionsrat und eine Unionsregierung getroffen werden.

8.3.2.1 Erweiterung des Modells Unionsparlament ($P3$, Verfahren NOA)

Zuerst wird die Erweiterung des Grundmodells Unionsparlament untersucht. Der Ablauf des Verfahrens entspricht im Prinzip dem Prozeß, mit dem in der EU über die NOA entschieden wird. Der veränderte Spielablauf führt zu den folgenden ersten drei Stufen des Spiels:

1. Die Natur bestimmt einen der drei nationalen Repräsentanten zum Agenda-Setter P_A im Unionsrat und einen der drei Repräsentanten des Unionsparlaments P_{au} zum Vorsitzenden des Unionsparlaments mit A, $a \in \{1, 2, 3\}$.

2. Die Bürger in jedem Land k legen jeweils für den nationalen Repräsentanten P_k und für ihren Unionsabgeordneten P_{ku} eine Wiederwahlregel $\mathbf{WR}_k$ und $\mathbf{WR}_{ku}$ fest. Dabei ist $\mathbf{WR}_k$ auf den Werten des nationalen Politikvektors $\mathbf{b}_k$ sowie auf dem maximalen Beitragssatz $\bar{\alpha}$ und $\mathbf{WR}_{ku}$ auf denen des Unionspolitikvektors $\mathbf{b}_u$ kontingentiert. Die Vektoren der Reservationswerte für die nationalen und die Unionspolitiken werden mit $\bar{\mathbf{b}}_k$ und $\bar{\mathbf{b}}_{ku}$ bezeichnet.

3. Die Politiker im Unionsrat bestimmen den maximalen Beitragssatz der Union $\bar{\alpha}$:

   (a) Der Repräsentant P_A, der zum Agenda-Setter im Unionsrat bestimmt wurde, unterbreitet einen Vorschlag α^A, wobei $\alpha^A \in (0, 1)$ gelten muß.

   (b) Die beiden (bzw. bei Abstimmung mittels Mehrheit einer der anderen Repräsentanten) $k \neq a$ müssen dem Vorschlag des Agenda-Setters zustimmen, damit dieser umgesetzt wird. Erlangt der Vorschlag die Zustimmung nicht, so wird der Status quo-Beitragssatz $\alpha^{SQ} = 0$ als maximaler Beitragssatz implementiert.

Der weitere Verlauf des Spiels ist identisch mit der dritten und vierten Stufe des Spiels im Grundmodell Unionsparlament auf S. 191. Die Lösung des Teilspiels ab der vierten Stufe ist durch die Niveaus der Budgetpolitiken gegeben, die im Gleichgewicht des ursprünglichen Modells des Unionsparlaments im Abschnitt 7.4 resultieren. Daher kann mit der Untersuchung des Spiels ab der dritten Stufe begonnen werden. Bezüglich der Beiträge resultiert bei der Entscheidung über die Ausgaben im Unionsparlament, daß die Bürger des Agenda-Setters P_a von ihrem Repräsentanten maximale tatsächliche Unionsbeiträge in Höhe von $\forall k\ \alpha_k = \bar{\alpha}$ fordern. Diese werden von den Bürgern in den Ländern $k \neq a$ in ihren Reservationsforderungen akzeptiert. Der Agenda-Setter P_a schlägt somit maximale Einnahmen vor und diese werden im Unionsparlament beschlossen.

Im folgenden werden die Entscheidungen im Unionsrat über die Einnahmenobergrenze untersucht. Wenn die nationalen Repräsentanten im Unionsrat nicht die Wiederwahl, sondern eine maximale Ressourcenaneignung in der laufenden Periode anstreben, haben sie zunächst die Möglichkeit, einen Beitragssatz von Null zu beschließen. Maximal können sich die nationalen Repräsentanten so in der laufenden Periode eine Rente in Höhe von $y_k(0)$ aneignen, weil die Marktintegrationspolitiken auf der Unionsebene nur durchgeführt werden, wenn der Beitragssatz Bedingung 7.3 genügt[8]. Eine weitere Option für die Ratspolitiker ist, den Beitragssatz auf $\alpha^{II} = \frac{c_u}{Y}$ zu setzen, so daß Bedingung 7.3 erfüllt wird und die Integrationspolitiken auf der vierten Stufe des Spiels durchgeführt werden. In diesem Fall erzielen die nationalen Politiker eine Rente von

$$\pi_k^{KP3} = \left(1 - \alpha^{II}\right) y_k(1) - c_k. \tag{8.20}$$

Der Beitragssatz α^{II} wird von den Politikern im Unionsrat gegenüber einem Beitragssatz von Null bevorzugt, wenn für ihr Land jeweils die folgende Bedingung gilt:

Bedingung 8.1 $\forall k : \left(1 - \alpha^{II}\right) y_k(1) - c_k \geq y_k(0)$

Die Bedingung wird erfüllt, wenn $\Delta y_k - c_k \geq \alpha^{II} y_k(1)$ ist, und die Nettoeinkommensgewinne durch die Integration mindestens so groß sind wie die Beiträge an die Union bei einem Beitragssatz von α^{II}. Die Voraussetzung wird um so eher eingehalten, je höher die Integrationsgewinne und je niedriger die Kosten der Marktintegrationspolitiken des betrachteten Landes sind. Gilt die Bedingung 8.1 für alle drei Länder $k = 1, 2, 3$, was im folgenden angenommen wird, so können sich die nationalen Politiker in einer Situation ohne Wiederwahl in der laufenden Periode eine Rente in Höhe von π_k^{KP3} sichern, indem sie im Unionsrat einen maximalen Beitragssatz in Höhe von α^{II} beschließen[9]. Der Agenda-Setter P_A im Rat schlägt diese Einnahmenobergrenze vor, und seine beiden Kollegen stimmen zu. Deshalb müssen die Wähler bei Gültigkeit der Bedingung 8.1 den nationalen Repräsentanten in einem Wiederwahlgleichgewicht mindestens eine Rente von

$$\pi_k^{P3} = (1 - \delta)\left[\left(1 - \alpha^{II}\right) y_k(1) - c_k\right] \tag{8.21}$$

zugestehen, unabhängig davon, wie hoch der Beitragssatz im Gleichgewicht tatsächlich ist.

Welche Reservationsforderungen bezüglich des Beitragssatzes stellen die Bürger in den Ländern bzw. welchen Beitragssatz werden sie ihren Repräsentanten höchstens akzeptieren lassen? Die Bürger aus dem Land des Agenda-Setters im Unionsparlament B_a präferieren, wie bereits in Abschnitt 7.4 gezeigt, einen maximalen Beitragssatz von $\bar{\alpha} = 1$, weil sie sich über das Budget der Union durch die verschiedenen Budgetpolitiken die Ressourcen der anderen Länder aneignen können. Die Bürger aus den andern Ländern $k \neq a$ bevorzugen einen niedrigen Beitragssatz, weil ihnen die Budgetpolitiken der Union nur

---

[8] Siehe dazu S. 193.

[9] Ist die Bedingung für eines der Länder nicht erfüllt, so kann im Fall ohne Wiederwahl im Unionsrat kein Beitragssatz über dem Status quo-Satz von Null beschlossen werden.

beschränkt zu Gute kommen. Sie profitieren aber von der Durchführung der Integrationspolitik p_u und von der Bereitstellung des öffentlichen Gutes der Union b_u, nicht aber von den direkten Transfers und den gebundenen Finanzzuweisungen, die im Gleichgewicht des Unionsparlaments ausschließlich in das Land des Agenda-Setters im Unionsparlament fließen. Deshalb werden sie einem positivem Beitragssatz zustimmen, der die Durchführung von $p_u = 1$ und ein positives Niveau von b_u ermöglicht, sie werden aber nicht eine maximale Beitragssatzobergrenze von $\bar{\alpha} = 1$ akzeptieren.

Wenn im Unionsrat wie in der EU über die Obergrenze der Einnahmen bzw. der Ausgaben mittels der Einstimmigkeitsregel entschieden wird, sind wie im Grundmodell multiple Gleichgewichte möglich. Dies folgt, weil alle Budgetallokationen als Nash-Gleichgewicht implementierbar sind, die auf der Nutzenmöglichkeitsgrenze der Nutzenverteilungen liegen, die in dem Spiel um die Bestimmung von $\bar{\alpha}$ zwischen den Spielern möglich sind[10]. Berechnet werden die gegenseitig konsistenten pareto-optimalen Kombinationen von Reservationsnutzen der Bürger in den verschiedenen Ländern $(\bar{u}_1, \bar{u}_2, \bar{u}_3)$. Die Gleichgewichte werden abgeleitet, indem die Nutzenfunktion (7.30) unter den Nebenbedingungen (7.31) – (7.36) des Grundmodells des Unionsrats (s. S. 187) über $\bar{\alpha}$ maximiert wird, nachdem die im Gleichgewicht des Ausgangsmodells Unionsparlament resultierenden Werte der Budgetpolitiken[11] eingesetzt wurden. Das Maximierungskalkül wird im folgenden aus Sicht der Bürger in a formuliert, was nicht zwingend ist und auch aus der Perspektive der Bürger eines anderen Landes erfolgen könnte:

$$\begin{aligned}
\max_{\bar{\alpha}} u_a &= (1-t_a)\, y_a + \tau_{au}^P(\bar{\alpha}) + H_a\left(g_a^P(\bar{\alpha})\right) + \lambda_a J\left(b_u^P(\bar{\alpha})\right) && (8.22)\\
s.t.: \forall k \neq a: \bar{u}_k \leq & \left[(1-t_k)\, y_k + H_k\left(b_k^P(\bar{\alpha})\right) + \lambda_k J\left(b_u^P(\bar{\alpha})\right)\right] && (8.23)\\
\forall k: t_k y_k = & \; b_k^P(\bar{\alpha}) + \pi_k^P + \bar{\alpha} y_k + c_k && (8.24)\\
\bar{\alpha} Y &= b_u^P(\bar{\alpha}) + c_u + \tau_{au}^P(\bar{\alpha}) + z_{au}^P(\bar{\alpha}) + \varphi(\bar{\alpha} Y - c_u) && (8.25)\\
\forall k: \pi_k^{P3} = & \; (1-\delta)\left[\left(1-\alpha^{II}\right) y_k(1) - c_k\right] && (8.26)\\
\forall k: \pi_{ku}^{P3} = & \; \varphi(\bar{\alpha} Y - c_u), && (8.27)
\end{aligned}$$

wobei die Werte der Budgetpolitiken durch das Spiel auf der nachfolgenden Stufe bestimmt werden und daher durch die Resultate des Gleichgewichts im Modell Unionsrat in Abschnitt 7.4 gegeben sind. Einsetzen der Budgetrestriktionen in die Zielfunktion führt zu folgender Lagrangefunktion:

$$\begin{aligned}
\max_{\bar{\alpha}} L = & (1-\bar{\alpha}\varphi)\, y_a + \bar{\alpha}(1-\varphi)\left(\textstyle\sum_{k\neq a} y_k\right) - \left(\pi_k^{P3} + (1-\varphi)\, c_u + c_a\right) && (8.28)\\
& + H_a\left(b_a^P(\bar{\alpha}) + z_a^P(\bar{\alpha})\right) - z_a^P(\bar{\alpha}) - b_a^P(\bar{\alpha}) + \lambda_a J\left(b_u^P(\bar{\alpha})\right) - b_u^P(\bar{\alpha})\\
& - \sum_{k\neq a} \mu_k \left\{\bar{u}_k - \left[(1-\bar{\alpha})\, y_k(1) - \left(\pi_k^{P3} + c_k\right) + H_k\left(b_k^P(\bar{\alpha})\right) - b_k^P(\bar{\alpha}) + \lambda_k J\left(b_u^P(\bar{\alpha})\right)\right]\right\}.
\end{aligned}$$

[10]Vgl. die Erläuterungen in Abschnitt 7.3 auf S. 185 zum Gleichgewicht im Modell Unionsrat bei Einstimmigkeit.

[11]Siehe Abschnitt 7.4, S. 190 ff.

Die Ableitung der Zielfunktion nach $\bar{\alpha}$ ist gegeben durch[12]:

$$\begin{aligned}\frac{\partial L}{\partial \bar{\alpha}} &= -\varphi y_a + (1-\varphi)\left(\textstyle\sum_{k\neq a} y_k\right) \\ &+ \left(H_a^{'} - 1\right)\left(\tfrac{\partial z_a^P}{\partial \bar{\alpha}} + \tfrac{\partial b_a^P(\bar{\alpha})}{\partial \bar{\alpha}}\right) + \left(\lambda_a J^{'} - 1\right)\tfrac{\partial b_u^P(\bar{\alpha})}{\partial \bar{\alpha}} \\ &- \sum_{k\neq a} \mu_k \left[y_k - \left(H_k^{'} - 1\right)\tfrac{\partial b_k^P(\bar{\alpha})}{\partial \bar{\alpha}} - \lambda_k J^{'}\tfrac{\partial b_u^P(\bar{\alpha})}{\partial \bar{\alpha}}\right].\end{aligned} \tag{8.29}$$

Die Summe der Terme in der ersten Zeile ist positiv, wenn die folgende Bedingung gilt:

Bedingung 8.2 $\qquad \frac{\sum_{k\neq a} y_k}{Y} > \varphi$

Damit die Bedingung erfüllt ist, muß der Anteil der Summe des Einkommens der Länder, die nicht den Agenda-Setter im Rat stellen, am gesamten Einkommen der Unionsmitgliedsländer größer sein als der Anteil der Einnahmen der Union φ, den der Agenda-Setter im Rat als Rente erhält. D.h. bei einer Anhebung des Beitragssatzes müssen aus Sicht der Bürger des Agenda-Setters im Rat die zusätzlichen Einnahmen aus den beiden anderen Ländern die zusätzlich an ihren Unionsrepräsentanten zu zahlende Rente übertreffen[13]. Die Terme der zweiten Zeile von (8.29) sind positiv, bis das optimale Niveau der Bereitstellung der Budgetpolitiken aus Sicht der Bürger des Agenda-Setters im Rat erreicht ist. Von diesem optimalen Bereitstellungsniveau an werden sie null. Aus den Bedingungen erster Ordnung für die Multiplikatoren resultiert der folgende Zusammenhang:

$$\begin{aligned}\forall k \neq a : \frac{\partial L}{\partial \mu_k} &\Rightarrow \bar{u}_k \leq (1-\bar{\alpha})\, y_k - \left(\pi_k^{P3} + c_k\right) \\ &+ H_k\left(b_k^P(\bar{\alpha})\right) - b_k^P(\bar{\alpha}) + \lambda_k J\left(b_u^P(\bar{\alpha})\right),\ \mu_k \geq 0,\end{aligned} \tag{8.30}$$

d.h. so lange die Restriktion für die Bürger aus einem Land $k \neq a$ nicht bindet und der Nutzen der Bürger in k größer ist als ihr Reservationsnutzen $\bar{u}_k$, ist der entsprechende Multiplikator μ_k gleich null. Erst wenn die Restriktion für k mit Gleichheit bindet, wird der Multiplikator positiv und die Bedingung für den optimale Wert von $\bar{\alpha}$, (8.29) , wird um einen entsprechenden negativen Wert, wie er in der dritten Zeile der Bedingung angegeben ist, vermindert. Bindet eine der Bedingungen erster Ordnung, (8.30), so ist der Wert von $\bar{\alpha}$ im Gleichgewicht durch folgende implizite Gleichgewichtsbedingung gegeben:

$$\begin{aligned}\forall k \neq a : \bar{\alpha}_k^*(\bar{u}_k) &= \frac{y_k - \pi_k^{P3} - c_k + H_k\left(b_k^P(\bar{\alpha})\right) - b_k^P(\bar{\alpha}) + \lambda_k J\left(b_u^P(\bar{\alpha})\right) - \bar{u}_k}{y_k} \\ &= 1 - \frac{\pi_k^{P3} + c_k + b_k^P(\bar{\alpha}) + \bar{u}_k - H_k\left(b_k^P(\bar{\alpha})\right) - \lambda_k J\left(b_u^P(\bar{\alpha})\right)}{y_k}.\end{aligned} \tag{8.31}$$

---

[12] Der Unterschied zur Zielfunktion im Ausgangsmodell ist dadurch begründet, daß bei der Ableitung der Rente $\pi_k^{P3} = (1-\delta)\left[\left(1-\alpha^{II}\right) y_k(1) - c_k\right]$ der Wert α^{II} konstant ist.

[13] Im Fall symmetrischer Länder ist beispielsweise $\frac{\sum_{k\neq a} y_k}{Y} = \frac{2}{3}$ und die Bedingung 8.2 ist für $\delta \geq \frac{3}{5}$ erfüllt.

Aus Gleichung (8.31) wird deutlich, daß $\bar{\alpha}_k^*(\bar{u}_k)$ um so geringer ist, je größer der Reservationsnutzen der Bürger in k, $\bar{u}_k$, ist, d.h. es gilt $\frac{\partial \bar{\alpha}_k^*(\bar{u}_k)}{\partial \bar{u}_k} < 0$. Wenn keine der beiden Reservationsnutzenrestriktionen für $k \neq a$ bindet und demnach beide Multiplikatoren gleich null sind, bestimmt sich $\bar{\alpha}_a^*$ durch die folgende Gleichung:

$$\begin{aligned} \bar{\alpha}_a^* \Leftarrow \tfrac{\partial u_a}{\partial \bar{\alpha}} = & -\varphi y_a + (1-\varphi)\left(\textstyle\sum_{k\neq a} y_k\right) \\ & + \left(H_a' - 1\right)\left(\tfrac{\partial z_a^{P3}}{\partial \bar{\alpha}} + \tfrac{\partial b_a^{P3}(\bar{\alpha})}{\partial \bar{\alpha}}\right) + \left(\lambda_a J' - 1\right)\tfrac{\partial b_u^{P3}(\bar{\alpha})}{\partial \bar{\alpha}} \geq 0. \end{aligned} \tag{8.32}$$

Wenn Bedingung 8.2 erfüllt ist, ist die rechte Seite von (8.32) strikt positiv, d.h. eine maximale Ausdehnung des Beitragssatzes bis auf einen Wert von Eins ist aus Sicht der Bürger B_a optimal. Der schließlich im Gleichgewicht gewählte Beitragssatz resultiert aus dem Minimum der Sätze $\bar{\alpha}_k^*(\bar{u}_k)$ sowie $\bar{\alpha}_a^* = 1$ und ist abhängig von der exogenen Verteilung der Reservationsnutzen $(\bar{u}_1, \bar{u}_2, \bar{u}_3)$:

$$\bar{\alpha}^{P3} = \min\left(\forall k \neq a : \bar{\alpha}_k^*(\bar{u}_k), 1\right). \tag{8.33}$$

Somit resultiert im Gleichgewicht ein Beitragssatz, der die jeweilige Reservationsnutzenverteilung implementiert. Der Satz ist um so größer, je höher der Reservationsnutzen der Bürger ist, die den Agenda-Setter im Unionsparlament stellen, das auf der nächsten Stufe über die Verteilung der verfügbaren Ressourcen der Union auf die verschiedenen Budgetpolitiken entscheidet. Diese Bürger haben ein Interesse an möglichst hohen Einnahmen der Union, weil sie residual claimants der Unionsressourcen sind, d.h. im Gleichgewicht der Ausgabenentscheidungsstufe des Unionsparlaments können sie alle Ressourcen, die nicht für die Integrationskosten oder die Rente der Unionspolitiker verwendet werden müssen, für ihre Ziele einsetzen lassen. Entsprechend der analog entgegengesetzten Argumentation haben die Bürger in den Ländern $k \neq a$ ein Interesse an einer möglichst niedrigen Beitragssatzobergrenze der Union, wobei ihr bevorzugter maximaler Beitragssatz positiv ist, weil sie von der Durchführung der Marktintegrationspolitik und der Bereitstellung des öffentlichen Gutes der Union profitieren.

Die Gesamtrente der politischen Repräsentanten in einer Periode entspricht der Summe der Auszahlungen der Politiker auf nationaler Ebene und auf Unionsebene:

$$\Pi^{P3} = \sum_k \pi_k^{P3} + \pi_{au}^{P3} = \sum_k (1-\delta)\left[\left(1-\alpha^{II}\right) y_k - c_k\right] + \varphi\left(\bar{\alpha}Y - c_u\right) \tag{8.34}$$

$$= (1-\delta)\left[\left(1-\alpha^{II}\right) Y - \sum_k c_k\right] + \varphi\left(\bar{\alpha}Y - c_u\right). \tag{8.35}$$

Das in diesem Abschnitt analysierte Entscheidungsverfahren entspricht im Prinzip vereinfacht dem Prozeß, mit dem in der EU über die NOA entschieden wird. Um auch das Verfahren bezüglich der OA zu analysieren, wird im folgenden Abschnitt gezeigt, welche Einnahmenobergrenze im Gleichgewicht resultiert, wenn über die Ausgaben statt vom Unionsparlament von einem Unionsrat mittels Mehrheitsregel entschieden wird. Außerdem wird in Appendix B abgeleitet, welche Entscheidung über die Einnahmenobergrenze zu erwarten ist, wenn der Rat mittels Mehrheitsregel darüber abstimmt, während das Unionsparlament auf der zweiten Stufe über die Ausgaben entscheidet.

8.3.2.2 Erweiterung des Modells Unionsrat ($C3$, Verfahren OA)

Im Rat der EU wird nicht mittels der Einstimmigkeitsregel sondern mit einer qualifizierten Mehrheitsregel über die Ausgaben entschieden[14]. In dem untersuchten institutionellen Arrangement mit drei Repräsentanten fallen die qualifizierte Mehrheitsregel und die Einstimmigkeitsanforderung zusammen, weshalb das OA-Verfahren im Prinzip dem Grundmodell in Abschnitt 7.3 entspricht. In diesem Abschnitt wird dennoch ein Verfahren untersucht, in dem das Quorum bei der Ausgabenentscheidung die Zustimmung von weniger als 100% der Mitglieder des Rats erfordert. In dem betrachteten Budgetprozeß entscheidet der Unionsrat über die Einnahmenobergrenze mit Einstimmigkeits- und über die Budgetpolitiken mit Mehrheitsregel. In diesem Fall sind die ersten drei Schritte des Spiels durch die in Abschnitt 8.3.2 angegebenen Stufen gegeben, in denen die Natur zunächst jeweils einen Agenda-Setter P_A für die Einnahmenobergrenze und einen für die Ausgabenentscheidung, P_a, bestimmt. Auf der zweiten Stufe formulieren die Bürger für ihren nationalen Repräsentanten die Wiederwahlregel und auf der dritten Stufe unterbreitet der Agenda-Setter P_A einen Vorschlag für die Beitragsgrenze, der von den beiden anderen Ratsmitgliedern akzeptiert werden muß, damit die Vorlage des Ratsvorsitzenden statt des Status quo-Satzes implementiert wird. Die letzten beiden Stufen des in diesem Abschnitt betrachteten Spiels sind durch das Spiel des Abschnitts 8.2 gegeben, in dem der Unionsrat mittels Mehrheitsregel entscheidet, wobei die Einnahmen im Gegensatz zu den dort unterstellten institutionellen Gegebenheiten durch den zuvor beschlossenen maximalen Beitragsatz begrenzt sind. Auf der vierten Stufe wird über die Budgetallokation entschieden, indem der Vorschlagende P_a eine Allokation der Ausgaben vorschlägt und mindestens einer der beiden anderen Repräsentanten zustimmen muß, damit der Vorschlag und nicht die Status quo-Allokation durchgeführt wird. Schließlich wählen die Bürger auf der fünften Stufe. Das Gleichgewicht der letzten beiden Spielstufen ist daher durch die Resultate gegeben, die in Abschnitt 8.2 abgeleitet wurden, allerdings ist die Beschränkung durch den maximalen Beitragssatz zu beachten.

In einem ersten Schritt werden die Auszahlungen der Politiker abgeleitet. Die Partizipationsbedingungen für den Agenda-Setter P_a und die anderen Politiker $k \neq a$ für ein Wiederwahlgleichgewicht in Abhängigkeit vom maximalen Beitragssatz lauten:

$$y_a + \bar{\alpha} \sum_{k \neq a} y_k - c_u - c_a = \pi_a + \tfrac{\delta}{1-\delta} E(\pi) \tag{8.36}$$

$$\left(1 - \alpha^{II}\right) y_k - c_k = \pi_k + \tfrac{\delta}{1-\delta} E(\pi) \tag{8.37}$$

mit $E(\pi) = q_a \pi_a + (1 - q_a)\, \pi_k$. Der Agenda-Setter P_a hat ein Interesse an einem maximalen Beitragssatz, die Repräsentanten P_k mit $k \neq a$ bevorzugen hingegen einen möglichst

[14]Vgl. zu den Abstimmungsregeln im EU-Haushaltsverfahren Abschnitt 6.3 im sechsten Kapitel.

geringen Satz, weil die Ressourcen, die in ihrem Land verfügbar sind und die sie sich in einer Situation ohne Wiederwahl aneignen können jeweils in der entsprechenden Weise von dem Beitragssatz abhängig sind. Wie in Abschnitt 8.3.2 gezeigt wurde, akzeptieren alle Repräsentanten des Unionsrats, wenn die Bedingung 7.3 erfüllt ist, einen Beitragssatz in Höhe von α^{II}, der die Durchführung der Marktintegrationspolitik auf Unionsebene ermöglicht. In der Spielsstufe, in der über die Einnahmenobergrenze entschieden wird, bilden die Repräsentanten, die bei der Verteilung der Ausgaben nicht Agenda-Setter sind, die Mehrheit, so daß in einer Situation, in der die Unionsrepräsentanten keine Wiederwahl anstreben, bei Entscheidung mittels Einstimmigkeit im Rat keine Beitragsobergrenze durchsetzbar ist, die den Satz α^{II} übersteigt. Deshalb müssen die Politiker P_k mit $k \neq a$ mindestens einen Nettozahlungsstrom in Höhe der in ihrem Land bei einem Beitragssatz α^{II} verfügbaren Ressourcen erhalten. Diese entsprechen der linken Seite der Teilnahmebedingung (8.37). Wenn aber in einem Wiederwahlgleichgewicht auf der dritten Stufe des Spiels entsprechend den Reservationsforderungen der Bürger eine positive Beitragssatzobergrenze $\bar{\alpha}$ implementiert worden ist, so kann sich der Agenda-Setter P_a in der nächsten Stufe des Spiels bei der Entscheidung über die Verteilung der Ausgaben die auf der linken Seite von (8.36) angegebenen Ressourcen aneignen, die den maximalen Einnahmen der Union und den Ressourcen des eigenen Landes abzüglich der Integrationskosten entsprechen. Im Wiederwahlgleichgewicht müssen den Politikern die aus den Partizipationsbedingungen (8.37) und (8.36) resultierenden Renten in Höhe von

$$\begin{aligned}\pi_a^{C3} &= (1-\delta)(y_a - c_a) + \alpha^{II}\delta(1-q_a)y_a + (1-\delta q_a)\left(\bar{\alpha}\sum_{k\neq a} y_k - c_u\right) \qquad (8.38)\\ &= \bar{\pi}_a + (1-\delta q_a)\bar{\alpha}(Y_{-a} - c_u)\end{aligned}$$

$$\begin{aligned}\pi_{k\neq a}^{C3} &= (1-\delta)\left(\left(1-\alpha^{II}\right)y_k - c_k\right) - \delta q_a\left(\bar{\alpha}\sum_{l\neq k} y_l + \alpha^{II}y_a - c_u\right) \qquad (8.39)\\ &= \bar{\pi}_k - \delta q_a\bar{\alpha}(Y_{-k} - c_u)\end{aligned}$$

zugestanden werden, je nachdem, ob sie Agenda-Setter sind oder nicht. Die Rente des Agenda-Setters P_a steigt mit dem maximalen Beitragssatz, die der Repräsentanten P_k mit $k \neq a$ hingegen fallen mit $\bar{\alpha}$.

Im folgenden Schritt werden die Reservationsforderungen der Bürger bezüglich der Beitragssatzobergrenze $\bar{\alpha}$ analysiert. Die Bürger des Landes a können die Nettoeinnahmen der Union, E_u, die nach Abzug der Integrationskosten c_u verbleiben, auf der Ausgabenentscheidungsstufe für ihre Zwecke verwenden lassen, d.h. für die Bereitstellung des öffentlichen Gutes der Union, für gebundene Finanzzuweisungen für ihr nationales öffentliches Gut oder für direkte Transfers, da die Bürger aus den anderen Ländern sich mit ihren Reservationsforderungen für eine Einbeziehung in die MWC des Agenda-Setters gegenseitig unterbieten. Daher präferieren die Bürger aus dem Land des Agenda-Setters im Unionsparlament B_a, wie bereits in Abschnitt 8.2 gezeigt wurde, einen möglichst hohen

Beitragssatz für die anderen Länder $k \neq a$, weil sie sich über das Budget der Union durch die verschiedenen Budgetpolitiken die Ressourcen der anderen Länder aneignen können. D.h. die Bürger B_a bevorzugen hinsichtlich dieses Effekts einen möglichst hohen maximalen Beitragssatz $\bar{\alpha}$. Bezüglich der Rente, die im Gleichgewicht im Land a zu zahlen ist, ist die Wirkung umgekehrt, d.h. sie steigt mit $\bar{\alpha}$, weil sich der Repräsentant P_a mit steigenden Unionseinnahmen mehr Ressourcen aneignen kann. Die Nettoressourcen, die den Bürgern im Land a für ihre Ziele zur Verfügung stehen, entsprechen

$$\begin{aligned} y_a^{netto} &= E_k + E_u - C - \pi_a^{C3} \\ &= y_k + \bar{\alpha}\left(Y_{-a} - c_u\right) - C - \bar{\pi}_a - \left(1 - \delta q_a\right)\bar{\alpha}Y_{-a} \end{aligned} \tag{8.40}$$

und der Gesamteffekt einer Anhebung des maximalen Beitragssatzes $\bar{\alpha}$ ist positiv:

$$\begin{aligned} \frac{\partial y_a^{netto}}{\partial \bar{\alpha}} &= Y_{-a} - \left(1 - \delta q_a\right)\left(Y_{-a} - c_u\right) \\ &= \delta q_a \left(Y_{-a} - c_u\right) > 0, \end{aligned} \tag{8.41}$$

so daß die Bürger in a eine Einnahmenobergrenze von $\bar{\alpha} = 1$ wünschen. Die Bürger aus den andern Ländern $k \neq a$ bevorzugen einen niedrigen Beitragssatz, weil ihnen die Budgetpolitiken der Union nur beschränkt zu Gute kommen. Sie profitieren aber von der Durchführung der Integrationspolitik p_u und von der Bereitstellung des öffentlichen Gutes der Union b_u, nicht aber von den direkten Transfers und den gebundenen Finanzzuweisungen, die im Gleichgewicht des Unionsparlaments ausschließlich in das Land des Agenda-Setters im Unionsparlament fließen. Deshalb werden sie einen positiven Beitragssatz akzeptieren, der die Durchführung von $p_u = 1$ und ein positives Niveau von b_u ermöglicht. Die Auszahlung, die im Gleichgewicht in den Ländern $k \neq a$ an die Repräsentanten P_k zu zahlen ist, sinkt mit $\bar{\alpha}$, so daß von einem steigenden maximalen Beitragssatz $\bar{\alpha}$ ein weiterer positiver Effekte auf die Wohlfahrt der Bürger in den Ländern $k \neq a$ ausgeht.

Im Unionsrat wird mittels der Einstimmigkeitsregel über den maximalen Beitragssatz $\bar{\alpha}$ entschieden, weshalb wie im Abschnitt 7.3 und 8.3.2 multiple Gleichgewichte resultieren. Diese werden berechnet, indem die gegenseitig konsistenten pareto-optimalen Kombinationen von Reservationsnutzen der Bürger in den verschiedenen Ländern $(\bar{u}_1, \bar{u}_2, \bar{u}_3)$ abgeleitet werden. Wie in den Abschnitten 7.3 und 8.3.2 wird die Nutzenfunktion (7.30) unter den modifizierten Nebenbedingungen der Budgetrestriktion der Union und der Länder über $\bar{\alpha}$ maximiert, nachdem die im Gleichgewicht des mit Mehrheitsregel entscheidenden Unionsrates resultierenden Werte der Budgetpolitiken, die im Abschnitt 8.2 abgeleitet wurden und die in diesem Abschnitt begründeten Renten der Politiker, (8.38) und (8.39), eingesetzt wurden. Das Maximierungskalkül wird im folgenden aus Sicht der Bürger in a formuliert, wobei dies wiederum auch aus der Perspektive der Bürger eines anderen

Landes erfolgen könnte:

$$\max_{\bar{\alpha}} u_a = (1-t_a)\, y_a + \tau_{au}^{C2}(\bar{\alpha}) + H_a\left(b_a^{C2}(\bar{\alpha}) + z_a^{C2}(\bar{\alpha})\right) + \lambda_a J\left(b_u^{C2}(\bar{\alpha})\right) \quad (8.42)$$

$$s.t.: \forall k \neq a : \bar{u}_k \leq (1-t_k)\, y_k + H_k\left(b_k^{C2}(\bar{\alpha})\right) + \lambda_k J\left(b_u^{C2}(\bar{\alpha})\right) \quad (8.43)$$

$$t_a y_a = b_a^{C2}(\bar{\alpha}) + \pi_a^{C3} + c_a + T_a(\bar{\alpha}) \quad (8.44)$$

$$\forall k : t_k y_k = b_k^{C2}(\bar{\alpha}) + \pi_k^{C3} + \bar{\alpha} y_k + c_k \quad (8.45)$$

$$\bar{\alpha} Y_{-a} = b_u^{C2}(\bar{\alpha}) + c_u + \tau_{au}^{C2}(\bar{\alpha}) + z_{au}^{C2}(\bar{\alpha}) - T_a(\bar{\alpha}) \quad (8.46)$$

$$\pi_a^{C3} = (1-\delta)(y_a - c_a) + \alpha^{II}\delta(1-q_a)\, y_a + (1-\delta q_a)\left(\bar{\alpha}\sum\nolimits_{k\neq a} y_k - c_u\right) \quad (8.47)$$

$$\forall k \neq a : \pi_{k\neq a}^{C3} = (1-\delta)\left(\left(1-\alpha^{II}\right) y_k - c_k\right) - \delta q_a\left(\bar{\alpha}\sum\nolimits_{l\neq k} y_l + \alpha^{II} y_a - c_u\right) \quad (8.48)$$

Die Werte der Budgetpolitiken werden durch das Spiel auf der nachfolgenden Stufe bestimmt und sind daher durch die Werte des Gleichgewichts im Modell Unionsrat mit Mehrheitsregel (Abschnitt 8.2) gegeben. Einsetzen der Nebenbedingungen in die Zielfunktion führt zu folgender Lagrangefunktion:

$$\max_{\bar{\alpha}} L = y_a + \bar{\alpha} Y_{-a}\delta q_a - \bar{\pi}_a - c_k \quad (8.49)$$

$$\begin{aligned} &+ H_a\left(b_a^{C2}(\bar{\alpha}) + z_a^{C2}(\bar{\alpha})\right) - z_a^{C2}(\bar{\alpha}) - b_a^{C2}(\bar{\alpha}) + \lambda_a J\left(b_u^{C2}(\bar{\alpha})\right) - b_u^{C2}(\bar{\alpha}) \\ &- \sum_{k\neq a} \mu_k \left\{\bar{u}_k - \left[(1-\bar{\alpha})\, y_k - (\bar{\pi}_k - \bar{\alpha}\delta q_a Y_{-k} + c_k) + H_k\left(b_k^{C2}(\bar{\alpha})\right)\right.\right. \\ &\left.\left. - b_k^{C2}(\bar{\alpha}) + \lambda_k J\left(b_u^{C2}(\bar{\alpha})\right)\right]\right\}. \end{aligned} \quad (8.50)$$

Die Ableitung der Lagrangefunktion nach $\bar{\alpha}$ entspricht

$$\begin{aligned} \frac{\partial L}{\partial \bar{\alpha}} &= \delta q_a Y_{-a} \\ &+ \left(H_a' - 1\right)\left(\tfrac{\partial z_a^P}{\partial \bar{\alpha}} + \tfrac{\partial b_a^P(\bar{\alpha})}{\partial \bar{\alpha}}\right) + \left(\lambda_a J' - 1\right)\tfrac{\partial b_u^P(\bar{\alpha})}{\partial \bar{\alpha}} \\ &- \sum_{k\neq a} \mu_k \left[y_k - \delta q_a Y_{-k} - \left(H_k' - 1\right)\tfrac{\partial b_k^P(\bar{\alpha})}{\partial \bar{\alpha}} - \lambda_k J' \tfrac{\partial b_u^P(\bar{\alpha})}{\partial \bar{\alpha}}\right]. \end{aligned} \quad (8.51)$$

Der Term in der ersten und die Terme in der zweiten Zeile von (8.51) sind positiv. Aus den Bedingungen erster Ordnung für die Multiplikatoren resultiert der folgende Zusammenhang:

$$\begin{aligned} \forall k \neq a : \frac{\partial L}{\partial \mu_k} \Rightarrow \bar{u}_k \leq \quad & (1-\bar{\alpha})\, y_k + \bar{\alpha}\delta q_a Y_{-k} - (\bar{\pi}_k + c_k) \\ + \quad & H_k\left(b_k^{C2}(\bar{\alpha})\right) - b_k^{C2}(\bar{\alpha}) + \lambda_k J\left(b_u^{C2}(\bar{\alpha})\right),\ \mu_k \geq 0, \end{aligned} \quad (8.52)$$

d.h. so lange die Restriktion für die Bürger aus einem Land $k \neq a$ nicht bindet und der Nutzen der Bürger in k größer ist als ihr Reservationsnutzen $\bar{u}_k$, ist der entsprechende Multiplikator μ_k gleich null. Wenn die Restriktion für k mit Gleichheit bindet, wird der

Multiplikator positiv und die Bedingung für den optimale Wert von $\bar{\alpha}$ (8.51) wird um einen entsprechenden negativen Wert, wie er in der dritten Zeile der Bedingung angegeben ist, vermindert. Bindet eine der Bedingungen erster Ordnung, (8.52), so ist der Wert von $\bar{\alpha}$ im Gleichgewicht durch die folgende implizite Gleichgewichtsbedingung gegeben

$$\forall k \neq a : \bar{\alpha}_k^{**}(\bar{u}_k) = \frac{y_k - \bar{\pi}_k - c_k + H_k\left(b_k^{C2}(\bar{\alpha})\right) - b_k^{C2}(\bar{\alpha}) + \lambda_k J\left(b_u^{C2}(\bar{\alpha})\right) - \bar{u}_k}{y_k - \delta q_a Y_{-k}}. \tag{8.53}$$

Aus Gleichung (8.53) wird deutlich, daß $\bar{\alpha}_k^{**}(\bar{u}_k)$ um so geringer ist, je größer der Reservationsnutzen der Bürger in k, $\bar{u}_k$, ist, d.h. es gilt $\frac{\partial \bar{\alpha}_k^*(\bar{u}_k)}{\partial \bar{u}_k} < 0$. Wenn keine der beiden Reservationsnutzenrestriktionen für $k \neq a$ bindet und beide Multiplikatoren gleich null sind, bestimmt sich $\bar{\alpha}^{**}$ durch die Bedingungen erster Ordnung (8.51). Da in diesem Fall (8.51) strikt positiv wird, ist aus Sicht der Bürger B_a eine maximale Ausdehnung des Beitragssatzes bis auf einen Wert von Eins optimal. Der schließlich im Gleichgewicht gewählte Beitragssatz entspricht dem Minimum der Sätze $\bar{\alpha}_k^{**}(\bar{u}_k)$ sowie $\bar{\alpha}_a^{**} = 1$ und ist wie im Abschnitt 8.3.2 abhängig von der jeweiligen exogenen Verteilung der Reservationsnutzen $(\bar{u}_1, \bar{u}_2, \bar{u}_3)$:

$$\bar{\alpha}^{C3} = \min\left(\forall k \neq a : \bar{\alpha}_k^{**}(\bar{u}_k), 1\right). \tag{8.54}$$

Die Werte der $\bar{\alpha}_k^{**}$ $\forall k \neq a$ sind bei gleichen Reservationsnutzenwerten größer als die Beitagssatzobergrenzen $\bar{\alpha}_k^*$ des im Abschnitt 8.3.2 abgeleiteten Gleichgewichts des institutionellen Arrangements $P3$, in dem das Unionsparlament über die Ausgabenpolitiken entscheidet. Dieses Ergebnis resultiert, weil der Nenner bei sonst gleichen Funktionen im Zähler um den Wert $\delta q_a Y_{-k}$ vermindert wird, was durch die mit $\bar{\alpha}$ in den Ländern $\forall k \neq a$ sinkende Politikerrente bewirkt wird. Daher ist bei gleicher Nutzenverteilung im Gleichgewicht der Beitragssatz im institutionellen Arrangement $C3$ größer als im Arrangement $P3$. Die Summe der Renten entspricht:

$$\begin{aligned} \Pi^{C3} &= (1-\delta)\left(\left(1-\alpha^{II}\right)Y - C\right) + \bar{\alpha}\left((1-\delta 2q_a)\left(\textstyle\sum_{k\neq a} y_k\right) - 2\delta q_a y_a\right) \\ &= (1-\delta)\left(\left(1-\alpha^{II}\right)Y - C + \bar{\alpha}2y\right), \end{aligned} \tag{8.55}$$

wobei die letzte Zeile im symmetrischen Fall bei identischen Ländern gilt[15]. Die Rente im institutionellen Arrangement $P3$ (Verfahren NOA) ist größer als im Regime $C2$ (Verfahren OA), wenn die folgende Differenz positiv ist:

$$\begin{aligned} \Delta\Pi^{P3-C3} &= \Pi^{P3} - \Pi^{C3} > 0 \\ &= \varphi\left(\bar{\alpha}^{P3}Y - c_u\right) - (1-\delta)\left(\bar{\alpha}^{C3}2y - c_u\right). \end{aligned} \tag{8.56}$$

Dies kann im symmetrischen Fall und unter der Annahme identischer Beitragssatzobergrenzen im Gleichgewicht, d.h. $\bar{\alpha} = \bar{\alpha}^{P3} = \bar{\alpha}^{C3}$, auf die folgende Bedingung vereinfacht werden kann:

$$\bar{\alpha}Y > c_u \frac{\delta}{1+\frac{2}{3}\delta}. \tag{8.57}$$

[15] Der Fall symmetrischer Länder ist im einzelnen in den Bedingungen ($A.4$)-($A.7$) auf S. 255 definiert.

Weil $\frac{\delta}{1+\frac{2}{3}\delta} < 1$ ist, gilt (8.57), wenn Bedingung 7.3 erfüllt ist, so daß unter den hier getroffenen Annahmen die Summe der Auszahlungen der Politiker im institutionellen Regime $P3$ größer ist als im Arrangement $C3$. D.h. der Budgetprozeß, in dem über die OA entschieden wird, ermöglicht den Politikern cet. par. insgesamt die Aneignung größerer Renten als das Verfahren, mit dem die NOA alloziiert werden.

8.3.2.3 Erweiterung des Modells Unionsregierung ($R3$)

In diesem Abschnitt wird untersucht, welche Allokation im Modell Unionsregierung resultiert, wenn über den maximalen Beitragssatz der Union $\bar{\alpha}$ in einem Unionsrat auf einer Stufe vor dem Teilspiel zur Festlegung der Budgetpolitiken entschieden wird. Das Timing der ersten drei Stufen des Spiels gestaltet sich in der folgenden Weise:

1. Die Natur bestimmt einen der drei nationalen Repräsentanten zum Agenda-Setter P_A im Unionsrat mit $A \in \{1, 2, 3\}$.

2. Die Bürger in jedem Land k legen jeweils für den nationalen Repräsentanten P_k und für die Unionsregierung P_u eine Wiederwahlregel $\mathbf{WR}_k$ und $\mathbf{WR}_{ku}$ fest. Dabei ist $\mathbf{WR}_k$ auf den Werten des nationalen Politikvektors $\mathbf{b}_k$ sowie auf dem maximalen Beitragssatz $\bar{\alpha}$ und $\mathbf{WR}_{ku}$ auf denen des Unionspolitikvektors $\mathbf{b}_u$ kontingentiert. Die Vektoren der Reservationswerte für die nationalen und die Unionspolitiken werden mit $\bar{\mathbf{b}}_k$ und $\bar{\mathbf{b}}_{ku}$ bezeichnet.

3. Die Politiker im Unionsrat bestimmen den maximalen Beitragssatz der Union $\bar{\alpha}$:

   (a) Der Repräsentant P_A, der zum Agenda-Setter im Unionsrat bestimmt wurde, unterbreitet einen Vorschlag α^A, wobei $\alpha \in (0, 1)$ gelten muß.

   (b) Die beiden anderen Repräsentanten $k \neq a$ müssen dem Vorschlag des Agenda-Setters zustimmen, damit dieser umgesetzt wird. Erlangt der Vorschlag diese Zustimmung nicht, so wird der Status quo-Beitragssatz $\alpha^{SQ} = 0$ implementiert.

Die letzten beiden Stufen des Spiels sind durch die zweite und dritte Stufe des Spiels im Grundmodell der Unionsregierung auf S. 199 gegeben. Die Ergebnisse des Teilspiels ab der vierten Stufe entsprechen den Budgetpolitiken im Gleichgewicht des Grundmodells "Unionsregierung" in Abschnitt 7.5. Daher kann mit der Ableitung des Gleichgewichts von der dritten Stufe an begonnen werden.

Aus Sicht der Repräsentanten im Unionsrat ist es vorteilhaft, den Beitragssatz so gering wie möglich zu wählen. Allerdings ist zu beachten, daß die Unterschreitung eines bestimmten Beitragssatzes dazu führt, daß der Unionsrepräsentant nicht die Marktintegrationspolitik bereitstellt, weil für ihn die Kosten höher sind als der zusätzliche pay off. Wie in der Herleitung des Gleichgewichts im Modell Unionsregierung auf S. 200

gezeigt wurde, muß der Beitragssatz Bedingung 7.2 genügen und mindestens $\alpha^I = \frac{c_u}{\Delta Y}$ entsprechen, damit der Unionsrepräsentant im Gleichgewicht die Marktintegrationspolitik bereitstellt. Der Beitragssatz α^I wird von den Politikern im Unionsrat gegenüber einem Beitragssatz von Null bevorzugt, wenn für ihr Land jeweils die folgende Bedingung erfüllt ist:

Bedingung 8.3 $\forall k : \left(1 - \alpha^I\right) y_k(1) - c_k \geq y_k(0)$

Wenn die Nettoeinkommensgewinne durch die Integration in allen Länder größer sind als die Beiträge, die beim Beitragssatz α^I an die Union zu zahlen sind,

$$\forall k : \Delta y_k - c_k \geq \alpha^I y_k(1) \tag{8.58}$$

und die Bedingung 8.3 für alle k gilt, können sich die nationalen Repräsentanten, wenn sie nicht auf Wiederwahl spielen, in der laufenden Periode jeweils Ressourcen in Höhe von $\pi_k^K = \left(1 - \alpha^I\right) y_k(1) - c_k$ aneignen. D.h. der Agenda-Setter P_A schlägt $\alpha^A = \alpha^I$ vor und die beiden anderen Repräsentanten stimmen zu. In einem Wiederwahlgleichgewicht müssen ihnen deshalb die Wähler eine Auszahlung von

$$\pi_k^{R3} = (1 - \delta)\left(\left(1 - \alpha^I\right) y_k(1) - c_k\right) \tag{8.59}$$

zugestehen.

Welchen Beitragssatz fordern die Bürger von ihrem Repräsentanten im Rat, d.h. welcher Beitragssatz maximiert den Nutzen der Bürger aus einem Land bei gegebenen Reservationsnutzen der Bürger aus den anderen Ländern? Für die Bürger in allen drei Ländern gibt es bei dem zugrundegelegten Spielverlauf - wie für die Politiker - nur einen Grund für einen positiven Beitragssatz. Ein positiver Satz ist erforderlich, damit die Marktintegrationspolitik bereitgestellt wird. Wie oben demonstriert wurde, muß der Beitragssatz mindestens α^I entsprechen, damit der Unionsrepräsentant $p_u = 1$ wählt. Damit sich dies aus Sicht der Bürger lohnt, muß die folgende Bedingung erfüllt sein:

$$\delta\left(\left(1 - \alpha^I\right) y_k(1) - c_k\right) \geq \delta y_k(0), \tag{8.60}$$

die Bedingung 8.3 entspricht. Wenn die Ungleichung für alle Länder gilt, ziehen die Bürger in allen Ländern einen Beitragssatz von α^I, der eine Durchführung der Integrationspolitik durch den Unionsrepräsentanten P_u ermöglicht, einem Beitragssatz von Null vor. Die Bürger B_A lassen daher im Gleichgewicht ihren Repräsentanten, den Agenda-Setter P_A, den Beitragssatz α^I vorschlagen und die beiden anderen Repräsentanten akzeptieren den Vorschlag im Auftrag ihrer Wähler. Die Budgetpolitiken im Gleichgewicht des institutionellen Regimes Unionsregierung bei endogener Festlegung des maximalen Beitragssatzes durch den Unionsrat ($R3$) sind somit durch die Ergebnisse des Grundmodells Unionsregierung des Abschnitts 7.5 bei einer Beitragssatzobergrenze von

$$\bar{\alpha}^{R3} = \bar{\alpha}^I = \frac{c_u}{\Delta Y} \tag{8.61}$$

gegeben.

Institutionelles Arrangement	Bestimmung des maximalen Beitragssatzes	Bestimmung der Unionsbudgetpolitiken	Resultierende Beitragssatzobergrenze
P2	Unionsparlament	Unionsparlament	$\bar{\alpha}^{R2} = 1$
R2	Unionsregierung	Unionsregierung	$\bar{\alpha}^{P2} = 1$
P3	Unionsrat, Einstimmigkeitsregel	Unionsparlament	$\bar{\alpha}^{P3} = \min\left(\forall k \neq a : \bar{\alpha}_k^*(\bar{u}_k), \bar{\alpha}_a^*\right)$
C3	Unionsrat, Einstimmigkeitsregel	Unionsrat, Mehrheitsregel	$\bar{\alpha}^{C3} = \min\left(\forall k \neq a : \bar{\alpha}_k^{**}(\bar{u}_k), 1\right)$
P4	Unionsrat, Mehrheitsregel, P_A=P_a	Unionsparlament	$\bar{\alpha}^{P4} = \max\left(\alpha_k^{\max}, \alpha_l^{\max}\right)$
P4'	Unionsrat, Mehrheitsregel, $P_A \neq P_a$	Unionsparlament	$\bar{\alpha}^{P4'} = \frac{(1-\varphi)c_u + b_u^{P4}}{(1-\varphi)Y}$
R3	Unionsrat	Unionsregierung	$\bar{\alpha}^{R3} = \frac{c_u}{\Delta Y}$

Tabelle 8.1: Beitragssätze in den verschiedenen institutionellen Regimen

8.3.3 Vergleich der resultierenden Beitragssatzobergrenzen

In Tabelle 8.1 werden die Beitragssatzobergrenzen zusammengefaßt, die in den verschiedenen institutionellen Arrangements im Gleichgewicht resultieren. Wenn die Unionsorgane Unionsrat und Unionsregierung selbst über den Beitragssatz entscheiden, werden jeweils maximale Sätze in Höhe von 100% beschlossen, d.h. die gesamten Ressourcen der Mitgliedsländer der Union werden auf die Unionsebene transferiert. Die Begründungen für diese Resultate unterscheiden sich jedoch. Im Fall des Unionsparlaments sind es die Bürger aus dem Land des Agenda-Setters, die eine maximale Einnahmenerhebung bevorzugen, weil sie sich dadurch Ressourcen aus den anderen Mitgliedsländern aneignen können und weil diese die Auszahlungen an die Politiker minimieren. Im Regime Unionsregierung werden hingegen die gesamten Ressourcen durch die Unionsregierung absorbiert, weil die Bürger aus den verschiedenen Ländern wegen international divergierender Interessen nicht in der Lage sind, sich auf eine gemeinsame Wiederwahlstrategie zu einigen.

Wenn die maximalen Beitragssätze durch einen Unionsrat und die Budgetpolitiken durch ein Unionsparlament festgelegt werden, kommt es darauf an, wie die budgetären Regeln im Rat gestaltet sind. Wird im Unionsrat mittels Einstimmigkeitsregel entschieden, sind - wie im Grundmodell des Abschnitts 7.3 - multiple Gleichgewichte möglich und der Beitragssatz ist davon abhängig, welche Nutzenverteilung implementiert wird. Tendenziell ist der Beitragssatz um so höher, je größer in der gleichgewichtigen Wohlfahrtsverteilung der Nutzen der Bürger des Agenda-Setters im Unionsparlament ist bzw. je niedriger die Reservationswohlfahrtswerte der Bürger sind, deren Repräsentant nicht Vorsitzender des Unionsparlaments ist. Die Bürger, die den Agenda-Setter im Parlament stellen, das nach Festlegung der Einnahmenobergrenze über die Verteilung der Unionseinnahmen auf die verschiedenen budgetären Politiken entscheidet, haben ein Interesse daran, daß die Union möglichst viele Einnahmen erhält, weil sie residual claimants eines größeren Unionsbudgets sind und zusätzliche Ressourcen der Union für ihre Ziele verwenden lassen können. Ein entsprechendes Kalkül dominiert die Entscheidungen des Rats über die Beitragssatzobergrenze, wenn die Ausgabenentscheidung ebenfalls vom Rat aber mittels Mehrheitsregel getroffen wird. Allerdings kann gezeigt werden, daß die Rente der Repräsentanten im symmetrischen Fall unter der Annahme gleicher Beitragssatzobergrenzen im Gleichgewicht cet. par. insgesamt geringer ist, als wenn die Ausgabenverteilung vom Parlament vorgenommen wird. Dies ist dadurch begründet, daß es im Modell Unionsrat in jedem Land nur einen Repräsentanten gibt, der sich die Ressourcen aneignen kann und der zu kompensieren ist. Entscheidet über die Ausgabenverteilung statt des Rates ein Parlament, ist der Agenda-Setter dieses Organs zusätzlich zu den Ratspolitikern in der Lage, sich Ressourcen anzueignen, weshalb für ihn im Wiederwahlgleichgewicht im Gegensatz zu dem Fall, in dem der Rat selbst entscheidet, zusätzliche Kompensationen erforderlich sind. Insofern spielt es eine Rolle, ob die Entscheidungen in einer internationalen Wirtschaftsunion wie der EU von den nationalen Repräsentanten oder einem eigens dafür eingerichteten Gremium getroffen werden. Ein zusätzliches Unionsorgan, in dem sich politische Repräsentanten Ressourcen aneignen können, erfordert in der betrachteten institutionellen Konstellation zusätzliche Kompensationen für die Entscheidungsträger dieser Gremien.

Werden die Beschlüsse über die Ausgabenbegrenzung im Unionsrat hingegen mittels Mehrheitsregel getroffen (siehe Appendix B), so kommt es darauf an, wie die Vorschlagsrechte im Rat und im Parlament angeordnet sind, ob die Vorsitzenden im Rat und im Parlament aus demselben oder aus verschiedenen Ländern stammen oder nicht. Kommen der Agenda-Setter im Rat und der Vorsitzende im Parlament, der den Vorschlag bezüglich der Budgetpolitiken unterbreitet, aus demselben Land, so ist es aus Sicht der Bürger der beiden Vorsitzenden wünschenswert, einen möglichst hohen Beitragssatz im Unionsrat durchzusetzen, weil die Menge an Ressourcen, die sie für ihre eigenen Ziele verwenden können, steigt. Außerdem sinken die Zahlungen, die in einem Wiederwahlgleichgewicht an die Politiker zu leisten sind, mit einem steigenden Beitragssatz, weil die Renten, die auf Unionsebene zu zahlen sind, fix sind, während jene auf nationaler Ebene mit den dort verfügbaren Ressourcen steigen. Daher werden die Bürger der beiden Agenda-Setter den höchsten durchsetzbaren Beitragssatz vorschlagen lassen, der von den Bürgern aus einem der anderen Länder noch akzeptiert wird. Sind hingegen die Vorschlagsrechte über den Beitragssatz und über die Budgetpolitiken auf Vorsitzende aus unterschiedlichen Ländern aufgeteilt, so lassen die Bürger des Agenda-Setters für die Einnahmenobergrenze einen maximalen Beitragssatz vorschlagen, der möglichst wenig Umverteilung von Ressourcen an die Bürger aus dem Land des Agenda-Setters über die Budgetpolitiken zuläßt. Allerdings werden sie einen positiven Beitragssatz in der Höhe anstreben, der gerade die Durchführung der Marktintegrationspolitik und die Bereitstellung des öffentlichen Gutes der Union ermöglicht.

Wird über die Budgetpolitiken von einer Unionsregierung entschieden, so wird im Rat ein minimaler Beitragssatz beschlossen, der so hoch ist, daß die Unionsregierung die Marktintegrationspolitik bereitstellt. Weil die Bürger aus allen Ländern antizipieren, daß sie bei der Aufteilung der Ausgaben wegen divergierender Interessen nicht in der Lage sein werden, sich auf eine gemeinsame Wiederwahlregel gegenüber der Unionsregierung zu koordinieren und zu verhindern, daß die Unionsregierung sich alle ihr zugewiesenen Ressourcen aneignet, lassen die Bürger im Rat der Unionsregierung so wenig Mittel wie möglich zur Verfügung stellen. Auf der Stufe der Festlegung der Einnahmenobergrenze ist eine Koordination der Bürger möglich, weil sie den Unterbietungswettbewerb auf der folgenden Stufe vorhersehen und weil sie ein Interesse haben, diesen so weit wie möglich einzuschränken.

Aus Sicht der Bürger stellt eine Unionsregierung, die selbst über die Einnahmenerhebung entscheidet, die schlechteste Lösung dar, weil sie zu den höchsten Politikerrenten und der niedrigsten aggregierten Bürgerwohlfahrt führt. Eine Entscheidung mittels der Mehrheitsregel im Rat oder im Parlament bewirkt in den hier untersuchten Modellkonstellationen eine extreme Umverteilung. Diese ist insoweit unproblematisch, wie die Bürger aus allen Länder die gleiche Chance haben, in die Position der begünstigten Partei zu gelangen, d.h. den Vorsitz in dem Unionsorgan zu übernehmen. Dies ist in der Realität im Fall des Rats dadurch gewährleistet, daß der Vorsitz halbjährlich wechselt, wobei jedes Mitgliedsland gleich häufig berücksichtigt wird. Diese reale allgemeine politische Regel stellt aus Sicht der Bürger einen weiteren Vorteil des Ratsmodells gegenüber dem Unionsparlament dar, weil beim Parlament weniger klar geregelt ist, wie die Agenda-Setting-Kompetenzen an die Repräsentanten aus den Mitgliedstaaten alloziiert werden, so daß bei den Budgetentscheidungen dieses Organs eher als im Fall des Rats eine international ungleiche Verteilung der budgetären Mittel zu erwarten ist. Darüber hinaus bewirkt die Asymmetrie der Ressourcenverteilung im Modell, daß die öffentlichen Güter in den Ländern, die über keine Ressourcen verfügen, nicht bereitgestellt werden können. Daher ist die aggregierte Wohlfahrt geringer als bei einer weniger ungleichen Verteilung. Somit sind jene institutionellen Arrangements zu bevorzugen, in denen die Entscheidungen mittels Einstimmigkeitsregel getroffen werden oder bei denen die Vorschlagsrechte auf

Vorsitzende aus verschiedenen Ländern aufgeteilt sind, weil die Ineffizienz bezüglich der Bereitstellung der öffentlichen Güter reduziert wird.

8.4 Kollusives Politikerverhalten

Bei kollusivem Verhalten koordinieren die politischen Repräsentanten auf den verschiedenen Ebenen ihre Aktivitäten und beschränken den Wettbewerb untereinander, um insgesamt größere Auszahlungen zu realisieren. Gemeinsame Maximierung der Zielfunktionen kann die nachteiligen Folgen des Interessenkonflikts zwischen den Repräsentanten zum Nachteil der Bürger reduzieren. Kollusion der Politiker hat das Ziel, die politischen Renten zu erhöhen und reduziert die Wohlfahrt der Bürger[16]. In diesem Abschnitt wird untersucht, ob und in welcher Weise die Politiker durch Kollusion profitieren können. Dabei wird unterstellt, daß sich die jeweils amtierenden Repräsentanten eines Landes sowie der verschiedenen Länder koordinieren können. Der Wettbewerb zwischen den Amtsinhabern und ihren Herausforderern in den Wahlen auf nationaler Ebene wird dagegen nicht beeinträchtigt. Im Modell Unionsrat besteht national keine Möglichkeit für Kollusion zwischen den Politikern, da es pro Land nur einen politischen Repräsentanten gibt. Absprachen der politischen Amtsträger sind in diesem Modell ausschließlich zwischen Repräsentanten verschiedener Länder denkbar. Im Modell Unionsparlament ist hingegen sowohl eine nationale Koordination zwischen den Unionsrepräsentanten im Parlament und dem nationalen Repräsentanten möglich als auch zwischen den Abgeordneten des Unionsparlaments. Schließlich können sich die nationalen Repräsentanten mit einer Unionsregierung absprechen und die gemeinsam erzielten Renten teilen.

Um die Wirkung kollusiver Absprachen untersuchen zu können, sind Annahmen bezüglich der Beziehung zwischen den Politikern insbesondere hinsichtlich der intertemporalen Zusammenarbeit erforderlich. In diesem Zusammenhang wird angenommen, daß die Politiker jeweils innerhalb einer Periode Absprachen treffen und sich die Summe der Auszahlungen der Ämter teilen können. In einem stationären Gleichgewicht ist es also möglich, daß die Politiker in jeder Periode zusammenarbeiten. Es wird aber ausgeschlossen, daß die politischen Repräsentanten ihre Auszahlungen über die Perioden hinweg miteinander teilen können. Dies impliziert, daß ein politischer Repräsentant keinen Anspruch auf einen Anteil an den Auszahlungen anderer Politiker in späteren Perioden geltend machen kann, wenn er selbst abgewählt wurde. Überprüft wird, ob eine Strategie gemeinsamer Maximierung den Repräsentanten insgesamt eine höhere Auszahlung sichern kann als bei nicht kooperativem Verhalten. Dabei wird untersucht, ob die Renten der politischen Repräsentanten durch Absprachen insgesamt erhöht werden können. In diesem Kontext wird postuliert, daß alle politischen Repräsentanten jeweils die Strategie spielen, die erforderlich ist, um die aggregierte Rente der Politiker zu maximieren. Im folgenden wird

[16] Vgl. Abschnitt 3.4 im dritten Kapitel.

die Wirkung kollusiven Verhaltens in den verschiedenen institutionellen Grundmodellen analysiert.

Die Auszahlungen der Politiker im Wiederwahlgleichgewicht werden dadurch bestimmt, welche Ressourcen sich die Politiker außerhalb des Gleichgewichts in der laufenden Periode aneignen könnten, wenn sie nicht die Wiederwahl anstreben. Für die gesamte Union entspricht der Pool für die Aneignung von Ressourcen $E_{u+k} = Y - C$. Bei Kollusion im Unionsrat erhält jeder der drei Repräsentanten einen Anteil $\frac{1}{R} = \frac{1}{3}$, so daß die maximale Rente, die sich ein Politiker in einer Situation ohne Wiederwahl aneignen kann,

$$\pi_k^K = \tfrac{1}{3}(Y - C) \tag{8.62}$$

entspricht. Der Argumentation im Abschnitt 7.3 folgend muß jedem nationalen Repräsentanten in einem Wiederwahlgleichgewicht von den Bürgern mindestens eine Rente von

$$\pi_k^{C4} = (1-\delta)\tfrac{1}{3}(Y - C) \tag{8.63}$$

zugestanden werden. Dies ist im Gleichgewicht durchsetzbar, weil sich die Bürger jeweils eines Landes auf eine Wiederwahlregel einigen können, nach der eine Wiederwahl nur dann erfolgt, wenn der Politiker sich in einer Periode nicht mehr als π_k^W aneignet. Der Zahlungsstrom der erwarteten Renten entspricht

$$V_k^{C4} = \tfrac{1}{3}(Y - C)\,. \tag{8.64}$$

In der nichtkooperativen Situation ist der Nettozahlungsstrom gegeben durch:

$$\begin{aligned} V_k^C &= y_k(0) + \tfrac{1}{3}(\Delta Y - C) && (8.65)\\ &= V_k^{C4} + \tfrac{2}{3}y_k(0) - \tfrac{1}{3}\textstyle\sum_{l\neq k} y_k(0)\,. && (8.66) \end{aligned}$$

Die Repräsentanten können sich durch Kollusion in dieser Situation strikt verbessern, wenn das Einkommen ihres Landes ohne Integration $y_k(0)$ unter dem Durchschnitt der Einkommen vor Integration der Mitgliedsländer der Union, $\bar{y}(0) = \frac{1}{3}\sum_{k=1}^{n} y(0)$, liegt. In diesem Fall ist $V_k^{C4} > V_k^C$. Im symmetrischen Fall identischer Länder sind die Kapitalwerte bei beiden Verhaltensweisen gleich groß[17].

Wenn im Unionsrat mittels Mehrheitsregel entschieden wird, wie dies in Abschnitt 8.3.2 untersucht wurde, so entspricht der Wert des Zahlungsstroms der Auszahlungen eines Politikers in einem stationären Wiederwahlgleichgewicht bei nicht-kooperativem Verhalten

$$V_k^{C2} = \tfrac{1}{1-\frac{2}{3}\delta}\tfrac{1}{3}(Y - C) = \tfrac{1}{1-\frac{2}{3}\delta}V_k^{C4} > V_k^{C4} \tag{8.67}$$

[17] Bei Risikoaversion verbessern sich die politischen Repräsentanten, weil sie die sicheren Periodengewinne bei kollusivem Verhalten den unsicheren bei nicht-kooperativem Verhalten bei gleichen Erwartungswerten bevorzugen.

und ist damit größer als im Kollusionsgleichgewicht. D.h. die Repräsentanten können sich mit einer Option auf eine Agenda-Setting-Position in einem mit Mehrheit entscheidenden Rat bei nicht kooperativen Verhalten einen größeren abdiskontierten Strom erwarteter Auszahlungen aneignen als in einem Kollusionsgleichgewicht. Entsprechendes gilt für das Modell Unionsparlament, in dem über die Beiträge endogen im Rahmen eines Unionsrats entschieden wird. Die Politiker sind nicht in der Lage, bei Entscheidung mit der Mehrheitsregel im Unionsgremium ihre Auszahlungen über das Kollusionsniveau hinaus zu steigern[18]. Dies liegt daran, daß der Agenda-Setter des Gremiums, der in einer kooperativen Lösung die Umverteilung zwischen den Politikern vornimmt, von den Bürgern seines Landes zur Verantwortung gezogen werden kann.

Ein anderes Ergebnis resultiert, wenn eine zentrale Unionsregierung existiert, die von der Gesamtheit der Bürger gewählt wird. In diesem Fall ist es den Bürgern aus den verschiedenen Ländern nicht möglich, sich auf eine gemeinsame Wiederwahlstrategie gegenüber der Unionsregierung zu koordinieren, und es kommt bezüglich der Reservationsforderungen für eine Wiederwahl zu einem Unterbietungswettbewerb zwischen den Bürgern. In dieser Situation ist die Unionsregierung in der Lage, in einem Wiederwahlgleichgewicht die gesamten Ressourcen, über die sie verfügen kann, für politische Renten zu verwenden, die entsprechend den Annahmen dieses Abschnitts bei kollusivem Verhalten an alle politischen Repräsentanten verteilt werden. Bei der Ableitung der Auszahlungen der Politiker kommt es darauf an, auf welcher Ebene die Obergrenze für die Beiträge festgelegt wird. Erfolgt die Festlegung beispielsweise auf der Unionsebene, so werden die Bürger der Unionsregierung maximale Beiträge zugestehen und die Politiker können sich in jeder Periode die gesamten Ressourcen der Volkswirtschaft aneignen. Jeder Politiker erhält in diesem Wiederwahlgleichgewicht eine Periodenauszahlung von

$$\pi_k^{R4} = \tfrac{1}{R}(Y - C) = \tfrac{1}{4}(Y - C)\,, \tag{8.68}$$

wobei bei der Aufteilung der Renten der Unionsrepräsentant berücksichtigt werden muß, so daß unter den hier gewählten Spezifikationen die Auszahlungen auf insgesamt vier politische Repräsentanten verteilt werden müssen. Im Wiederwahlgleichgewicht erhält jeder politische Repräsentant einen Kapitalwert der Auszahlungen in Höhe von

$$V_k^{R4} = \tfrac{1}{(1-\delta)}\tfrac{1}{4}(Y - C)\,. \tag{8.69}$$

Dieser ist strikt größer als der Zahlungsstrom eines nationalen Repräsentanten in einem Wiederwahlgleichgewicht im Modell Unionsrat mit Einstimmigkeitsregel bei nichtkooperativem Verhalten im Fall symmetrischer Länder, V_k^C , unter der Voraussetzung,

[18] Wenn die Wähler nicht beobachten können, ob die Politiker sich kollusiv verhalten, können die Politiker so tun, als ob sie nicht-kooperativ spielen und somit zumindest die Gesamtrente des nicht-kooperativen Gleichgewichts realisieren. Bei Risikoaversion der Politiker ist ein sicherer Anteil an der Gesamtrente eine Verbesserung gegenüber den Auszahlungen bei nicht-kooperativem Verhalten.

daß der Diskontierungsfaktor δ nicht zu klein ist:

$$\begin{aligned} V_k^{R4} = \tfrac{1}{4}\tfrac{1}{(1-\delta)}(Y-C) > & \quad \tfrac{1}{3}(Y-C) = V_k^C \\ \Leftrightarrow \delta > & \quad \tfrac{1}{4}. \end{aligned} \tag{8.70}$$

Wenn δ diese Bedingung erfüllt, was plausibel ist, lohnt es sich für die politischen Repräsentanten, ihre Strategien kooperativ abzustimmen. Darüber hinaus ist für sie von Vorteil, eine zentrale Unionsregierung einzusetzen und sie mit weitreichenden budgetären Kompetenzen, d.h. mit Einnahmenautonomie, auszustatten. Dieses Resultat liefert eine Erklärung dafür, warum es im Interesse der nationalen Politiker sein kann, auf Unionsebene eine zentrale Politikentscheidungsinstanz - vergleichbar der Europäischen Kommission - zu etablieren, die von den Wählern der Unionsländer nur unzureichend kontrolliert werden kann. Dies bestätigt die These, daß für die nationalen politischen Repräsentanten ein starker Anreiz besteht, sich kollusiv zu verhalten und gleichzeitig in der Union eine zentrale Instanz einzurichten, die von den Bürgern nur unzureichend eingeschränkt werden kann, weil die Bürger (noch) nicht in der Lage sind, sich auf eine gemeinsame internationale Strategie demokratischer Kontrolle zu koordinieren[19]. Die politischen Repräsentanten können bei kollusivem Verhalten durch die Einrichtung eines zentralen Organs der Union ihre Renten zu Lasten der Bürger erhöhen, selbst wenn die Zentralinstanz von den Wählern der Union direkt gewählt wird. Die Direktwahl der EU-Kommission bzw. einer zukünftigen europäischen Regierung oder eines Präsidenten ist daher allein noch nicht hinreichend für eine ausreichende demokratische Kontrolle eines zentralen exekutiven Organs der internationalen Union. Hierzu sind vielmehr weitergehende fiskalische Restriktionen notwendig, die die Aneignung von Ressourcen durch die politischen Repräsentanten wirksam beschränken können[20]. Im Kontext budgetärer Entscheidungen in einer internationalen Wirtschaftsunion hat die formale Analyse gezeigt, daß die stärkste demokratische Kontrolle gewährleistet wird, wenn Haushaltsentscheidungen von einem Unionsrat getroffen werden, der mittels einstimmigen Votum entscheidet. In jedem Fall sollte die Einnahmenautonomie der Unionsorgane jenseits des Rates durch die Festlegung der maximalen Ausgaben durch einen Unionsrat beschränkt werden, der mittels Einstimmigkeitsregel entscheidet. Keinesfalls sollte aus Sicht der Bürger dagegen einem Unionsparlament oder gar einer Unionsregierung Autonomie über die Erhebung von Einnahmen eingeräumt werden.

8.5 Diskussion der Ergebnisse

In diesem Kapitel wurden verschiedene institutionelle Varianten der Grundmodelle des siebten Kapitels untersucht, wobei sowohl die Regeln des realen Haushaltsverfahrens der

[19]Vgl. Vaubel (1986).
[20]Vgl. Folkers (1984).

EU als auch verschiedene Änderungsmöglichkeiten für die budgetären und politischen Institutionen einer zukünftigen europäischen Verfassung berücksichtigt wurden. Wie im sechsten Kapitel in Abschnitt 6.4 ausgeführt wurde, besteht der derzeitige Budgetprozeß der Union vereinfacht im Prinzip aus zwei parallel laufenden Verfahren, in denen jeweils eines der beiden Organe der EU-Haushaltsbehörde, der Rat und das Europäische Parlament, über einen abgegrenzten Bereich von Ausgaben entscheidet. Die Höhe der Ausgaben in den beiden Kategorien ist dabei im jährlich stattfindenden Entscheidungsverfahren exogen vorgegeben. Die Einnahmenobergrenze der Union wird vom (Europäischen) Rat einstimmig vor dem eigentlichen Budgetprozeß festgelegt. Das erste Teilverfahren wurde mit der institutionellen Variante des Ratsmodells abgebildet, das in Abschnitt 8.3.2.2 analysiert wurde. Der zweite Prozeß wurde in Abschnitt 8.3.2.1 analysiert, in dem ein Unionsrat mittels Einstimmigkeit über die Ausgabenobergrenze eines Unionsparlaments entscheidet, das mehrheitlich über die Budgetpolitiken befindet. Dabei konnte gezeigt werden, daß zumindest unter vereinfachenden Annahmen das Verfahren, mit dem über die OA entschieden wird, bei dem also ausschließlich der Unionsrat involviert ist, aus Sicht der Bürger vorteilhaft ist, weil weniger politische Einkommen an die Unionspolitiker gezahlt werden müssen, während für die Bereitstellung des öffentlichen Gutes der Union ein größerer Anteil der Ressourcen verwendet wird, die auf Unionsebene zur Verfügung stehen, als in dem Prozeß, in dem die NOA alloziiert werden.

Wird im Modell Unionsrat mit der Mehrheitsregel statt mittels Einstimmigkeit entschieden, verschlechtert sich das Ergebnis des Budgetierungsprozesses, da sich die Allokation derjenigen angleicht, die im Modell Unionsparlament des Abschnitts 7.4 bei einem maximalen Unionsbeitragssatz $\bar{\alpha}$ von Eins resultiert. Im siebten Kapitel in Abschnitt 7.6 wurde festgestellt, daß die Allokation des Unionsparlaments aus zweierlei Gründen der des Unionsrates bei Einstimmigkeit wohlfahrtsmäßig unterlegen ist. Einerseits ist die resultierende Budgetallokation weniger effizient, weil die gesamten Ressourcen der Mitgliedsländer der Union wegen der Macht des Vorschlagenden in das Land des jeweiligen Agenda-Setters transferiert werden. Dadurch können die öffentlichen Güter in den Ländern insgesamt nur auf einem geringen, suboptimalen Niveau bereitgestellt werden. Außerdem werden bei der Bereitstellung des öffentlichen Gutes der Union im Gegensatz zur Entscheidung mittels Einstimmigkeit ausschließlich die Präferenzen der Bürger des Agenda-Setters berücksichtigt. Zudem sind höhere Renten an die Politiker zu leisten. Dies ist dadurch begründet, daß der jeweilige Agenda-Setter in einem Wiederwahlgleichgewicht stärker kompensiert werden muß als bei Anwendung der Einstimmigkeitsregel, weil er sich, wenn er nicht die Wiederwahl anstrebt, im Fall der Mehrheitsabstimmung mehr Ressourcen aneignen kann.

Die Untersuchung der endogenen Festlegung der Beitragssatzgrenzen bzw. der Ausgabenbegrenzungen hat gezeigt, daß Einnahmenautonomie für die Unionsorgane, für ein Unionsparlament oder eine Unionsregierung, zu einer maximalen Ausdehnung der Ausgaben führen würde, bei der im Modell die gesamten verfügbaren Ressourcen der Mitgliedsländer durch die Union absorbiert und durch das Budget redistribuiert werden, wobei die Politikerrenten insbesondere im Fall der Unionsregierung übermäßig ausgeweitet werden. Daher ist Einnahmenautonomie als Konsequenz der vorliegenden Analyse abzulehnen[21]. Die Entscheidung über die Ausgabenhöhe sollte einem Unionsrat überlassen werden, der einstimmig entscheidet. Wird von der Einstimmigkeitsregel bei der Entscheidung über die Einnahmenobergrenze abgewichen, sollten zumindest die Vorschlagsrechte über die Einnahmenobergrenze und über die Budgetentscheidung an Agenda-Setter aus unterschiedlichen Ländern zugewiesen werden, damit der Beitragssatz nur so hoch gewählt wird, wie es zur Bereitstellung der Unionspolitiken erforderlich ist und damit eine darüber hinausgehende Umverteilung der Unionsressourcen durch den Agenda-Setter der Ausgabenentscheidungsstufe vermieden wird. Dieses Ergebnis stimmt mit den Resultaten der Modelle im fünften Kapitel, insbesondere des Abschnitts 5.3.3, überein, in dem festgestellt wurde, daß es für die Allokation aus Sicht der Bürger vorteilhaft ist, wenn das Vorschlagsrecht über die Budgethöhe und über die Verteilung der Einnahmen auf die verschiedenen Verwendungen getrennt werden, weil dies zu einer Begrenzung der Umverteilung und der politischen Renten führt.

Schließlich wurde untersucht, wie sich kollusives Verhalten der Politiker auf die Gleichgewichtsergebnisse auswirkt. Aus Sicht der Politiker führt Kollusion in den meisten institutionellen Arrangements zu einer schwachen Verbesserung gegenüber der Situation bei nicht-kooperativem Verhalten. Bei Risikoaversion der Politiker resultieren aus der Perspektive der Repräsentanten starke Verbesserungen, weil diese mit Sicherheit die Auszahlungen erhalten, die bei nicht kooperativen Strategien bei gleichen Erwartungswerten stochastisch davon abhängig sind, in welche Position sie in der jeweiligen Periode gelangen. Eine Erhöhung der Summe der Auszahlungen ist aber in den Modellen Unionsrat und Unionsparlament nicht zu erwarten, weil die Bürger in jedem Fall in der Lage sind, die politischen Repräsentanten in Wahlen einzeln in ihren Herkunftsländern für die Verwendung der Ressourcen zur Verantwortung zu ziehen. Beispielsweise kann der Agenda-Setter im Unionsparlament, durch dessen Vorschlag die Budgetallokation i.w. determiniert wird, von den Bürgern seines Landes zur Verantwortung gezogen werden. Daher ergibt sich in diesen Modellen durch kollusives Verhalten insgesamt keine Ausdehnung der Auszahlungen der Repräsentanten gegenüber der Situation bei nicht-kooperativem Verhalten. Dies ist im Modell Unionsregierung anders, in dem eine Steigerung der aggregierten Auszahlungen der Politiker bewirkt werden kann, weil eine Kontrolle der zentralen Regierung durch die Bürger aus den verschiedenen Ländern nicht möglich ist, solange diese divergierende, auf die Gewinnung distributiver Vorteile ausgerichtete Interessen haben. In diesem Fall können sich die Politiker durch die Kollusion mit der zentralen Unionsregierung strikt verbessern. Darüber hinaus entsteht ein starker Anreiz zu einer ausgedehnten Zuweisung

[21] Vgl. Folkers (1995).

budgetärer Kompetenzen an die Unionszentrale, weil die aggregierte Rente um so höher ist, je weniger restriktiv die Einnahmenobergrenze dieses Organs ist.

Die modellmäßigen Eigenschaften des institutionellen Arrangements Unionsregierung erklären auch, warum es aus Sicht der nationalen Regierungen von Bedeutung ist, daß jedes Land nationale Vertreter in ein zentrales Unionsorgan wie die derzeitige Europäische Kommission entsendet, deren Mitglieder derzeit (noch) nicht wie im Modell direkt von den Bürgern gewählt, sondern von den nationalen Politikern bestimmt werden[22]. Wird die Kommission wie in der EU nicht von den Bürgern, sondern von den Vertretern der nationalen Regierungen im Unionsrat als gesamte gewählt, und gibt es zwischen den nationalen Regierungen divergierende distributive Interessen, über deren Befriedigung die Kommission entscheidet, so haben die Repräsentanten im Rat wie die Bürger im Modell Unionsregierung das Problem, das zentrale Organ für seine Entscheidungen nicht zur Verantwortung ziehen zu können. D.h. die Politiker im Rat unterbieten sich gegenseitig mit ihren Forderungen für eine Wiederwahl der Kommission und diese kann daher ihre Kompetenzen zu ihren Gunsten einsetzen. Damit die Kontrolle der Kommission durch den Unionsrat möglich ist und damit diese ihre Entscheidungsgewalt nicht übermäßig ausnutzen kann, muß jeder Kommissar durch die regelmäßige Möglichkeit zur Abberufung durch eine nationale Regierung zur Rechenschaft gezogen werden können. Die Wiederernennungsregel richtet sich in diesem Fall danach, welche Vorteile der jeweilige Kommissar unter Berücksichtigung seiner Agenda-Setting-Kompetenzen für sein Land bzw. für die nationale Regierung, die ihn ernannt hat, erreichen konnte. Darüber hinaus ist es für eine nationale Regierung, die die Vorteile aus den Entscheidungen "ihrer" Kommissare maximieren will, vorteilhaft, möglichst viele Kommissare in die Kommission zu entsenden. Aus diesen Gründen spielt bei der Besetzung der Europäischen Kommission - wie die aktuelle Diskussion über institutionelle Reformen der EU zeigt - im Gegensatz zur Regierung eines Nationalstaates die nationale Herkunft der Kommissare eine bedeutende Rolle[23].

Wie wirken alternative Modellannahmen auf die abgeleiteten Ergebnisse? In der Untersuchung wurde unterstellt, daß die internationale Union aus drei Ländern mit gleicher Bevölkerungsgröße besteht und daß jedes Land in den Gremien das gleiche Stimmengewicht erhält. Werden mehr als drei Länder betrachtet, ändern sich die Resultate cet. par. qualitativ nicht, allerdings muß dann jeweils die für das Zustandekommen der relevanten Mehrheit erforderliche Anzahl von Ländern in die Mehrheitskoalition einbezogen werden. Haben die Länder unterschiedliche Bevölkerungsgrößen, so ist dies in den Budgetrestriktionen zu berücksichtigen. Die Teilnahmebedingungen für die verschiedenen Gleichgewichte und die Anforderungen an die Beziehungen zwischen den Volkseinkommen der Länder, den Nettointegrationsgewinnen und den Integrationskosten, die in den

[22]Vgl. zu einem Vorschlag der Politik für eine direkt gewählte europäische Regierung bzw. einen Präsidenten Fischer (2000), S. 6.

[23]Vgl. Busch (1999), S. 33 ff.

Bedingungen 7.1 bis 8.2 postuliert wurden, sind in diesem Fall in Abhängigkeit von der Bevölkerungsgröße der Länder zu formulieren. Die relativen qualitativen Eigenschaften der institutionellen Arrangements werden durch diese Annahme nicht verändert[24]. Erhalten die Länder in den Gremien ein Stimmengewicht, das ihrer Bevölkerungsgröße entspricht, so muß der jeweilige Agenda-Setter bei der Zusammenstellung seiner Mehrheit darauf achten, die ausreichende Anzahl von Stimmen zu erhalten. Allerdings beeinflußt die relative Stimmengewichtung nicht die Gleichgewichte der Grundmodelle. Wenn mittels der Einstimmigkeitsregel entschieden wird, ist die Zustimmung aller Mitglieder unabhängig vom relativen Stimmengewicht erforderlich. Daher ändert sich das Gleichgewicht des Grundmodells Unionsrat bei Anwendung der Einstimmigkeitsregel nicht. In den Modellen, in denen mehrheitlich über die Budgetallokation abgestimmt wird, resultiert ein Unterbietungswettbewerb der Bürger um die Einbeziehung in die MWC des Agenda-Setters, wobei für die Zustimmung minimale Reservationsforderungen gestellt werden. Auch in diesem Fall ist das relative Stimmengewicht für die Ergebnisse im Gleichgewicht irrelevant. Entscheidend für die Ergebnisse ist allerdings die Wahrscheinlichkeit, mit der der Agenda-Setter bestimmt wird. Die Verteilung der Integrationsgewinne und der budgetären Allokation der Union ist um so asymmetrischer, je ungleicher die Wahrscheinlichkeit für die Repräsentanten der verschiedenen Ländern ist, Vorsitzender des relevanten Unionsgremiums zu werden. Je geringer diese Wahrscheinlichkeit ist, desto geringer ist die erwartete Wohlfahrt der Bürger, weil diese eine kleinere Chance haben, in den Genuß budgetärer Politiken zu kommen. Für die realen Organe der EU wurde bereits ausgeführt, daß die Regelung im Rat den Repräsentanten eines Landes unabhängig von dessen Größe und Stimmengewicht eine gleich hohe Wahrscheinlichkeit einräumt, den Vorsitz zu übernehmen, wodurch zu erwarten ist, daß die budgetären Vorteile der Mitgliedsländer über die Zeit relativ gleich sind. Im Unionsparlament ist der Zusammenhang zwischen der Ländergröße und der Chance auf die Agenda-Setting-Position weniger offensichtlich, aber es ist zu vermuten, daß bevölkerungsstärkere Länder, die mehr Abgeordnete stellen, eine höhere Aussicht auf die Erlangung von Agenda-Setting-Kompetenzen haben, wodurch größere Länder bei den budgetären Entscheidungen über die Zeit tendenziell bevorzugt werden.

In der Analyse wurde für die Marktintegration eine vereinfachte Spezifikation mit zwei Zuständen - Integration und Nicht-Integration - unterstellt. Diesbezüglich ist eine Verallgemeinerung des Modells möglich, in der ein kontinuierlicher Integrationsgrad zugelassen wird. Dabei sind hinsichtlich der aggregierten Wohlfahrt und der politischen Renten qualitativ keine anderen Ergebnisse zu erwarten als in den Grundmodellen[25].

[24]Diese Art von internationaler Heterogenität wurde im Prinzip schon implizit durch die Möglichkeit unterschiedlicher nationaler Einkommen berücksichtigt.

[25]Vgl. Folkers (1994a). Vgl. für einen Ansatz, in dem eine endoge Entscheidung über den Integrationsgrad in einer internationalen Wirtschaftsunion untersucht wird Dawid (1998). Dabei können der von den Bürgern und der von den politischen Repräsentanten präferierte Integrationsgrad voneinander

Von besonderem Interesse, aber mit erheblichem Analyseaufwand verbunden, ist eine Erweiterung des Modells, in der die Präferenzen bezüglich der Marktintegrationsmaßnahmen national heterogen sind, so daß es innerhalb der Länder Gewinner und Verlierer der Marktintegration gibt. Dabei ist zu analysieren, inwieweit die budgetären Politiken der Union in der repräsentativen Demokratie tatsächlich zur Kompensation der Integrationsverlierer eingesetzt werden. Die Untersuchung dieser Frage ist innerhalb des betrachteten Modellansatzes möglich, allerdings würde dies den Rahmen der Arbeit sprengen und nicht direkt zu ihrem Untersuchungsgegenstand der demokratischen Kontrolle beitragen, weshalb die Fragestellung einen möglicher Gegenstand weiterer Untersuchungen darstellt.

Hinsichtlich der Informationssituation wurde im zweiten Teil der Arbeit vollständige, symmetrische Information der beteiligten Individuen unterstellt. Dies ist untypisch für die Analyse eines Prinzipal-Agenten-Problems, das im marktlichen Kontext erst aus der Asymmetrie der Informationsverteilung entsteht. Dies verdeutlicht die Schwierigkeiten der formalen Analyse der Prinzipal-Agenten-Beziehung zwischen Bürgern und Politikern in der repräsentativen Demokratie, die selbst bei vollständiger Information überaus komplex ist. In Abschnitt 5.2.4 im fünften Kapitel wurde gezeigt, auf welche Weise asymmetrische Information in dem betrachteten Kontext zu untersuchen wäre[26]. Daher ist auch bezüglich dieser Frage eine Erweiterung des angewendeten Modellansatzes prinzipiell möglich. Auf die entsprechende Modellerweiterung wird im Rahmen der vorliegenden Arbeit ebenfalls verzichtet.

---

abweichen, wenn für die Bürger aus der Integration spezifische nicht-monetäre Effekte resultieren, die nicht auf die Besteuerungsbasis wirken und daher nicht in den Zielfunktionen der rentenmaximierenden Politiker enthalten sind. Allerdings ist zu erwarten, daß die Bürger des jeweiligen Agenda-Setters in dem Unionsgremium, das über den Integrationsgrad entscheidet, in einem Wiederwahlgleichgewicht den von ihnen bevorzugten Integrationsgrad durchsetzen lassen können.

[26] Vgl. für eine Anwendung auf den Bereich budgetärer Entscheidungen in einer internationalen Wirtschaftsunion Dawid (1998), S. 19 ff. Dabei kann festgestellt werden, daß die Politiker bei Unsicherheit der Wähler über die tatsächlichen Kosten der Marktintegration ihre Rente durch die internationale Integrationsvereinbarung im Gegensatz zur Situation vollständiger Information überproportional ausdehnen können.

Kapitel 9

Resümee

Ziel der vorliegenden Untersuchung war es, einen Ansatz für die Analyse staatlicher Budgetierungsprozesse zu entwickeln, mit dem die Frage der demokratischen Kontrolle von Haushaltsentscheidungen untersucht werden kann, und diesen auf das Haushaltsverfahren der EU anzuwenden. Dazu ist im ersten Teil der Arbeit ausgehend von den stilisierten Merkmalen realer Budgetprozesse der EU und ihrer Mitgliedstaaten ein mikroökonomisch fundierter Modellansatz abgeleitet worden. Im zweiten Teil der Arbeit erfolgte die Anwendung des abgeleiteten Analysemodells auf das budgetäre Verfahren der EU und auf mögliche institutionelle Varianten der realen Regelungen. Im Mittelpunkt stand dabei die Frage, wie die Regeln staatlicher Haushaltsverfahren eine wirksame Kontrolle der budgetären Entscheidungen im Sinn der Bürger gewährleisten und eine übermäßige, mißbräuchliche Ausnutzung der Entscheidungsgewalt durch die politischen Repräsentanten verhindern können. Die Ergebnisse wurden jeweils am Ende der einzelnen Kapitel resümiert, weshalb die Resultate in diesem Kapitel nur kurz zusammengefaßt werden.

In einem ersten Schritt wurde eine grundlegende Charakterisierung budgetärer Entscheidungsverfahren, der beteiligten Spieler im Budgetprozeß, ihrer Ziele und möglicher Zielkonflikte sowie der Entscheidungssequenz vorgenommen. Weil die Arbeit primär die Kontrolle der budgetären Entscheidungen der politischen Repräsentanten durch die Bürger, d.h. die Prinzipal-Agenten-Beziehung zwischen den Politikern als Agenten und den Bürgern als Prinzipale, untersucht, wurde eine Fokussierung der Betrachtung auf die Phase der Budgetaufstellung vorgenommen. Dazu wurde verdeutlicht, welche Annahmen bezüglich der Informationssituation und der Institutionen getroffen werden müssen, damit diese Eingrenzung erfolgen kann. In diesem Zusammenhang ist es insbesondere erforderlich, von der Existenz eines effektiven Kontroll- und Sanktionierungsmechanismus auszugehen, der in der Budgetdurchführungsphase die Implementierung des von den politischen Repräsentanten beschlossenen Haushaltsplans gewährleistet. Darüber hinaus wurde erörtert, wie mikroökonomisch fundierte Ansätze konzipiert sein müssen, um die Kontrolle budgetärer Entscheidungen durch die Wahlentscheidungen der Bürger analysieren zu können. In diesem Zusammenhang wurde herausgearbeitet, daß aus empirischen und entscheidungslogischen Gründen retrospektives Verhalten der Wähler zu unterstellen ist, bei dem die Politiker für die Entscheidungen während der Regierungsperiode durch Abwahl sanktioniert werden können. Schließlich wurde die Bedeutung der institutionellen Regelungen und der Entscheidung über die Institutionen für das Ergebnis budgetärer Haushaltsprozesse untersucht.

In einem weiteren Schritt wurden die Dimensionen budgetärer Institutionen sowie potentieller Gestaltungsmöglichkeiten dargestellt und ihr Einfluß auf die Ergebnisse der Budgetprozesse diskutiert. Dabei wurde zwischen quantitativen Restriktionen, prozeduralen, informellen und allgemeinen politischen Regeln unterschieden. Der Schwerpunkt der Darstellung lag auf dem Einfluß, den die Regelungen im einzelnen auf den Verlauf des Budgetaufstellungsspiels und auf die zu erwartenden Gleichgewichte haben.

Im vierten Kapitel wurde ein Modellansatz eingeführt, der die stilisierten Eigenschaften budgetärer Prozesse, die im zweiten Kapitel herausgearbeitet worden sind, berücksichtigt, und es wurden verschiedene Referenzallokationen abgeleitet. Im Rahmen des Modells wurden die Budgetallokationen bestimmt und miteinander verglichen, die in den institutionellen Arrangements eines Legislativen Verhandlungsspiels, eines Exekutivkomitees sowie eines mehrstufigen Budgetierungsprozesses bei restringierten Auszahlungen der politischen Repräsentanten resultieren, wobei in diesem Kapitel noch nicht die Wahlentscheidungen der Bürger berücksichtigt wurden. Als institutionelle Varianten wurden exemplarisch eine fiskalische Restriktion durch die Beschränkung der Ausgaben sowie eine Variante des Quorums betrachtet. Schließlich wurde untersucht, welche Allokationen in den verschiedenen institutionellen Regimen zu erwarten sind, wenn die Auszahlungen der politischen Repräsentanten nicht begrenzt sind, sondern wenn über ihre Höhe endogen im Budgetprozeß entschieden wird. Die Analyse zeigte, daß die Ergebnisse der Budgetierungsverfahren wesentlich von den zugrundeliegenden Entscheidungsregeln determiniert werden, so daß das Niveau und die Verteilung der Wohlfahrt der Bürger sowie der Auszahlungen der Politiker in entscheidender Weise von der Gestaltung der Haushaltsinstitutionen, der politischen Mechanismen und der informellen Verhaltensregeln abhängig sind. Beispielsweise wird die Budgetallokation im Legislativen Verhandlungsmodell durch die Ziele des Agenda-Setters dominiert, der aber für weitere Repräsentanten des Entscheidungsgremiums Politiken bereitstellen muß, um die erforderliche Zustimmung zu seinem Budgetvorschlag zu erlangen. Im Exekutivkomitee kann sich hingegen der Budgetminister wegen der Trennung der Abstimmungsdimensionen und der beschränkten Vorschlagsrechte mit seinen Vorschlägen weitgehend durchsetzen. Es wurde deutlich, daß die Möglichkeit zur unbegrenzten Aneignung von Ressourcen durch die politischen Repräsentanten, ohne daß die Bürger diese durch eine Abwahl disziplinieren können, die Situation der Bürger je nach institutionellem Arrangement erheblich verschlechtern kann. Deshalb ist der Mechanismus zur Bestimmung der Repräsentanten in der Analyse von Haushaltsverfahren zu berücksichtigen.

Weil die budgetären Entscheidungen der politischen Repräsentanten durch das Wahlverhalten der Bürger beeinflußt werden, wurde im fünften Kapitel die demokratische Kontrolle durch Wahlen in die Analyse einbezogen. Dazu wurde zunächst vereinfachend eine auf den Interessenkonflikt zwischen Politikern und Bürgern reduzierte Situation betrachtet, in der die Präferenzen der Bürger bezüglich der staatlichen Allokation homogen sind und keine Divergenzen zwischen den politischen Repräsentanten innerhalb der politischen Organe bestehen. Die Budgetallokationen, die in verschiedenen institutionellen Arrangements resultieren, wurden miteinander verglichen, wobei als Grundmodelle ein Präsidialsystem und ein parlamentarisches System betrachtet wurden. Dabei konnte gezeigt werden, daß unter bestimmten budgetären Regeln die Renten der Politiker extrem hoch sind, während sie in anderen Regimen auf ein Minimum reduziert werden können. Die Allokation ist aus Sicht der Bürger weniger vorteilhaft, wenn die Organe, die die Haushaltsentscheidungen treffen, die Exekutive und die Legislative, unabhängig voneinander über einen Bereich von Ausgaben entscheiden oder wenn die Exekutive im parlamentarischen Regime nicht zusammen mit der Legislative die Macht abgeben muß und Kollusion zwischen den Organen möglich ist. Durch die Aufteilung der Vorschlagsrechte über die Budgethöhe einerseits und die Verteilung der Ausgaben andererseits können die Bürger hingegen besser gestellt werden. Haben die Bürger spezifische heterogene Interessen, so sind sie nicht in der Lage, sich auf eine gemeinsame Wiederwahlregel zu koordinieren und den politischen Repräsentanten für seine Politik zur Verantwortung zu ziehen. In diesem Fall ist die Möglichkeit zur Ausnutzung der Entscheidungsgewalt durch die Politiker maximal.

Im zweiten Teil des fünften Kapitels wurde die Annahme monolithischer Staatsorgane aufgegeben und es wurde analysiert, welche Allokation in einem Legislativkomitee resultiert, wenn die Repräsentanten jeweils von einer Gruppe von Bürgern bestimmt werden, wobei die Präferenzen der verschiedenen Bürgergruppen inhomogen sind und durch divergierende Verteilungsinteressen determiniert werden. Dabei zeigt sich, daß bei Entscheidung mittels einer geschlossenen Mehrheitsregel eine ungleiche Verteilung der budgetären Ressourcen zu erwarten ist, da die Bürger des Agenda-Setters im Entscheidungsgremium in der Lage sind, sich die meisten Mittel anzueignen, weil sich die anderen Bürger mit ihren Forderungen für eine Zustimmung zum Budgetvorschlag gegenseitig unterbieten. Der Interessenkonflikt zwischen Bürgern und Politikern wird auf ähnliche Weise gelöst wie im Fall homogener Bürgerinteressen. Durch alternative budgetäre Institutionen, insbesondere durch die Trennung der Entscheidungen über die Budgethöhe und die Verteilung der Ausgaben, kann die Budgetallokation sowohl hinsichtlich der asymmetrischen Verteilung zwischen den Bürgern als auch bezüglich der politischen Renten verbessert werden.

Die entwickelten Ansätze zur Analyse der demokratischen Kontrolle in staatlichen Budgetierungsprozessen wurden im zweiten Teil der Arbeit auf das Haushaltsverfahren der EU angewendet. Dazu wurden zunächst die charakteristischen Merkmale der Budgetallokationen und der budgetären Institutionen in der EU herausgearbeitet und es wurden Prämissen abgeleitet, von denen ein Modell von Haushaltsentscheidungen in der EU auszugehen hat. Aufbauend auf diesen Annahmen wurden drei grundlegende institutionelle Arrangements entwickelt, wobei die ersten beiden, der Unionsrat und das Unionsparlament, die beiden Teile des derzeitigen realen Haushaltsverfahrens abbilden, mit denen jeweils über den Bereich der OA und der NOA entschieden wird. Das dritte Regime, die Unionsregierung, ist ein hypothetisches Konstrukt, das verdeutlichen soll, welche Allokation bei Entscheidung durch eine direkt gewählte Unionsregierung zu erwarten ist. Das formale ökonomische Modell wurde entsprechend den stilisierten Fakten der EU-Haushaltswirtschaft festgelegt und es wurden die Budgetallokationen im Gleichgewicht der drei institutionellen Arrangements abgeleitet. Dabei konnte gezeigt werden, daß das Modell des Unionsrats sowohl hinsichtlich der Renten der politischen Repräsentanten als auch bezüglich der Wohlfahrt der Bürger vorteilhafter ist als das Parlamentsmodell und daß dieses einer Unionsregierung vorzuziehen ist. Allerdings ist die Vorteilhaftigkeit des Unionsratsmodells gegenüber dem Parlamentsmodell i.w. auf die zugrundeliegende Anwendung der Einstimmigkeitsregel zurückzuführen. Werden im Unionsrat Mehrheitsentscheidungen betrachtet, so nähern sich die Budgetierungsresultate im Gleichgewicht denen des Parlamentsmodells an. Zudem wurde in den Grundmodellen Unionsparlament und -regierung zunächst ein exogen gegebenes Niveau der Gesamtausgaben der Union unterstellt. Da in der Realität über die Budgethöhe innerhalb der EU vom Rat entschieden wird, wurden alternative budgetäre Regeln analysiert, die eine endogene Festlegung der Budgethöhe berücksichtigen. In diesem Zusammenhang konnte u.a. die Schlußfolgerung gezogen werden, daß ein Verfahren, bei dem der Rat sowohl über die Einnahmen als auch über die Verteilung der Mittel auf die Ausgabenkategorien entscheidet und das somit dem realen Prozeß entspricht, mit dem in der EU die OA alloziiert werden, zu geringeren politischen Renten führt als bei einer Ausgabenverteilung durch das Unionsparlament wie in der EU bezüglich der NOA. Außerdem konnte gezeigt werden, daß sich die Anwendung der Mehrheitsregel im Rat bei der Festlegung der Einnahmenhöhe nachteilig auswirken kann, insbesondere wenn die Vorschlagsrechte in den beiden Entscheidungen über die Budgethöhe und die Ausgabenverteilung in der Hand von Vorsitzenden liegen, die aus demselben Land stammen. In diesem Fall empfiehlt sich zur Erhöhung der demokratischen Kontrolle eine Aufteilung der Agenda-Setting-Kompetenzen auf Repräsentanten aus verschiedenen Ländern. Schließlich ist es sowohl hinsichtlich des Niveaus der Politikerrenten als auch für die aggregierte Wohlfahrt zum Nachteil, wenn die Organe Unionsparlament und -regierung selbst über die Einnahmenhöhe entscheiden, d.h. wenn diesen Organen Einnahmenautonomie eingeräumt würde. Von der Einnahmenhoheit eines mehrheitlich entscheidenden Rats, eines Unionsparlaments oder einer Unionsregierung sollte daher in jedem Fall abgesehen werden, so lange durch das EU-Budget insbesondere nationale Verteilungsinteressen bedient werden[1].

Sind Absprachen zwischen den Politikern und Kollusion gegenüber den Bürgern möglich, können sich die Politiker in den institutionellen Regimen Unionsrat und -parlament durch kooperative Absprachen verbessern, allerdings weniger auf Kosten der Bürger, weil die Verbesserung im wesentlichen aus einem Risikoausgleich zwischen den Politikern resultiert. Dies ist allerdings anders bei Existenz einer Unionsregierung. In diesem Fall können sich die Politiker auf Kosten der Bürger stark besser stellen, wenn sie an den Renten der Unionsregierung beteiligt sind, gegenüber der sich die Bürger nicht auf eine Wiederwahlstrategie koordinieren können und die daher in der Lage ist, ihre Einnahmenkompetenz vollständig zu ihren Gunsten auszunutzen. Deshalb besteht im Fall kollusiver Kooperation zwischen den Politikern ein starker Anreiz zur Zentralisierung und Zuweisung budgetärer Kompetenzen an eine zentrale Unionsregierung. Es wird deutlich, daß die Direktwahl einer zentralen Exekutive durch die Bürger allein für eine wirksame demokratische Kontrolle nicht ausreichend ist, sondern daß weitere fiskalische Restriktionen notwendig sind[2]. So ist aus Sicht der Bürger beispielsweise eine Begrenzung der Ausgabenhöhe der Budgets der Unionsorgane, über die von einem Unionsrat einstimmig entschieden wird, von Vorteil. Darüber hinaus verdeutlicht das Modell, warum es für die nationalen Regierungen von Bedeutung ist, daß die Mitglieder der derzeitigen EU-Kommission jeweils einer nationalen Regierung verantwortlich sind und daß statt dessen nicht die Kommission als Ganzes von allen Regierungen gewählt wird, denn andernfalls wäre eine wirksame Kontrolle der Kommission nicht durchsetzbar. Zudem steigen die erwarteten Verteilungsvorteile der nationalen Regierungen aus den Kommissionsentscheidungen mit der Anzahl der Kommissarsposten, über die die jeweilige Regierung verfügen kann. Deshalb ist es aus Sicht der nationalen Regierungen erstrebenswert, über die Ernennung möglichst vieler Kommissare entscheiden zu können.

In der Analyse des EU-Haushaltsverfahrens wurde der Schwerpunkt auf den Interessenkonflikt zwischen Bürgern und Politikern gelegt und es wurden international heterogene Präferenzen unterstellt, während die Präferenzen der Bürger eines Landes als homogen angenommen wurden. Diese Annahmen weichen in verschiedener Hinsicht vereinfachend von den realen Gegebenheiten ab, wobei realistischere Annahmen eine wesentlich differenziertere und komplexere Vorgehensweise erfordern, während sich die grundlegenden qualitativen Resultate hinsichtlich der Frage der demokratischen Kontrolle nicht ändern.

Erstens haben die Bürger eines Landes mit hoher Wahrscheinlichkeit unterschiedliche Präferenzen insbesondere bezüglich der Marktintegration, weil es innerhalb der Ländern Gewinner und Verlierer dieser Maßnahmen geben kann. In diesem Zusammenhang wäre im Rahmen des in dieser Arbeit zugrundegelegten Ansatzes zu untersuchen, ob das Budget der Union tatsächlich zur Kompensation der Verlierer eingesetzt wird und daher zur

---

[1]Vgl. Folkers (1995).
[2]Vgl. Folkers (1984).

Durchsetzung von Integrationsfortschritten beiträgt.

Zweitens wurde vorausgesetzt, die Interessendivergenzen zwischen den Bürgern seien national angelegt und Verteilungskonflikte beständen zwischen den Bürgern verschiedener Länder. Wenn die Präferenzen national heterogen sind, ist es ebenso möglich, daß sich Gruppeninteressen über die Ländergrenzen hinweg organisieren und gemeinsam Einfluß auf die politischen Entscheidungen nehmen. Dies ist in der EU zu beobachten, wo sich beispielsweise europäische Interessengruppen bilden, die gleichartige Interessen aus verschiedenen Ländern bündeln. Daher wäre im Rahmen des hier entwickelten Modellrahmens zu erörtern, wie sich die Formierung von Bürgerinteressen über die Grenzen der Mitgliedsländer hinweg auf die budgetären Entscheidungen in der Union auswirkt. Diese Frage betrifft einerseits die Einflußnahme durch Lobbying, die in dieser Arbeit ausgeklammert wurde, für die es aber im Rahmen des verwendeten theoretischen Ansatzes Anknüpfungspunkte gibt, die eine entsprechende Erweiterung des Modells ermöglichen[3]. Andererseits geht es um den Einfluß von Bürgern mit gleichartigen Präferenzen in verschiedenen Mitgliedsländern auf die Wahlentscheidungen. So gibt es beispielsweise in den verschiedenen Mitgliedsländern Parteien mit gleichartiger politischer Ausrichtung, die verstärkt auf Unionsebene zusammenarbeiten und die Entscheidungen der EU prägen. Während Lobbying auf Unionsebene ein Phänomen ist, das wahrscheinlich reale Entscheidungen stark beeinflußt, ist es nicht offensichtlich, ob die Annäherung der nationalen Präferenzverteilungen und die Herausbildung von Wählergruppierungen über die Grenzen der Mitgliedsländer hinweg empirisch bereits eine Rolle für die Politiken der EU spielt. Andererseits sind nationale Verteilungsinteressen nach wie vor bestimmend. Im Rahmen des vorgestellten Analyseansatzes ist es jedenfalls möglich, zu untersuchen, wie entsprechende Veränderungen der Präferenzkonstellation auf die Resultate staatlicher Entscheidungen in der EU wirken. Auch dies bleibt eine interessante Fragestellung für weitere Untersuchungen.

Bei der dritten Einschränkung, der Annahme, daß die Präferenzen der Politiker auf das Erzielen politischer Renten beschränkt sind, handelt es sich um eine Vereinfachung, die primär durch die Fokussierung der Analyse auf die Frage der demokratischen Kontrolle gerechtfertigt ist. In Abschnitt 4.5 des vierten Kapitels wurde gezeigt, wie die Problematik zu analysieren ist, wenn die Politiker gleichermaßen Präferenzen über die budgetären Politiken haben. Eine entsprechende Erweiterung der Untersuchung budgetärer Entscheidungen in einer internationalen Wirtschaftsunion ist in gleicher Weise möglich, aber sie bringt neben einer erheblichen Verkomplizierung der Betrachtung keine weitergehenden Erkenntnisse bezüglich der Lösung der Prinzipal-Agenten-Beziehung zwischen Bürgern und Politikern.

Um nicht den Rahmen der Arbeit zu sprengen, wurde im zweiten Teil, im achten Kapitel, lediglich eine kleine Auswahl möglicher institutioneller Varianten der Grundmodelle betrachtet. Weitere Institutionen, die in der Diskussion über die Gestaltung der poli-

[3] Vgl. Helpman/Persson (1998).

tischen und der fiskalischen Verfassung der EU erörtert werden, wären im Rahmen des Modellansatzes zu analysieren, wobei dafür abschließend zwei Beispiele genannt werden sollen.

Werden Entscheidungskosten berücksichtigt, d.h. Ressourcen die aufgewendet werden müssen, um in einem Gremium zu einem Beschluß zu gelangen[4], so fällt das Plädoyer für die Anwendung der Einstimmigkeitsregel bei der Entscheidung über die Einnahmenhöhe u.U. nicht so eindeutig aus. Weil die Interdependenzkosten mit der Höhe des Abstimmungsquorums steigen, das für die Verabschiedung einer Entscheidung erfüllt werden muß, da die Möglichkeit zur Ausnutzung des Vetorechts durch einzelne Komiteemitglieder besteht, sind u.U. Quoren unter Eins vorteilhaft. Wenn aus diesem Grunde im laufenden Haushaltsverfahren Abstimmungsregeln mit Quoren jenseits der Einstimmigkeitsregel angewendet werden, kann es daher möglicherweise erforderlich sein, daß die budgetären Institutionen durch weitere Regeln ergänzt werden, die dauerhafte budgetäre Ungleichgewichte, d.h. eine übermäßige Ausnutzung oder Benachteiligung einzelner Mitgliedstaaten in einer konföderalen bzw. einer in Zukunft zunehmend föderalen Europäischen Union vermeiden helfen. Deshalb wird beispielsweise in Vorschlägen zur Gestaltung einer zukünftigen Verfassung der EU die Forderung gestellt, eine formale Austrittsoption für die Mitgliedstaaten der EU festzulegen[5]. Ein weiteres Beispiel für eine allgemeine politische Institution, die in diesem Zusammenhang angeführt wird und die zu untersuchen wäre, ist ein Vetorecht, mit dem die nationalen Regierungen der Mitgliedsländer die Budgetentscheidungen der Union blockieren können, wenn sie durch budgetäre Beschlüsse der Union übermäßig belastet werden. Auch diese Regel wird als Bestandteil einer zukünftigen EU-Verfassung vorgeschlagen und diskutiert[6]. Im Rahmen des Modells wäre zu evaluieren, wie die beiden genannten Institutionen auf die resultierende Budgetallokation wirken, wenn Budgetentscheidungen mit einem Quorum getroffen werden, das geringer als eins ist. Der in dieser Arbeit entwickelte Ansatz ist geeignet, entsprechende institutionelle Gestaltungsmöglichkeiten einer künftigen Verfassung der EU hinsichtlich ihrer Wirkung für die Wohlfahrt der Bürger und der demokratischen Kontrolle der politischen Repräsentanten zu analysieren.

---

[4] Vgl. Buchanan/Tullock (1962), S. 63 ff.

[5] Vgl. Buchanan (1990), Holcombe (1996), S. 287 sowie European Constitutional Group, (1993), Art. XXX, S. 80 ff.

[6] Vgl. European Constitutional Group (1993), Art. XXI, Section 7, S. 62 f.

Anhang A

Appendix zu Kapitel 7

A.1 Gleichgewichtsdefinitionen

Definition A.1 *Ein Gleichgewicht des Spiels in Abschnitt 7.3 auf S. 181 besteht aus Politikvektoren* $\mathbf{b}_k(\bar{\mathbf{u}})$ *für alle* $k = 1, 2, 3$ *und* $\mathbf{b}_u(\bar{\mathbf{u}})$ *und einem Vektor von Reservationsnutzen* $\bar{\mathbf{u}}$ *für die gilt:*

1. *Gegeben* $\bar{\mathbf{u}}$ *zieht jeder Repräsentant* P_a $\mathbf{b}_k(\bar{\mathbf{u}})$ *jeder anderen möglichen Allokation vor.*

2. *Gegeben* $\bar{\mathbf{u}}$ *zieht jeder Repräsentant* P_k $k \neq a$ $\mathbf{b}_u(\bar{\mathbf{u}})$ *der Status quo-Allokation* $\mathbf{b}_u^{SQ}$ *schwach vor.*

3. *Gegeben* $\bar{\mathbf{u}}$ *zieht der Agenda-Setter im Rat,* P_a $\mathbf{b}_u(\bar{\mathbf{u}})$ *jeder anderen möglichen Politik vor, die 2. erfüllt.*

4. *Die Reservationsnutzen* $\bar{u}_k$ *sind für die Bürger in jedem Land* k *optimal, gegeben, daß die Politiken für alle* k *entsprechend* $\mathbf{b}_k(\bar{\mathbf{u}})$ *und entsprechend* $\mathbf{b}_u(\bar{\mathbf{u}})$ *gesetzt werden, gegeben die Reservationsnutzen in den anderen Ländern,* $\bar{\mathbf{u}}_{-k}$*, und gegeben die Identität des Agenda-Setters.*

5. *Alle Spieler nehmen die Gleichgewichtsergebnisse der* $t + j$ *Perioden mit* $j \geq 1$ *als gegeben an (Stationaritätsannahme).*

Definition A.2 *Ein Gleichgewicht des Spiels in Abschnitt 7.4 auf S. 191 besteht aus Politikvektoren* $\mathbf{b}_k(\bar{\mathbf{b}}_k)$ *für alle* $k = 1, 2, 3$ *und* $\mathbf{b}_u(\bar{\mathbf{b}}_u)$ *und Vektoren von Reservationswerten für die Politiken auf nationaler Ebene,* $\bar{\mathbf{b}} = \{\bar{\mathbf{b}}_1, \bar{\mathbf{b}}_2, \bar{\mathbf{b}}_3\}$ *und für die Politiken auf Unionsebene,* $\bar{\mathbf{b}}_u = \{\bar{\mathbf{b}}_{1u}, \bar{\mathbf{b}}_{2u}, \bar{\mathbf{b}}_{3u}\}$ *für die gilt:*

1. *Gegeben* $\bar{\mathbf{b}}_k$ *zieht jeder Repräsentant* P_k $\mathbf{b}_k(\bar{\mathbf{b}}_k)$ *jeder anderen möglichen Allokation vor.*

2. *Gegeben* $\bar{\mathbf{b}}_u$ *zieht mindestens ein Repräsentant* P_{ku} $k \neq a$ $\mathbf{b}_u\left(\bar{\mathbf{b}}_u\right)$ *der Status quo-Allokation* $\mathbf{b}_u^{SQ}$ *schwach vor.*

3. *Gegeben* $\bar{\mathbf{b}}_u$ *zieht der Agenda-Setter im Unionsparlament,* P_{au} $\mathbf{b}_u\left(\bar{\mathbf{b}}_u\right)$ *jeder anderen möglichen Politik vor, die 2. erfüllt.*

4. *Die Reservationswerte* $\bar{\mathbf{b}}_k$ *und* $\bar{\mathbf{b}}_{ku}$ *sind für die Bürger in jedem Land k optimal, gegeben, daß die Politiken für alle k entsprechend* $\mathbf{b}_k\left(\bar{\mathbf{b}}_k\right)$ *und entsprechend* $\mathbf{b}_u\left(\bar{\mathbf{b}}_u\right)$ *gesetzt werden, gegeben die Reservationswerte in den anderen Ländern,* $\bar{\mathbf{b}}_{-k}$ *sowie* $\bar{\mathbf{b}}_{-ku}$*, und gegeben die Identität des Agenda-Setters.*

5. *Alle Spieler nehmen die Gleichgewichtsergebnisse der* $t+j$ *Perioden mit* $j \geq 1$ *als gegeben an.*

Definition A.3 *Ein Gleichgewicht des Spiels in Abschnitt 7.5 auf S. 199 besteht aus Politikvektoren* $\mathbf{b}_k\left(\bar{\mathbf{b}}_k\right)$ *für alle* $k = 1, ..., 3$ *und* $\mathbf{b}_u\left(\bar{\mathbf{b}}_u\right)$ *sowie Vektoren von Reservationswerten für die Politiken auf nationaler Ebene,* $\bar{\mathbf{b}}$ *und für die Politiken auf Unionsebene,* $\bar{\mathbf{b}}_u$ *für die gilt:*

1. *Gegeben* $\bar{\mathbf{b}}_k$ *zieht jeder Repräsentant* P_k $\mathbf{b}_k\left(\bar{\mathbf{b}}_k\right)$ *jeder anderen möglichen Allokation vor.*

2. *Gegeben* $\bar{\mathbf{b}}_u$ *zieht der Repräsentant* P_{ku} $\mathbf{b}_u\left(\bar{\mathbf{b}}_u\right)$ *jeder anderen möglichen Allokation vor.*

3. *Die Reservationswerte* $\bar{\mathbf{b}}$ *und* $\bar{\mathbf{b}}_u$ *sind für die Bürger in jedem Land k optimal, gegeben, daß die Politiken für alle k entsprechend* $\mathbf{b}_k\left(\bar{\mathbf{b}}_k\right)$ *und entsprechend* $\mathbf{b}_u\left(\bar{\mathbf{b}}_u\right)$ *gesetzt werden und gegeben die Reservationswerte in den anderen Ländern,* $\bar{\mathbf{b}}_{-k}$ *sowie* $\bar{\mathbf{b}}_{-ku}$*.*

4. *Alle Spieler nehmen die Gleichgewichtsergebnisse der* $t+j$ *Perioden mit* $j \geq 1$ *als gegeben an.*

A.2 Vergleich der Renten der Repräsentanten eines Landes

Wenn die folgende Bedingung erfüllt ist gilt $E\left(\pi^P\right) > E\left(\pi^C\right)$, d.h. im Ratsmodell realisieren die Repräsentanten eines Landes eine niedrigere nationale Gesamtrente als im

Unionsparlament:

$$\Delta_{PC} = E\left(\pi^{P}_{ku}\right) > (1-\delta)\,\Delta\pi_k \tag{A.1}$$

$$\Leftrightarrow \bar{\alpha}Y - c_u > (3-2\delta)\left[\bar{\alpha}y_k(0) + \left(\bar{\alpha} - \frac{2}{3}\right)\Delta y_k + \frac{2}{3}c_k + \frac{1}{3}\left(\sum_{l\neq k}(\Delta y_l - c_l) - c_u\right)\right]$$

$$\Leftrightarrow 2\left(\tfrac{2}{3}\delta + \bar{\alpha}(1-\delta) - 1\right)\Delta y_k - 2(1-\delta)\,\bar{\alpha}y_k(0) - 2\left(1-\tfrac{2}{3}\delta\right)c_k$$

$$\bar{\alpha}Y(0) - \left(1 - \tfrac{2}{3}\delta - \bar{\alpha}\right)\sum_{l\neq k}\Delta y_l + \left(1-\tfrac{2}{3}\delta\right)\sum_{l\neq k}c_l + \tfrac{2}{3}\delta c_u > 0.$$

Es gilt $E\left(\pi^R\right) > E\left(\pi^C\right)$, wenn die folgende Ungleichung gültig ist:

$$\Delta_{RC} = r_k E\left(\pi^{R}_{u}\right) > (1-\delta)\,\Delta\pi_k \tag{A.2}$$

$$\Leftrightarrow r_k\left[\alpha Y - c_u\right] > \alpha y_k(0) + \left(\alpha - \tfrac{2}{3}\right)\Delta y_k + \tfrac{2}{3}c_k + \tfrac{1}{3}\left(\sum_{l\neq k}(\Delta y_l - c_l) - c_u\right)$$

$$\Leftrightarrow -\alpha(1-r_k)\,y_k(0) - \left(\alpha(1-r_k) - \tfrac{2}{3}\right)\Delta y_k + \alpha r_k\sum_{k=1}^{3}y_k(0) - \tfrac{2}{3}c_k$$

$$-\sum_{l\neq k}\left(\left(\tfrac{1}{3} - r_k\alpha\right)\Delta y_l - \tfrac{1}{3}c_l\right) + \left(\tfrac{1}{3} - r_k\right)c_u > 0.$$

Wenn die Wahrscheinlichkeit r_k für die Repräsentanten aus den verschiedenen Ländern gleich und $r_k = \frac{1}{3}$ ist, vereinfacht sich die Bedingung $(A.2)$ folgendermaßen:

$$-2\bar{\alpha}y_k(0) + 2(1-\bar{\alpha})\,\Delta y_k + \bar{\alpha}Y(0) - 2c_k - \sum_{l\neq k}\left((1-\bar{\alpha})\,\Delta y_l - c_l\right) > 0. \tag{A.3}$$

Im Fall symmetrischer Länder gilt für die Einkommen, die Integrationskosten und die Wahrscheinlichkeit r_k:

$$\forall k \;:\; y_k(0) = y \tag{A.4}$$

$$\forall k \;:\; \Delta y_k(1) = \Delta y \tag{A.5}$$

$$\forall k \;:\; c_k = c;\; C = \sum_{k=1}^{3}c_k + c_u = 3c + c_u \tag{A.6}$$

$$\forall k \;:\; r_k = \tfrac{1}{3} \tag{A.7}$$

Unter der Annahme symmetrischer Länder vereinfachen sich die Differenzen der erwarteten Renten der Politiker eines Landes, die zwischen den verschiedenen institutionellen Regimen bestehen, folgendermaßen:

$$\Delta_{PC} = E\left(\pi^P\right) - E\left(\pi^C\right) = \tfrac{2}{3}\tfrac{(1-\delta)\delta(3\bar{\alpha}(y+\Delta y)-c_u)}{3-2\delta} \tag{A.8}$$

$$= \tfrac{2}{3}\tfrac{(1-\delta)\delta(\bar{\alpha}Y-c_u)}{3-2\delta} > 0 \Leftrightarrow \bar{\alpha} > \frac{c_u}{Y}, \tag{A.9}$$

$$\Delta_{RP} = E\left(\pi^R\right) - E\left(\pi^P\right) = \tfrac{1}{3}\tfrac{\delta(3\bar{\alpha}(y+\Delta y)-c_u)}{3-2\delta} > 0 \Leftrightarrow \bar{\alpha} > \frac{c_u}{Y}, \tag{A.10}$$

$$\Delta_{RC} = E\left(\pi^R\right) - E\left(\pi^C\right) = \delta\left[\bar{\alpha}\left(y + \Delta y\right) - \tfrac{1}{3}c_u\right] > 0 \Leftrightarrow \bar{\alpha} > \frac{c_u}{Y}, \tag{A.11}$$

d.h. wenn die Bedingung 7.3 und die Symmetrieannahmen $(A.4)$ bis $(A.7)$ erfüllt sind, gilt die folgende Rangfolge der erwarteten Renten:

$$\bar{\alpha} > \frac{c_u}{Y} \Leftrightarrow E\left(\pi^C\right) < E\left(\pi^P\right) < E\left(\pi^R\right). \tag{A.12}$$

A.3 Vergleich der Summe der politischen Renten im Rat und im Parlament

Die Aussage $\Pi^R > \Pi^P$ resultiert aus den folgenden Überlegungen:

$$\begin{aligned} &\Pi^R > \Pi^P \\ &\Leftrightarrow \left[(1 - \delta(1 - \bar{\alpha})) - (1 - \delta)\psi\right] Y > \left[1 - (1 - \delta)\omega\right] c_u \\ &\Leftrightarrow \bar{\alpha} > \frac{c_u}{Y} \end{aligned} \tag{A.13}$$

Diese Ungleichung entspricht der Bedingung 7.3, die als Annahme vorausgesetzt wurde. Daher gilt die Ausgangsbehauptung.

Anhang B

Appendix zu Kapitel 8

Welche Budgetallokation resultiert, wenn der Rat der Union die Entscheidung über die Einnahmenobergrenze nicht mittels der Einstimmigkeits- sondern der Mehrheitsregel trifft und das Parlament die Budgetpolitiken bestimmt? Wie in Abschnitt 8.3.2 unterbreitet der Agenda-Setter im Rat P_A einen Vorschlag. Bei dieser institutionellen Variante ist es ausreichend, wenn einer der beiden anderen Repräsentanten zustimmt.

Bezüglich der Renten der nationalen Repräsentanten gelten dieselben Überlegungen wie bei der Variante mit Einstimmigkeit. D.h. wenn die Bedingung 8.1 erfüllt ist, wird der Agenda-Setter im Rat den minimalen Beitragssatz α^{II} vorschlagen, der gerade die Durchführung der Integrationspolitiken auf der folgenden Spielstufe sichert. Daher müssen die Bürger in einem Wiederwahlgleichgewicht ihren nationalen Repräsentanten eine Rente von

$$\pi_k^{P4} = \pi_k^{P3} = (1 - \delta) \left[\left(1 - \alpha^{II}\right) y_k (1) - c_k \right] \tag{B.1}$$

zugestehen, unabhängig davon, wie hoch der maximale Beitragssatz im Gleichgewicht tatsächlich ausfällt.

Bei der Ableitung der Reservationsforderungen der Bürger muß unterschieden werden, ob die Agenda-Setter im Rat und im Parlament aus verschiedenen Ländern kommen, d.h. ob $A \neq a$ oder ob die Agenda-Setter in beiden Gremien aus demselben Land stammen und $A = a$ ist.

In einem ersten Schritt wird untersucht, welche Allokation resultiert, wenn der Agenda-Setter im Parlament und im Rat aus demselben Land kommen, wenn also $a = A$ ist. Damit ein Vorschlag für einen Beitragssatz von den Bürgern in den Ländern $k \neq a$ akzeptiert wird, muß dieser den Bürgern im Gleichgewicht mindestens den Nutzen des Status quo-Beitragssatzes sichern, d.h.

$$\forall k \neq a : u_k \left(\mathbf{b}_u (\alpha)\right) \geq u_k \left(\mathbf{b}_u (0)\right). \tag{B.2}$$

Die Nutzendifferenz $\Delta u_k \equiv u_k(\mathbf{b_u}(\alpha)) - u_k(\mathbf{b_u}(0))$ entspricht

$$\begin{aligned}\Delta u_k =& \Delta y_k - c_k - \bar{\alpha} y_k(1) + \underbrace{H_k\left(b_k^P(\bar{\alpha})\right) - H_k\left(b_k^P(0)\right)}_{\Delta H_k(\bar{\alpha})} \\ &- \underbrace{\left(b_k^P(\bar{\alpha}) - b_k^P(0)\right)}_{\Delta b_k(\bar{\alpha})} + \lambda_k J\left(b_u^P(\bar{\alpha})\right) \geq 0\end{aligned} \tag{B.3}$$

Sie wird null bei einem Beitragssatz von

$$\Delta u_k = 0 \Leftrightarrow \alpha_k^{\max} \equiv \frac{\Delta y_k - c_k + \lambda_k J(b_u(\alpha)) + \Delta H_k(\bar{\alpha}) - \Delta b_k(\bar{\alpha})}{y_k(1)}. \tag{B.4}$$

$\alpha_k^{\max}$ ist der maximale Beitragssatz, den die Bürger aus einem Land $k \neq a$ akzeptieren. Die Bürger aus Land a werden ihren Repräsentanten im Rat den maximalen Beitragssatz

$$\bar{\alpha}^{P4} = \max\left(\alpha_k^{\max}, \alpha_l^{\max}\right) \tag{B.5}$$

mit $k, l \neq a$ vorschlagen lassen, weil dies der maximale Satz ist, der von einem anderen Repräsentanten akzeptiert wird. Dieser Vorschlag erhält die Zustimmung des Repräsentanten im Unionsrat mit dem größeren $\alpha_k^{\max}$, weil dieser ihm gerade den Nutzen des Status quo-Beitragssatzes sichert.

Wenn die Agenda-Setter im Rat und im Parlament nicht aus demselben Land stammen, wenn also $A \neq a$ ist, werden die Bürger aus A den Beitragssatz zur Abstimmung stellen lassen, der ihren erwarteten Nutzen maximiert gegeben das Spiel auf der vierten Stufe und unter der Nebenbedingung, daß der vorgeschlagene Beitragssatz α^A ihnen und den Bürgern aus einem der anderen Länder mindestens das Nutzenniveau des Status quo-Beitragssatzes sichert. Die Bürger aus dem Land a, die auf der folgenden Stufe im Parlament den Agenda-Setter stellen, wünschen einen möglichst hohen Beitragssatz. Wenn die Bedingung 8.2 gilt, ist ihr optimaler Beitragssatz eins. Deshalb können die Bürger aus A für jeden vorgeschlagenen Beitragssatz die Zustimmung der Bürger aus a erlangen.

Der Vorschlag der Bürger aus A entstammt einer zweistufigen, z.T. diskreten Optimierungsüberlegung. Dabei stellt sich als erstes die Frage, welcher Beitragssatz mindestens vorgeschlagen werden muß, damit die Marktintegrationspolitik, $p_u = 1$, bereitgestellt wird. Oben wurde bereits abgeleitet, daß dies der Fall ist, wenn die Bedingung 7.3 gültig ist und der Beitragssatz mindestens auf $\alpha^{II} = \frac{c_u}{Y}$ gesetzt wird. Ein Mindestbeitragssatz in dieser Höhe ist zum Vorteil der Bürger in A, wenn die folgende Bedingung erfüllt wird, wobei zunächst $b_u = 0$ und $\Delta b_k = 0$ unterstellt wird.

Bedingung B.1 $\qquad \alpha^{II} \leq \alpha_k^{\max}(\alpha)$

Die Bedingung B.1 entspricht:

$$c_u \frac{y_k(1)}{Y(1)} \leq \Delta y_k - c_k. \tag{B.6}$$

Wenn Bedingung B.1 für mindestens ein Land $k \neq A$ sowie das Land A zutrifft und wenn die Kosten der Marktintegration multipliziert mit dem Anteil des Einkommens des Landes am Gesamteinkommen der Union bei Durchführung der Integrationspolitik kleiner sind als die jeweiligen Nettoeinkommensgewinne durch die Integration in diesen Ländern, dann wird der Agenda-Setter A mindestens einen Beitragssatz von α^{II} vorschlagen und dieser wird im Unionsrat von den Repräsentanten der Länder akzeptiert, für die ebenfalls die Bedingung B.1 gilt.

Darüber hinaus können die Bürger im Land des Agenda-Setters A einen Beitragssatz vorschlagen lassen, der höher als α^{II} ist, um so auf der nächsten Stufe des Spiels eine Bereitstellung des öffentlichen Gutes der Union, b_u, zu ermöglichen. Die Ableitung der Nutzenfunktion der Bürger des Landes A

$$u_A = (1-\bar{\alpha})\, y_A - \left(\pi_A^{P3} + c_A\right) + H_A\left(b_A\right) - b_A^P + \lambda_A J\left(b_u^P\left(\bar{\alpha}\right)\right) \tag{B.7}$$

nach $\bar{\alpha}$ ergibt die folgende Marginalbedingung

$$\tfrac{\partial u_A}{\partial \bar{\alpha}} = -y_A + \underbrace{\lambda_A J'\left(b_u\left(\bar{\alpha}\right)\right) \tfrac{\partial b_u}{\partial \bar{\alpha}}}_{Q} \geq 0 \tag{B.8}$$

die im Optimum gleich null werden muß, so daß die Grenzkosten einer marginalen Beitragsanhebung in Höhe von y_A den Grenzvorteilen Q durch die Bereitstellung des öffentlichen Gutes der Union b_u entsprechen. Im folgenden wird unterstellt, daß die Ressourcen der Landes k, y_k, jeweils ausreichen, um bei einem Beitragssatz von

$$\hat{\alpha} \equiv \tfrac{c_u(1-\varphi)+b_u^P}{(1-\varphi)Y} \tag{B.9}$$

das nationale öffentliche Gut in optimaler Höhe, $b_k^* = H_k'^{-1}(1)$ bereitzustellen, d.h.

$$(1-\hat{\alpha})\, y_k \leq b_k^*, \tag{B.10}$$

so daß keine Einschränkung der Bereitstellung des nationalen öffentlichen Gutes b_k zu erwarten ist und $\Delta H_k\left(\bar{\alpha}\right) - \Delta b_k\left(\bar{\alpha}\right) = 0$ ist. Der Term $\frac{\partial b_u}{\partial \bar{\alpha}}$ gibt an, wie das bereitgestellte Niveau von b_u mit $\bar{\alpha}$ ansteigt. Er resultiert aus den Optimierungsüberlegungen der Bürger des Agenda-Setters im Unionsparlament. Im Optimum der Bürger aus Land a werden die budgetären Mittel der Union, αY, die über die Kosten der Marktintegration und die Rente der Unionsrepräsentanten hinaus ins Unionsbudget fließen,

$$E_u = \alpha Y - \pi_u - c_u = (1-\varphi)\left(\alpha Y - c_u\right), \tag{B.11}$$

zunächst für das öffentliche Gut b_u verwendet. Die bereitgestellte Menge des Gutes b_u wird so lange erhöht bis der Grenznutzen gleich eins ist. Ab dieser Menge werden zusätzliche Finanzmittel für direkte Transfers an das Land a, τ_{au}, und für gebundene Finanzzuweisungen für das nationale öffentliche Gut verwendet, z_a, weil der Grenznutzen zusätzlicher

Einheiten des öffentlichen Gutes der Union kleiner eins ist, während Ausgaben für die anderen Politiken mindestens einen Grenznutzen von eins bewirken[1]. Aus diesen Überlegungen resultiert für den Ausdruck

$$\frac{\partial b_u}{\partial \alpha} = (1-\varphi) Y. \tag{B.12}$$

Der Beitragssatz wird von den Bürgern des Agenda-Setters in A in der Höhe gewählt, daß eine der beiden Bedingungen

$$\lambda_A J'(b_u(\alpha)) \geq \frac{y_A}{Y(1-\varphi)}, \tag{B.13}$$

$$\lambda_a J'(b_u) \geq 1 \tag{B.14}$$

gerade mit Gleichheit bindet und entweder das Optimum der Bereitstellung von b_u aus der Sicht der Bürger aus A erreicht ist oder bis das Bereitstellungsoptimum der Bürger des Agenda-Setters im Unionsparlament erreicht ist und eine weitere Beitragsanhebung nicht zu einer Ausdehnung der Bereitstellung von b_u führen würde. Das Bereitstellungsniveau von b_u im Gleichgewicht des Unionsparlaments mit endogener Bestimmung des Beitrags durch einen Unionsrat, der mittels Mehrheitsregel entscheidet, ist damit durch

$$b_u^{P4'} = \min\left(J'^{-1}\left(\frac{1}{\lambda_A}\frac{y_A}{Y(1-\varphi)}\right), J'^{-1}\left(\frac{1}{\lambda_a}\right)\right) \tag{B.15}$$

gegeben. Hingegen werden keine gebundenen Finanzzuweisungen für das nationale öffentliche Gut im Land a und keine direkten Transfers bereitgestellt:

$$z_a^{P4'} = 0, \tag{B.16}$$

$$\tau_a^{P4'} = 0. \tag{B.17}$$

Somit gilt für die Budgetrestriktion im Gleichgewicht

$$\begin{aligned} \alpha Y &= c_u + \overbrace{\varphi(\alpha Y - c_u)}^{\pi_{au}^{P4}} + b_u^{P4} \\ \Leftrightarrow \alpha Y(1-\varphi) &= (1-\varphi) c_u + b_u^{P3}. \end{aligned} \tag{B.18}$$

Nach einer Umformung resultiert der Beitragssatz, den der Agenda-Setter des Unionsrats P^A bei den gegebenen Annahmen vorschlägt und der von dem Repräsentanten aus Land A akzeptiert wird:

$$\alpha^{P4'} = \hat{\alpha} = \frac{(1-\varphi)c_u + b_u^{P4}}{(1-\varphi)Y}. \tag{B.19}$$

Für die übrigen Politikvariablen gelten die Werte des Grundmodells Unionsparlament.

[1]Siehe dazu die Ausführungen im Abschnitt 7.4 auf S. 190.

Literaturverzeichnis

Andel, N., Finanzwissenschaft, 3. Aufl., Tübingen 1992.

Arnold, V., Theorie der Kollektivgüter, München 1992.

Atkinson, A.B., J.E. Stiglitz, Lectures on Public Economics, London u.a.O. 1980.

Baron, D.P., J.A. Ferejohn, Bargaining in Legislatures, in: American Political Science Review 83 (1989), 1181-1206.

Barro, R., The Control of Politicians - An Economic Model, in: Public Choice 14 (1973), 19-42.

Barro, R., The Ricardian Approach to Budget Deficits, in: Journal of Economic Perspectives 3 (1989), 37-54.

Bendor, J., Formal Models of Bureaucracy: A Review, in: N. B. Lynn, A. Wildavsky (Hrsg.), Public Administration: The State of the Discipline, Chatham, N.J. 1990, 373-417.

Bernholz, P., F. Breyer, Grundlagen der Politischen Ökonomie, Band 2: Ökonomische Theorie der Politik, 3. Aufl., Tübingen 1994.

Besley, T., A. Case, Does Electoral Accountability Affect Economic Policy Choices? Evidence from Gubernatorial Term Limits, in: The Quaterly Journal of Economics 110 (1995), 769-798.

Besley, T., S. Coate, An Economic Model of Representative Democracy, in: The Quaterly Journal of Economics, 112 (1997), 85-114.

Besley, T., S. Coate, Centralized Versus Decentralized Provision of Local Public Goods: A Political Economy Analysis, CEPR Discussion paper series, No. 2495, London 2000.

Biehl, D., Die Reform der Finanzverfassung aus der Sicht einer ökonomischen Theorie des Föderalismus, in: M.E. Streit (Hrsg.), Wirtschaftspolitik zwischen ökonomischer und politischer Rationalität, Wiesbaden 1988, 63 ff.

Biehl, D. et al., Die EG-Finanzierung aus föderalistischer Perspektive, in: Bertelsmann Stiftung (Hrsg.), Europa finanzieren - ein föderalistisches Modell, Gütersloh 1990, 21-132.

Blankart, C.B., Öffentliche Finanzen in der Demokratie, 2. Aufl., München 1994.

Boadway, R.W., D.E. Wildasin, Public Sector Economics, 2. Aufl., Boston u.a.O. 1984.

Brennan, G., J.M. Buchanan, The Power to Tax, Cambridge 1980, deutsch: Besteuerung und Staatsgewalt, Hamburg 1988.

Brümmerhoff, D., Finanzwissenschaft, 6. Aufl., München u.a.O. 1992.

Buchanan, J.M., Europe's Constitutional Opportunity, in: Institute of Economic Affairs (Hrsg.), Europe's Constitutional Future, London 1990.

Buchanan J.M., G. Tullock, The Calculus of Consent, Ann Arbor 1962.

Busch, B., Die Osterweiterung der Europäischen Union, Köln 1999.

Chari, V.V., L.E. Jones, R. Marimon, The economics of split-ticket voting in representative democracies, in: American Economic Review 87 (1997), 957-976.

Coate, S., S. Morris, On the Form of Transfers to Special Interests, in: Journal of Political Economy 103 (1995), 1210-1235.

Davis, O.A., M.A.H. Dempster, A. Wildavsky, A Theory of the Budgetary Process, in: The American Political Science Review LX (1966), 529-547.

Dawid, R., Budget Decisions and Enlargement of the European Union - The EU Budget between Advancing Integration and Doing the Dirty Work, in: L. Costa, S. Fromhart, East meets West - The Challenge of Enlargement, Institute on Western Europe, Columbia University, New York 1998.

Downs, A., An Economic Theory of Democracy, New York 1957, deutsch: Ökonomische Theorie der Demokratie, Tübingen 1968.

EGKS/EG/EAG, Die Finanzverfassung der Europäischen Union, Luxemburg 1995.

Europäische Gemeinschaften, Haushaltsvademekum, Ausgabe 1998, Luxemburg 1998.

Europäische Gemeinschaften, Haushaltsvademekum, Ausgabe 1999, Luxemburg 1999.

Europäische Gemeinschaften, Haushaltsvademekum, Ausgabe 2000, Luxemburg 2000.

European Constitutional Group, A Proposal for a European Constitution, European Policy Forum, London 1993.

Eurostat, Statistiken für die Wirtschafts- und Währungsunion (Eurozone) und die Europäische Union (EU-15), http://europa.eu.int/comm/eurostat/datashop, heruntergeladen am 23.10.2000.

Faber, M., F. Breyer, Eine ökonomische Analyse konstitutioneller Aspekte der europäischen Integration, in: Jahrbuch für Sozialwissenschaften 31 (1980), 213-227.

Färber, G., Das rationale Budget: Voraussetzungen und Konsequenzen für ein funktionsfähiges Haushaltswesen der öffentlichen Hand, Frankfurt a. M. 1984.

Ferejohn, J., Incumbent performance and electoral control, in: Public Choice 50 (1986), 5-25.

Ferejohn, J., K. Krehbiehl, The Budget Process and the Size of the Budget, in: American Journal of Political Science 31 (1987), 296-320.

Ferejohn, J., M. Fiorina, R. McKelvey, Sophisticated Voting and Agenda Independence in the Distributive Politics Setting, in: American Journal of Political Science 31 (1987), 169-183.

Fershtman, C., K. L. Judd, E. Kalai, Observable Contracts: Strategic Delegation and Cooperation, in: International Economic Review 32 (1991), 551-559.

Findlay, R., J.D. Wilson, The Political Economy of Leviathan, in: A. Razin, E. Sadha (Hrsg.), Economic Policy in Theory and Practice, Basingstoke u.a.O. 1987.

Fischer, J., Vom Staatenverbund zur Föderation - Gedanken über die Finalität der europäischen Union, Rede am 12. Mai in der Humboldt-Universität zu Berlin, http://www.auswaertiges-amt.de/6_archiv/2/r/r000512a.htm, heruntergeladen am 11.07.2000.

Folkers, C., Begrenzungen von Steuern und Staatsausgaben in den USA, Baden-Baden 1983.

Folkers, C., Fiskalische Begrenzungen in: Wirtschaftswissenschaftliches Studium, 10. Jhrg. (1984), 500-506.

Folkers, C., Die Politische Ökonomie der Besteuerung in: Diskussionsbeiträge aus dem Institut für Volkswirtschaftslehre der Universität Hohenheim, Nr. 30/1986.

Folkers, C., Wandlungen der Verbrauchsbesteuerung, in: K. Häuser (Hrsg.), Wandlungen der Besteuerung, Schriften des Vereins für Socialpolitik, N.F., Bd. 160, Berlin 1987, 89-211.

Folkers, C., Die Kompensationsfunktion des Europäischen Haushalts, in: Diskussionsbeiträge des Instituts für Europäische Wirtschaft, Nr. 4, Bochum 1994a.

Folkers, C., Politische Präferenzen und institutionelle Bedingungen der Interessenpolitik - Zur Logik staatlicher Aufgabenübernahme, in: D. Grimm (Hrsg.), Staatsaufgaben, Baden-Baden 1994b, 125-147.

Folkers, C., Welches Finanzausgleichssystem braucht Europa?, in: H. Karl, W. Henrichsmeyer (Hrsg.), Regionalentwicklung im Prozeß der Europäischen Integration, Bonner Schriften zur Integration Europas, Bd. 4, Bonn 1995, S. 87-108.

Folkers, C., Konstitutionelle Ökonomik und Finanzwissenschaft, in: M. Leschke, I. Pies (Hrsg.), James Buchanans konstitutionelle Ökonomik, Tübingen 1996, S. 111-149.

Folkers, C., Finanz- und Haushaltspolitik der EU, in: P. Klemmer (Hrsg.), Handbuch Europäische Wirtschaftspolitik, München 1998, 559-663.

Folkers, C., Die Funktion des Europäischen Haushalts im Integrationsprozeß, in: H.-F. Eckey u.a. (Hrsg.), Ordnungspolitik als konstruktive Antwort auf wirtschaftspolitische Herausforderungen, Stuttgart 2001, 45-69.

Hagen, J. von, Budgeting Procedures and Fiscal Performance in the EC, in: Commission of the European Communities, Directorate for Economic and Financial Affairs, Economic Papers Vol. 96 (1992).

Hagen, J. von, I.J. Harden, Budget processes and commitment to fiscal discipline, in: European Economic Review 39 (1995), 771-779.

Haller, H., Öffentlicher Haushalt II: Theorie, in: W. Albers u.a. (Hrsg.), Handwörterbuch der Wirtschaftswissenschaft, Bd. 5, Stuttgart u.a.O. 1980, 559-583.

Heinemann, F., Die Finanzverfassung und Kompetenzausstattung der Europäischen Union nach Maastricht, Baden-Baden 1995.

Heinemann, F., Der Kompensationsfonds: Eine neue Finanzverfassung für die EU der 21+, in: Wirtschaftsdienst 79 (1999), 293-299.

Helpman, E., T. Persson, Lobbying and legislative bargaining, NBER Working Paper No. 6589, 1998.

Holcombe, R.G., Vibert's Vision: Constitutional Theory in Search of a Constitution, in: Constitutional Political Economy 7 (1996), 281-292.

Inman, R.P., M.A. Fitts, Political Institutions and Fiscal Policy: Evidence from the U.S. Historical Record, in: Journal of Law, Economics, and Organization 6 (1990), 79-131.

Kitterer, W., P. Senf, Öffentlicher Haushalt I: Institutionen, in: W. Albers et. al. (Hrsg.), Handwörterbuch der Wirtschaftswissenschaft, Bd. 5, Stuttgart u.a.O. 1980, 545-558.

Koenig, C., A. Haratsch, Einführung in das Europarecht, Tübingen 1996.

Kommission der EU, Erweiterung: Die Heranführung an den Beitritt, http://www.europa.eu.int/scadplus/leg/de/lvb/e4001.htm, heruntergeladen am 29.11.2000.

Kraan, D.-J., Budgetary Decisions: a public choice approach, Cambridge 1996.

Läufer, T., Das Haushaltsverfahren: Grundprobleme, Konfliktlagen, Reformvorschläge, in: D. Biehl, G. Pfennig (Hrsg.), Zur Reform der EG-Finanzverfassung, Bonn 1990, 135-187.

Laffont, J.-J., J. Tirole, A theory of incentives in procurement and regulation, Cambridge/ Mass. u.a.O. 1993.

Lewis-Beck, M., Economics and Elections: The Major Western Democracies, Ann Arbor 1988.

Lockwood, B., Distributive Politics and the Benefits of Decentralisation, CSGR Working Paper No. 10/98, Warwick 1998.

McKelvey, R., Intransitivities in Multidimensional Voting Models and Some Implications for Agenda Control, in: Journal of Economic Theory 12 (1976), 472-482.

Meltzer, A.H., S.F. Richard, A Rational Theory of The Size of Government, in: Journal of Political Economy 89 (1981), 914-927.

Moser, P., The impact of legislative institutions on public policy: a survey, in: European Journal of Political Economy 15 (1999), 1-33.

Mueller, D.C., Public Choice II, Cambridge u.a.O. 1989.

Mueller, D.C., Federalism and the European Union: A constitutional perspective, in: Public Choice 90 (1997), 225-280.

Musgrave, R. A., The Theory of Public Finance, New York u.a.O. 1959.

Neumärker, K., Finanzverfassung und Staatsgewalt in der Demokratie, Frankfurt a.M. u.a.O. 1995.

Niskanen, W. A., Bureaucracy and Representative Government, Chicago 1971.

Oates, W.E., Finanz-Föderalismus (Fiscal Federalism) in Theorie und Praxis. Lehren für die Europäische Gemeinschaft, in: Kommission der EG (Hrsg.), Bericht der Sachverständigenkommission zur Untersuchung der Rolle der öffentlichen Finanzen bei der europäischen Integration, Bd. II, Brüssel 1977, 292 ff.

OECD, Budgeting For Results, Paris 1995.

Ordeshook, P. C., Game Theory and Political Theory, New York u.a.O. 1986.

Pech, G., Besteuerung und Staatsverschuldung in der Demokratie, Frankfurt a.M. u.a.O. 1996.

Persson T., Economic policy and special interest politics, Economic Journal 108 (1998), 310-327.

Persson T., L. Svensson, Why a Stubborn Conservative Would Run a Deficit: Policy With Time-Inconsistent Preferences, in: The Quarterly Journal of Economics 104 (1989), 325-346.

Persson T., G. Tabellini, Political economics and public finance, erscheint in: A. Auerbach, M. Feldstein (Hrsg.), Handbook of Public Economics, Amsterdam 1999, 1-131.

Persson T., G. Roland, G. Tabellini, Separation of Powers and Political Accountability, in: The Quarterly Journal of Economics 112 (1997), 1163-1202.

Persson T., G. Roland, G. Tabellini, Comparative Politics and Public Finance, in: Journal of Political Economy 108 (2000), 1121-1160.

Pyhrr, P.A., Zero-base budgeting, in: American Business Review 48 (1970), 111-119.

Riker, W., The Theory of Political Coalitions, New Haven, London 1962.

Riker, W., Implications from the Disequilibrium of Majority Rule for the Study of Institutions, in: American Political Science Review 74 (1980), 432-447.

Robson, P., The economics of international integration, 4. Aufl., London u.a.O. 1998.

Romer, T., H. Rosenthal, Political Ressource Allocation, Controlled Agendas, and the Status Quo, in: Public Choice 33 (1978), 27-43.

Rubin, I. S., Budget Theory And Budget Practice: How Good The Fit?, in: Public Administration Review, Mar/Apr 1990, 179-199.

Rürup, B., K.H. Hansmeyer, Staatswirtschaftliche Planungsinstrumente, 3. Aufl., Düsseldorf 1984.

Salanié, B., The economics of contracts, Cambridge/ Mass. u.a.O. 1998.

Seabright, P., Accountability and decentralisation in government: An incomplete contracts model, in: European Economic Review 40 (1996), 61-89.

Sen, A. K., Collective Choice and Individual Welfare, San Francisco 1970.

Senf, P., Kurzfristige Haushaltsplanung, in: F. Neumark (Hrsg.), Handbuch der Finanzwissenschaft, Bd. III, 3. Aufl., Tübingen 1977, S. 371-425.

Shepsle, K., The Role of Institutional Structure in the Creation of Policy Equilibrium, in: D.W. Rae , T.J. Eismeier (Hrsg.), Public Policy and Public Choice, Sage Yearbooks in Politics and Public Policy Vol. 6, Beverly Hills 1979a.

Shepsle, K., Institutional Arrangements and Equilibrium in Multidimensional Voting Models, in: American Journal of Political Science 23 (1979b), 27-59.

Shepsle, K., Institutional Equilibrium and Equilibrium Institutions, in: H. Weisberg (Hrsg.), Political Science: The Science of Politics, Agathon 1986, 51-82.

Shepsle, K., Studying Institutions: Some Lessons from the Rational Choice Approach, in: Journal of Theoretical Politics 1 (1989), 131-149.

Shepsle, K., B.R. Weingast, Political Preferences for the Pork Barrel: A Generalization, in: American Journal of Political Science 25 (1981), 96-111.

Stanowsky, J., Budgetprozesse und Budgetdisziplin, Frankfurt a.M. u.a.O. 1997.

Strasser, D., Die Finanzen Europas, 3. deutschspr. Aufl., Luxemburg 1991.

Thomas, I.P., Ein Finanzausgleich für die Europäische Union?: eine allokationstheoretische und fiskalföderalistische Analyse, Tübingen 1997.

Timmann, H.-J., Die jüngste Finanzreform (1988) und ihre Umsetzung, in: D. Biehl, G. Pfennig (Hrsg.), Zur Reform der EG-Finanzverfassung, Bonn 1990, 135-187.

Tullock, G., Why so much stability?, in: Public Choice 37 (1981), 189-202.

Vaubel, R., A public choice approach to international organization, in: Public Choice 51 (1986), 39-57.

Vaubel, R., The political economy of centralization and the European Community, in: Public Choice 81 (1994), 151-190.

Vaubel, R., The Constitutional Future of the European Union, in: Constitutional Political Economy 7 (1996), 317-324.

Vaubel, R., The Constitutional Reform of the European Union, in: European Economic Review 41 (1997), 443-450.

Weingast, B.R., A Rational Choice Perspective on Congressional Norms, in: American Journal of Political Science 23 (1979), 245-262.

Weingast, B.R., W. Marshall, The Industrial Organization of Congress, or Why Legislatures, Like Firms, Are Not Organized as Markets, in: Journal of Political Economy 96 (1988), 132-163.

Weingast, B.R., K.A. Shepsle, C. Johnson, The Political Economy of Benefits and Costs: A Neoclassical Approach to Distribution Politics, in: Journal of Political Economy 89 (1981), 642-664.

Weizsäcker, R.K. von, Finanzpolitik, in: J. von Hagen et. al. (Hrsg.), Springers Handbuch der Volkswirtschaftslehre, Band 2: Wirtschaftspolitik und Weltwirtschaft, Heidelberg 1997, 123-180.

Wissenschaftlicher Beirat beim Ministerium für Wirtschaft und Technologie, Gutachten zur Neuordnung des Finanzsystems der Europäischen Gemeinschaft, in: Bundesministerium für Wirtschaft und Technologie (Hrsg.), Wirtschaftspolitische Informationen, Dokumentation 455, Bonn 1999.

Wittman, D.A., Parties as Utility Maximizers, in: American Political Science Review 67 (1973), 490-498.

Zöpel, C., Die Reform der europäischen Institutionen vor der Erweiterung: Die Regierungskonferenz 2000, Vortrag im Forum Constitutionis Europae am 27. Januar 2000, http://www.auswaertiges-amt.de/4_europa/5/4-5b.htm, heruntergeladen am 20.05.2000.

Kollektive Entscheidungen, Wirtschaftspolitik und öffentliche Finanzen

Herausgegeben von Cay Folkers

Band 1 Gerald Pech: Besteuerung und Staatsverschuldung in der Demokratie. Zur dynamischen Analyse staatlicher Budgetpolitiken. 1996.

Band 2 Wolfgang Rippin: Theorie spekulativer Blasen. 1997.

Band 3 Claus Schnabel: Tariflohnpolitik und Effektivlohnfindung. Eine empirische und wirtschaftspolitische Analyse für die alten Bundesländer. 1997.

Band 4 Michael Grüne: Subventionen in der Demokratie. Analytische Grundlagen einer Subventionsordnung. 1997.

Band 5 Frank Ziegele: Hochschule und Finanzautonomie. Grundlagen und Anwendung einer politisch-ökonomischen Theorie der Hochschule. 1997. 2., durchges. Aufl. 1998.

Band 6 Petra Mühl-Schimmele: Die Behandlung von Erbschaften und Schenkungen in einem konsumorientierten Einkommensteuersystem. 1999.

Band 7 Stefan Boeters: Arbeitsmarktwirkungen einer budgetneutralen Reform der Besteuerung von Produktionsfaktoren. 2000.

Band 8 Frank Brocks: Die staatliche Förderung alternativer Kraftstoffe: Das Beispiel Biodiesel. 2001.

Band 9 Roman Dawid: Demokratische Kontrolle staatlicher Budgetierungsprozesse – Das Haushaltsverfahren der Europäischen Union. 2002.

Weitere Veröffentlichungen zum Themenkreis dieser Reihe

Thomas Michael Baum: Staatsverschuldung und Stabilisierungspolitik in der Demokratie. Zur neoinstitutionalistischen Kritik der keynesianischen Fiskalpolitik, 1982.

Hugo Mann: Theorie und Politik der Steuerreform in der Demokratie, 1987.

Friedhelm Herb: Marktwirtschaftliche Innovationspolitik, 1988.

Claus Schnabel: Zur ökonomischen Analyse der Gewerkschaften in der Bundesrepublik Deutschland. Theoretische und empirische Untersuchungen von Mitgliederentwicklung, Verhalten und Einfluß auf wirtschaftliche Größen, 1989.

Thomas Märtz: Interessengruppen und Gruppeninteressen in der Demokratie. Zur Theorie des Rent-Seeking, 1990.

Peter Mendler: Zur ökonomischen und politisch-institutionellen Analyse öffentlicher Kredithilfen, 1992.

Karin Beckmann: Probleme der Regionalpolitik im Zuge der Vollendung des Europäischen Binnenmarktes. Eine ökonomische Analyse, 1995.

Karl Justus Bernhard Neumärker: Finanzverfassung und Staatsgewalt in der Demokratie. Ein Beitrag zur konstitutionellen Finanztheorie, 1995.

Peter Lang · Europäischer Verlag der Wissenschaften

Carl-Gustav Siuts

Die öffentlichen Finanzen der Europäischen Union

Status, Funktionen und Perspektiven

Frankfurt/M., Berlin, Bern, Bruxelles, New York, Oxford, Wien, 2001. XVIII, 207 S., zahlr. Abb.
Europäische Hochschulschriften: Reihe 31, Politikwissenschaft. Bd. 431
ISBN 3-631-38147-6 · br. € 37.80*

Im Zusammenhang mit dem öffentlichen Budget der EU wird häufig von einer „Finanzverfassung" gesprochen was suggeriert, dass diesem Budget die gleichen Aufgaben wie den nationalen Budgets zugeordnet werden.
Die Arbeit untersucht die Entwicklung dieses Eigenmittelsystems und unternimmt den Versuch einer verfassungsrechtlichen Einordnung. Die Funktionen des EU-Budgets werden anhand der von Musgrave den öffentlichen Haushalten zugewiesenen Aufgaben der Allokation, der Distribution und der Stabilisierung untersucht. Eine Reform der EU-Finanzierung wird vor dem Hintergrund der Paradigmen des kompetititven und des kooperativen Föderalismus diskutiert. In einem abschließenden Kapitel wird die Finanzverfassung in ihrer Bedeutung für die Staatsaufgaben im nationalen und im europäischen Kontext untersucht um zu verdeutlichen, dass die Termini „Staat" und „Verfassung" im Kontext der Globalisierung als überkommene Begrifflichkeiten gelten und von ihren klassischen Bedeutungen abgelöst werden müssen. Dies gilt insbesondere für die Verfassungsdiskussion hinsichtlich der Europäischen Union.

Aus dem Inhalt: Die Rechtsnatur des Gemeinschaftsrechts · Europäisches Primärrecht oder europäische Verfassung? · Die Entwicklung der öffentlichen Finanzen der EU · Die EU-Eigenmittelbeschlüsse · Reform der EU-Finanzierung · Kompetitiver und kooperativer Föderalismus · Finanzverfassung und Staatsaufgaben

Frankfurt/M · Berlin · Bern · Bruxelles · New York · Oxford · Wien
Auslieferung: Verlag Peter Lang AG
Jupiterstr. 15, CH-3000 Bern 15
Telefax (004131) 9402131

*inklusive der in Deutschland gültigen Mehrwertsteuer
Preisänderungen vorbehalten

Homepage http://www.peterlang.de

MIX
Papier | Fördert gute Waldnutzung
FSC® C083411

Kolibri 360 GmbH
Ferdinand-Jühlke-Straße 7
99095 Erfurt, Deutschland
produktsicherheit@kolibri360.de

Druck:
CPI Druckdienstleistungen GmbH
im Auftrag der
Kolibri 360 GmbH
Ferdinand-Jühlke-Str. 7
99095 Erfurt